조선 후기 米價史 연구

조선 후기 米價史 연구

전성호 著

한국학술정보[주]

|목 차|

|표 목차|

|그림 목차|

서 장

1. 문제제기

사회과학의 대상으로 조선사회가 구명되기 시작한 것은 1930년대 白南雲의 조선사회경제사에서 비롯된다고 볼 수 있다. 백남운은 조선의 역사를 세계사적으로 일원적인 역사발전법칙에 준거하여 다른 민족과 동궤적인 발전과정을 거쳐 온 것으로 파악하였다. 그의 노력은 일본에 의해 정립된 '朝鮮社會停滯論'을 극복하는 데 일정한 기여를 했다고 볼 수 있다. 그러나 그의 학문적 배경은 민족해방운동이었음을 이해할 필요가 있다. 이러한 면에서 1949년 해방공간에서 나온 全錫淡의 백남운 비판은 주목된다. 전석담은 조선사회가 정체된 것을 부정하지 않고 농촌공동체적 관계의 강인한 존속밑에서 장기에 걸쳐 완만한 과정을 밟아온 조선 역사의 특수성을 강조하였다.

이 두 입장의 차이는 60년대 이후 지금까지 한국경제사 연구의 두 가지 흐름인 '內在的發展論'과 '小農社會論'에도 여전히 관류하고 있다. 내재적발전론은 조선 후기의 상품화폐경제의 발달을 농민층분해론이나 자본주의맹아범주로 포괄한 면에서 한국 자본주의 발달의 역사적 배경을 이해하는 데 기여했다고 볼 수 있다. 그러나 최근 경제인류학에 의해 밝혀진 상품화폐 범주의 다양한 계층을 놓고 볼 때 조선 후기 상품화폐 범주를 곧 자본주의 범주로 이해하는 방식은 재고되어야 할 필요가 있다고 여겨진다.

반면 80년대 중후반부터 한국과 중국에서 동시적으로 전개된 소농사회론은 농민층분해론을 부정한다. 이들은 상품화폐관계의 발달에도 불구하고 독자의 합리성을 유지하면서 해체되지 않고 장기적으로 지속되는 소농경제를 강조한다. 다시 말하자면 소농사회의 주요 구성원들은 도시구성원과 같이 개인적 단위가 아닌 촌락의 공동체 틀속에 존재하고 있기 때문에 외부

14

세계에 대한 적극적인 모험과 그 보상을 향한 자본주의의 합리성[1] 대신
생계유지와 안정을 위해 안으로 파고드는 소농의 합리성[2]을 발전시킨다고
본 것이다.

조선역사의 특수성을 공동체적 관계가 해체되지 않고 장기간 존속되어온
것에서 찾은 전석담의 시각과 조선 후기 상품화폐관계를 소농경제로 정리
한 소농사회론은 보편적인 역사법칙보다 개별사회의 구체적인 현실에 충실
한 시각이란 점에서 주목된다.

그러나 소농사회론이 기존 경제사 분야에 던진 문제제기와 내재적발전론
의 오류에 대한 정당한 지적에도 불구하고 여전히 소모적인 논쟁구도에 머
물고 있는 것을 볼 때 기존의 소농사회론의 방법론상의 한계가 있다고 사
료된다.

예를 들어 17세기와 18세기 그리고 19세기를 "朝鮮後期"라는 동질적인 시
간대로 놓고 각각 특정한 방향의 장기추세를 찾았다는 점에서 서로 양자의
공통되는 부분이 존재한다. 내재적발전론의 경우 17세기에 형성된 자본주의
맹아가 18세기에 발전하여 19세기에 성숙해나가는 추세로 조선 후기 장기
발전상을 제시한다. 소농사회론도 자본주의맹아 범주를 소농의 범주로 대체
했을 뿐 17세기에 소농이 성립하고 18세기에 만개하여 19세기에 성숙하는
발전상으로 조선 후기를 구성한 면에서 내재적 발전론과 서로 일치한다.

양자는 장기시간대에 놓여 있는 역사적 성격이나 구조의 파악에 있어서
대립되는 면만을 가지고 있을 뿐 장기적으로 지속되어온 주요 경제지표의
추세 파악이나 중기시간대의 변동을 이해하지 못한 한계가 있다. 이것은

---

1) 자본주의 합리성이란 고전학파 경제학과 마르크스 경제학, 그리고 신고전학파
   경제학이 공유하는 합리성을 말한다. 사적소유의 발달을 전제로 노동의 사회적
   분업이 진행됨에 따라 노동의 한계생산성(MPL)이 노동의 한계비용(MCL)보다
   커지게 되고 결국 자기 노동에 근거한 사적 소유는 타인노동에 근거한 사적소
   유로 전화되어 자본주의적 사적소유가 등장한다고 보는 것을 말한다.
2) 소농경제가 지배적인 곳에서 시장에 출시된 상품의 가치는 노동의 사회적 분업
   에 의해 결정된 가치로서 경쟁력을 갖는 것이 아니라, 가족노동의 결합에 의한
   가치로서 경쟁력을 갖는다. 따라서 소규모 가족농이 대규모 기업농보다 농업생
   산 조직의 효율성이란 측면에서 비교 우위에 있을 수 있는 것을 말한다.

소농사회론이 내재적 발전론의 방법론을 극복하지 못하고 일정부분 공통의 방법론을 공유하고 있는 상태에 있는 한계라고 생각한다.

역사적 시간대로서 장기는 중기와 단기의 누적적인 결과로 존재함에도 불구하고 양 입장에서 장기추세로서 제시된 발전상은 단기변동과 중기시간대의 변동의 검증을 결여하고 있다.

원래 중기파동과 장기추세는 자본주의 경제를 대상으로 한 경기변동론의 주요 내용이다. 콘트라티에프가 1791-1920년까지 프랑스와 미국의 도매물가, 이자율, 임금 등의 시계열자료를 분석하여 50년 주기의 순환이 존재하는 것을 확인한 것이 그 대표적인 예이다. 여기서 자본주의사회가 아닌 전근대농업사회를 대상으로 중기변동을 찾는 작업에 대해 회의적일 수도 있다.

그러나 전근대농업사회의 인간의 삶의 영역 전체가 부단히 반복되는 주기적 변동에 따라 운동한다는 진리를 인문과학이 발견한 것은 그리 오래되지 않은 것으로 알려져 있다. 최근 역사학의 한 조류인 아날학파에 의하면 경제, 정치, 인구뿐만 아니라 집단심성, 범죄, 예술, 문학 등 모든 분야에서 다양한 형태의 주기운동이 존재한다. 이 진동과 변동은 서로 상충될 때도 있고 조화될 때도 있다. 조선 후기 사회도 농업을 기반으로 한 사회이지만, 중기적으로 생산이 활발하고, 국가가 적극적으로 농민의 생활을 보호해주는 정책을 펴고 시장이 발전했던 기간이 있었다. 반면 생산이 후퇴하고 국가의 농민보호정책이 문란해지고 시장도 위축되는 위기의 시기도 여러 번 존재하였다.

이러한 조선 후기 사회상을 놓고 볼 때 물가사연구야말로 단기와 중기가 서로 섞이고 누적되어 장기적으로 진행되는 방향을 추적하기에 적합한 분야라 할 수 있다. 그중 미가와 지가연구는 농업을 기반으로 한 전통사회의 변동을 이해하는 데 가장 필수적인 분야라 할 수 있다.

그러나 최근까지 물가사 분야의 국내 연구성과는 전혀 없었다 해도 과언이 아니다. 다만 주요 경제사 연구에 부분적으로 언급된 수준이다. 安秉珆는 조선 후기 상품화폐경제의 구조와 발전의 방향을 논증하는 과정에서 부분적으로 조선 후기 미가를 언급하였다. 그는 18-19세기에 항상적으로 미가가 등귀함에 따라 미곡의 상품화가 다른 상품에 비해 훨씬 빠르게 진전되었고, 그 결과 경작지의 답화가 촉진되었다고 보았다.[3]

이러한 인식은 동 시대 미가와 지가의 수준을 언급한 모든 논의에서 일반적으로 보인다. 宮嶋博史는 19세기 전반기에 상품화가 본격적으로 전개됨에 따라 미가폭등 문제가 사회문제화 되었다고 보았다.[4] 周藤吉之는 조선 후기 일부 지방의 간헐적인 전답문기를 가지고 지가를 추출하여 동 시대 지가가 등귀하고 있었다고 결론지었다.[5] 金容燮은 농민층 내부에서 일어나는 계급 분화현상과 농지의 집적과정을 연관시키면서 1768-1893년에 이르기까지 농지가격은 급등하고 있었다고 보았다.[6] 이들의 물가인식이 얼마나 극단적인가는 약 200백년 시간을 대상으로 '항상적 등귀', '폭등', '급등'이라는 표현을 사용하고 있는 것에서 드러난다.

반면 최근의 安達義博의 연구와 李憲昶의 연구는 이러한 단편적 인식에서 좀 더 진전된 모습을 보인다.[7] 安達義博과 李憲昶은『備邊司謄錄』,『英祖實錄』, 그리고『正祖實錄』의 물가 기사를 수집하여 17세기 후반에서 18세기 초를 고미가, 1720년에서 1750년대를 저미가, 1770년대 이후를 다시 고미가 시기로 파악하였다. 특히 安達義博은 1720-50년대의 저미가 시기에 주목하여 대부분 조선 후기 경제사 연구자들이 가지고 있었던 고미가 통념을 비판하였다.

李憲昶과 安達義博의 연구는 미가변동으로 조선사회의 경제구조의 변동을 설명하려는 시도로서 조선사회 연구에 물가사 연구의 필요성을 제기하였다는 점에서 의의가 있다. 그러나 자료의 채택에서 시계열이 불완전한 관찬기록에 의존하였다는 점과 물가 자료를 다루는 데 지켜야 할 준칙인

---

3) 安秉珆,『朝鮮近代經濟史研究』, 日本評論社, 1975, 118쪽.
4) 宮嶋博史,「李朝後期農書の研究－商業的農業の發展と農奴制的小經營の解體をめぐて」,『人文學報』 43, 1977.
5) 周藤吉之,「朝鮮後期の田畓文記に關する研究」,『歷史學研究』, 1937.
6) 金容燮,『朝鮮後期農業史研究』 I, 一潮閣, 1970, 273쪽.
7) 安達義博,「朝鮮後期の物價變動 －米價變動と酒造業の發展を中心に－」,『朝鮮學報』, 1989.
　　李憲昶,「肅宗－正祖期 米價의 變動」,『經濟史學』 21, 1996.

자료의 동질성을 갖추지 못하고 이질의 자료를 모아 추세를 언급한 한계를
보인다.

　이러한 국내의 연구수준은 해외에 비하면 대단히 떨어진 상태이다. 유럽
등 주요 국가에서는 자본주의 발생문제를 비롯하여 물가의 장기추세와 순
환변동, 그리고 단기변동으로 확인하는 연구결과들이 상당히 축적되어있다.
이 중 대표적인 것이 스페인의 해밀턴에 의해 정립된 '이윤인플레이션' 모
델이다. 주지하듯이 유럽 경제사의 주요 논점은 자본주의 발생문제에 맞추
어져 있다. 이 문제에 대해 해밀턴은 16세기 스페인 식민지로부터 유입된
대량의 귀금속이 화폐가치를 하락시켜 실질임금과 지대수입의 감소가 일어
나고 상대적으로 기업의 이윤 폭이 확대되는 이윤 인플레이션으로 전개되
어 자본주의가 발생하였다는 모델을 제시하였다.[8] 해밀턴 모델은 상당히
오랜 기간동안 정설의 위치에 있었다.

　그러나 최근 화폐적 요인은 물가에 영향을 주지 않는다는 비판이 계속
제기되고 있다. 이들 비판의 주요 논점은 스페인 식민지로부터 은의 유입
은 곧 물가상승을 일으킨 것이 아니라는 것이다. 화폐유입은 장기지속적으
로 수요의 가격에 대한 비탄력적 반응을 보이는 곡물가격과 그에 비해 상
대적으로 탄력적인 공산품가격에 서로 불균등한 영향을 주고 특히 도시인
구와 시장을 위한 생산의 증가로 화폐의 증대를 상쇄하는 거래량의 증대가
있었기 때문에 물가상승이 일어났다는 설명이다.[9]

　해밀턴 모델의 타당성은 화폐유입량과 물가변동과의 관계를 새로운 방식
으로 추계한 모리뉴(1968, 1985)의 비판으로 약화되었다. 그는 해외 귀금속
유입량을 국가 수입 이외에 민간의 수입과 밀수규모까지 넣어 계산하였고,
분석시기도 16세기뿐만 아니라 17-18세기까지 연장하였다. 그는 이러한 자

8) Hamilton. E. J. "American Treasure and The Price Revolution in Spain,
 1501-1650" Cambridge 1934. 'Profit, Inflation and the industrial Revolution
 1751-1800', "The Quarterly Journal of Economics" LVI, 1941-42.
9) Brenner. Y. S. 'The Inflation of Prices in Early Sixteenth Centry England',
 "The Economic History Review" vol. 14, 1961. Braudel. F. 'Price in Europe
 from 1450-1750', "The Cambridge Economic History of Europe".

료를 이용하여 1650년 이후 귀금속 선적량은 16세기보다 줄지 않고 오히려 늘어난 것을 보였다. 예를 들어 1551-1600년에 8,305톤, 1601-1650년은 11,413톤, 1651-1700은 16,586톤, 1701-1750은 25,189톤 이 선적되어 운반된 사실을 증명하였다. 1550-1650년 사이에 화폐공급은 천천히 상승한 반면 물가는 급속도로 상승하였다. 또한 1650-1750년간에 화폐공급이 거의 로켓과 같이 치솟았으나 물가는 거의 상승하지 않았다.[10] 여기서 이러한 연구 결과들을 종합해 보면 화폐량의 증가를 물가상승의 원인으로 보아온 기존 시각에 대해 신중히 검토할 필요가 생긴다.

최근의 물가사 연구 동향을 보면 어느 한 요인에 편향된 연구경향에서 벗어나 제반 요인들을 종합하려는 경향이 보인다. 변동요인도 단순히 화폐와 인구변화 이외에 기후변동, 수확량 변동, 시장유통망의 변화 등에 주목한다.[11] 또한 추세의 발견과 그 요인 설명이 어려운 장기보다는, 발견하기 쉽고 인과관계가 보다 선명한 중단기변동과 그 요인에 주목하는 연구도 새로운 동향이다. 예를 들어 프랑스의 앙상레짐기의 물가변동이라든지, 영국과 프랑스의 생계위기의 차이와 곡물가격과의 관계에 관한 연구가 이에 해당된다.[12]

한편 유럽 등 자본주의가 일찍 발달한 지역의 물가사 논의와 그렇지 못한 지역의 물가사 논의는 차이가 있다. 러시아의 경우 러시아의 특질로서 '農奴制强化'가 문제의 중심에 놓여 있다. 보리스 미로노프는 러시아에서 가격혁명은 서구 유럽에 비해 약 2세기 정도 늦은 18세기에 일어났으며,

---

10) Morineau "La pomme de terre," Histoire economique et sociale de la france vol. 3 Paris 1976. Goldstone, J. A. 'The causes of long waves in early modern economic history' "Research in Economic History, Suppl". 6, 1991, p.51-92.

11) Goldstone, J. A. 'The causes of long waves in early modern economic history,' "Research in Economic History", Suppl. 6, 1991, p.51-92.

12) John W. Rogers, 'Subsistence crises and political Economy in France at The End of The ANCIEN REGIME', "Research in Economic History" vol. 5, 1980.
Andrew B. Appleby 'Grain Prices and Subsistence Crises in England and France, 1590-1740', "The Journal of Economic History", 1979.

서구 유럽과 러시아의 물가의 움직임은 서로 조응관계에 있지 않았다고 보
고, 공황이나 경제성장의 이해로서가 아닌 '농노제강화'의 역사로서 물가사
를 정리하였다.13) 물가상승을 성장이 아닌 위기의 현상으로, 혹은 역사적
발전이 아닌 역사적 후퇴의 현상으로 보는 시각은 폴란드의 경우도 마찬가
지이다.14)

서유럽과 다른 경험을 물가사 연구에 반영하는 연구 경향은 중국의 물가
사 연구에서 더욱 부각된다. 중국에서 물가사 연구는 크게 보아 구조분석
적 관점과 변동분석적 관점으로 나뉘는데, 전자는 물가변동과 경제발전과
의 관계를 주로 조명하고 후자는 주로 위기국면과 생존국면을 물가변동과
연관시키는 관점이다. 구조분석적 관점은 명·청시대 이후 상품화폐경제의
발전을 내재적 발전으로 보고 이 발전의 지표로서 제반 물가상승을 제시하
거나 혹은 이러한 발전을 저해한 외압으로서 제국주의 침략을 설명하는 지
표로서 물가상승을 제시하는 연구방향이다. 반면 변동분석적 관점은 중국
의 전제군주와 관료제 그리고 장기간 존속되어온 소농경제체제의 특질을
해명하는 연구방향이다.15)

특히 최근 陳春聲(1984, 1989, 1990)의 연구는 새로운 시각으로 물가사에
접근하고 있어서 주목된다. 陳春聲(1984, 1989, 1990)은 중국 廣東지역 미
가변동을 연구하면서 식량문제는 경제문제이면서 중요한 사회문제라고 보
고, 중국의 상평창, 사창, 의창의 운영시스템과 미가변동을 연결시켜 파악
하였다. 그는 중국에서 시장의 발전과 종족단체의 발전이 동시에 진행되었
음을 밝혔다. 즉 시장경제와 종족조직은 상식적으로 서로 상반된 범주로
인식해왔으나 광동지역의 상품경제의 발전의 배경에는 새로운 질서를 지탱
하는 종족조직이 있었다는 것에 주목한 것이다. 그는 광동지역에서 시장의
발전이라는 경제적 요구는 사회안정이라는 목표에 종속되어 있는 것을 발

---

13) *Boris Mironov. N. 'Consequences of the Price Revolution in Eighteenth-century Russia', "Economic History Review",* 1992.

14) Jerzy Topolski 'Economic Decline in Poland from the Sixteenth to the Eighteenth centuries', "Essays in European Economic History 1500-1800" 1974.

15) 岸本美緒, 『淸代中國の物價と經濟變動』, 硏文出版, 1996.

견한 것이다.

이러한 시각은 조선사회의 미가를 비롯하여 제반 가격의 변동을 고찰하는 데 있어서 매우 유용하다. 왜냐하면 서유럽의 물가사연구의 초점이 자본주의 발생과 발전에 있고 러시아의 경우 농노제강화에 맞춘 것처럼 아시아에서도 아시아적 특질을 찾는 데 초점을 맞출 필요가 있기 때문이다.

2. 연구과제 및 구성

전공업화 사회의 장단기 경제변동을 곡물가격의 변동으로 설명하려고 할 경우 가격에 대한 시계열자료의 정비는 필수요건이다. 그러나 사료속에 존재하는 물가기록은 발굴하기도 어렵지만 찾았다 해도 그대로 통계적으로 시계열분석에 들어갈 수 없는 장애가 있다. 조선 후기 기록 중에 각 지방 邑志에 가격이 기재되어 있고, 관찬일기나 사찬일기속에 간헐적으로 가격 기록이 남겨져 있어 화폐를 사용한 지출기록은 다양하게 찾아볼 수 있는 편이다. 그러나 이러한 기록은 전후 맥락이 없는 단편적 기록이고, 때문에 일정시점을 대표하는 통계수치로서 신뢰성을 판정할 근거가 없다.

따라서 역사기록의 수치를 계량화할 수 있는 통계로서 신빙성을 판단할 근거를 마련하는 일이 분석에 앞서 진행되어야 한다. 프랑스의 물가사 연구의 선구자라 할 수 있는 라브루즈는 사료의 진실성을 보증하는 근거로 ① 자료의 수가 많을 것, ② 연관 자료는 상호간 통제가능할 것, ③ 기록이 규칙적일 것, ④ 감사를 거친 기록일 것이란 네 가지 근거를 들었다. 그는 이러한 조건을 갖춘 자료로서 파리의 공설시장의 곡물가격을 채택하였다. 그의 맨 처음 논문은 사료적 기반을 견고히 하는 데 모든 노력을 경주하였다.16)

---

16) Rabrousse, C. E "Esquisse du mouvement des prix et des revenus en France au 18siecle(A sketch of the movement of prices and revenues in France in the 18th Century)": 竹岡敬溫, 『近代フランス物價史序說』, 創文社, 1980.

이에 본 연구의 첫째 목표는 사료를 통계자료로 전환시키는 데 있어서 필요한 준칙을 동질성 확보에 두고 시간성·공간성·연속성·상대성을 갖춘 동질의 자료를 수집하고 가공하는 데 두었다.

둘째 목표는 장기추세의 확보와 그것의 확인이다. 즉 미가의 장기시계열을 구축함으로써 역사학 분야에서 아날학파의 주요 성과인 장기추세 속의 변화 즉 장기적인 콩종크튀르라든가, 론도 캐머론이 정의내린 150-350년 정도 지속되는 흐름 속의 구조변화 즉 로지스티크를 발견하려고 한다. 이러한 변동을 확인하면 다음에는 그 속에서 반복되고 있는 변동들의 특징을 검출한다. 예를 들어 유럽에서 몇몇 경제학자들의 이름을 따서 밝힌 변동들인 약 40개월의 주기를 가진 키친파동이라든가 약 9년의 주기를 갖는 쥐글러파동, 혹은 농업사회를 대상으로 발견한 라브루즈 사이클이 그것이다.

한편 서구 자본주의 영역의 여러 국가에서 찾아낸 사이클과 유사한 것을 농업사회인 조선에서 찾아낸다고 해도, 그 의미 규정에 지역적 한계가 있을 수 있다. 이러한 한계는 역사적 경험을 같이하는 공간으로 영역을 확대함으로써 어느 정도 벗어날 수 있다. 따라서 본 연구에서는 비교적 최장기 연속적인 시계열을 확보하고 그것을 가까운 중국과 대비하여 동 시대 서로 다른 공간의 가격변동을 비교해 보려고 한다.

셋째 목표는 계절변동과 지역 간 상관계수의 파악이다. 미가 시계열분석에서 장기추세와 중기변동의 발견도 중요하지만 1년을 단위로 수확 이전과 수확 이후 서로 다른 모습을 갖는 계절변동의 모습을 밝히는 것도 중요하다. 계절변동이란 1년 기간동안 일어난 단기변동 내에 계절적으로 주기성을 갖는 변동을 말한다. 농업을 기반으로 하는 전공업화사회에서 곡물가격의 단기변동의 근본원인은 생산의 계절성에 있다. 곡물은 필수재이기 때문에 그 가격변동은 비탄력적인 반응을 보이게 된다. 이러한 경직성을 탄력적으로 유도하는 것이 시장기구이다. 따라서 계절변동폭은 여러 가지를 파악할 수 있는 지표로 활용된다. 예를 들어 시장기구의 발달정도 좀 더 구체적으로 말하자면 시장의 시간적 평준화 기능, 운송수단의 발달정도, 국가의 양곡관리 기능 등을 판단할 수 있는 지표이다.

계절지수와 더불어 시장 발달정도를 파악하는 또 하나의 척도는 지역 간 미가 수준의 상관계수이다. 지역 간 미가의 상관계수는 지역 간 물가 연동성과 시장 연관성을 나타내는 지표로서 활용되고 있다. 따라서 이 지표를 통해서 시장의 공간적 가격 평준화 기능을 확인할 수 있다. 이에 본 연구의 네 번째 목표는 18-19세기 시장경제의 발달정도를 파악하는 데 유용한 지표로서 미가의 계절변동계수와 지역 간 미가상관계수를 산정하는 데 두었다.

이상 언급한 미가의 장기추세와 단기변동과 그리고 지역 간 상관계수의 파악은 물가사 연구의 기본일 뿐이며, 연구의 유용성은 이를 토대로 한 변동요인의 구명에 있다. 대개 신고전학파 경제학 모델에서 가격변동의 주요 요인은 화폐 부문의 통화량 변동과 실물 부문의 수요, 공급량의 변동을 가리킨다. 그러나 개별국가의 구체적인 역사속의 변동요인은 이론으로 정립된 요인과 다를 수 있다. 유럽의 경우 변동요인은 기후요인과 인구요인, 그리고 화폐요인으로 구분되어 설명되어 왔다. 이러한 요인 구분은 다시 시장기구의 작동을 전제로 실물요인으로서 재화의 수요 측면을 강조한 인구론과 명목요인으로서 화폐의 공급 측면을 강조한 화폐론으로 대립되어 전개되어 왔다. 조선에서도 물가 변동요인을 고찰하는 데 있어서 이러한 요인들의 작동에 의한 변동을 설명하는 것은 유용하다.

그러나 이들 요인은 무매개적으로 받아들여서는 곤란하며 요인형성과정의 배경에 대한 이해가 필요하다고 본다. 왜냐하면 서유럽의 물가사 연구에서 화폐요인이란 16세기 전 세계의 銀이 집중적으로 서구 유럽에 유입되면서 일어난 변화를 배경으로 나온 논의이기 때문이다. 반면 조선의 18세기는 화폐부족 이른바 '錢荒'문제가 끊임없이 사회문제로 제기된 시대이다. 따라서 이 시기 상품경제가 발달했다 해도 화폐는 늘 부족했다는 것을 짐작할 수 있다. 만약 이러한 배경을 가리고 동 시대 물가가 상승했다고 해서 그 원인을 16세기 유럽과 마찬가지로 화폐요인의 작용에서 찾는다면 사실과 다를 수 있다.

또한 동 시대 조선의 미가변동에 영향을 주는 것으로 조선에서 유달리 발달한 국가적 차원의 곡물재배분을 생각해 볼 수 있다. 예를 들어 진휼운 영과 환곡운영이 이에 해당된다. 조선 후기에는 국가주도의 곡물재배분몫 의 유통이 시장 유통분 못지않게 많았다. 그 결과 가격은 시장조건에 의해 서만 변화한 것이 아니라 실제 상당부분 이 운영에도 영향을 받고 있었다. 지금까지 역사학 분야에서 환곡문제는 고리대적 성격, 혹은 부세적 성격을 강조하여 부정적 시각으로 다루어왔다. 그러나 본 연구에서는 물가안정 기 능으로서 환곡문제를 다루고 환곡의 문란과 미가 불안정의 상관관계를 조 명하여 조선적 특질을 갖는 변동요인을 찾아내려고 한다. 이상이 본 연구 에서 다섯째 목적으로 살펴질 구체적 요인들이다.

이외에 시장통합의 문제라든가, 면화가격과 미가와의 상대가격 추이 등 등이 물가사 영역에서 주요하게 다뤄져야 할 문제임에도 본 연구에서는 다 루지 못했다. 또한 제반요인과 미가변동과의 설명도 대단히 불완전한 한계 가 있다. 이 문제는 앞으로의 연구과제로 남겨둔다.

본 연구에서는 이상과 같은 과제를 다섯 개 장으로 구성하여 살펴보고자 한다. 제1장은 미가자료의 소개와 정리과정을 다룬다. 본 연구에서 참고하 는 미가 관련 주 자료는 매년 정기적인 門中 契의 일을 기록한 契文書이 다. 이외에 민간 고문서 가운데 어느 한 가문이 일정한 공간에 거주하면서 일상생활의 사건들을 거의 매일 기록한 兩班家 生活日記類를 보조자료로 이용하였다.

제2장에서는 제1장에서 가공·정리된 자료를 몇 가지 통계적 기법을 적용 하여 분석한다. 원 시계열자료를 추세변동(Secular Trend), 계절변동 (Seasonal variation), 순환변동(Cyclical variation), 불규칙변동(Irregular variation)이 서로 유기적인 관련하에 있는 것으로 가정하고 이동평균과 최 소자승법에 의해 각각의 변동을 분리하여 산출한다. 추세변동에서는 중국과 의 비교를 통해 양국 미가의 同調性을 확인한다.

제3장은 인구요인, 화폐요인, 공급요인, 그리고 기후요인과 미가변동과의 관계를 살핀다. 인구요인에서는 인구규모 변동과 미가변동과의 상호연관성 을 살펴본다. 화폐요인에서는 전황문제와 18세기 미가변동과의 관계를 주

로 다룬다. 공급요인은 수확량 변동과 미가와의 관계를 살핀다. 수확량은 단위 두락당 수확량과 국가 조세체계에서 파악된 급재결수를 가지고 파악한다. 기후요인은 『承政院日記』의 강우량기록을 정리하고, 『備邊司謄錄』의 分等狀啓에 나타난 작황상황을 정리하여, 매년도 미가변동과의 관계를 다룬다.

제4장은 국가적 재배분체계의 변화와 미가변동과의 관계를 살핀다. 국가적 재배분체계의 변화는 진휼을 중심으로 한 지역 간 곡식이동과 환곡체계의 변화를 가지고 살핀다. 재배분체계는 ① 환곡이 늘어난 팽창의 시기, ② 환곡운영이 변화로 환곡이 줄어든 변화의 시기, ③ 환곡이 줄어들면서 문란해진 변질의 시기로 구분하고 각각의 시기와 미가변동 양상을 대조하면서 그 관계를 살핀다.

제5장은 미가와의 상대가격으로서 동 시대 지가 추이를 살핀다. 지가는 경상도 상주지방 토지매매문기 513점과 전라도 구례군 토지면 오미동 문화 유씨 고문서 중 토지매매문기 456점을 표본자료로 채택하여 분석한다.

I. 미가자료 소개 및 정리

1. 전라도 영암군 영암읍 장암리 문씨 일족의 族契用下 記(1744-1875)

(1) 지역배경

전라도 영암지방은 16세기 후반 이래로 全州崔氏, 南平文氏, 巨昌愼氏 등이 지방을 대표하는 士林들이 주도하여 결성한 共同體的 組織이 다른 지방에 비해 비교적 많은 것으로 알려져 있다. 이러한 이유로 農村社會史 연구자들의 특별한 관심을 모은 지역이기도 하다.[17] 이 분야의 연구성과에 의하면 조선의 家族 및 親族體系는 17세기 중엽을 분기점으로 儒敎儀禮에 기반을 둔 父系親族으로 정착되었다고 본다.[18] 이에 따라 農村社會에 同姓村落이 형성되고 그 내부에는 族契로 대표되는 門中組織이 발달한 것으로 이해되고 있다. 靈巖지방의 門中組織의 발달도 이러한 시대적 흐름의 一環이다.

靈巖地方은 영산강을 끼고 남해와 서해를 연결하는 지점에 위치한다. 영암지방의 지리적 위치를 「輿地圖書」에서 확인하면 동쪽으로 羅州와 14리, 북쪽으로 羅州와 35리, 남쪽으로 康津과 17리, 서쪽으로 바닷가와 50리, 서울과 822리의 거리(9日程)에 있는 것으로 되어있다. 建置沿革을 보면 百濟 때에 月奈(달낮골)郡에서 新羅 때에 靈巖으로 개명되었고, 高麗 成宗 14(995)년에 朗州安南都護府로 승격되었다가 顯宗 9(1018)년에 다시 靈巖

---

17) 영암지방에 관한 대표적 연구는 李海濬, 「朝鮮後期 靈巖地方 洞契의 成立背景과 그 性格」, 「全南史學」, 1988이 있다.

18) 김인걸, 「조선 후기향촌사회통제책의 위기 -동계의 성격변화를 중심으로-」, 「진단학보」 58, 1984; 이해준, 「조선 후기 영암지방 동계의 성립배경과 성격」, 「전남사학」 2, 1988; 김경옥, 「조선 후기 전남사족과 서원」, 「호남문화연구」 20, 1991.

26

으로 降等되어 조선에서도 그대로 따른 것으로 되어있다.19)

李重煥은 「擇里志」에 靈巖을 "산 남쪽은 월남촌이고 서쪽은 구림촌이다. 신라에서 당나라와 무역할 때 모두 이 고을 바닷가에서 배로 떠났다."20)라고 소개하고 있다. 또한 朝鮮 後期 浦口間 流通網이 표시된 「嶺湖南沿海形便圖」를 보면 靈巖은 慶尙道 지역과 江景, 그리고 서울로 이어지는 流通網의 중간에 위치하여 湖南에서 가장 많은 浦口를 지닌 곳으로 나타난다.21)

이러한 지리적 특징을 갖는 靈巖地方에 士族 주도의 鄕村秩序가 확립되는 계기는 烟村 崔德之(1384-1455)가 1450년경에 永保村에 入鄕하면서부터이다. 朝鮮朝에 들어와서 鄕村社會에 士族이 定着하는 趨勢는 다른 지역으로의 移居와 入鄕, 그리고 지역 내에서의 分家와 分岐로 구분된다. 전자의 경우 그 주요 계기는 士禍 등 정치적 사건이다. 入鄕處를 정함에 있어서 妻家와 外家는 중요한 연고지가 된다.22) 崔德之의 入鄕도 이와 같다. 崔德之는 永保村(현 德津面 永保里)에 세거하던 趙安鼎의 사위가 되어 이곳과 인연을 맺다가 1450년경에 아예 이곳에 정착한다.

이후 최씨가문과 혼인의 연결을 맺으며 영암에 터전을 마련하는 가문이 居昌愼氏와 南平文氏이다. 남평 문씨의 경우 세조의 왕위 찬탈에 반대하여 은거하게 된 文孟和(?-1487)가 최덕지의 외손녀와 혼인함으로써 영보리에 입향하였다. 그 뒤에 문맹화의 증손인 曾孫 文益顯(1573-1646)은 靈巖邑 場巖(마당바위)里를 300년간 永住할 곳이라 여겨 永保里에서 場巖里23)로 옮겨 살게 된다.

文益顯이 場巖里에 정착한 후 약 70-90년24) 뒤부터 文氏一族은 門契와

---

19) 『輿地圖書』 下, 636쪽, 國史編纂委員會, 建置沿革: 本百濟月奈郡, 新羅改今名, 高麗成宗十四年改朗州安南都護府, 顯宗九年復降爲靈巖郡, 本朝因之.
20) 李重煥, 李翼成譯, 『擇里志』, 乙酉文化社, 1971, 100쪽.
21) 金燦, 「韓國의 古地圖」 74쪽, 《嶺湖南沿海形便圖》.
22) 鄭勝謨, 「同族村落의 形成背景」, 「정신문화연구」 제16권 제4호, 1993.
23) 南平文氏 場巖派 世系에 대해서는 鄭求福, 安承俊의 古文書集成 南平文氏篇 解題를 참조.
24) 영암군에서 정리한 「마을 유래지」(1988)에 장암리는 1573년부터 문씨들이 정착한 것으로 되어 있으나, 1573년은 영보리에서 장암리로 분가한 문익현이 태

洞契, 그리고 小宗契를 조직한다. 場巖洞契는 1664년 文氏一族과 巨昌愼
氏[25])들이 주도하여 長幼有序를 기본으로 한 마을의 질서확립과 환난에 대
비하기 위하여 창계한 동계이다.[26]) 門契는 洞契와 마찬가지로 1664년에 永
保里와 場巖里에 거주하는 文氏들이 선조를 받들고 一門의 화목을 도모하
기 위하여 창립한다. 小宗契는 창립시기가 불분명하다. 宗法에 따르면 小宗
은 大宗에서 直系 高祖의 祭祀를 받들기 위하여 分岐되는데, 이를 근거로
본다면 場巖里의 小宗契는 이 마을에 정착한 文益顯을 高祖로 모신 후손들
에 의해 만들어지는 것으로 된다. 따라서 大宗契인 門契에서 小宗契가 分
岐하는 시기는 文益顯의 三代以下 後孫들이 제사를 모시는 시기로 추정할
수 있다.[27])

___

어난 해이다. 따라서 20-30세에 분가한 것으로 본다면 장암리에 정착한 시기는
1593-1603년이 된다.

25) 烟村 崔德之의 사위 愼後庚의 후손을 말한다.

26) 場巖洞契開元錄-丁未創契案 崇禎甲申後二十四年 丁未卽我顯宗大王八年也 于
時創契而-丁未年本色十八石 有司 文三古 九石 文鳳來九石 戊申年 取利 二十
七石五升 愼必休 十三石十斗三升 愼慶祖 十三石十斗二升. 場巖洞契 開元錄의
기재양식은 1. 某年 十二月 晦日 有司分掌記 2. 有司 二人 名 3. 舊 有司乃存秩
有司一人 幾石, 一人 幾石 合計 4. 留庫秩 5. 文書秩 6. 雜物秩 7. 傳受有司名으
로 되어 있다.

27) 小宗契 契憲은 丙戌년 4월에 작성된 것으로 기록되어 있다. 또한 祭祀條에 "將
仕郎 先祖以下 第二代五位 祭債各租一石定式事"라는 규정이 기재되어 있다. 여
기서 將仕郎先祖는 文益顯을 가리킨다. 이를 놓고 보았을 때 小宗契는 文益顯
의 三代以下 後孫들이 중심이 되어 결성한 것으로 추정된다.

(2) 用下記 解說

〈用下記 原文〉

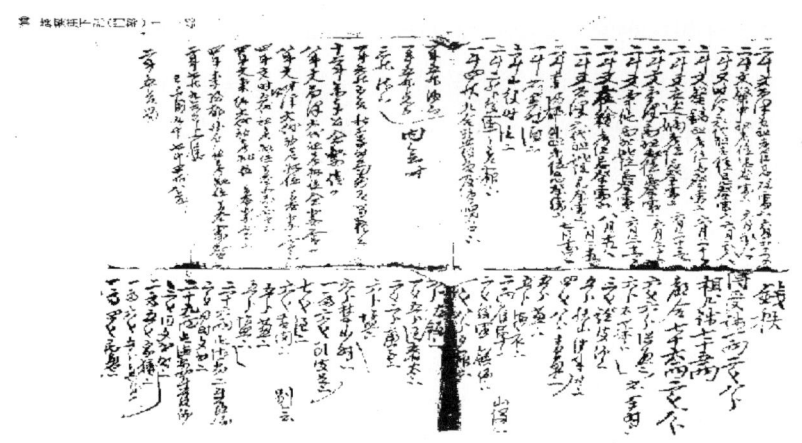

文氏一族이 門契를 만들고 운영하면서 계 재정의 수입과 지출을 기록한
문서가 族契用下記이다. 또한 場巖里로 分岐하면서 결성한 小宗契 재정의
수입과 지출을 기록한 문서가 小宗契用下記이다. 用下記는 '사용 지출기록'
이란 의미로 해석된다. 이 用下記는 族契用下記와 門契用下記 그리고 小宗
契用下記로 각각 나뉘어 있다.

〈표 1-1〉에서 보듯이 用下記는 1741년에서 1928년까지 총 187년간 작성
된 기록이다.[28] 族契用下記는 1741-1763년까지 族契로 표시되어 있고,
1779-1850년까지 門契로 표시되다가, 다시 1850년 이후부터 族契로 표시되
어 있다. 여기서 族契와 門契는 小宗契와 구별되는 大宗契의 異稱으로 여

---

28) 이는 한국정신문화연구원의 고문서 정리 사업으로 영인된바 있는 「고문서집성」
21·22에 수록된 용하기의 기록년대이다. 용하기 작성은 1928년에 끝난 것은 아
니며 영암 장암리 현지에서 본인이 확인한 바에 의하면 1985년도까지 기록이
보존되어 있었다. 남평 문씨 후손으로 문계관련 고문서를 관리하고 계신 文昌集
교장선생님에 따르면 지금도 계 관련 장부는 계속 기록되고 있다고 한다.

겨진다. 이하 族契로 통일하여 사용한다.

族契用下記의 경우 1766-1778년, 1817-1842년 사이의 기록이 빠져 있고 小宗契 用下記의 경우 1843-1844년도의 기록이 빠져 있다. 族契와 小宗契 用下記 양쪽 모두 빠져 있는 시기는 1766-1778년 사이와 1817-1818년 사이 이다.

用下記는 기본적으로 支出簿이나 收入內譯도 첨가되어 있어서 出納簿的 성격도 갖추고 있다. 이것은 契畓 地代收入인 租를 가지고 화폐가 필요한 때에는 화폐로 바꾸고 米가 필요한 때는 米로 바꾸어 지출함에 따라 租·米·錢 세 物目이 서로 수시로 들어오고 나갔기 때문으로 사료된다. 이제 用下記 記入體系[29]를 1800년 族契用下記 全文을 놓고 物目別로 좀 더 자세히 고찰해보자.

〈표 1-1〉 南平文氏 族契 小宗契 用下記 現況

關聯契	收錄年代
① 族契用下記	辛酉(1741 英祖 17)-癸未(1765 英祖 41)
② 族契用下記(門契)	己亥(1779 正祖 3)-乙丑(1805 純祖 5)
③ 族契用下記(門契)	丙寅(1806 純祖 6)-丙午(1816 純祖 16)
④ 族契用下記(門契)	癸卯(1843 憲宗 9)-庚戌(1850 哲宗 1)
⑤ 族契用下記	庚戌(1850 哲宗 1)-壬辰(1852 高宗 9)
⑥ 族契用下記	甲辰(1884 高宗 21)-戊辰(1928)
⑦ 小宗契用下記	己卯(1819 純祖 19)-丙戌(1826 純祖 26)
⑧ 小宗契用下記	丁亥(1827 純祖 27)-壬寅(1842 憲宗 8)
⑨ 小宗契用下記	乙巳(1845 憲宗 11)-癸亥(1864 高宗 1)
⑩ 小宗契用下記	甲子(1864 高宗 1)-癸未(1883 高宗 20)

【자료】 『古文書集成 21.22』[30] 南平文氏 篇, 韓國精神文化研究院

---

29) 用下記는 記入體系를 놓고 볼 때 크게 1741-1765년간 用下記와 1779년 이후 用下記로 구별할 수 있다. 1741-1765년간은 체계가 갖추어지지 않은 채 기입되어 있으며, 1779년 이후는 일정한 체계를 갖추고 기입되어 있다.

30) 「古文書集成」 21 해제에는 맨 처음 족계 용하기의 수록년대를 1741-1763년까지로 밝혀놓았으나 실재로는 1765년까지 기록되어 있다. 정구복·안승준 「古文

① 春租秩

용하기를 가지고 일년을 會期 구분할 경우 收穫 以前과 收穫 以後로 구분할 수 있다. 여기에서는 收穫 以前을 春期로 收穫 以後를 秋期로 놓고 세 物目을 각각 春租秩, 秋租秩, 春米秩, 秋米秩, 春錢秩, 秋錢秩로 구분하여 사용하기로 한다. 〈표 1-2〉는 1800년도 用下記 중 봄의 租의 지출기록이다. 맨 처음 傳受租 58石 8斗는 1799년도에서 傳與[31]된 量이다. 傳受租 58石 8斗를 1石＝20斗로 환산하면 1,168斗가 된다. (이하 모든 石은 斗로 환산하여 제시한다.) 이 중 作錢곧 화폐로 바꾸는 데 支出된 量이 360斗이고 作米 곧 쌀로 도정하는 데 支出된 量이 620斗이다.

1800년 봄의 作錢 횟수는 1회이다.[32] 作錢 뒤에 표기된 "每石一兩六錢例"는 租 1石＝20斗를 기준으로 한 단위당 作錢價의 표시이다.[33] 이 표기는 作錢할 때마다 매번 표기된 것은 아니나 빈번히 표기되어 있다. 간혹 "市値"란 표현을 기입한 해도 있다. 예를 들어 1790년 用下記를 보면 봄 傳受租 835.4斗 중 112斗를 11兩 2錢에 作錢하였을 때 作錢뒤에 "二兩市値"라고 적고 있다. 이러한 기록은 족계 운영과 시장경제와의 연관을 보여준다고 볼 수 있다.

書集成」21, 靈巖 南平文氏篇 해제」, 12쪽, 한국정신문화연구원, 1995.
31) 用下記는 年單位로 前年度 有司가 넘겨준 것을 "傳與", 넘겨받은 것을 "傳受"로 표기하고 있다.
32) 연도별 작전횟수는 부표를 참조.
33) 본 연구의 미가 시계열은 이 표기에 준하여 구축하였다.

〈표 1-2〉族契 庚申(1800年) 春租秩 用下 全文

春租秩	石	斗	升	合		
傳受租	58	08			內	(1168.00)
		6			文尙澤六代祖考妣位正朝祭禮下	
		3			文時澤六代祖考妣位正朝祭禮下	
		3			文時澤五代祖考妣位正朝祭禮下	
		3			文秉純六代祖考妣位正朝祭禮下	
		5			文棨正曾祖考位忌祭需下	
		5			文秉純六代祖忌妣位忌祭需下	
		5			文棨正祖妣位忌祭需下	
		5			文重澤曾祖考位忌祭需下	
		5			文重澤高祖妣位忌祭需下	
		5			文重澤高祖位忌祭需下	
		5			文秉純高祖考位忌祭需下	
		5			文棨綱祖考位忌祭需下	
		5			文秉純高祖妣位忌祭需下	
		5			文時澤高祖考位忌祭需下	
		5			文棨鎬祖妣位忌祭需下	
		5			文在述嫡考位忌祭需下	
		5			文時澤六代祖考位忌祭需下	
		5			別廟盖草代下	
		14	6		大草畓半所耕下	
		9	6		瓦治坪畓半所耕下	
		11	4		項洞畓半所耕下	
		4			山直失火求乞下	
		5			山直家材木價下	
	18				作錢二十八兩八錢　　每石一兩六錢例	(360.00)
	4				作米三十二斗　　　　　　八斗例	(80.00)
	3				作米十八斗三升　　　　六斗一升例	(60.00)
	24				作米一百九十四斗四升　每八斗一升例	(480.00)
	2	8	4		以上縮	(48.40)
	58	8			以上用五十八石八斗	(1168.00)

이해 봄의 作米 횟수는 3회이다. 作米 뒤의 "八斗例", "六斗一升例", "每八斗一升例"도 租 一石을 도정한 米量의 표시이다. 作錢比率이 변하는 것은 市勢에 따르기 때문이나, 이 비율의 변하는 것은 搗精度의 차이에 기인한다.

傳受租 1,168斗에서 作錢量 360斗와 作米量 620斗를 除하면 188斗가 남는다. 이 중 租 자체로 支出된 量은 140斗 6升이다. 나머지 48斗 4升(이하 48.4斗로 표시한다)은 "縮"34)으로 처리하고 있다. 이하 두 사항은 합하여 現物支出(現出)로 제시한다. 現物支出의 내역은 祭需, (半)所耕,35) 山直家 材木 등등이다. 春租秩의 作錢量과 作米量는 그해 春米秩과 春錢秩의 수입으로 移越된다. 계속해서 春米秩의 지출내역을 검토해보자.

② 春米秩

〈표 1-3〉에서 傳受米 2.05斗는 前年度 會計에서 米로 移越된 것이다. 여기에 봄 會計의 租秩에서 作米하여 이월된 244.7斗를 합하면 246.75斗가 된다. 이것을 수입으로 하여 이루어진 지출내역을 보면 省墓時에 술값으로 1斗를 지출하고 山役36)에 동원된 역군들의 술값과 점심값으로 6.5斗를 지출하고 있다. 作錢 횟수는 3회이다. 總 作錢量은 223.8斗이다. 작전하여 화폐로 바꾼 금액은 35.4兩이다. 두 번째 作錢란의 뒤에 "六斗八升 例"라는 표기는 錢 一兩＝米 六斗八升의 교환비율을 의미한다.

---

34) 縮은 정확한 뜻은 알 수 없고 減耗分으로 이해된다.
35) 所耕은 국가에 대한 결세를 나타내는 용어이다. 1756년 족계 용하기에 "十斗二升四合 項洞畓五斗落十二卜八束所畊下"라는 표현에서 結稅를 지칭하는 것을 알 수 있다.
36) 墓를 만드는 일을 말한다.

〈표 1-3〉 族契 庚申(1800年) 春米秩 用下 全文

春米秩	斗	升	合	
傳受米	2		5	
租作米	244	7		
合	246	7	5	內
	1			省墓時酒下
	3			山役時酒下
	3			同役軍占粮下
		5		同盟役員占粮下
	2			李陽郁外祖妣忌祭需下
	2			文秉純五代祖考位忌祭需下
	2			文粲正高祖考位忌祭需下
	2			文粲正祖妣位忌祭需下
	2			文粲中祖妣位忌祭需下
	2			文粲鎬祖考位忌祭需下
	47			作錢九兩四錢
	153			作錢二十二兩五錢　　六斗八升例
	23	8		作錢三兩五錢
	1	4	5	以上縮
				以上用二百四十六斗七升五合

③ 春錢秩

　먼저 租作錢 28兩 8錢은 앞서 〈春租秩〉에서 제시한 租 18石을 作錢하여 얻은 貨幣額이다. 米作錢 35兩 4錢도 마찬가지로 〈春米秩〉의 米 223.8斗를 作錢하여 얻은 貨幣額이다. 이렇게 얻은 화폐는 청어, 멸치, 무, 雇軍들 일삯, 혼인부조, 제사, 토지 구입 등에 지출되고 있다. 여기서 토지 구입을 제외하고 다른 지출은 모두 단위가 명시되어 있지 않은 점을 볼 수 있다. 토지 구입에 지출된 사항은 두락이 명시되어 있어 단위 두락당 지가 수준을 알 수 있다. 반면 다른 품목은 단위가 제시되어 있지 않다. 이 점이 미가를 제외한 다른 상품의 물가를 연구함에 있어서 用下記가 갖는 限界이다.

〈표 1-4〉 族契 庚申(1800年) 春錢秩 用下 全文

春錢秩	兩	錢	分	
租作錢	28	8		
米作錢	35	4		
合	64	2		
		4	7	靑魚下
			7	蔑魚下
			8	菁下
			2	文秉純六代祖妣位忌祭債下
	1	6		山役時雇軍下
		3	5	同南草下
		4	8	同靑魚下
		1		蔑錢下
		2	3	佐飯下
			7	蔥子
	1	1		席洞宅子婚扶下
		2		文時澤六代祖考位忌祭債下
		2		文粲正高祖考位忌祭債下
		5		貿菁下
		50		項洞畓四斗落價下
		10		去年加用錢追報下
				以上用六十五兩六錢五分
				一兩四錢五分引用

④ 秋租秩(秋捧)37)

〈표 1-5〉의 畓禾 69石13斗4升(1,393.40斗)은 이해 契畓의 地代로 거두어 들일 豫定量이다. 이 중 和所宅으로부터 아직 거두지 못한 未捧 15斗를 제외한 68石 18斗 4升이 收入量이다. 여기에 大契祭需 名目으로 들어온 것과 未捧分이 다시 들어온 것을 합한 것이 都合 75石18斗4升이다.

秋租秩의 畓禾 1393.40(斗)은 用下記上에는 '秋捧'의 명목으로 기재되어

---

37) 가을에 結稅나 雜稅를 받아들인다는 의미로 여기에서는 契畓 地代를 받아들인 것을 나타낸다.

있다. 사례로 제시된 1800년과 달리 다른 年度의 用下記상의 '秋捧'에 수록
된 정보는 좀 더 다양하다. 우선 각 契畓別로 地代 收捧量이 표기되어 있
는 경우가 있다. 18세기에는 1744-1765년간 표기되어 있고, 19세기에는
1859년-1925년 동안 표기되어 있다. 1744-1765년간은 作人이 표기되지 않
은 반면 1859-1925년 기간은 作人名이 기재되어 있다.

契畓의 地代는 대부분 打租로 수취된 듯하다. 매년 同一畓임에도 불구하
고 '秋捧'에 기재된 受取量이 일정하지 않은 점과 洞憲穀物條에 "田土竝作
必擇勸農者 有司告于公事員(전토의 병작은 반드시 농사에 힘쓰는 자를 선
택하였다는 것을 유사는 공사원에게 알린다)"라는 내용이 명시되어 있는
것으로 보아 打租였다고 짐작된다. 그러나 賭租로 수취한 경우로 보이는
것도 있다. 예를 들어 栗山坪 1斗 3升落의 지대량은 매년 20두씩 기록되고
있는 것에서 賭租로 수취한 것을 알 수 있다. 이외에 문계의 庫直[38]의 私
乃地[39]와 일반 작인들에 의해 경작되는 토지가 구별되어 있다. 다음으로
문계답의 種子費와 耕作費用에 대한 지출이 기록되어 있다.[40]

畓禾에서 걷히지 않은 未捧은 매년 그 규모가 변한다. 흉년이 든 해는 특히
그 규모가 커진다. 畓禾에서 未捧을 제한 것이 實捧이다. 實捧 다음의 還捧 중
大契祭需 140(斗)는 외부에서 族契의 祭需를 위해 지원한 租量을 인 듯하다.
이 항목은 1781-1809년까지 기록되다가 그 이후에는 등장하지 않는다. 명목
도 祭債, 祭需, 還納 등으로 표기하고 있어 정확한 실상은 파악되지 않는다.

지출내역에서 맨 마지막에 "二斗六升木麥二斗代"란 표기가 있다. 木麥은
메밀로서 蕎麥으로도 표기하였다. 환산단위가 표기되어 있어 가격을 산출
할 수 있다.

---

38) 舍音이나 次知 등과 같이 문계답을 관리하는 사람에 대한 일반적인 호칭으로
사료된다.
39) 사례논으로 묘지기나 마름이 그 보수로 부쳐먹는 논밭이다.
40) 이 란에 대해 시계열적 정리를 하면 문계의 농업 경영에 관한 훌륭한 자료가
될 수 있다고 여겨진다. 본 연구에서는 지대량에 대한 시계열적 정리에 머무르
고 구체적인 분석까지 진행시키지 않았다. 이 분야에 대한 좀 더 구체적인 정
리와 분석은 농가 경영을 다루는 연구자에게 기대한다.

1800년 가을의 작전횟수도 봄과 같이 1회이다. 作錢量은 14石으로 봄의 18石에 비해 적다. 作錢價格은 租 1石當 봄의 1兩 6錢에 비해 1兩 9錢으로 조금 상승한 편이다. 계절변동을 고려할 때 수확 이후의 가격이 수확 이전보다 낮아야함에도 불구하고 높게 나타난 것은 1800년의 작황상황이 1799년에 비해 안 좋은 것을 암시한다.[41]

〈표 1-5〉族契 庚申(1800年) 秋租秩 用下 全文

秋租秩	石	斗	升	合	
畓 禾	69	13	4		
未 捧		15			(和所宅未捧)
實 捧	68	18	4		
還 捧	7				(大契祭需租六石 草谷宅丁未未捧追納一石)
都 合	75	18	4		
	1	10			參奉公墓祭需下
	1				文尙澤六代祖考妣位墓祭需下
		10			山神祭需下
		10			文尙澤五代祖考妣墓祭需下
		10			文秉純六代祖考位墓祭需下
		5			文尙澤高祖妣位忌祭需下
		5			文粲宗祖妣位忌祭需下
		5			文時澤五代祖考妣位忌祭需下
		5			文時澤曾祖考位忌祭需下
		5			文重澤曾祖考位忌祭需下
	1				作米八斗下
	14				作錢二十六兩六錢 每石一兩九錢
		2	6		木麥二斗代下
					以上用二十一石七斗六升
					五十四石十斗八升留

---

41) 備邊司謄錄을 보면 각 지방 작황상황에 대해 각 도 관찰사들이 尤甚, 之次, 稍實이란 표현을 사용하여 흉년작인 읍과 평년작인 읍, 그리고 풍년작인 읍을 조사하고 그 결과를 중앙에 보고한 分等狀啓가 있다. 호남지방의 분등장계를 보면 1799년과 1800년 모두 흉년든 읍은 없는 것으로 조사되었다. 다만 지차읍과 풍년읍의 비중이 차이가 나는데 1799년은 호남 전체 읍 중 61%가 풍년읍이고 1800년은 53%로 나타난다. 이로 보아 1800년의 작황상황은 1799년에 비해 안 좋았던 것을 알 수 있다.

⑤ 秋米秩

〈표 1-6〉을 보면 春米秩에서 移越된 것이 없고 秋租秩 租 1石을 作米한 8斗가 租作米로 기재되어 있다. 지출내역을 보면 海南지방의 有司와 그 동행원들이 영암에 머물었을 때의 식비 지출이 있다. 이로 보아 족계 구성 범위가 영암에 국한되지 않았음을 알 수 있다. 여기서 눈여겨 볼 것은 "六七合"이란 量器 容量이다. "六七合"은 계산상으로는 4升 2合이다. 이러한 표기는 米를 되는 수치에서 자주 나온다. 二七合, 三七合, 四七合 등등이 그것이다. 따라서 "合"단위의 용량을 되는 홉되가 여러 종류였음을 알 수 있다.

〈표 1-6〉 族契 庚申(1800年) 秋米秩 用下 全文

秋米秩	石	斗	升	合	
租作米		8			
		1	3	8	海南祭有司收主留粮米
				67	同時局外員朝夕粮米
		2	5		別廟墻垣修築時役軍□下
		1			同占粮下
		2	7		留

⑥ 秋錢秩

1800년 春錢秩은 移越된 것은 없고 秋租 14石(280斗)를 作錢하여 얻은 26兩 6錢이 지출되고 있음을 〈표 1-7〉에서 알 수 있다. 지출내역은 봄의 지출내역에서도 제시되었듯이 어물류에 대한 지출과 제사지출, 그리고 일꾼들 식사비용에 대한 지출이 대부분을 차지한다. 가을에도 貨幣는 모자라 1兩 4錢 5分을 가용한 것으로 나타난다.

38

〈표 1-7〉族契 庚申(1800年) 秋錢秩 用下 全文

秋錢秩	兩	錢	分	
租作錢	26	6		
	4			參奉公墓祭債下
	2			文尙澤六代祖考妣位墓祭債下
	2			文時澤六代祖考妣墓祭債下
		4	1	海南行發有及局外員留饌下
		2		文時澤五代祖考位墓祭債下
		1	8	大口魚下
			4	乾柿下
			6	乾魚下
			3	脯魚下
		1	3	靑魚下
			5	別廟墻垣修築時役軍占粮下
			5	同雇子下
	1	4	5	加用錢報下
				以上用十兩六錢
				十六兩留

(3) 米價 檢出

이상 1800년 用下記를 예로 삼아 각 物目의 구체적인 지출내역에 대해서 살펴보았다. 이 과정에서 주목되는 점은 미가를 제시하는 表記에 있어서 시기별로 차이가 있다는 점이다.

〈표 1-8〉은 用下記와 淸臺日錄의 미가 표기방식의 차이를 정리한 것이다. 이 표에서 18세기에는 米가 貨幣의 위치인 우변에 등장하는 예가 많은 것을 알 수 있다. 이것은 米의 貨幣機能을 보여주는 사례로 여겨진다.[42]

---

[42] 조선천주교회사의 저자인 달레도 "쌀을 팔러간다"는 표현에 대해 흥미를 가지고 서술하고 있다.

이러한 표기방식의 차이가 동일 장부에 기재되어 있다는 것은 오랜 기간 지속적으로 작성된 用下記43)만이 갖는 長點이라고 볼 수 있다. 그러나 용하기는 短點도 있다. 앞서 언급한 바 있듯이 우선 前統計社會(Pre Statistical Society)44)의 史料를 통계로서 채택하기 위해서는 동질성을 확보가 중요하다. 동질성이 확보되기 위해서는 공간과 시점, 그리고 연속성과 계량성이 명확해야 한다.

〈표 1-8〉 米價表記方式의 變遷

用	下	記
① 1748년		"4兩作米28斗1兩7斗例"
② 1750년		"1兩4錢3分例"
③ 1757년		"1兩當3斗9升例"
④ 1758년		"3石2斗作米仍作錢2兩4錢6分"
⑤ 1763년		"4兩8錢6分貿租3石12斗 每石1兩3錢5分"
⑥ 1800년		"作錢二十六兩六錢 每石一兩九錢"
淸	臺	日 錄
⑦ 1752년		1兩錢給5斗米
⑧ 1752년		市上米5斗爲1兩給價云
⑨ 1754년		市上錢1兩租12斗, 米5斗
⑩ 1754년		市價1貫給租12斗, 米4斗
⑪ 1758년		市値100文錢給租21
⑫ 1758년		市値錢100文給米12斗, 租24斗云

43) 중국 물가사 연구에서도 宗族의 會計簿는 商店의 帳簿와 함께 良質의 資料로 취급한다. 田仲一成(1986)의 논문 「淸代浙東宗族の組織形態における宗祠演劇の機能について」 가운데 浙江蕭産縣來氏의 家譜에는 1684-1802년간 매년 米價가 기록되어 있다. 이 米價도 用下記의 米價와 마찬가지로 祭田의 租米를 換金할 때의 價格이다. 이에 대해서는 岸本美緖, 『淸代中國の物價と經濟變動』, 1996, 硏文出版 참조.

44) 1929년 대공황 이후 유럽 파리에서 국제물가사위원회가 발족되고 수차례 회합한 결과 가능한 한 가장 장기를 대상으로 동시에 비교가능한 공간범위 내에서 물가 목록을 작성하기로 하고 이 대상 시기를 前統計社會로 부른바 있다. 原田敏丸. 宮本又郎, 『歷史のなかの物價』, 同文舘, 1985.

시점을 놓고 볼 때 用下記의 미가기록은 봄과 가을 會期에 작전된 사항의 기록이기 때문에 月別 曜日別 미가를 반영하지 못하는 단점이 있다. 그러나 가을걷이(秋捧)를 기준으로 수확 이전과 이후의 가격을 일관되게 보여주는 장점이 있다.

連續性은 시계열자료로서 장기일수록 좋고 비연속 구간이 적을수록 좋다. 計量性이란 단위당 가격의 산정이 가능한 조건을 의미한다. 用下記의 단점은 米價와 木麥價 그리고 地價 이외의 모든 지출사항은 단위가 표기되어 있지 않아 가격을 계산할 수 없다는 점이다. 예를 들어 別廟 수리 시에 동원된 雇軍 數와 動員日이 명확하지 않음에 따라 1인당 하루 雇軍의 食費를 계산할 수 없다.45) 魚物에 지출도 마찬가지로 단위가 기재되어 있지 않아 계산할 수 없다.

이와 같이 용하기는 여러 가지 장단점을 가지고 있다. 그러나 무엇보다도 그 특성에 있어서 수치기록 하나하나의 상호 규정성과 엄밀성이 있는 점을 강조하고 싶다. 앞서 보았듯이 用下記는 매년 봄과 가을에 반복적으로 일어난 作錢과 作米 行爲 사실의 기록이다. 이로 말미암아 租·米·錢 세 物目을 중심으로 서로 긴밀한 收入·支出網이 구성된다. 用下記 상의 모든 수치는 하나하나가 이러한 망의 연결고리이기 때문에 우연적이고 자의적인 기록일 수가 없다. 米價도 이 收入·支出網의 한 構成部分인 作錢 記錄에서 추출되기 때문에 임의의 숫자 조작이 불가능하다. 용하기 기록을 담당한 유사의 임기는 1년이다. 따라서 매년 12월에 新舊 有司의 업무 引受·引繼과정에서 회계를 결산하고 이 과정에서 자연히 前年度 有司가 작성한 기록은 감사를 받게 된다.46)

앞서 보았듯이 用下記는 支出簿의 형태로 제시되어 있으나 그 실상은 收

---

45) 대개 朝鮮後期 書院이나 鄕校 文廟 등을 수리할 때에는 그 지출내역을 기록했다. 重修기록을 말하는데 陶山書院의 「修理時日記」가 이에 해당된다. 丁淳佑의 「朝鮮後期 '營建日記'에 나타난 學校의 性格」이란 논문 후록을 보면 이러한 重修記를 통해 雇價의 계산이 가능하다는 시사를 받을 수 있다.
46) 門契 約條를 보면 有司는米와 租는 매년 11월을 기한으로 인계해야 하며, 60세 이상은 유사를 맡기지 않는다는 조항이 있다.

入과 支出이 뚜렷이 구분되는 出納簿的 내용을 갖고 있다. 이와 같이 用下記를 出納簿 체계로 정리하면 租·米·錢 세 出納簿와 作錢簿와 作米簿가 만들어진다. 이제1800년도 봄을 예로 삼아 서로 일치하는 수치를 정리해보자.

① 〈표 1-8〉을 보면 1799년 租 出納簿의 가을 지출란의 傳與量 1,168.00斗 1800년 租 出納簿의 봄 수입란의 傳受量으로 移越된다.

② 〈표 1-8〉의 1800년 租 出納簿의 봄 지출란의 作錢量 360.00斗는 〈표 1-9〉作錢簿의 봄 作錢量 360.00斗로 移越되고 이 作錢量은 租 1石當 1兩 6錢씩 28兩 8錢으로 환산되어 錢 出納簿 봄 수입란의 租作錢 28.8냥으로 移越된다. 〈표 1-8〉에서 알 수 있듯이 가을도 마찬가지이다. 가을 지출란의 作錢量 280.00斗는 作錢簿 가을 作錢量 280.00斗로 移越되고 1石當 1兩 9錢씩 26兩 6錢으로 환산되어 전 출납부 〈표 1-9〉 가을 수입란의 租作錢 26.6냥으로 移越된다.

③ 〈표 1-8〉1800년 租 出納簿의 봄 지출란의 〈표 1-10〉 作米量 620.00斗는 作米簿 봄 租作米量 620.00斗로 이월되고, 〈표 1-8〉가을 지출란의 作米量 20.00斗도 마찬가지로 〈표 1-10〉 作米簿 가을 作米量 20.00斗로 이월된다. 이월된 〈표 1-10〉租 620.00斗는 1石當 米 8.1斗, 8斗, 6.1斗 등 일정하지 않은 비율로 搗精되어 米 244.70斗로 환산되고 〈표 1-8〉의 米 出納簿 봄 수입란의 租作米 244.70斗로 이월된다. 이 중 〈표 1-10〉에서 作錢에 223.80斗가 지출되어 35.40냥으로 환산된다. 이때 작전 비율을 보면 米 8斗를 기준으로 1.6兩-1.18兩 사이이다. 환산된 35.40냥은 〈표 1-9〉 錢 出納簿 봄 수입란의 米作錢 35.40兩과 일치한다. 따라서 용하기 속의 미가는 다른 수치들과 상호 규정을 받고 있는 수치이며 그만큼 임의의 기록이 아니라는 점이 용하기의 최대 장점이다.

2. 18世紀 農村生活日記

(1) 勝聰明錄(1725-1761)

이 자료는 月峰 具尙德(1706-1761)[47]이 경상도 固城縣 光內一運面 道山 里에 거주하면서 1725-1761년까지 기록한 농촌 생활일기이다. 이 일기의 특징은 18세기 농촌의 일상생활의 모습을 생생히 전해주고 있는 점이다.

일기의 내용은 日常事件과 特殊事件으로 구분할 수 있다. 日常事件은 저 자의 거주 공간을 중심으로 매일, 혹은 주기적으로 발생하는 일상사의 사 건이다. 날씨와 농사상황과 그리고 고성현 읍내 시장 중심의 시장정보, 저 자의 바깥출입과 방문객의 왕래사실이 그것이다.

特殊事件은 일상생활 내에서 의외의 사건이 발생한 경우이다. 예를 들자 면 범죄의 발생, 전염병의 발생, 환곡문제의 발생, 기상이변 등이다. 이외에 특수 사건으로 일상생활 밖에서 발생한 사건을 들 수 있다. 예를 들어 朝 報를 통해 접하는 수도 서울의 소식과 다른 지방 소식이 그것이다.

사건기록의 근거는 전자의 경우 주로 저자의 관찰에 기인하며, 가끔 朝 報 등에 실린 당시 중앙 소식에 기인한 것도 있다. 이러한 기록들 중 시장 정보와 농사상황, 그리고 경제활동과 관련된 일상생활상의 기록을 연대별 로 原文 그대로 정리한 것이 〈부표 2〉이다.

〈부표 2〉에서도 확인되듯이 勝聰明錄은 일상 생활사에 관한 일기기록이 란 특징 이외에 시계열 물가기록이란 특징이 있다. 이러한 특징은 일기기 록을 동질성을 기준으로 검토해볼 때 더욱 확실해진다. 역사자료에서 동질 성은 계량화를 가능케 하는 필수불가결한 요소이다. 앞서 언급한 바 있지 만 계량화를 위한 동질성이라 함은 시간성과 공간성과 연속성을 갖춘 자료 라는 것을 의미한다.

---

47) 월봉 구상덕의 가계에 대해서는 丁淳佑, 「勝聰明錄」 解題, 「18世紀 固城地域 書齋訓長의 農村生活」, 참조.

勝聰明錄의 물가기록은 일기 속의 물가기록이라서 시점이 연월일 모두 명확한 상태이다. 따라서 시간성이 자연 확보된다. 다음 공간성 확보를 위해 일정지역의 시장에서 관찰된 물가기록이란 점에 주목하였을 때 이 또한 충족되고 있다. 勝聰明錄과 동 시대에 편찬된 「輿地圖書」상에 고성현의 장시는 舊邑場(1.6), 邑市場(2.7), 塘洞場(3.8), 背屯場(4.9)으로 명기되어 있다.[48] 고성현의 장이 서는 날짜와 勝聰明錄의 물가기록 횟수를 날짜별로 정리하였을 때 아래와 같다.

읍 명	舊邑場(1.6)	邑市場(2.7)	塘洞場(3.8)	背屯場(4.9)	?(5.0)
횟 수	168	9	5	5	9

勝聰明錄에 시장 관련 거래기록 날짜는 총 196일이다. 이 중 1일과 6일의 기록은 총 168일이다. 이외에 거래된 사항을 정리한 것이 〈例 1〉이다. 〈例 1〉에서 확인되는 것은 품목 면에서 어물과 담배, 그리고 소금 등이 주종이란 점이다. 또한 1727년까지는 租가 화폐의 기능을 담당하고 있었던 것도 확인할 수 있다. 따라서 저자는 舊邑場(1·6)을 통해서 미가시세를 관찰하고 背屯場(4·9)과 塘洞場(3·8)을 통해서 해산물과 담배, 소금 등을 구입하였음을 알 수 있다.

---

48) 「輿地圖書」下, p.593 國史編纂委員會.

〈例 1〉勝聽明錄49)上 1일과 6일 이외의 날짜에 이루어진 거래

①	1725.12.10	以二十銅買巨口魚二尾
②	1725.12.17	以五升租貿一把南草
③	1726.03.02	以四升租貿南草十束
④	1726.06.23	今年南草極貴 錢一分値三葉或四葉而再昨市新草一把値錢三分云
⑤	1726.06.25	鹽則極貴 牟一斗鹽不過二升
⑥	1726.12.03	是時錢一貫値巨口魚十七尾
⑦	1727.11.05	租一斗一升 貿巨口一尾
⑧	1727.11.07	錢一貫買大口魚二十五尾 聞今日大口魚三十二三尾 値錢一兩云
⑨	1727.11.22	以一兩錢 買大口魚十六尾
⑩	1727.11.23	五斗租 貿九斗鹽
⑪	1732.11.29	余以三戔 買書傳第四俱
⑫	1745.12.04	是日靑魚一束値錢不過五六分
⑬	1757.04.29	卽今南草好品一把値錢三四錢
⑭	1759.10.19	是時大口魚初發至歇 一貫錢二十五尾 或三十尾
⑮	1760.12.14	靑魚一束錢四五文

날짜별 거래 품목을 정리하자면 1일과 6일의 시장물가 정보는 미곡이 주종이고, 2일과 7일의 경우 담배가 4일과 9일은 해산물이 주종이다. 1일과 6일의 시장관련 기록에 비하면 기타 날짜의 시장기록은 매우 미미한 편이다. 그러나 1725-1761년 당시 3일과 8일에 장이 서는 塘洞場과 4일과 9일에 장이 서는 背屯場의 경우 해상교통망인 해안 포구에 위치하고 있는데 이러한 이유에서인지 이 날짜의 시장거래 품목을 보면 해산물이 많다. 또한 담배거래의 경우 대개 2일과 7일 날짜에 이루어지고 있다. 1일과 6일의 시장기록은 대부분 미곡 중심의 곡물(보리와 콩)시세이다.

이 사실을 가지고 당시 고성현의 장시가 전문화되었다고 볼 수는 없으나 적어도 勝聽明錄의 곡물시세는 동일한 장소에서 관찰된 결과라는 것을 확인할 수 있다. 즉 勝聽明錄의 미가기록은 舊邑場(1·6)이란 동일 장소의

---

49) 勝聽明錄은 모두 5권으로 구성되어 있다. 제1권 1725-1731년, 제2권 1732-1737년, 제3권 1738-1749년, 제4권 1750-1755년, 제5권 1756-1761년이다. 이하 승총명록에 관한 모든 연도는 이 구성을 참조하기 바란다.

미가시세를 관찰한 결과라는 점에서 공간의 동질성을 확보하고 있음을 알 수 있다.

여기서 일기기록을 좀 더 구체적으로 살필 필요가 있다. 일기에 제시된 개별 품목별 가격은 ① 米價(租價), ② 皮牟價, ③ 麥價, ④ 木花價, ⑤ 南草價, ⑥ 漁物價, ⑦ 土地價, ⑧ 牛價, ⑨ 기타 工産品價 등이 제시되어 있다. 그런데 ① 米價의 표현 형태와 다른 품목가격의 표현 형태는 서로 다르게 제시되어 있다.

미곡의 경우 전형적인 표현은 "市値米六斗二升云"으로 되어 있다. 이것은 "시장가격은 1냥당 미 육두 이승이라 한다"라는 의미이다. 이 표현은 실제 거래행위의 기록이라기보다는 시장물가 정보 탐색의 의미가 강하게 풍기는 표현이다.

반면 담배와 해산물 등 다른 품목의 기록을 보면 "以二十銅 買巨口魚二尾"로 되어 있어 실제 거래상황의 가격을 기록하고 있음을 알 수 있다.

개별 품목에서 담배와 소금 그리고 토지의 가치형태(가격)는 동전과 같은 금속화폐와 租와 같은 물품화폐가 서로 혼재되어 나타나고 있는 것을 확인할 수 있다. 담배의 경우 1726년 3월 거래까지 물품화폐가 사용되고 소금의 경우 1727년 11월 거래까지 사용된 것으로 나타났다. 토지의 경우 1758년까지 물품화폐를 사용한 것으로 나타났다. 해산물의 경우 1727년 11월 7일 거래에만 租가 사용되고 이외의 거래에서는 모두 동전을 사용한 것으로 나타났다.

거래에 사용된 가치형태를 볼 때 토지거래에서 가장 늦게까지 물품화폐가 사용되었다. 이와 반면 해산물 거래는 일찍부터 금속화폐로 거래된 것을 알 수 있다.

〈例 2〉勝聰明錄 上 담배거래에서 租와 銅錢이 화폐로 사용된 예

①	1725.11.12	讀李白長篇連誦 以七升租買南草一把 味極好
②	1725.12.17	以五升租貿一把南草
③	1726.03.02	以四升租貿南草十束
④	1726.06.23	今年南草極貴 錢一分値三葉或四葉 而再昨市新草一把値錢三分云

〈例 3〉勝聰明錄 上 소금거래에 물품화폐가 사용된 예

①	1726.06.25	今牛價至歇 五貫錢可買中牛 七八貫則可値牛之大者也
		鹽則極貴 牟一斗鹽不過二升
②	1727.11.23	以五斗租 貿九斗鹽

〈例 4〉勝聰明錄 上 토지거래에서 물품화폐와 금속화폐가 사용된 예

①	1727.10.21	金處光畓價錢三十六兩代租每石十三斗合二十三石八斗 運下船頭
		甘洞朴始 華自咸鏡適所放遷以來傳 是歲六月 咸鏡道地龍死于野
		長十八把周四尺
②	1730.11.12	以十五石正租 買統營 姜渭昌多龜洞畓五斗地
③	1752.11.16	以十兩錢 代租六石 買金尙演執字畓十八 太種三斗地十二卜
④	1756.02.17	升阿以二十兩錢 買裵再度十斤浦貝 皮牟田十斗地 及畓三升地
		又以三兩錢 買丁昌百銀亭貝 皮牟五斗田
⑤	1757.06.16	月峙畓八斗地 發賣於統營債 所持錢四十兩 以八兩買丁昌允
		道山想字畓二斗地 以十五兩買 丁時說 同貝同字畓三斗地
⑥	1758.02.01	以四石租買丁命說江古山下畓一斗地

이와 같이 여러 품목의 가격이 기록되어 있으나 연속성에서 가장 뛰어난 기록은 곡물기록이며 그중에서도 미가기록이다. 곡물의 경우 1725-1761년 사이의 36년 동안 시장에서 가격시세를 관찰하고 기록한 횟수가 185회이다. 이 중 1일과 6일에 관찰된 횟수는 총 168회이다. 이 횟수는 1년에 평균약 5회 정도 관찰한 횟수이다. 이것을 5개년을 한 단위로 묶고 월별로 정리할 경우 〈표 1-9〉와 같다.

〈표 1-9〉勝聰明錄 上 年度別 月別 米價(租價·麥價·太價 포함) 기록횟수

년 도	1월	2월	3월	4월	5월	6월	7월	8월	9월	10월	11월	12월	1-6월	7-12월
1725-29	1	0	1	0	2	2	4	3	1	1	2	2	6	13
1730-35	2	1	2	1	2	0	4	1	2	2	2	4	8	15
1736-40	0	0	0	0	0	1	0	3	0	0	0	6	1	9
1741-46	0	0	0	0	0	1	2	0	0	0	0	4	1	6
1747-50	0	0	0	0	0	2	1	1	0	0	0	4	2	6
1751-55	3	2	4	3	4	2	4	3	4	4	6	12	18	33
1756-61	7	5	0	4	9	3	3	12	4	5	3	12	28	39
합	13	8	7	8	17	11	18	23	11	12	13	44	64	121

〈표 1-9〉에서도 알 수 있듯이 저자는 1년을 기준으로 볼 때 7월 이후의 미가시세에 큰 관심을 보이고 있었다. 연도별로 보면 1725-29년 사이에 총 19회 1730-35년 사이에 23회, 1736-40년 사이에 10회, 1741-46년 사이에 7회, 1747-50년 사이에 8회, 1751-1755년 사이에 51회, 1758-1761년 사이에 67회를 나타내고 있다.

매년 12월에는 그해의 전반적인 농사상황과 함께 미가시세를 적고 있는데 〈부표 2〉에는 이것을 歲況으로 명명하고 분류해 놓았다. 이 세황 속의 미가기록은 다른 월별 기록보다도 연속성면에서 가장 훌륭한 상태였다.

지금까지 勝聰明錄의 기록을 동질적인 시계열자료로서의 성질에 초점을 맞추어 조명해 보았다. 그러면 저자가 일기 속에 여러 물가시세를 기록한 경제적 동기는 무엇일까?

여기서 월별 연도별로 관찰횟수에서 차이가 나타나는 것에 초점을 맞추면 저자의 미가시세 관찰에 대한 경제적 동기를 알아낼 수 있다고 사료된다. 먼저 월별로 보면 12월[50]을 제외하고 8월의 관찰횟수가 23회로 가장 많다. 즉 저자는 수확 직후의 미가시세에 가장 민감했다.

한편 연도별로 보면 1725-35년 사이와 1751-1761년 사이의 관찰횟수는 1736-1750년 사이에 비하여 현격히 많은 횟수를 보인다. 미가시세에 관한 한 다음 장에서 자세히 다루겠지만 직관적으로 볼 때 고미가 국면인 1725-35년과 1751-1761년은 저미가 국면인 1736-1750년에 비해 관측횟수가 많을 뿐만 아니라 월별로도 일 년 내내 고르게 관찰을 하고 있는 것을 알 수 있다. 특히 미가가 지속적으로 상승하는 1751년 이후부터는 총 118회 이상 관찰하는 행동을 보이고 있다.

따라서 저자는 미가가 상승하는 1750년대 이후부터 미곡에 관한한 투기자의 자세를 보이고 있는 것은 아닌가라는 생각을 해보게 된다. 왜냐하면 이 시기부터 이전 시기에 없었던 곡물에 대한 재고량 조사기록이 나타나고 있고, 토지 구입도 늘어나고 있기 때문이다.

---

50) 12월의 횟수에는 한 해의 전반적인 시세를 기록한 歲況 기록이 포함되어 있기 때문에 제외한다.

48

〈例5〉에서도 알 수 있듯이 저자는 1751년부터 1757년까지 재고량을 파악하여 기록하고 있었다. 租의 경우만 보면 재고량은 최저 13석에서 최대 30석 규모 사이에 분포하고 있었다.

〈例 5〉「勝聰明錄」上의 穀物 在庫 記錄

① 1751.12.30	家藏庫在租二十石 內在一石 米五瓷 粘租二石 還入稛倉租四石有餘耳
② 1753.01.30	目餘在米四瓷 租十五石半 粘租石 太石 豆石 木石 唐黍十四斗 結卜價三十斗 姑未給
③ 1753.12.30	家庫在租十九石餘斗 粘租二石 赤豆二石 太五石困八九斗 米五瓷餘 鹽全一石二斗 麥八斗 唐黍數斗 今年牟麥稍登 春夏之交 雨澤不洽 移秧愆期 五月酷旱 六月初二 始得甘霈 畓種太晚懦 農者至六月 望間而旱 稽事野畓大登 山峽失利 而豆太稍稔 歲暮無飢困之歉 六月以後 大雨不絕 山麓及水邊列邑 酷被其害 人畜淹沒 不知其 幾亦一變也 木花爲淫雨所傷 又逢八月十九日 大風初則 錢一兩值十斤 終八斤 豆太稍登 泉豆東肖唐黍等不登 眞荏牙牙 水荏差登 大口魚至月望後初出值錢八九尾 或七尾而止 今市上或有尾尾發賣一尾值錢二錢五分 靑魚亦貴
④ 1754.01.30	家在庫租二十七石 米六瓷 太四石餘斗
⑤ 1754.12.30	家在租二十五石餘斗 米六瓷有餘 熏造全一石 鹽三十斗 田雜穀則無盈石之儲
⑥ 1755.12.29	今年年事 大都凶荒 即今市值正租四斗值錢一貫五分或一錢 米二斗值錢一兩二錢 牛大者價不過七兩 木細一疋値三兩餘錢 農布二兩七八錢 靑魚一束錢八分 大口魚 一尾値錢一錢或減二三分 百穀俱無登 熟而惟木麥稍登 庫在租十八石 太二石 木麥 一石 米七瓷 豆石內數
⑦ 1756.02.01	庫在租十三石 米七瓷 太一石十餘斗
⑧ 1757.12.30	今年年事 百穀平登 而值水荏則反不及於去年 六七月間牟窘特甚 市值不過七八斗 木花初則大盛而爲霜雨所損 不過六七斤 疋木值錢幾至三兩 大口魚午出至十六七尾 而旋止 靑魚今市値一束錢六七分 鹽十斗値錢六七錢 酒禁一擾極嚴 家藏租三十石 米六瓷 豆太各二石 在外租五石 木麥石餘 困倉三斗地禾

저자가 미가시세와 재고상황을 관찰하고 점검하여 미가가 상승한 시점에서 토지를 구입하는 경제적인 행동을 하기 이전에 이미 저자는 농촌 내의 일상생활이 경제적인 관계를 중심으로 흘러가는 것을 감지하고 적응의 준비를 한 것으로 사료된다.

〈例 6〉勝聰明錄 上 世態變化에 대한 기록

1726.07.18	余有感於今世人 有錢者化賤爲貴 無錢者以貴爲賤 東漢趙壹郎謂文籍雖滿腹 不如一囊 錢者非耶 然文可以與富 直相上下勤學不已 則亦可以化賤爲貴 化貧爲富者 亦在其中 胡爲乎不文爲先謀富爲.
1728.11.18	勤者必飽食煖衣 懦者必叩腹於富人之門 而餓死於市矣

저자는 1726년 7월 18일에 돈이 있는 자는 천한 신분도 귀하게 되고 돈이 없는 사람은 귀한 신분이라도 천하게 된다고 기록하였다. 이어서 1728년 11월 18일에 그는 근면한 자는 반드시 배부르고 따뜻한 옷을 입으며, 게으른 자는 반드시 부자의 문을 두드리거나 시장에서 굶어죽는다고 기록하고 있다. 이 당시 저자의 나이는 21-23세였다. 젊은 시절 이러한 세태 인식이 훗날 그가 적극적으로 시장의 미가시세를 관찰하고 기록하게 된 계기였다고 사료된다.

(2) 淸臺日錄(1703-1758)

지금까지 慶尙道 固城縣의 농가일기인 勝聰明錄을 소개하였다. 이 자료 속의 물가기록은 개인이 기록한 것이기 때문에 물가 자료로서 객관적인 신뢰성에 의문이 생길 수 있다. 이러한 의문점은 일단 시계열이 일치하는 다른 지역의 미가 시계열자료를 확보하고 서로 비교함으로써 풀릴 수 있다고 여겨진다.

다행히 18세기 영남 남인 학자로 알려진 淸臺 權相一의 문집 《淸臺全集》 속에 실려 있는 〈淸臺先生日錄〉(이하 日錄)에는 1703-1761년까지 물가기록이 간헐적으로 존재한다.

日錄은 청대 선생이 24세였던 1702(숙종 28)년부터 세상을 하직한 해인 1759(영조 35)년까지 총 59년 동안 기록한 일기이다. 日錄은 甲戌獄事(숙종 20년)로 남인이 실세한 이후 격심한 당쟁이 전개된 시대에 경상도 산간지방인 근암촌(近嵓村; 현재 聞慶郡 山北面 書中里)에서 기록한 일기이다. 청대 선생 집안은 대대로 영남도학의 정통학맥을 이어온 명문이다.[51]

日錄이 물가사의 자료로서 의미가 있는 이유는 두 가지로 요약된다. 하나는 앞서 소개한 勝聰明錄과 물가기록의 시대가 일정 부분 중복되어 勝聰

---

51) 청대의 6대조인 權大器와 5대조인 權字는 퇴계의 문하에서 배워 학행으로 세상에서 존중을 받았다. 琴章泰, 《淸臺全集》解題.

明錄의 물가기록과 비교할 수 있다는 점이다. 다른 하나는 勝聰明錄이 경상도 沿海地方의 기록인 데 반해서 지리적으로 뚜렷이 구분되는 경상도 內陸地方의 기록이란 점이다. 즉 앞선 자료와의 시계열의 일치 이외에 日錄은 경상도 내륙지방의 기록으로 연해지방과 비교하여 경제적 환경(자원의 요소부존, 토지이용, 지리 조건, 기후 조건 등)의 차이가 있는 지역의 기록이란 점을 들 수 있다.

18세기 자료 중 시계열이 어느 정도 일치하면서 서로 다른 지역의 물가기록이 함께 존재하다는 사실은 흥미를 자아낸다. 왜냐하면 역사적으로 지역 간 물가동향이 밝혀지면 지역 간 경제구조 형성과 시장 형성문제가 밝혀질 수 있게 되기 때문이다. 예를 들어 두 지역 간 미가의 상관계수를 기본적 지표로 삼아 지역 간 물가 연동성과 시장 연관성을 살펴볼 수 있다.

日錄의 지리적 배경은 경상도 상주와 문경 사이의 근암촌이란 마을이다.[52] 이곳은 저자가 관직과 거리를 두기 시작한 1738(선생 나이 60세)년부터 세상을 하직한 해인 1759(나이 81세)년까지 비교적 큰 거주의 이동 없이 정적인 생활[53]을 한 곳으로 이 시기 집중적으로 나타나는 물가기록은 당시 상주지방의 물가시세를 반영한 것으로 보아도 무방하다.

당시 상주지방을 중심으로 한 경상도지역의 경제환경의 특색은 이중환의 『擇里志』에 아주 간결하게 정리되어 있다. 『擇里志』에 따르면 상주는 일명 洛陽으로 북으로는 충청·경기지방과 연결되고 남으로는 김해·동래와 연결되어 내륙과 해안을 연결하는 교통의 요지로서 부후자와 사대부가 많은 지역으로 소개되고 있다. 이러한 지리 교통적 특징과 더불어 상주는 토지의 비옥도에 있어서도 여타 지역에 비해 기름진 지역이었다.[54] 즉 상주지

---

52) 당시 행정구역은 尙州鎭 尙州牧 山北面(輿地圖書 p.427)이고 오늘날은 聞慶郡 山北面 書中里이다.

53) 선생은 이 시기 주로 성호 이익과 대산 이상청 등과 더불어 태극론과 이기론 등 성리학의 핵심문제를 논하였다.

54) 李重煥 著,李翼成 譯, 『擇里志』, 原文 327쪽, 譯文 167쪽, 乙酉文化社.
故土沃爲上, 舟車人物都會可以貿遷有無者次之, 土沃謂地宜五穀, 又宜木綿, 而水田種稻一斗收六十斗者爲上, 次則收四五十斗者, 收三十斗以下者土薄而不堪民居, 其國中最沃之土, 惟全羅道南原求禮, 慶尙道則左道皆土瘠民貧, 惟右道饒沃, 全羅

역은 수레가 모이고 배가 모일 뿐만 아니라 토지의 비옥도도 우세하여 조
선에서 가장 이익을 추구하면서 살아가기에 가장 적합한 조건을 모두 갖춘
지역이었다.

〈표 1-10〉 18世紀 尙州.固城地方 人口狀況

		戶口數(戶)	人口(名)	男子	女子	備考
肅宗初	尙州	18,961	77,544	37,617	39,927	輿地書
	固城	9,295	36,122	18,895	17,263	輿地書
英祖 36年	尙州	18,416	70,021	33,897	36,124	輿地圖書
1760年	固城	9,435	40,034	18,613	21,421	輿地圖書
正祖 13年	尙州	18,667	70,497	戶口總數		
1789年	固城	9,697	41,823	戶口總數		
純祖 10年	尙州	17,877	65,035	30,624	34,411	庚午式
1810年	固城	9,922	46,190	庚午式		

【자료】輿地圖書(1760年),下 國史編纂委員會. 1973. 邑誌(1832, 1879).慶尙道 亞世亞文
化史 1984.
輿地書, 하동호 17世紀末(肅宗初) 全國戶口.人口 調査整理, 韓國學報 20, 1980.

日錄의 물가기록은 勝聰明錄의 물가기록과 차이가 있다. 日錄의 경우 흉
년으로 나타난 해의 경제적 어려움에 대한 걱정과 더불어 시가를 기록한
해가 많아 연속성이 불충분하여 시계열성을 갖추기가 곤란한 면이 있다.
반면 勝聰明錄의 경우 농가경영일기에 버금가는 매년 매달 물가를 기록하
고 있다. 이러한 차이는 일기를 기록한 주체의 일생과 일기기록의 동기의
차이에서 비롯된 것으로 이해된다.

勝聰明錄은 일상생활에 소용되는 생활용품과 제수, 혼수 등에 필요한 재
화를 구하는 방법은 대부분 시장을 이용하는 데 반하여, 日錄의 경우 국가
가 일정한 기일에 일정한 생활용품을 계속 조달하여 주었고, 지방 관리들
의 부임이나 하직 인사 때 전해오는 선물이 상당히 많아 생활용품들을 시
장에 나가서 구입할 동기가 전자에 비해 상당히 약했다고 보여진다.

道則左道之傍智異者, 皆饒沃沿海邑則無水多旱.

〈例 7〉清臺日錄上의 膳物 收受 事例

第13册 甲戌(1754).閏4.29; 巡營書自邑內來 送節扇二十柄間紙七十幅矣 卽修送書
以院講會定日事 且修上書于城主.
第13册 甲戌(1754).9.15; 右兵使李思先有俟書送扇簡 修答付回人.
第13册 丙子(1756).3.13; 巡營有問間且送別會租五石 簡紙七十幅 乾柿一貼 廣魚二尾 卽修
上答書 此等物辭受極難 不得已依賤者不敢辭之禮受用 而穀物心尤未安
第13册 丙子(1756).6.4; 巡使有問書送扇十八柄 簡七十幅 賑政之餘物力限之若干造初故不
得多送云
第13册 丙子(1756).12.21; 巡營食物單子來 戶曹因傳敎關處 前參判權衣資食物米五石 黃豆
五石 紬十疋 豕一口 石魚二十束 民魚十尾
第14册 戊寅(1758).5.2; 伏承巡使問書送節扇二十柄 及大口廣魚各二尾 簡紙七十幅.

〈예 7〉은 저자가 지방 관료에게 膳物을 받아 기록한 것을 모은 것이다. 선물 품목을 보면 ① 부채, ② 종이, ③ 곡물, ④ 어물, ⑤ 비단 등 양반들의 생활필수용품들이다.[55] 이와 같이 시장을 통한 재화의 조달과 일정한 거리가 있는 경제생활 속에서도 다수의 시장물가 정보를 기록한 이유는 무엇일까? 日錄의 기록 중에는 朝報를 통하여 중앙의 소식을 전해받는 기록이 많은데 이것으로 미루어 보아 청대 선생은 당시 중앙의 고위관직을 고사하였지만 끊임없이 국사의 흐름을 놓치지 않고 파악하였다. 그중 매년 각 지방 농사상황에 대한 소식을 日錄에 기록해 두었다. 예를 들어 1758년 6월 12일에는 朝報를 통하여 경기지방을 비롯한 각 지방의 가뭄 사정을 파악하고 그 사실을 기록하고 있다.[56] 따라서 관료의 경력을 가진 저자는 전반적인 경제상황 인식의 척도로서 시장물가 정보를 파악하고 일기속에 기록한 듯하다.

---

55) 양반 사회의 사적인 선물 수수관계를 일기속에서 구체적으로 확인한 사례 연구로서 다음 연구를 참조하기 바란다. 李成姙, 「16世紀 朝鮮 兩班官僚의 仕宦과 그에 따른 收入 -柳希春의 「眉巖日記」를 중심으로-」, 「歷史學報」 145, 1995.

56) 日錄 14, 戊寅(1758.) 6月 12日; 全羅伯洪麟漢送節扇二十五柄, 修答狀, 送邑內朝報自京來二十九日至初二日, 京畿酷旱, 忠淸黃海兩道旱災甚, 京畿無雨, 去月二十五日得一犁雨, 水田則移秧, 而高燥處則未得移秧云矣.

3. 資料整理

全羅道 靈巖 用下記의 米價(1744-1875)

『古文書集成』 21.22의 用下記는 크게 세 종류로 구분된다. ① 일정한 記入體系를 갖추지 못한 族契用下記(1744-1765), ② 일정한 기입체계를 갖춘 族契用下記(1781-1816, 1843-1871), ③ 일정한 장부체계를 갖춘 小宗契用下記(1819-1875)

54

〈표 1-11〉 일정한 기입체계를 갖추지 못한 용하기 정리(1744-1765)

단위: 作錢量 斗·升合 기타 兩·錢·分

年度	作錢量	作錢額	租1石	季節	年度	作錢量	作錢額	租1石	季節
1744	53.60	3.2.0	1.1.9	春	1759	1248.10	58.0.4	0.9.3	春
1745	10.50	1.0.0	1.9.0	秋	1760	615.80	45.2.6	1.4.7	春
1745	1.10	0.1.0	1.8.2	秋	1761	379.00	37.9.0	2.0.0	春
1746	105.00	7.1.8	1.3.7	春	1762	411.30	53.2.9	2.3.3	春
1747	129.80	9.4.7	1.4.6	春	1762	34.60	4.1.5	2.4.0	春
1748	70.00	4.0.0	1.1.4	秋	1762	268.00	31.4.9	2.3.5	春
1749	194.12	8.4.4	0.8.7	秋	1762	108.70	12.2.3	2.2.5	春
1750	433.00	21.6.5	1.0.0	春	1763	46.60	11.6.5	5.0.0	春
1750	9.92	0.6.2	1.2.5	秋	1763	72.00	4.8.6	1.3.5	秋
1750	509.30	36.2.0	1.4.3	秋	1764	60.00	4.5.0	1.5.0	春
1751	*	*	1.6.3		1764	325.50	29.3.0	1.8.0	春
1752	16.50	1.5.0	1.8.2	春	1764	80.00	7.4.0	1.8.5	春
1752	19.00	1.7.2	1.8.1	春	1764	10.60	1.0.0	1.8.9	春
1752	4.00	0.4.0	2.0.0	春	1764	133.00	12.?.9	1.8.0	春
1752	11.00	1.0.0	1.8.2	春	1764	4.00	0.3.7	1.8.5	春
1752	383.90	33.0.0	1.7.2	春	1764	1.10	0.1.0	1.8.2	春
1753	482.40	32.8.0	1.3.3	春	1764	20.00	1.9.0	1.9.0	春
1754	320.00	24.0.0	1.5.0	春	1764	8.33	0.7.2	1.7.3	春
1754	140.00	10.7.1	1.5.3	春	1765	2.00	0.1.8	1.8.0	春
1755	364.70	40.0.2	2.2.0	春	1765	20.00	2.0.0	2.0.0	春
1756	29.00	5.8.0	4.0.0	春	1765	300.00	31.5.0	2.1.0	春
1757	61.60	6.3.1	2.0.5	春	1765	200.00	22.0.0	2.2.0	春
1757	45.00	5.0.0	2.2.2	春	1765	212.10	22.8.0	2.1.5	春
1758	60.20	2.4.6	0.8.2	春					

注 ① 1746년 作錢事例는 없다. 租價格은 1745년도 作錢事의 "丙寅春作錢"이란 附記에 따른 것이다. ② 1748년도 租作錢事例가 없는 해이다. 이해 租價格은 "4兩作米28斗 1兩7斗例"란 附記 내용을 가지고 租價格으로 환산한 것이다. ③ 1750년 세 번째 作錢事例에서 509斗3升의 작전액 36兩2錢의 1석당 가격은 1兩4錢2分이나, 附記에 1兩 4錢3分으로 되어 있어 附記에 따른다. ④ 1751년 作錢事例는 존재하지 않는다. 前後 年度의 價格의 平均値로 代位하였다. ⑤ 1757년의 두 번째 作錢事例는 租 3석1 두6승을 作米하여 米 1석4두6승4홉을 다시 작전한 금액이 6냥3전1푼이다. "1兩當3 斗9升例"라고 附記된 내용을 가지고 다시 미8두=조20두의 환산식으로 환산한 가 격이다. ⑥ 1758년은 "3斗2斗作米仍作錢2兩4錢6分"의 내용으로 환산한 것이다. ⑦ 1763년 두 번째 事例는 이해 錢秩란에 "4兩8錢6分賞租3石12斗 每石1兩3錢5分"이란 부기 내용을 가지고 환산한 가격이다.

〈표 1-12〉 일정한 記入體系를 갖춘 族契用下記 정리(1781-1871)

各年度 米價 最高·最低·收穫 以前 平均値·收穫 以後 平均値

단위: 兩·錢·分

年　度	最高値	最低値	1-6月 平均値	7-12月 平均値	年　度	最高値	最低値	1-6月 平均値	7-12月 平均値
1781	2.0.0	1.6.5	1.6.5	1.9.5	1782	3.0.0	2.0.0	2.7.0	2.0.0
1783	3.3.0	3.0.0	3.1.8	3.0.0	1784	3.6.0	1.6.0	3.6.0	1.6.5
1785	2.0.0	1.6.0	1.8.8	1.6.0	1786	3.5.4	1.6.5	1.6.8	3.5.4
1787	4.2.0	4.0.0	4.1.0	*	1788	1.9.0	1.3.0	1.5.2	1.5.0
1789	2.0.4	2.0.4	2.0.4	*	1790	2.1.0	2.0.0	2.0.3	*
1791	2.3.0	2.1.0	2.2.0	*	1792	2.8.1	2.5.0	2.6.0	*
1793	3.6.4	3.6.4	3.6.4	*	1794	1.6.0	1.6.0	1.6.0	*
1795	2.8.0	2.8.0	2.8.0	*	1796	3.0.0	2.3.5	2.6.3	*
1797	1.8.0	1.7.5	1.7.8	*	1798	2.5.0	2.3.5	2.4.1	*
1799	3.0.0	3.0.0	3.0.0	*	1800	1.6.0	1.6.0	1.6.0	*
1801	1.8.0	1.5.7	1.7.5	1.5.8	1802	1.6.5	1.5.0	1.5.8	*
1803	1.6.5	1.6.0	1.6.3	*	1804	2.3.0	1.9.5	2.0.8	*
1805	2.2.0	1.9.0	2.0.3	*	1806	2.2.6	2.0.0	2.1.6	*
1807	2.0.0	1.6.0	1.7.8	*	1808	1.8.0	1.5.0	1.6.8	1.6.7
1809	2.0.0	1.8.0	1.8.9	*	1810	6.0.0	5.0.0	5.5.0	*
1811	2.6.0	2.0.0	2.2.0	*	1812	2.0.0	1.5.0	1.5.3	2.0.0
1813	2.5.0	2.1.0	2.3.5	2.1.0	1814	3.0.0	2.7.0	2.9.3	*
1815	6.0.0	6.0.0	6.0.0	*	1816	2.0.0	1.0.0	1.8.3	1.1.0
1843	3.2.0	2.3.0	3.0.7	2.5.0	1844	2.7.0	2.3.0	2.5.5	2.4.0
1845	2.7.0	2.3.0	2.5.0	2.5.0	1846	2.7.0	2.3.0	2.5.0	*
1847	2.7.0	2.3.0	2.3.7	2.6.0	1848	2.7.0	1.7.0	2.5.8	1.7.0
1849	2.2.0	1.5.0	2.2.2	*	1850	2.7.0	1.8.0	2.0.6	2.5.0
1851	3.0.9	2.6.0	2.9.5	2.7.4	1852	3.6.7	3.3.0	3.6.7	3.4.1
1853	4.5.0	2.1.0	4.0.7	2.2.3	1854	2.3.0	1.7.0	2.1.8	1.8.1
1855	1.8.0	1.5.0	*	1.6.5	1856	2.1.0	1.5.0	1.6.5	1.9.3
1857	3.3.0	1.6.0	1.6.5	3.1.3	1858	4.1.0	3.3.0	3.3.0	4.1.0
1859	1.7.0	1.7.0	*	1.7.0	1860	3.4.0	1.7.0	1.9.3	2.6.3
1861	3.4.0	3.0.0	3.1.0	3.2.5	1862	3.3.0	3.0.5	3.1.8	3.0.9
1863	4.0.0	3.1.0	3.1.0	4.0.0	1864	4.3.0	4.0.0	4.1.7	*
1865	4.6.0	3.8.0	3.9.0	4.6.0	1866	5.0.0	4.0.0	4.9.0	4.0.0
1867	5.0.0	1.8.0	4.3.3	1.8.0	1868	5.0.0	4.0.0	4.5.0	4.5.0
1869	6.0.0	4.0.0	4.5.5	6.0.0	1870	7.0.0	5.8.0	6.2.7	7.0.0
1871	7.0.0	6.9.0	6.9.0	7.0.0					

〈표 1-13〉 일정한 記入體系를 갖춘 小宗契 用下記 정리(1819-1875)

用下記* 各 年度 米價 最高·最低·收穫 以前 平均值·收穫 以後 平均值

단위: 兩·錢·分

年 度	最高値	最低値	1-6月 平均値	7-12月 平均値	年 度	最高値	最低値	1-6月 平均値	7-12月 平均値
1819	2.1.1	1.4.0	1.5.0	1.7.2	1820	2.1.0	1.2.9	1.6.0	1.6.0
1821	2.6.0	1.4.6	1.7.9	2.6.0	1822	3.0.0	2.1.1	2.6.3	2.1.2
1823	2.1.0	1.6.0	2.0.5	1.7.1	1824	1.7.5	1.2.0	1.4.8	1.6.0
1825	2.0.0	1.5.0	1.5.8	1.9.5	1826	2.4.0	1.8.0	2.2.0	1.8.0
1827	2.0.0	1.2.0	1.5.5	1.9.2	1828	2.9.0	2.0.0	2.2.0	2.7.5
1829	3.7.0	2.3.3	3.7.0	2.3.3	1830	2.3.3	1.8.0	2.1.8	1.8.5
1831	2.3.0	1.8.9	2.0.4	2.0.5	1832	3.4.0	2.0.0	2.2.7	3.3.0
1833	5.2.0	3.4.0	4.0.0	5.0.0	1834	5.2.0	2.7.0	5.1.9	2.7.0
1835	3.2.0	2.5.0	2.8.0	3.1.1	1836	4.3.0	3.0.0	3.1.0	4.1.5
1837	5.0.0	2.7.0	4.6.0	2.9.0	1838	4.0.0	3.3.0	3.3.0	4.0.0
1839	4.0.0	3.5.0	3.9.0	3.8.3	1840	5.7.7	2.5.0	4.3.4	2.5.0
1841	2.5.0	2.0.0	2.3.5	2.1.0					
1845	2.7.0	2.3.0	2.4.5	2.5.0	1846	2.5.0	2.4.0	2.4.5	2.5.0
1847	2.7.0	2.3.0	2.3.0	2.6.3	1848	2.6.9	1.8.0	2.6.0	1.8.0
1849	2.0.0	1.5.0	1.7.4	1.8.0	1850	2.5.0	1.9.0	2.1.7	2.5.0
1851	3.0.0	2.9.0	2.7.5	2.8.0	1852	6.0.0	3.3.0	4.2.1	3.3.3
1853	4.5.0	2.1.0	4.0.7	2.2.0	1854	2.0.7	1.7.0	2.0.7	1.7.9
1855	1.8.0	1.5.0	1.8.0	1.6.2	1856	1.5.0	2.1.0	1.5.5	2.0.0
1857	3.3.0	3.1.0	*	3.2.0	1858	3.3.0	3.3.0	3.3.0	*
1859	1.7.0	1.7.0	*	1.7.0	1860	3.1.0	1.8.0	1.9.0	2.4.5
1861	3.2.0	3.1.0	3.1.0	*	1862	3.3.0	3.0.0	3.3.0	3.0.0
1863	4.0.0	3.1.0	3.3.0	4.0.0	1864	4.4.0	3.8.0	4.1.8	3.8.0
1865	3.8.0	3.8.0	3.8.0	*	1866	5.0.0	4.0.0	4.8.2	4.0.0
1867	4.5.0	4.0.0	4.2.5	4.0.0	1868	4.5.0	4.3.0	4.4.0	*
1869	6.0.0	4.5.0	4.7.5	6.0.0	1870	7.0.0	5.8.0	6.3.0	7.0.0
1871	7.0.0	5.0.0	6.0.0	7.0.0	1872	8.5.3	6.0.0	7.2.7	7.0.0
1873	7.4.7	6.0.1	6.0.1	7.4.7	1874	5.5.0	5.0.0	5.2.5	*
1875									

〈표 1-14〉 勝聰明錄 原文속의 米價

慶尙道 固城縣 勝聰明錄의 米價(1725-1761)

(단위: 兩·錢·分)

年月日	價格表示	租1石	米8斗	기타
25.08.07	50銅＝米5斗		8.0.0	
26.07.05	01錢＝租5斗	4.0.0		
26.07.11	10文＝新米2升		4.0.0	
26.07.26	01兩＝新米3斗		2.6.7	
26.08.26	市値＝米 6.2		1.2.9	
26.08.29	＝米 6.2		1.2.9	
26.10.21	＝租16斗, 米6斗6升	1.2.5	1.2.1	
26.12.26	＝租11斗	1.8.2		
27.03.14	＝租06斗, 米2斗5升	3.3.3	3.2.0	
27.05.01	＝租07斗, 米2斗5升	2.8.6	3.2.0	
27.07.07	＝米4斗		2.0.0	
27.08.07	＝租12斗5升, 米5斗	1.6.0	1.7.8	
27.09.06	＝租12斗5升, 米4斗5升			
27.11.16	＝正租10斗半, 荒租11斗5升	1.9.0		1.7.0
27.11.21	＝租10斗	2.0.0		
28.01.11	＝租8斗, 米3斗5升	2.5.0	2.2.9	
29.12.29	＝租14斗5升, 米6斗半	1.3.8	1.2.8	
30.07.01	＝租9斗, 米4斗	2.2.2	2.0.0	
32.01.01	＝租5斗, 米2斗	4.0.0	4.0.0	
32.03.16	＝租4斗5升	4.4.4		
32.07.17	＝租3斗, 米1斗	6.6.7	8.0.0	
32.07.21	＝荒租5斗, 米1斗2升	4.0.0	6.6.7	
32.07.26	＝租6斗,白米1斗半	3.3.3	5.3.3	
32.09.01	＝租8斗半, 米3斗	2.1.6	2.6.7	
32.10.11	＝租6斗	3.3.3		
32.10.21	＝租5斗, 米2斗	4.0.0	4.0.0	
32.11.26	＝租4斗半, 米2斗	4.4.4	4.0.0	
32.12.06	＝租4斗, 米1斗8升	5.0.0	4.4.4	
33.01.06	＝租4斗8升, 米2斗	4.1.7	4.0.0	
33.02.11	＝租3斗, 米1斗	6.6.7	8.0.0	
33.04.03	11兩錢米1石		7.2.1	
33.08.26	市値＝租12斗, 米3斗半	1.6.7	2.2.9	
33.12.29	＝租8斗, 米3斗	2.5.0	2.6.7	
34.11.26	＝租21, 22, 23斗, 米8, 9斗(중간값)	0.9.5	0.9.4	

58

年月日	價格表示	租1石	米8斗	기타
34.12.16	=租20斗, 米8斗	1.0.0	1.0.0	
35.03.01	=租18,9斗, 米8斗(중간값)	1.0.8	1.0.0	
35.12.30	=租全一石-14斗, 米6斗반	1.0.0	1.4.3	1.2.3
37.08.06	米4斗半值錢一貫		1.7.8	
39.08.21	市值=租16斗米4斗半	1.2.5	1.7.8	
39.12.01	=租17斗, 米6斗	1.1.8	1.3.3	
40.12.30	=正租12斗, 米5斗	1.6.7	1.6.0	
41.12.30	=租11, 12斗, 米5斗(중간값)	1.7.4	1.6.0	
42.12.30	=租16, 17斗, 米6, 7斗(중간값)	1.2.1	1.1.9	
44.05.01	=租12, 13斗, 米5斗(중간값)	1.6.0	1.6.0	
46.09.01	=正租16, 17斗, 荒租全石	1.2.1	1.3.3	
46.12.01	=租13斗	1.5.4		
46.12.30	=租16, 17斗, 米6斗半	1.2.1	1.2.3	
47.06.06	=租11斗, 米5斗	1.8.2	1.6.0	
47.12.29	=精租11斗, 荒租12斗, 米5斗	1.8.2	1.6.0	1.6.7
48.07.26	=租14斗, 米5斗	1.4.3	1.6.0	
48.12.30	=正租13-16斗, 米5斗半-6斗(중간값)	1.4.0	1.3.9	
49.08.21	=租 22斗, 23斗, 米6斗半或7斗	0.8.9	1.1.9	
48.12.30	=正租15, 6斗, 米6斗半	1.2.9	1.2.3	
50.09.07	=中稻13斗半, 米5斗或半	1.4.8	1.5.2	
50.10.01	=租13斗, 米5斗	1.5.4	1.6.0	
50.11.11	=正租11斗, 米5斗	1.8.2	1.6.0	
50.12.30	=租10斗, 米4斗,5斗	2.0.0	1.7.8	
51.04.21	=租7斗, 米3斗	2.8.6	2.6.7	
51.05.16	=正租6斗, 荒租7斗, 精米3斗	3.3.3	2.6.7	2.8.6
51.09.06	=租14斗	1.4.3		
51.12.16	=正租9斗	2.2.2		
52.01.06	=租8斗, 米4斗	2.5.0		
52.01.26	=租7斗	2.8.6		
52.02.11	=租7斗次租8斗	2.8.6		
52.03.01	=租7斗	2.8.6		
52.04.01	=租7斗, 米3斗	2.8.6		
52.05.03	=租7,8斗, 米3斗(중간값)	2.8.6	2.6.7	
52.05.10	=正租10斗, 米4斗	2.0.0	2.0.0	
52.07.01	=租10斗, 白米4斗	2.0.0	2.0.0	
52.10.06	=正租11斗, 米4斗8승	1.8.2	2.0.0	
52.11.20	=米5斗		1.6.0	

年月日	價格表示	租1石	米8斗	기타
52.12.30	＝租11斗, 精租10斗, 米5斗	1.8.2	2.0.0	1.6.0
53.01.21	＝租11, 12斗(중간값)	1.7.4		
53.03.06	＝租12斗	1.6.7		
53.05.26	＝租12斗	1.6.7		
53.11.06	＝租10, 11斗, 米4斗2승	1.9.0	1.9.0	
53.12.16	＝米5斗		1.6.0	
53.12.26	＝正租11斗, 次租12斗, 米5斗	1.8.2	1.6.0	1.6.7
54.03.06	＝租13斗, 米5斗,	1.5.4	1.6.0	
54.04.16	＝正租10斗, 米4斗	2.0.0	2.0.0	
54.07.26	＝正租10斗, 米3斗半	2.0.0	2.2.9	
54.10.01	＝正租11斗, 米4斗半	1.8.2	1.7.8	
54.12.30	＝正租10斗, 米4斗半	2.0.0	1.7.8	
55.01.26	＝租8斗, 米3斗6升	2.5.0	2.2.0	
55.06.01	＝米2斗6升		3.0.8	
55.06.16	＝米2斗4升		3.3.3	
55.07.01	＝米2斗1升, 2斗2升(중간값)		3.7.2	
55.08.06	＝米2斗2升3合		3.5.6	
55.08.11	＝米2斗2升3合		3.5.6	
55.08.21	＝白米2斗, 烝米2斗2승		4.0.0	白米價)
55.09.01	＝白米2斗, 烝米2斗2승		4.0.0	白米價)
55.09.11	＝白米2斗半		3.2.0	
55.09.16	＝租8, 9斗, 白米3斗	2.3.5	2.6.7	
55.10.21	＝租6斗, 米2斗2, 3升(중간값)	3.3.3	3.5.6	
55.11.01	＝租5斗或半, 米2斗	3.6.4	3.3.3	
55.11.16	＝租5斗	4.0.0		
55.11.21	＝正租5斗 米2斗2,3升	4.0.0		
55.11.26	＝租4斗半, 米2斗	4.4.4	3.7.2	
55.12.21	1兩2錢＝租4斗1兩5分, 米2斗	5.2.5	4.8.0	
56.01.04	1兩1錢＝米1升6合, 正租4斗	5.5.0	5.0.0	
56.01.06	市値＝米1斗5升		5.3.3	
56.01.11	＝租3斗半, 米1斗半	5.7.1	5.3.3	
56.01.26	＝租3斗	6.6.7		
56.02.01	＝租2斗, 米1斗	8.0.0	8.0.0	
56.02.06	＝米1斗1升2合(중간값)		6.9.6	
56.04.16	＝米1斗3升		6.1.5	
56.05.01	＝米1斗6升7合(중간값)		4.8.5	
56.05.02	＝白米1斗5升, 麤米1斗7升8合(중간값)		5.0.0	
56.05.06	＝精米4升5合		5.5.2	

年月日	價格表示	租1石	米8斗	기타
56.07.11	=米2斗		4.0.0	
56.07.21	=米2斗2升, 新米1斗6升		3.6.4	
56.09.06	=租9斗, 10斗, 米3斗半	2.1.0	2.2.9	
56.09.26	=租11, 12斗, 白米5斗	2.2.9	1.6.0	
56.11.01	=租9斗, 米4斗	2.2.2	2.0.0	
56.12.01	1兩5分=米4斗錢		3.0.0	
56.12.26	市値=正租6斗半	3.8.0		
56.12.30	=正租6斗半, 米3斗5升	3.8.0	2.2.9	
57.01.06	=租6斗半	3.8.0		
57.02.06	=租6斗錢1兩7分, 米3斗	3.5.7	2.8.5	
57.04.06	=精租5斗, 白米2斗4升	4.0.0	3.3.3	
57.05.01	=白米2斗5升		3.2.0	
57.06.06	=米3斗		2.6.7	
57.06.26	=新米3斗加升		2.6.7	
57.08.01	=米3斗8升, 熏米4斗		2.1.0	2.0.0
57.08.06	=白米4斗半, 中稻15.6斗	1.2.8	2.1.0	
57.10.01	=租16斗, 米6斗	1.2.5	1.3.3	
57.10.16	=租16斗, 米6斗	1.2.5	1.3.3	
57.11.11	=租17斗, 추米7斗	1.1.8	1.1.4	
57.12.11	=米5斗半		1.4.5	
57.12.16	=正租12斗	1.6.7		
57.12.24	=正租14斗	1.4.3		
58.08.01	=米6斗		1.3.3	
58.12.30	=正租15, 16斗(중간값), 米6斗	1.2.9	1.3.3	
59.02.01	=租13,4斗, 米6斗	1.4.8	1.3.3	
59.08.01	=正租9斗, 米4斗半或5斗(중간값)	2.2.2	1.6.8	
59.08.16	=米3斗半	2.2.9		
59.12.30	=正租8斗, 精米3斗半	2.5.0	2.2.9	
60.08.01	=新米3斗		2.6.7	
60.08.16	=米3斗半		2.2.8	
60.09.06	=租11, 12斗(중간값)	1.7.4	1.7.8	
60.10.06	=租11, 12斗, 米5斗	1.7.4	1.6.0	
60.11.06	=米6斗		1.3.3	
60.12.11	=米5斗餘升		1.6.0	
60.12.30	=租12,3斗, 米5斗	1.6.0	1.6.0	
61.04.06	=米5斗		1.6.0	
61.04.21	=米4斗		2.0.0	
61.05.01	=米3斗5升, 正租7斗	2.8.6	2.2.9	

年月日	價格表示	租1石	米8斗	기 타
61.05.06	=正租7斗, 米3斗	2.8.6	2.6.7	
61.05.26	=米3斗1升		2.5.8	
61.06.01	=米3斗, 正租6斗	3.3.3	2.6.7	
61.07.21	=米3斗3升		2.4.2	
61.08.21	=米3斗半		2.2.9	

注: ① 환산가격은 租의 경우 全石=20斗를 기준으로 하고, 米의 경우 米8斗를 기준으로 한 가격이다. ② 가격표시에서 米나 租의 量을 한 가지 이상 제시한 경우 중간값을 산정하고 환산하였다. ③ 기타 란의 가격은 가격표시란의 租와 米 이외에 精租, 麤米, 荒租, 烝米 등이 함께 제시된 경우 그 가격이다.④ 가격표시에서 정규 도량형 단위 이외의 단위로 표시된 경우 전후 시기의 가격을 비교하여 적정한 도량형을 적용하였다. 예) 銅은 錢으로 적용, 1錢으로 1兩의 가격을 표시하였을 경우 1兩으로 적용, 1貫으로 1兩의 가격을 표시하였을 경우 1兩으로 적용하였다.⑤ 가격환산은 分 이하를 반올림하여 계산하였다.

〈표 1-15〉 勝聰明錄 各 年度 米價 대표값

勝聰明錄 各 年度 米價 最高·最低·收穫 以前 平均值·收穫 以後 平均值

단위: 兩·錢·分

年 度	租				米			
	最高值	最低值	1-6月平均值	7-12月平均值	最高值	最低值	1-6月平均值	7-12月平均值
1725	8.0.0	*	*	8.0.0				
1726	4.0.0	1.2.5	4.0.0	1.5.4	4.0.0	1.2.1	4.0.0	1.6.2
1727	3.3.3	1.6.0	3.1.0	1.8.3	3.2.0	1.7.8	2.8.0	1.7.8
1728	2.5.0	2.5.0	2.5.0	2.5.0	2.2.9	2.2.9	2.2.9	2.2.9
1729	1.3.8	1.3.8	1.3.8	1.3.8	1.2.8	1.2.8	1.2.8	1.2.8
1730	2.2.2	2.2.2	2.2.2	2.2.2	2.0.0	2.0.0	2.0.0	2.0.0
1731	4.4.5	2.1.9	3.2.2	3.1.7	5.0.0	2.3.4	3.0.0	3.5.1
1732	6.6.7	2.1.6	4.2.2	4.1.2	8.0.0	2.6.7	4.0.0	5.0.2
1733	6.6.7	1.6.7	5.4.2	2.0.9	8.0.0	2.2.9	6.4.0	2.4.8
1734	1.0.0	0.9.5	*	0.9.8	1.0.0	0.9.4	*	0.9.7
1735	1.0.8	1.0.0	1.0.8	1.0.0	1.4.3	1.0.0	1.0.0	1.4.3
1736	1.1.7	1.0.9	*	1.1.1	1.6.1	1.3.9	1.3.9	1.6.1
1737	1.1.7	1.0.9	*	1.7.8	1.7.8	1.7.8	1.7.8	1.7.8

年　度	租				米			
	最高値	最低値	1-6月平均値	7-12月平均値	最高値	最低値	1-6月平均値	7-12月平均値
1738	*	*	*	1.5.0	*	*	*	1.6.7
1739	1.2.5	1.1.8	*	1.2.2	1.7.8	1.3.3	*	1.5.6
1740	1.6.7	1.6.7	*	1.6.7	1.6.0	1.6.0	*	1.6.0
1741	1.7.4	1.7.4	*	1.7.4	1.6.0	1.6.0	*	1.6.0
1742	1.2.1	1.2.1	*	1.2.1	1.1.9	1.1.9	*	1.1.9
1743	1.4.1	1.4.1	*	1.4.0	1.4.0	1.4.0	*	1.4.0
1744	1.6.0	1.6.0	1.6.0	1.6.0	1.6.0	1.6.0	1.6.0	1.6.0
1745	1.5.7	1.4.1	*	1.4.6	1.4.7	1.4.2	*	1.5.0
1746	1.5.4	1.2.1	*	1.3.2	1.3.3	1.2.3	*	1.2.8
1747	1.8.2	1.8.2	1.8.2	1.8.2	1.6.0	1.6.0	1.6.0	1.6.0
1748	1.5.4	1.2.5	1.4.3	1.4.0	1.6.0	1.3.3	1.6.0	1.4.0
1749	1.2.9	1.1.9	*	1.2.4	1.2.3	0.8.5	*	1.0.4
1750	2.0.0	1.4.8	*	1.7.1	2.0.0	1.5.2	*	1.6.8
1751	3.3.3	1.4.3	3.1.0	1.8.2	2.6.7	1.4.5	2.6.7	1.5.6
1752	2.8.6	1.8.2	2.6.0	1.8.2	2.6.7	1.6.0	2.2.2	1.8.7
1753	1.7.4	1.6.7	1.6.9	1.8.6	1.9.0	1.6.0	*	1.7.0
1754	2.0.0	1.5.4	1.7.7	1.9.4	2.2.9	1.6.0	1.8.0	1.9.5
1755	5.2.5	2.3.5	2.5.0	3.8.5	4.8.0	2.2.0	3.0.8	3.6.4
1756	8.0.0	2.1.0	6.4.7	2.8.4	8.0.0	1.6.0	1.8.0	1.9.5
1757	4.0.0	1.1.8	3.7.9	1.3.4	3.3.3	1.1.4	2.9.4	1.5.8
1758	1.2.9	1.2.9	*	1.2.9	1.3.3	1.3.3	*	1.3.3
1759	2.5.0	1.2.9	1.4.8	2.3.4	2.2.9	1.3.3	1.3.3	1.9.9
1760	1.7.4	1.6.0	1.7.8	1.3.3	2.6.7	1.3.3	2.4.8	1.5.8
1761	3.3.3	2.8.6	3.0.2	*	2.6.7	1.6.0	2.3.0	2.3.6

注　① 관측치가 존재하지 않는 1731, 1736, 1738, 1743, 1745년도의 대표값은 전후 연도의 평균값으로 대체하였다. ② 1737년과 같이 米價 관측치만 존재하고 租價 관측치가 존재하지 않는 경우 租 1石(20斗)＝米8斗의 환산식을 적용하여 米價로서 대체하였다.

〈표 1-16〉 慶尙道 尙州 淸臺日錄의 米價(1751-1758)

年月日	價格表示	租1石	米8斗
1751.05*.21	米不過3斗		2.6.7
1752.04.08	1兩錢給5斗米		1.6.0
1752.05.22	市上米5斗爲1兩給價云		1.6.0
1754.06.03	市上錢1兩租12斗, 米5斗	1.6.7	1.6.0
1754.12.25	市價1貫給租12斗, 米4斗	1.6.7	2.0.0
1755.08.05		2.4.0	
1755.09.19		2.0.0	
1755.12.25		3.2.0	
1756.04.01		4.0.0	
1756.10.04		2.0.0	
1757.01.20		2.8.0	
1757.05.19		2.0.0	
1757.06.25		1.6.6	
1757.09.15		0.9.0	
1757.12.10		1.1.8	
1758.01.29	市値100文錢給租21斗	0.9.5	
1758.03.20	市値錢100文給米12斗, 租24斗云	0.8.3	0.6.7
1758.06.30	市値1貫錢給租20斗	1.0.0	
1758.09.01	市値100文錢租20斗	1.0.0	
1758.10.12	市値100文錢租18斗, 米7斗云	1.1.1	1.1.4

II. 長期趨勢와 中短期變動

1. 長期趨勢

(1) 資料 結合과 漏落 資料 復元의 문제

가. 用下記와 勝聰明錄의 結合

朝鮮社會의 經濟構造變動과 米價의 長期趨勢와의 연관을 밝히기 위한 기초작업은 가장 長期의 連續的인 米價 時系列을 構築하는 일이다. 지금까지 수집한 자료 중 全羅道 靈巖의 用下記(1744-1875)와 慶尙道 固城의 勝聰明錄(1725-1761)은 다른 자료에 비해 비교적 양질의 연속적인 자료이다. 이 두 자료를 결합할 경우 1725년부터 1875년까지 총 150년간 時系列 構築이 가능하다.[57]

그러나 두 자료를 결합하는 데 있어서 해결해야 할 문제가 있다. 그것은 地域的 差異와 季節的 差異의 조정이다. 지역적 차이를 조정하기 위해 먼저 固城과 靈巖의 米價 時勢를 비교해보기로 한다. 비교가능 연도는 양 자료 모두 존재하는 1744-1761년도이다. 〈표 2-1〉을 보면 慶尙道 固城地方의 米價는 全羅道 靈巖地方의 米價에 비해 1745년도를 제외하고 항상 높은 것을 알 수 있다. 미가 차이를 비교할 수 있는 16개년 중 1745년을 제외하고 15개년의 지수를 가지고 차이 정도를 파악하기 위하여 算術平均을 구하면

---

[57] 미가 시계열 구축방법을 가까운 중국과 비교한다면, 중국은 彭信威에 의해 1640-1910년까지 장기 미가 시계열이 구축된 바 있다. 그는 『實錄』, 『東華錄』, 『淸史稿』 등에서 淸代 267년간 약 900件의 자료를 지역을 불문하고 1년마다 평균한 값을 10년단위로 다시 평균하는 방법으로 시계열을 구축하였다. 彭信威의 방법은 地域的 差異를 무시한 것에서 신뢰성을 얻지 못하였다. 彭信威, 『中國貨幣史』, 上海群聯出版社, 1954.

34%이다. 따라서 勝聰明錄의 1725년에서 1743년까지 1-6월 평균가격을 34% 디플레이트하여 1744-1875년간 존재하는 用下記의 미가와 결합하면 1725-1875년의 지역적 차이를 조정할 수 있다.

勝聰明錄의 米價 기록은 대부분 7-12월 사이에 존재하고 1-6월 사이의 기록은 없는 편이다. 반면 用下記는 1-6월 사이의 作錢 기록은 거의 빠짐없이 존재하는 한편 7-12월 사이의 作錢 기록이 많이 빠져 있는 편이다. 따라서 用下記 기록을 중심으로 결합할 경우 勝聰明錄 기록에 대한 계절조정이 필요하다.

勝聰明錄의 미가 시계열자료를 검토할 경우 1727년, 1732년, 1733년, 1751-1757년간은 계절별 가격변동을 구할 수 있는 기간이다. 계절조정은 일단 계절변동폭을 계절지수로 계측하고 이 지수를 이용하여 원 시계열자료값을 조정하는 방법에 기초한다.

〈표 2-1〉 勝聰明錄과 用下記의 租1石當 價格 比較

(단위: 兩·錢·分)

연 도	勝聰明錄		用下記		비 교
	1-6월 평균가격 (A)	7-12월 평균가격 (B)	수확 이전 평균가격 (C)	수확 이후 평균가격 (D)	(A-C)/C*100(%) (B-D)/D*100(%)
1744	1.6.0	1.6.0	1.1.9	*	35(%)
1745	*	1.4.6	*	1.8.6	-22
1746	*	1.3.2	1.3.7	*	
1747	1.8.2	1.8.2	1.4.6	1.5.1	21
1748	1.4.3	1.4.0	*	1.1.4	23
1749	*	1.2.4	*	0.8.7	43
1750	*	1.7.1	1.0.0	1.3.4	28
1751	3.1.0	1.8.2	*	1.6.3	12
1752	2.6.0	1.8.2	1.8.3	*	42
1753	1.6.9	1.8.6	1.3.3	*	27
1754	1.7.7	1.9.4	1.5.2	*	11
1755	2.5.0	3.8.5	2.2.8	*	10
1756	6.4.7	2.8.4	4.0.0	*	62
1757	3.7.9	1.3.4	2.1.4	*	77
1758	*	1.2.9	0.8.2	*	
1759	1.4.8	2.3.4	0.9.3	*	59
1760	1.7.8	1.3.3	1.4.7	*	21
1761	3.0.2	*	2.0.0	*	51

注 ① *는 관측치가 존재하지 않는 경우이다. ② 1746,1758년도는 서로 수확 이전, 이후 가격만 존재하여 비교 불가능 연도이다.

예를 들어 勝聰明錄의 月別 미가자료를 P(t)라 한다면 여기에는 추세변동과 계절변동, 순환변동 및 불규칙변동이 모두 내재된 상태이다. 따라서 계절별 가격이 연속적으로 존재하는 기간을 표본으로 계절조정지수를 구할 필요가 있다. 勝聰明錄 1751-1757년 기간은 연속적으로 계절변동이 기록된 유일한 기간이다. 따라서 계절지수를 구하기 위한 표본기간을 1751-1760년 기간으로 설정하고 불규칙변동을 제거한 계절지수를 구해야 한다.[58] 〈표

---

58) 계절지수 산정방법은 제2장 제2절 계절변동에서 자세히 다루기로 한다. 여기에서는 그 결과를 미리 이용한 것이다.

2-2〉는 1751-1760년간 조정된 미가 계절지수를 산정한 결과이다.[59]

〈표 2-2〉에 제시된 각 계절지수의 평균치 109.4, 105.7, 82.8, 94.8은 불규칙변동이 제거된 상태로 받아들일 수 있다. 여기서 수확 이전 가격지수와 수확 이후의 가격지수를 구하기 위하여 봄 평균지수와 여름의 평균지수의 합의 평균을 수확 이전 가격지수라 하고, 가을과 겨울의 평균 계절지수를 수확 이후 가격지수라 하면 각각 107.6과 88.8이 된다. 따라서 수확 이전과 수확 이후의 가격 차이는 약 17% 정도로 볼 수 있다.

〈표 2-2〉 1751-1760년간 조정된 미가 계절지수

	1751	1752	1753	1754	1755	1756	1757	1758	1759	1760	평균
春		137.4	98.3	96.8	94.6	150.2	134.7	100.7	96.7	75.3	109.4
夏		96.6	97.5	108.1	106.4	107.2	128.6	100.9	82.6	123.4	105.7
秋	62.5	90.6	99.8	84.6	85.3	45.8	61.2	97.7	118.1		82.8
冬	81.7	98.4	102.2	93	97.8	85.8	86	95.3	113.5		94.8

注 ① 1753년 가을, 1755년 봄, 1758년 봄, 여름 1759년 여름은 관측치 존재하지 않는 경우로서 평균값으로 보충. ② 이동평균값은 중앙 이동평균값임.

이 지수를 가중치로 1-6월 관측치가 존재하지 않는 연도의 가격을 구하고 그 가격을 앞서 구한 산술평균값으로 디플레이트하여 1725-1743년도 勝聰明錄의 미가 시계열을 用下記의 시계열에 결합하면 총 150년간 비교적 동질의 미가 시계열이 구축된다.

나. 漏落 資料 推計

지금까지 지역이 서로 다르고 계절이 서로 다른 자료를 결합하는 데 따르는 문제점을 조정하였다. 이것으로 1725-1875년간 미가 시계열이 완성되

---

59) 여기에서는 월별로 미가자료가 존재하지 않아 12개월을 봄(음력 2, 3, 4월) 여름(음력 5, 6, 7월), 가을(음력 8, 9, 10월), 겨울(음력 11, 12, 1월)과 같이 사계절로 묶어 이동평균대비법(Ratio-to-moving average method)을 적용하여 산출하였다.

지 않는다. 추가적으로 해결해야 할 또 하나의 문제가 남아 있다. 그것은 用下記상에 미가 관측치가 존재하지 않는 해가 다수 존재한다는 사실이다.

앞서 제시한 바 있듯이 族契 用下記는 1744-1871년 기간 중 1766-1780년 기간과 1817-1842년 기간의 자료가 존재하지 않는다. 小宗契 用下記의 경우 1819-1875년 기간 중 1842-1844년 기간의 자료가 존재하지 않는다. 양 자료 모두 존재하지 않는 해는 1766-1780 기간과 1817, 1818년 그리고 1842년이다.

미가가 존재하지 않는 해의 미가자료를 복원하는 방법으로 가장 일반적이고 현실적인 방법은 관측된 부분의 자료에 근거하여 미가를 推計하는 방법이다. 이 방법으로 時間變數 活用法(Time Variable)이 있다. 이 방법은 관측된 값을 시간에 대하여 一次回歸分析을 수행한 다음 도출된 回歸線($\hat{y} = \hat{a} + \hat{\beta}x$)에 의거하여 漏落年度의 미가를 재생시키는 방법이다. 다음 回歸式은 관측된 연도의 자료에서 단기 불규칙변동과 중기순환변동을 제거하여 一次線型式으로 回歸分析한 식이다.

$$Y = 0.0149X + 1.2744 (R^2 = 0.6011)$$

이제 이 回歸式에 漏落年度의 순서를 X값으로 정하고 미가를 구하면 〈표 1-3〉과 같다.

〈표 2-3〉 누락년도 복원값

漏落年度	X값	米價
$y = 0.0149x + 1.2744(r^2 = 0.6011)$		
1766	42	1.9002
1767	43	1.9159
1768	44	1.9300
1769	45	1.9449
1770	46	1.9598
1771	47	1.9747
1772	48	1.9896
1773	49	2.0045
1774	50	2.0194
1775	51	2.0343
1776	52	2.0492
1777	53	2.0641
1778	54	2.0790
1779	55	2.0939
1780	56	2.1088
1817	93	2.6601
1818	94	2.6750
1842	118	3.0326

지금까지 地域이 다르고 季節이 다른 미가자료를 결합시키는 방법 및 해결과 同質의 자료 내에 존재하는 漏落資料를 복원하는 방법 및 해결에 대해서 살펴보았다. 이 작업으로 1725년에서 1875년 사이의 총 150년간 어느 정도 동질적인 미가 시계열이 완성되었다고 본다. 그 결과가 〈표 2-4〉이다. 이 결과를 가지고 그림으로 표시하면 〈그림 2-1〉과 같다.

〈표 2-4〉 결합 미가 시계열(1725-1875)

단위(兩·錢·分/石)

	Annual Price A Series	Annual Price B Series	5-Year Moving Average	11-Year Moving Average	31-Year Moving Average
1725		6.1.8			
1726		2.6.4			
1727		2.0.5	2.6.9		
1728		1.6.5	1.7.4		
1729		0.9.1	1.6.4	2.2.6	
1730		1.4.7	1.7.9	1.7.8	
1731		2.1.2	2.1.7	1.6.6	
1732		2.7.8	2.1.4	1.5.8	
1733		3.5.8	2.0.0	1.5.2	
1734		0.7.6	1.7.5	1.5.5	
1735		0.7.7	1.4.7	1.5.4	
1736		0.8.6	0.9.8	1.4.4	
1737		1.3.6	1.0.2	1.2.8	
1738		1.1.6	1.1.2	1.0.7	
1739		0.9.4	.2.2	1.1.7	1.6.6
1740		1.2.9	1.1.4	1.2.2	1.5.8
1741		1.3.5	1.1.2	1.2.7	1.5.7
1742		0.9.6	1.1.7	1.2.5	1.5.3
1743		1.0.8	1.2.9	1.2.3	1.5.0
1744	1.1.9		1.2.9	1.2.3	1.5.2
1745	1.8.6		1.3.9	1.2.6	1.5.4
1746	1.3.7		1.4.0	1.3.1	1.5.4
1747	1.4.6		1.3.4	1.3.4	1.6.2
1748	1.1.4		1.1.7	1.3.8	1.5.6
1749	0.8.7		1.2.2	1.4.7	1.6.0
1750	1.0.0		1.2.9	1.6.7	1.6.4
1751	1.6.3		1.3.3	1.7.3	1.6.8
1752	1.8.3		1.4.6	1.6.7	1.7.0
1753	1.3.3		1.7.0	1.6.5	1.7.3
1754	1.5.2		2.1.8	1.7.1	1.7.7
1755	2.2.0		2.2.2	1.8.0	1.8.0
1756	4.0.0		2.1.9	1.8.6	1.8.2
1757	2.0.5		2.0.0	2.1.5	1.8.6
1758	0.8.2		1.8.5	2.1.9	1.9.0
1759	0.9.3		1.4.5	2.2.4	1.9.3
1760	1.4.7		1.5.1	2.2.3	1.9.4
1761	2.0.0		2.3.5	2.0.5	1.9.6
1762	2.3.3		2.5.2	2.0.5	1.9.9
1763	5.0.0		2.6.4	2.1.6	2.0.2

	Annual Price A Series	Annual Price B Series	5-Year Moving Average	11-Year Moving Average	31-Year Moving Average
1764	1.8.0		2.6.4	2.2.7	2.0.7
1765	2.0.5		2.5.9	2.3.3	2.0.9
1766		1.9.0	2.0.0	2.3.4	2.1.2
1767		1.9.2	2.0.6	2.3.2	2.1.7
1768		1.9.3	2.0.7	2.0.7	2.2.4
1769		1.9.4	2.0.8	2.1.0	2.2.5
1770		1.9.6	2.1.0	2.1.1	2.2.3
1771		1.9.7	2.1.1	2.1.3	2.2.4
1772		1.9.9	2.1.3	2.1.4	2.2.2
1773		2.0.0	2.1.4	2.1.6	2.6.0
1774		2.0.2	2.1.6	2.1.7	2.3.0
1775		2.0.3	2.1.7	2.1.3	2.3.2
1776		2.0.5	2.1.9	2.1.9	2.3.4
1777		2.0.6	2.2.0	2.2.8	2.3.8
1778		2.0.8	2.2.2	2.4.1	2.2.7
1779		2.0.9	2.1.1	2.3.9	2.3.0
1780		2.1.1	2.2.1	2.3.4	2.3.2
1781	1.6.5		2.4.0	2.5.2	2.3.1
1782	2.7.0		2.6.8	2.4.6	2.3.3
1783	3.1.8		2.6.0	2.4.4	2.3.6
1784	3.6.0		2.6.0	2.4.2	2.3.4
1785	1.8.8		2.8.9	2.4.2	2.3.3
1786	1.6.8		2.5.6	2.5.0	2.3.1
1787	4.1.0		.2.4	2.5.9	2.3.0
1788	1.5.2		2.2.7	2.4.4	2.2.9
1789	2.0.4		2.3.8	2.3.7	2.2.9
1790	2.0.3		2.0.8	2.4.4	2.2.9
1791	2.2.0		2.5.0	2.4.5	2.2.8
1792	2.6.0		2.4.1	2.3.0	2.2.6
1793	3.6.4		2.5.7	2.4.3	2.2.5
1794	1.6.0		2.6.4	2.3.9	2.3.5
1795	2.8.0		2.4.9	2.3.6	2.3.5
1796	2.6.3		2.2.4	2.3.1	2.3.5
1797	1.7.8		2.5.2	2.2.2	2.3.4
1798	2.4.1		2.2.8	2.0.8	2.3.3
1799	3.0.0		2.1.1	2.1.2	2.4.1
1800	1.6.0		2.0.7	2.0.6	2.4.0
1801	1.7.5		1.9.1	1.9.8	2.4.4
1802	1.5.8		1.7.3	1.9.7	2.3.9
1803	1.6.3		.8.1	1.9.3	2.3.9
1804	2.0.8		1.9.0	2.1.5	2.3.7
1805	2.0.3		1.9.4	2.2.1	2.3.7
1806	2.1.6		1.9.5	2.1.9	2.3.8
1807	1.7.8		1.9.1	2.2.0	2.3.6
1808	1.6.8		2.6.0	2.3.1	2.2.9
1809	1.8.9		2.6.1	2.6.8	2.2.9

	Annual Price A Series	Annual Price B Series	5-Year Moving Average	11-Year Moving Average	31-Year Moving Average
1810	5.5.0		2.5.6	2.6.6	2.2.7
1811	2.2.0		2.6.9	2.7.1	2.2.3
1812	1.5.3		2.9.0	2.7.5	2.2.5
1813	2.3.5		3.0.0	2.7.3	2.2.9
1814	2.9.3		2.9.3	2.7.2	2.2.7
1815	6.0.0		3.1.5	2.7.1	2.2.8
1816	1.8.3		3.2.1	2.4.7	2.3.0
1817		2.6.6	2.9.3	2.4.6	2.3.8
1818		2.6.7	2.0.5	2.4.6	2.4.9
1819		1.5.0	2.0.4	2.3.9	2.5.1
1820		1.6.0	2.0.4	2.3.3	2.5.5
1821		1.7.9	1.9.1	1.9.6	2.6.3
1822		2.6.3	1.9.1	1.9.9	2.6.8
1823		2.0.5	1.9.1	2.0.8	2.7.4
1824		1.4.8	1.9.9	2.0.4	2.8.3
1825		1.5.8	1.7.7	2.0.8	2.7.3
1826		2.2.0	.8.0	2.1.4	2.7.5
1827		1.5.5	2.2.5	2.3.2	2.8.0
1828		2.2.0	2.3.7	2.5.4	2.8.0
1829		3.7.0	2.3.3	2.6.0	2.7.9
1830		2.1.8	2.4.8	2.7.3	2.6.8
1831		2.0.4	2.8.4	2.9.9	2.6.9
1832		2.2.7	3.1.4	3.0.8	2.6.9
1833		4.0.0	3.2.6	3.2.7	2.6.8
1834		5.1.9	3.4.7	3.4.5	2.7.0
1835		2.8.0	3.9.4	3.3.4	2.7.4
1836		3.1.0	3.8.0	3.4.0	2.8.0
1837		4.6.0	3.5.4	3.4.9	2.8.5
1838		3.3.0	3.8.5	3.5.1	2.8.5
1839		3.9.0	3.7.0	3.3.8	2.8.6
1840		4.3.4	3.3.6	3.1.6	2.8.6
1841		2.3.5	3.3.1	3.1.2	2.8.5
1842		3.0.3	3.0.4	3.0.8	2.9.0
1843	3.0.7		2.6.7	2.8.8	2.8.9
1844	2.5.5		2.7.0	2.7.8	2.8.3
1845	2.5.0		2.6.0	2.7.0	2.8.6
1846	2.5.0		2.5.0	2.6.4	2.9.0
1847	2.3.7		2.4.3	2.7.7	2.9.2

	Annual Price A Series	Annual Price B Series	5-Year Moving Average	11-Year Moving Average	31-Year Moving Average
1848	2.5.8		2.3.5	2.7.3	2.9.3
1849	2.2.2		2.4.4	2.6.2	2.8.9
1850	2.0.6		2.7.0	2.5.5	2.9.5
1851	2.9.5		2.9.9	2.4.8	2.9.9
1852	3.6.7		2.9.9	2.5.4	2.9.9
1853	4.0.7		2.9.3	2.4.9	3.0.3
1854	2.1.8		2.6.7	2.4.3	3.1.1
1855	1.6.5		2.2.7	2.5.1	3.1.9
1856	1.6.5		2.1.2	2.6.0	3.3.5
1857	1.6.5		2.0.2	2.6.1	3.5.0
1858	3.3.0		2.0.5	2.6.5	3.5.7
1859	1.7.0		2.3.4	2.6.4	3.6.3
1860	1.9.3		2.6.4	2.8.7	3.6.7
1861	3.1.0		2.6.0	3.0.8	3.7.1
1862	3.1.8		3.1.0	3.3.1	3.7.6
1863	3.1.0		3.4.9	3.5.6	3.8.0
1864	4.1.7		3.8.5	3.8.0	3.8.6
1865	3.9.0		4.0.8	4.2.4	3.9.3
1866	4.9.0		4.3.6	4.6.8	
1867	4.3.3		4.4.4	5.0.5	
1868	4.5.0		4.9.1	5.2.2	
1869	4.5.5		5.3.1	5.3.3	
1870	6.2.7		5.9.0	5.4.4	
1871	6.9.0		6.4.9		
1872		7.2.7	6.6.3		
1873		6.0.1	6.2.8		
1874		5.2.5			
1875					

① 1748, 1749, 1855, 1857, ♠1859년은 수확 이후의 가격이다.
② Annual Price A Series의 米價는 族契 「用下記」의 가격이다.
④ Annual Price B Series의 1725-1743년 기간은 勝聰明錄의 조정가격이다. 1819-1841
년, 1845-1875의 미가는 小宗契用下記의 價格이다
이외 나머지는 소수셋째자리에서 반올림한 推計價格이다.

〈그림 2-1〉 1725-1875년 미가추세

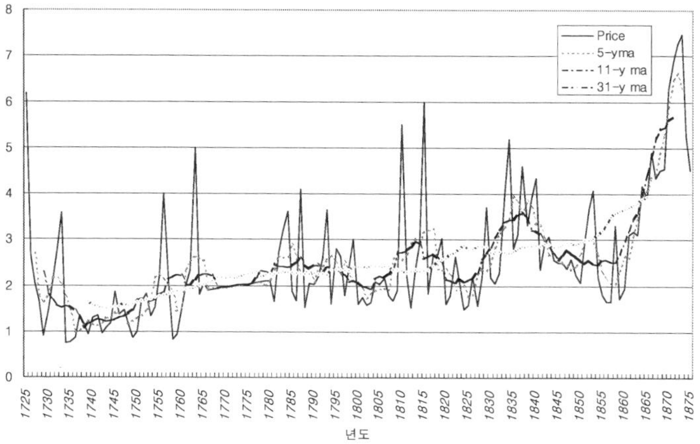

(2) 長期 米價趨勢의 特徵

經濟變動 현상 가운데 循環의 週期를 넘어 長期的으로 어떤 傾向을 띠는 것을 長期趨勢라한다. 이 長期趨勢는 上昇과 下降의 循環을 관통하는 持續的인 增加 혹은 減少를 말한다. 1725-1875년간 米價 時系列을 놓고 볼 때 쉽게 눈에 들어오는 것은 아니지만, 全 區間에 걸쳐서 매년 발생하는 변화를 累積시키면서 한 方向으로 자신의 成就를 세워나가는 長期趨勢를 확인할 수 있다. 이 추세는 一年一年씩 段階를 밟으면 전혀 식별할 수 없다. 예를 들어 1725년에 출발하여 매년 변화를 따라가다 보면 上昇하고 있는 것인지 下落하고 있는 것인지 잘 알 수 없다. 적어도 50년 이상의 세월을 따라간 1775년쯤에 위치를 확인하면 지나온 軌跡의 방향이 조금 위로 향하고 있음이 드러난다. 그러나 다시 50년의 세월을 따라가 1825년쯤에서 위치를 확인하면 그나마 50년 전에 보였던 방향과 달리 아래로 향하고 있음을 알 수 있다. 100년의 세월을 넘어 150년 세월이 지난 뒤에 보면 확실히 처음 출발할 때와 다른 위치에 있는 것을 알 수 있다.

76

일반적으로 시계열분석의 첫 단계는 가장 장기적인 변동인 추세변동을 평가하는 일이다. 일단 단기 불규칙변동과 중기순환변동이 제거된 상태하에서의 장기추세를 여기에서는 最小自乘法을 이용한 線型趨勢線(Linear Trend)으로 구해 보기로 한다. 선형 추세선은 X를 시간 변수로 삼고 Y를 미가변수로 삼아 다음 방정식으로 표현할 수 있다.

$$Y = \hat{a} + \hat{b}X$$

이제 각 년도 미가자료를 대입하여 구하면 아래와 같은 一次線型 趨勢線이 도출된다. 趨勢線을 보면 기울기가 0.0137의 上昇趨勢를 확인할 수 있다.

$$Y = 0.0137X + 1.3774 \, (R^2 = 0.8727)$$

이 長期趨勢를 주도한 국면을 유심히 살펴볼 필요가 있다. 線型趨勢의 미가축 절편을 볼 때 처음 출발점은 조 1석당 1냥3전7분으로 출발하여 마지막을 3냥4전5푼으로 끊고 있다. 처음 1725년 미가 수준에 비해 150년 뒤인 1875년의 미가는 약 2배 반 정도 상승한 것이다. 이것은 물론 이 기간 모든 불규칙변동과 순환변동을 제거한 순수추세에 처음과 끝을 대입한 결과이다.

다음 절에서 살피겠지만 전반적인 상승추세는 네 차례의 상승국면과 하락국면이 서로 밀고 당기면서 상승의 추세로 나타난 것이다. 18세기 상승추세를 주도한 국면은 1740년에서 1787년까지의 상승국면이며, 19세기 상승추세를 주도한 국면은 1855년에서 1875년까지의 상승국면이다.

그러나 상승추세를 주도한 양자의 힘은 다르게 보인다. 18세기 상승국면만 선형추세로 回歸分析할 경우 그 기울기값이 0.0273이고 19세기의 경우 0.2255이다. 19세기 상승국면은 18세기에 비해 무려 8배 이상 가파른 상태에서 상승을 주도한 것이다.

만약 18세기 상승국면이 상승이 아니라 하락이나 미미한 정체에 머물렀을 경우 150년 장기 미가추세는 19세기 중반까지 정체를 보이다, 19세기 후반에 갑자기 상승하는 형태로 나타났을 것이다.

〈그림 2-2〉 1725-1799년간 미가추세의 특징

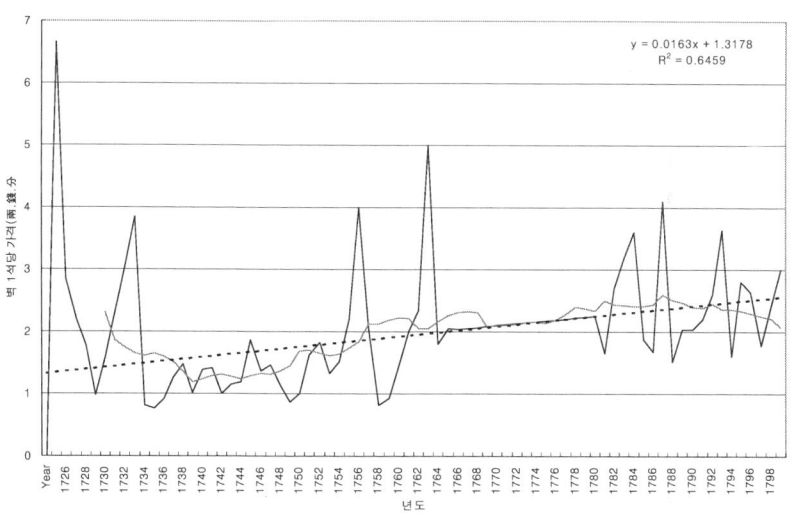

이와 반면 19세기 후반 로켓과 같은 상승국면이 없었다면 조선의 미가추세는 미미한 정체의 모습으로 나타났을 것이다. 이것의 의미는 무엇일까. 〈그림 2-2〉는 18세기 구간만 한정하여 단기변동과 중기순환 그리고 장기추세를 표시한 것이다.

그림 속의 線型回歸값은 11개년 이동평균값을 가지고 회귀분석한 결과이다. 〈그림 2-2〉에서 확인되듯이 18세기는 약 1兩3錢2分대에서 출발하여 1799년에 약 2兩5錢2分으로 상승한 것으로 나타난다. 약 90% 정도 상승한 것을 알 수 있다. 매년 상승의 정도를 나타내는 기울기를 보면 0.0163으로 나타나 완만한 정도를 알 수 있다. 移動平均값과 回歸式과의 密接度를 보면 0.6459로 循環變動과 趨勢와의 괴리는 거의 없는 것으로 나타나 있다.

마찬가지로 19세기 구간만을 나타낸 것이 〈그림 2-3〉이다. 19세기는 처음의 약 2兩대에서 마지막에 약 4兩대로 상승한 것으로 나타난다. 상승의 정도가 18세기에 비해 2배 이상이다. 中期 循環局面과 趨勢와의 괴리는 상당하게 나타난다. 이것은 中期局面의 변동이 심하다는 것을 의미한다. 매년 상승의 정도를 나타내는 기울기는 0.0253로 나타나 18세기에 비해 가파른 것을 알 수 있다.

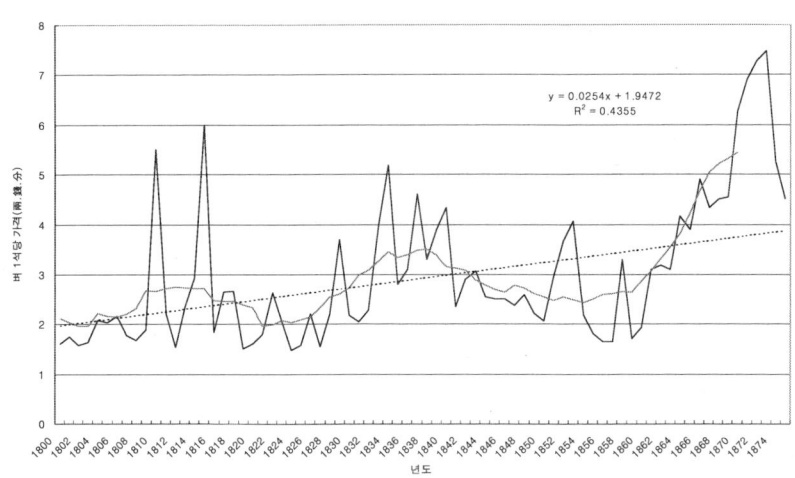

〈그림 2-3〉 1800-1875년간 미가추세의 특징

이러한 추세의 특징을 좀 더 파악하기 위해 가까운 中國의 米價 時系列과 비교해 보기로 하자. 中國의 米價史 연구는 앞서 소개한 彭信威(1954)의 연구가 先驅的이나 그의 연구는 지역 차이를 무시한 단순평균값으로 시계열을 구축한 한계가 있었다. 최근 北京의 第一歷史檔案館과 台北故宮博物館 소장의 糧價淸單이 정리되면서 同一地域의 미가 시계열이 완성되고 있다. 이 중 王業鍵(Yeh-chien Wang)은 1638-1935년간 양쯔강 델타지역의 미가의 시계열을 구축하였고, 릴리안 리(Lillian M. Li)는 直隷地域(Zhili Province)의 미가를 정리하여 분석하였다.[60]

王業鍵(1992)의 미가 시계열은 네 개의 米價 시계열을 결합한 것이다. 1638-1695년과 1911-1935년은 上海地方 米價이고, 1696-1740은 蘇州市의 미가이며, 1741-1910은 蘇州縣의 米價이다. 貨幣單位는 中等米(second-grade rice)를 기준으로 銀貨(taels of silver per shi; 兩/石)로 표시된 가격이다.

이 자료와 우리의 자료를 대비시킨 것이 〈그림 2-4〉이다. 그림에서 확인되듯이 中國의 米價變動과 朝鮮의 米價變動은 매우 유사한 형태로 나타난다. 短期的으로 米價急騰이 나타난 시기도 동일하다. 1755-56년, 1786-87년, 1808-1810, 1814-1815, 1833-34년의 피크가 그것이다.

短期 變動要因도 유사하다. 中國은 1755년에 큰 홍수로 흉년이 들어 미가가 급등한 것으로 되어 있다. 朝鮮도 1755년 큰 홍수로 전국적인 흉년이든 해이다.[61] 中國은 1785년에 큰 가뭄이 든 것으로 되어 있다. 조선도 1782-1786년까지 가뭄을 겪은 것으로 되어 있다. 1814-15년 中國은 가뭄과 홍수가 겹친 흉년인데 조선도 마찬가지이다.

마지막으로 中國 淸朝에서 이전에 겪지 못한 米價急騰이 나타난 1850-1864년은 마찬가지로 조선도 급등한 시기이다. 이 시기가 中國이 農民叛亂(Taiping Rebellion)에 시달린 시기라면 역시 마찬가지로 朝鮮도 晋州民亂(1862) 등 農民叛亂에 시달린 시기이다.

---

60) 이들 연구의 성과는 Thomas G. Rawski and Lillian M. Li "Chinese History in Economic perspective" University of California Press, 1992가 단행본으로 출간되었다.

61) 조선의 기후변동에 대해서는 본 연구 3장을 참조.

〈그림 2-4〉 18-19世紀 朝鮮과 中國의 米價 連動性

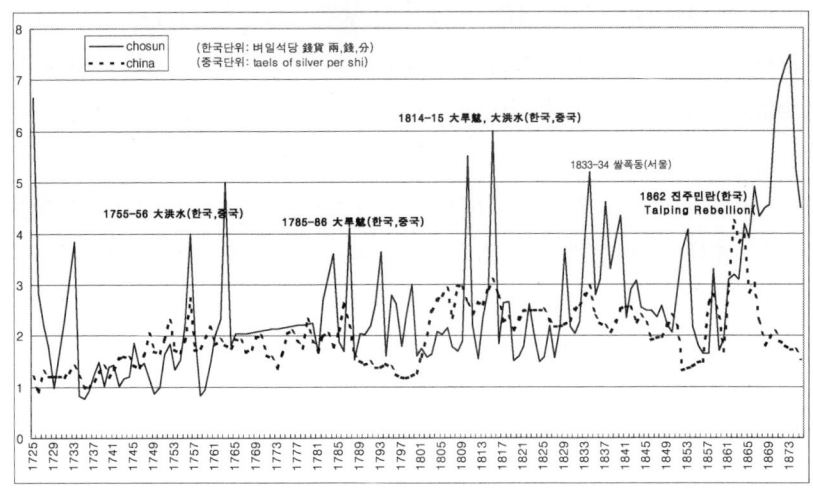

短期變動과 要因의 類似點 이외에 中長期的으로도 유사한 점이 있다. 18
세기의 미가상승정도를 관찰하면 양국 모두 완만하게 상승하는 공통점이
존재한다. 中國의 경우 1684-1788년간 線型趨勢의 기울기값은 0.0131로 나
타났다. 朝鮮의 1725-1799년 線型趨勢의 기울기값은 0.0163으로 나타났다.
중국이 조선에 비해 좀 더 완만하게 나타난 것이 인상적이다. 또한 양국
모두 18세기 비교적 장기간 미가상승이 일어난 뒤에 19세기 初中半까지 하
락의 모습이다가 中後半에 急上昇으로 이어지는 것도 유사하다.

米價變動에 있어서 朝鮮과 中國이 약 200年間 短期와 中長期 모든 측면
에서 同調的임 움직임을 보이는 것의 의미는 요인 분석의 결과가 뒷받침되
어야 정확히 진단될 수 있을 것이다.

(3) 中期變動

景氣循環의 주기는 그것을 발견한 경제학자들의 이름을 따서 명명되고

구분된다. 40개월 주기의 키친 사이클, 10년 이내의 쥐글라 사이클, 10년 전후의 라브루즈 사이클, 반세기 이상 지속되는 콘트라티에프 사이클 등이 그것이다.[62] 이들은 대개 자본주의 경제에서 발견된 사이클인데 그중 유독 라브루즈 사이클은 농업사회에서 발견된 사이클이다.[63] 라브루즈는 18세기 말 프랑스혁명을 중기변동으로 설명하였다. 그에 의하면 프랑스의 18세기 는 10-12년 주기의 위기와 번영이 반복되면서 장기적으로는 번영의 추세에 있었으나 중기적으로 경제위기가 전개되었고 바로 이 국면에서 프랑스혁명 은 진행되었다는 것이다.

　라브루즈의 사이클을 기준으로 10년 이상 지속된 上昇期와 下落期를 中 期變動이라 하고, 미가자료를 11개년 이동평균으로 불규칙변동을 제거한 후에 低点과 高点을 파악하여 각 기간의 線型趨勢線을 구하면 〈표 2-5〉와 같다.

〈표 2-5〉 中期變動

期間	年數	局面	線形式
i 1730-1739	10	下降	$y = -0.0897x + 2.1413 (r^2 = 0.8281)$
ii 1740-1787	48	上昇	$y = 0.0273x + 1.3095 (r^2 = 0.8473)$
iii 1788-1803	16	下降	$y = -0.0365x + 2.5709 (r^2 = 0.9328)$
iv 1804-1815	12	上昇	$y = 0.0642x + 2.0821 (r^2 = 0.7902)$
v 1816-1826	11	下降	$y = -0.0489x + 2.5115 (r^2 = 0.6328)$
vi 1827-1838	12	上昇	$y = 0.1112x + 2.3369 (r^2 = 0.9229)$
vii 1839-1854	16	下降	$y = -0.0556x + 3.2452 (r^2 = 0.8814)$
viii 1855-1875	21	上昇	$y = 0.2255x + 1.806 (r^2 = 0.9415)$

---

62) 페르낭 브로델, 『물질문명과 자본주의』 세계의 시간 上, 주경철 옮김, 1997, 90-1115쪽.
63) 原田敏丸·宮本又郎, 『歷史의 なかの物價』, 同文館, 1985.

〈표 2-5〉에 제시된 上昇局面과 下降局面을 보면 각 국면은 모두 네 차례씩 나타난 것을 알 수 있다. 네 차례의 상승국면 중 48년간 지속적인 상승을 보인 1740-1787년간은 기간도 가장 길고 기울기값도 0.0273으로 가장 작은 값을 보이고 있다. 반면 나머지 상승기간은 시간이 흐를수록 기울기값이 커지는 것을 알 수 있다. 특히 맨 마지막 기간인 1855-1875년 기간은 기울기값이 0.2255로 1740-1787년에 비해 무려 8배나 가파른 상승 모습을 보이고 있다. 상승국면에 비해 정도는 약하지만 하강국면도 비슷한 모습을 보인다. 맨 처음 하강 시기 1730-1739년의 기울기값 -0.0897을 제외하고 시간이 흐를수록 하강의 기울기값은 가파르게 진행되는 것을 알 수 있다. 이러한 모습을 도식하면 아래 〈그림 2-5〉와 같다.

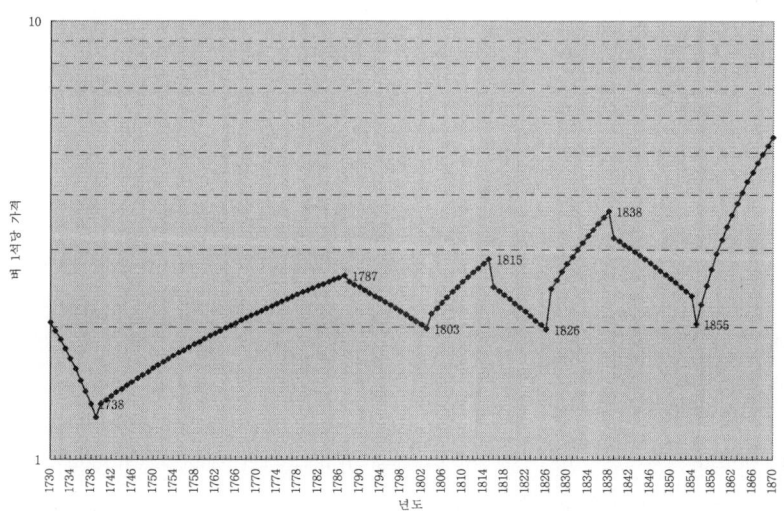

〈그림 2-5〉 1730-1870년 간 하락 상승 양상

〈그림 2-5〉를 놓고 보면 장기추세에서는 발견되지 않는 사실이 중기변동에서 나타나는 것을 알 수 있다. 그것은 18세기에 비해 19세기에 중기변동이 많이 나타난다는 사실이다. 위기이건 번영이건 무엇인가 사회적인 변화

를 찾는데 중기변동이 장기에 비해 좀 더 뚜렷하다면 조선사회의 변화는
18세기가 아닌 19세기에 일어났다고 볼 수 있다.

  조선사회에서 위기의 중기변동을 찾는다면 1855-1875년의 급상승기간이
주목된다. 이 기간은 역사학에서도 위기의 시대로 인정한다. 그러나 이 기
간은 프랑스처럼 장기적으로 번영의 추세속의 중기 위기는 아닌 것 같다.
오히려 위기의 누적의 최종국면인지도 모른다. 정확한 것은 좀 더 여러 사
실을 종합해야 알 수 있을 것이다.

  그러나 상승과 하강의 반복이 진행된 미가 추이를 놓고 우리가 알 수 있
는 것은 조선 후기 사회는 一直線的인 停滯도 아니고, 그렇다고 일직선적
인 發展도 아닌 變動의 모습을 가진 사회라는 것이다. 이것은 곧 조선사회
의 역사인식을 單線的인 構造 인식의 틀에서 벗어나 단기와 중기 그리고
장기 사이의 복합적인 變動 인식으로 전환할 것을 요구한다고 볼 수 있다.
적어도 이러한 중기변동을 고려하지 않은 장기발전의 방향 제시는 실재가
아닌 가상의 제시일 수 있기 때문이다.

2. 短期變動과 地域 間 米價比較

(1) 季節變動

  계절변동[64]은 추세변동과는 달리 시계열 측정단위로 추정되지 않고, 통
상적으로 계절지수(Seasonal index)라 불리우는 지수의 형태로 계측된
다.[65] 주지하듯이 계절변동 지수는 수확 상태에 따른 가격변동을 보여주는

---

64) 계절변동은 1843년 경제학자 Wilhelm Roscher가 어느 해나 마찬가지로 곡물가
   격은 10월-12월에 가장 낮고 봄이 되면 점차 상승하여 4월-7월에 가장 높게
   되는 것을 발견하면서 알려지기 시작하였다. F. Braudel, 'Prices in Europe
   from 1450 to 1750', "The Cambridge Economic History" Chapter Ⅶ.

변동 지수이다. 계절변동이란 1년 내에 주기적으로 반복되는 단기적 변동을 말하며 수요와 공급의 계절성으로 말미암아 발생한다고 볼 수 있다.

특히 米와 같은 농작물은 공급기간이 1년에 일정한 계절에 국한된 데 반하여 수요는 일 년 내내 일어난다. 이러한 공급과 수요와의 불균형은 시장의 時間的 價格平準化機能에 따라 그 변동폭이 달라진다. 따라서 미가의 계절변동은 시장기구의 발달정도를 알려주는 지표가 된다. 예를 들어 도시와 농촌의 계절변동을 비교한다든지 일정한 시기끼리 비교한다든지, 국가와 국가를 비교하여 시장기구의 발달정도를 비교할 수 있다.

이러한 계절변동의 지수 산출은 이동평균대비법과 추세대비법이 있는데 여기에서는 전자의 방법을 사용하여 산출해 보기로 한다.

〈표 2-6〉 勝聰明錄의 米價 季節變動 樣相(5個月 以上 기록이 존재하는 연도)

단위: 兩·錢·分

年度	1월	2월	3월	4월	5월	6월	7월	8월	9월	10월	11월	12월
1727		1.8.7	3.3.3		2.8.6		2.0.0	1.6.0	1.6.0		2.0.0	
1732	4.0.0		4.4.4				4.6.7		2.1.6	3.6.7	4.4.4	5.5.0
1733	4.1.7	6.6.7		7.2.1				1.6.7				2.5.0
1751				2.8.6	3.3.3	3.3.3	3.3.3		1.4.3			2.2.2
1752	2.6.8	2.8.6	2.8.6	2.8.6	2.6.7		2.0.0			1.8.2	1.6.0	1.8.2
1753	1.7.4		1.6.7		1.6.7						1.9.0	1.8.2
1754			1.5.4	2.0.0			2.0.0			1.8.2		2.0.0
1755	2.5.0					3.2.1	3.7.2	3.7.1	2.3.5	3.3.3	4.0.2	5.2.5
1756	5.9.6	8.0.0		6.1.5	5.2.6		3.8.2		2.2.0		2.2.2	3.8.0
1757	3.8.0	3.5.7		4.0.0	3.2.0	2.6.7		2.1.0		1.2.5	1.1.8	1.5.5

〈표 2-6〉은 5개월 이상 월별 미가가 존재하는 해를 표본으로 삼아 월별 미가기록을 제시한 것이다. 이 상태에서 12개월 계절변동을 산출하기에는 미가가 존재하지 않는 개월수가 너무 많다. 이 문제를 해결하기 위하여 12개월을 3개월 단위로 묶어 사계절로 구분하여 사계절지수를 산출하는 방안을 고려할 경우 1년에 4계절 10년간 총 40계절의 미가 중 33년 여름과 55

---

65) 李鍾元, 「經濟經營統計學」, 第15章 第3節을 참조하였음.

년 봄의 계절지수만 없는 것으로 된다. 즉 월별 기록은 음력 기록이므로 봄을 2-4월까지, 여름을 5-7월까지, 가을을 8-10월까지, 겨울을 11-1월까지로 놓고 사계절지수를 산출할 수 있다.

우선 매년 사계절별로 계절지수를 구한다. 그것이 〈표 2-7〉의 RAW란이다. 다음 이 지수를 가지고 사계절 단위로 이동평균을 구한다. 이동평균은 원시계열자료를 계절변동 지수로 나눈 효과를 주게 된다. (MA=T*S*C/S=TC) 이제 원래의 시계열자료를 다시 12개월 이동평균으로 나누게 되면 Y/MA=T*S*C*I/T*C=S*I[66])와 같이 된다. 이것은 시계열자료에서 추세변동과 순환변동을 제거한 계절변동 추정량이 된다. 그것이 〈표 2-7〉의 DSD란이다. 마지막으로 계절 평균을 구하면 불규칙변동까지 제거된 계절지수가 된다.

〈표 2-7〉 계절지수

年度	春			夏			秋			冬		
	RAW	FCMA	DSD	RAW	FCMA	DSD	RAW	FCMA	DSD	RAW	FCMA	DSD
1727	104.0			97.2			64.0	105.5	61	120.0	125.9	95
1732	177.6	143.7	124	186.8	158.8	118	116.6	129.8	90	188.0	134.3	140
1733	277.6	170.0	163	122.4	152.7	80	66.8	121.3	55	100.0	102.3	98
1751	114.4	102.4	112	133.2	101.0	132	57.2	99.8	57	98.0	94.0	104
1752	107.2	90.4	119	93.4	88.5	106	68.4	80.0	86	71.2	71.7	99
1753	66.8	69.3	96	66.8	70.4	95	76.0	71.1	107	72.8	73.3	99
1754	70.8	74.5	95	80.0	76.3	105	72.8	88.4	82	90.0	105.6	85
1755	150.3	120.0	125	138.6	140.2	99	125.2	170.9	73	203.1	193.1	105
1756	283.0	194.0	146	183.1	180.3	102	88.0	154.9	57	130.9	130.2	101
1757	151.4	121.5	125		111.6	105	84.5					
평균			123			105			74			92

註 ① RAW: 원시계열자료를 租 1石當 2兩5錢=指數 100으로 놓고 계산한 指數, 1733년 5, 6, 7月(夏) 指數는 1727-1757년 5, 6, 7月(夏) 指數平均値 1755년 2, 3, 4月(春) 指數는 1727-1757년 2, 3, 4月(春) 指數平均値, ② FCMA: 사계절 중앙 이동평균(Four Season Centered Moving Average), ③ DSD: 계절변동이 조정된 자료(Seasonally adjusted Data, Deseasonalized Data), ④ 년도별로 볼 때 1727, 1732, 1733, 1751년 등 비연속적인 상태이나 여기에서는 연속적이라 가정하고 이동평균을 구하였다.

---

66) MA: Moving Average, T: Trend, S: Seasonal variation, C: Cyclical variation, I: Irregular variation MA=T*C*S*I/S=T*C　　Y/MA=T*C*S*I / T*C=S*I

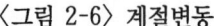

〈그림 2-6〉 계절변동

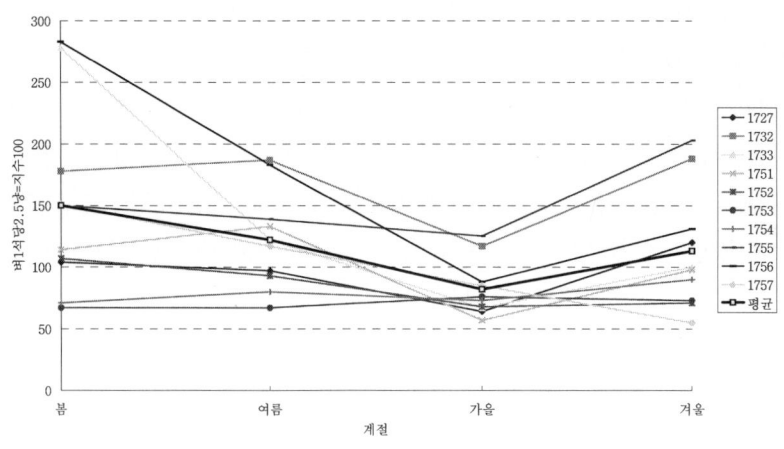

　여기서 조정된 봄의 평균지수는 124이고 가을의 평균지수는 74이다. 따라서 계절적으로 약 49(%)의 격차가 있는 것을 알 수 있다. 그러나 이 사실을 일반화하기에는 문제점이 있을 수 있다. 이동평균과 최종 계절별 평균으로 불규칙변동과 추세 및 순환변동이 제거되었다고는 하나 표본 자체의 문제점은 해결되지 않은 상태이다. 표본의 문제점은 흉년이라는 특수상황이 지나치게 많이 포함된 데 있다. 저자가 월별 미가기록에 관심을 둔 것은 흉년이 든 상황에서 매월 변하는 미가시세에 있기 때문에 5개월 이상 미가기록이 존재하는 해일수록 흉년이 든 해가 많기 때문이다. 또한 표본연도의 비연속성으로 연속적인 이동평균값에 문제가 있을 수 있다. 따라서 표본기간을 연속적인 연대로 재설정하고 계절지수를 구해볼 필요가 있다.

　일단 표본기간을 임의로 연속적으로 10년 기간을 설정할 수 있다. 여기서 1751년에서 1760년까지 기간을 설정해 보자. 이 기간은 계절별 미가기록이 가장 많은 기간이다. 또한 미가가 완만한 기울기 상태에서 지속적으로 상승한 시기이다. 이외에 저자가 재고기록을 남긴 기간이다. 이 기간 미가의 계절지수를 구하는 데 문제점은 1758년 봄과 여름 그리고 1759년 여름의 관측치가 존재하지 않는다는 데 있다. 이 점을 제외하면 표본기간 안

에는 흉년과 풍년과 평년이 고르게 분포하고 있다는 것과 기간 내의 연도
는 연속적이라는 면에서 앞서 제시된 기간에 비해 장점이 있다. 이 기간의
계절별 조정된 지수를 산정하면 〈표 2-8〉과 같다.

〈표 2-8〉 1751-1760년간 조정된 미가 계절지수

1751	1752	1753	1754	1755	1756	1757	1758	1759	1760	평균
春	137.4	98.3	96.8	94.6	150.2	134.7	100.7	96.7	75.3	109.4
夏	96.6	97.5	108.1	106.4	107.2	128.6	100.9	82.6	123.4	105.7
秋	62.5	90.6	99.8	84.6	85.3	45.8	61.2	97.7	118.1	82.8
冬	81.7	98.4	102.2	93	97.8	85.8	86	95.3	113.5	94.8

注 ① 1755년 봄, 1758년 봄, 여름 1759년 여름은 관측치 존재하지 않는 경우로서 평
   균값으로 보충. ② 이동평균값은 중앙이동평균값임.

그러면 이러한 계절변동 지수가 의미하는 경제적 의미는 무엇일까? 주지
하듯이 농업을 기반으로 살아온 조선사회에서 음력 2, 3, 4월은 춘궁기이
다. 흉년이 많이 포함된 기간의 계절지수에서 춘궁기인 봄의 지수가 124로
가장 높은 것은 당연하다. 다음 보리와 같이 代替財가 확보되는 5-6월의
가격은 다시 내려가 지수 105를 보이고 있다. 그러다가 수확기인 가을의
지수는 74로 가장 낮은 상태를 보이고 있다. 식량이 줄어들기 시작하는 겨
울은 다시 상승한다.

계절지수는 이러한 일반적 사실의 반영 이외에 몇몇 특수한 경우도 반영
한다. 1732-33년의 계절지수를 보자. 이 지수들은 1731년 흉년이 1732년에
계속 이어지다가 1733년 수확 이후 진정되는 상황을 반영하고 있다. 불규
칙변동을 포함한 원자료의 지수를 보자. 1731년에 이어 1732년에 다시 흉
년이 들자 1733년 춘궁기의 지수는 277.6으로 나타난다. 1733년 수확기의
지수는 66.8로 내려간다. 4, 5개월 동안의 미가 차이가 무려 4배 이상 벌어
지고 있음을 알 수 있다. 이러한 상황은 1755-1756년 흉년에도 비슷하게
나타났다.

표본기간을 임의로 선정한 1751-1760기간의 지수를 보면 계절지수의 편

차가 훨씬 줄어들고 있음을 알 수 있다. 이 기간 춘궁기인 봄의 계절 평균
은 109.4로서 가을지수인 82.8과 약 26.6% 차이가 난다. 마찬가지로 在庫 8
石을 시세차익을 위해 던질 경우 얻어지는 수익을 계산하면, 가을에 2.07
(兩)*8(石)=16.56(兩)을 비축하고 다음 해 봄에 시장에 내다 팔아 2.74
(兩)*8(石)=21.92(兩)을 획득하게 된다. 이것을 이자율로 간주하면 약
32%의 이자수익을 얻게 된다.

그러면 계절시세의 격차는 그 당시 일상생활에 어떻게 반영되었을까?
1732-33년과 1755-56년의 흉년상황의 짧은 절량 기간동안 일어나는 가격폭
등과 수확 후 일어나는 가격폭락의 비탄력성은 당시 일상생활에 얼마나 큰
충격을 가져다주는가를 실감할 수 있다. 다시 말해서 농업이 주된 산업 기
반인 사회의 일상생활의 불안정을 실감할 수 있다.

勝聰明錄속에서 구체적인 행동 양상을 고찰하기로 하자. 저자 구상덕은
흉년상황의 미가시세변동을 가장 예민하게 관찰하고 기록하였다. 월별로
가격을 기록한 해는 대개 흉년든 해이다. 1727년, 1732-1733년의 미가기록
이 그러하다. 그러다가 1750년대로 들어서면서 월별로 기록하는 횟수가 늘
어난다.

저자가 1750년대에 재고기록을 지속적으로 남긴 경제적 동기는 두 가지
로 추론할 수 있다. 하나는 가격변화의 불안정에 대비한 안정희구 목적에
기인한다고 볼 수 있다. 다른 하나는 재고를 비축해 놓고, 가격이 변동하는
양상을 관망하다가 상승시세에 팔려는 투기적 자세에서 기인한다고 볼 수
있다. 저자의 매년 평균 비축분과 신규 토지 구입상황을 보자. 저자는
1750-1757년까지 거의 매년 21석 정도를 비축하고 있었다. 가장 많이 비축
할 때는 30석 정도였고 가장 적은 때는 13석 정도였다. 여기서 저자는 비
축분에서 적어도 8석 정도를 시장에 내다 팔았다고 가정해볼 수 있다. 앞
서 밝혔듯이 저자는 1750년대에 들어서면서 월별 가격동향을 관찰하고 기
록하였다.

따라서 저자가 가을에 비축해 놓은 곡식을 가장 가격이 비싼 계절에 내
다 팔았다고 보았을 때 얻는 계절적 시세차를 계산해보자. 가을의 계절지

수는 74이다. 租 1石當 1.85냥이다. 저자는 1.85(兩)*8(石)＝14.8(兩)을 비축하여 다음 해 봄에 내다 팔았을 경우 봄 계절지수로 환산하면 3.08(兩)*8(石)＝24.64(兩)를 얻을 수 있게 된다. 저자는 계절적 시세차로 약 9냥의 수입을 얻는 셈이다. 이것을 이자수입으로 보고 이자율을 계산하면 66%로 계산된다.

이제 흉년상황을 놓고 계산해 보자. 1732-33년의 경우 가을지수는 116.6이다. 다음해 봄지수는 277.6이다. 마찬가지로 8석을 비축하였다가 봄에 내다 팔 경우에 저자는 2.92(兩)*8(石)＝23.36(兩)을 비축하여 6.94(兩)*8(石)＝55.52(兩)를 얻어 138%의 수익을 얻게 된다.

이러한 계절적 시세차익을 놓고 저자가 어떠한 반응을 보였는지 확실하지 않다. 다만 저자의 토지 구입은 이러한 시세차익과 무관하지 않은 듯하다. 저자의 토지 구입 연도를 보면 대개 흉년상황에서 토지를 구입하고 있기 때문이다. 〈표 2-9〉는 저자의 토지 구입 행위를 모은 것이다. 〈표 2-9〉를 보면 총 13차례 토지 구입 행위가 있었는데 이 중 1730년대 초반과 1750년대에 걸쳐 구입한 사례는 총 11차례나 된다. 따라서 대부분 토지 구입 연도는 월별로 미가변동을 빈번히 기록한 연도와 일치하는 것을 알 수 있다. 또한 총 7차례 토지를 구입한 1750년대의 경우 월별 미가변동에 예민하였을 뿐만 아니라 재고분마저 기록한 시기이다. 이 시기는 미가가 지속적으로 상승하는 시기이기도 하다. 따라서 저자는 미가가 지속적으로 상승하는 시기에 월별 미가변동을 관찰하면서 재고를 비축해 놓았다가 미가 시세가 제일 높을 때를 기다려 시장에 내다 팔아 그 시세차익으로 토지를 구입하는 경제 행동을 한 것으로 사료된다.

〈표 2-9〉具尙德의 土地購入

賣買時期	賣出者	去來金額	去來規模	地目
1726.12	김상인	租70斗	3夜1斗	田
1730.11	강위창	租15石	5斗落	畓
1734.10	송인창	錢10兩	2斗落	畓
1734.10	송인창	錢2.5兩	1斗落	田
1735.4	최석권	租13石	3斗落	畓
1744.11	신과부	錢13兩	3斗落	畓
1751.12	정창구	錢23兩	3斗落	畓
1751.12	이엽자	錢18兩	8斗落	畓
1752.11	김상인	錢10兩	3斗落	田
1756.12	배재도	?	2升落	畓
1756.12	정창윤	錢8兩	2斗落	田
1757.6	정시열	錢15兩	3斗落	畓
1756.6	정명열	租4石	1斗落	畓

(2) 短期 不規則變動

〈그림 2-1〉에 제시되어 있듯이 尖峰의 형태로 솟아있는 연도를 보면 18세기 구간에서 1725-1726년, 1733년, 1756년, 1763년, 1787년이고 19세기 구간에서는 1810년, 1815년, 1834년, 1853년, 1862-1775 등이다. 제시된 해는 흉년이 든 해이다. 이 중 19세기에 해당되는 해는 농민반란이나 도시의 쌀 폭동이 일어난 해이기도 하다. 1810년의 홍경래의 난, 1834년의 쌀폭동, 1862년의 진주 민란이 그것이다. 이러한 미가폭등 시기는 중국의 미가폭등 시기와도 일치한다. 중국의 미가변동을 연구한 결과에 따르면 중국의 미가는 1756년, 1814-15년, 1860년대 미가가 폭등한 것으로 알려져 있다.[67]

중국과 조선 등 동아시아 국가들의 미가변동의 장기추세와 순환변동 등 구체적인 사항의 비교 검토는 추후의 연구과제이지만 중국과 단기적 변동에서 서로 일치하는 면이 확연히 나타난다는 것은 그 자체로서 흥미로운

---

67) Yeh-chien Wang "Secular Trends of Rice Prices in the Yangzi Delta", 1638-1935.

사실이다.

여기에서는 5개년 구간의 산술평균과 표준편차를 구하여 표준편차의 산술평균에 대한 상대적 크기를 나타내는 측도로서 변동계수(Coefficient of variation)[68]를 구하면 〈표 2-10〉과 같다. 〈표 2-10〉은 평균과 표준편차와 변동계수의 값이며 〈그림 2-7〉은 이 값을 그래프화한 것이다.

〈표 2-10〉 단기불규칙변동계수

Period	Average	Standard Deviation	Coefficient of variation
1725-29	2.8.9	2.207736	0.763922
30-34	2.3.1	1.183333	0.512264
35-39	1.0.9	0.281602	0.258350
40-44	1.2.3	0.170675	0.138760
45-49	1.3.4	0.369662	0.275867
50-54	1.4.6	0.315388	0.216019
55-59	2.0.0	1.282556	0.641278
60-64	2.5.2	1.421073	0.563918
65-69			
70-74			
75-79			
80-84	2.7.8	0.839776	0.302078
85-89	2.2.4	1.056068	0.471459
90-94	2.4.1	0.773550	0.320967
95-99	2.5.2	0.469180	0.186183
1800-04	1.7.3	0.207533	0.119961
05-09	1.9.1	0.191755	0.100395
10-14	2.9.0	1.543543	0.518463
15-19	3.1.1	2.508246	0.806510
20-24	1.9.1	0.456453	0.238981
25-29	2.2.5	0.872685	0.387860
30-34	3.1.4	1.399153	0.445590
35-39	3.5.4	0.716240	0.202328
40-44	3.0.8	0.894701	0.290487
45-49	2.4.3	0.135006	0.055558
50-54	2.9.9	0.887597	0.296855
55-59	1.9.9	0.732632	0.368157
60-64	3.1.0	0.793744	0.256047
65-69	4.4.4	0.364321	0.082054
70-75	6.1.8	0.787464	0.127421

68) 변동계수는 중심의 위치가 다른 집단의 산포도를 비교할 때 사용된다. 여기에서는 미가 시계열에서 5개년 구간마다 평균이 다른 변동폭을 측정하기 위하여 사용하였다.

변동계수가 1-0.4 사이에 있는 구간을 변동의 불안정기간으로 삼고, 0-03999 사이를 안정기간으로 삼을 경우 1725-1734년, 1755-1764년, 1785-1789년, 1810-1819년, 1830-1834년이 불안정한 기간이 되며, 나머지 기간은 이와 비교하여 상대적으로 안정기간이 된다. 이 기간을 역대 왕들의 통치기간으로 구분할 경우 영조 초반과 중후반이 그리고 순조 통치기간이 불안한 시기임을 알 수 있다. 대상시기 전 구간 중 가장 불안한 변동을 보인 기간은 1815-1819년이고 그 다음은 1725-1729년이다.

〈그림 2-7〉 단기 불규치견동

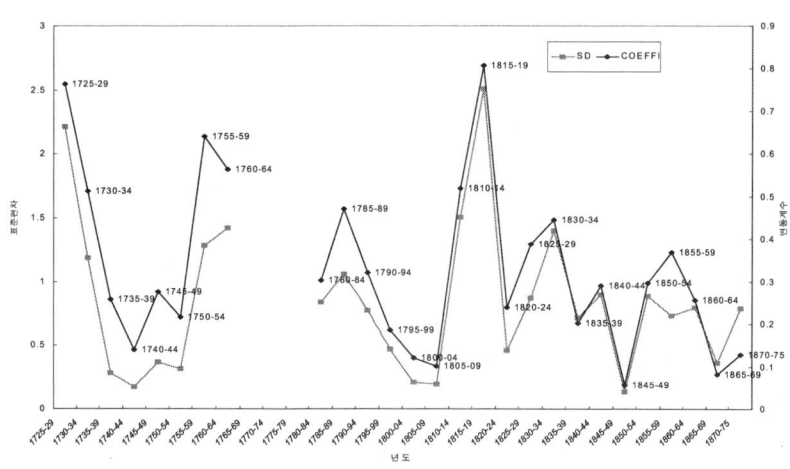

(3) 地域 間 差異 및 相關關係

지역 간 미가 비교의 의의는 지역 간 경제비교의 근거를 제시하는 데 있다고 볼 수 있다. 또한 변동의 연동성을 가지고 시장 형성문제를 밝힐 수 있다. 지역 간 차이를 산출하는 데 장애는 도량형 문제이다. 여기서는 비교지역 간 도량형의 차이는 없는 것으로 가정하고 계산한다.

〈표 2-11〉 朝鮮 後期 米價 收錄 日記와 古文書

資料名	收錄年代	地 域	度量衡單位
『勝聰明錄』	1725-1761	慶尙道 固城	全石(20斗)
『靈巖南平文氏古文書』	1741-1928	全羅道 靈巖	全石(20斗)
『淸臺日錄』	1703-1761	慶尙道 尙州	全石(20斗)
『大邱月村丹陽禹氏古文書』	1769-1810	慶尙道 大邱	全石(20斗)

〈사례 1〉 경상도 상주·고성 지방 미가비교

　　尙州와 固城의 米價 相關係數 r값=0.959743
　　t(17)=10.359853
　　(산출된 한계 유의수준=0.000002)⟨(0.05=설정된 유의 수준)
　　귀무가설(H_0 : ρ=0) 棄却

　이와 같이 상주와 고성의 미가를 단순상관분석을 한 결과 상관계수가 0.9328로 대단히 밀접한 관계를 나타냈다. 앞서 계절지수가 市場의 시간적 평준화기능을 알려주는 지표라면 地域 間 米價의 相關係數는 시장의 공간적 평준화의 기능을 알려주는 지표라 할 수 있다. 固城의 米價가 沿海地方 미가를 나타내고 尙州의 米價가 內陸地方 미가를 나타낸다고 가정하면 이 시기 같은 경상도지역이라 할지라도 연해지방이 내륙지방보다 미가가 높다고 할 수 있다. 결국 두 지역의 미가 수준의 비교를 통하여 경상도 내에서 연해지역과 내륙지역의 지역 간 미가 수준의 차이를 알 수 있고 차이에도 불구하고 상관계수로 볼 때 강한 연관성이 있다는 것을 알 수 있다.

〈사례 2〉 18세기 후반 대구·영암 지방 미가 비교

　제1장 자료 소개에서는 빠뜨렸지만 18세기 대구지방에도 영암지방의 용하기와 유사한 종계문서가 존재한다. 따라서 용하기와 마찬가지로 작전기록에서 이 지방 미가를 구할 수 있다.[69] 작전기록은 1771-1803년까지 제시

되어 있다. 그것을 정리하여 영암 용하기 기록과 대비한 것이 〈표 2-12〉이
다. 〈표 2-12〉에도 밝혔듯이 대구 문서의 경우 가을 작전기록이 대부분이
라서 양 자료는 수확년도를 기준으로 대구의 1779년 가을의 대구기록과
1780년 영암의 봄기록을 가지고 비교하여 상관분석을 하였다.

〈표 2-12〉 18세기 후반 대구·영암 지방 미가 추이

년 도	계 절 (대　구)	벼1석당(냥)	년 도	계 절 (영　암)	벼1석당(냥)
1771	秋	3.40			
1774	秋	2.80			
1778	春	3.32			
1779	秋	2.03	1780	春	2.33
1780	秋	2.50	1781	春	1.65
1781	秋	3.00	1782	春	2.70
1782	秋	4.20	1783	春	3.18
1783	秋	2.20	1784	春	3.60
1784	秋	2.00	1785	春	1.88
1785	秋	2.00	1786	春	1.68
1786	秋	5.00	1787	春	4.10
1787	秋	2.50	1788	春	1.52
1788	秋	3.12	1789	春	2.04
1789	秋	2.61	1790	春	2.03
1790	秋	2.00	1791	春	2.20
1791	秋	3.33	1792	春	2.60
1792	秋	5.00	1793	春	3.64
1793	秋	2.00	1794	春	1.60
1794	秋	4.00	1795	春	2.80
1795	秋	2.50	1796	春	2.63
1797	秋	2.50	1798	春	2.41
1798	秋	1.60	1799	春	3.00
1799	秋	2.00	1800	春	1.60
1800	秋	2.00	1801	春	1.75
1801	秋	1.67	1802	春	1.58
1802	秋	1.78	1803	春	1.63
1803	秋	1.75	1804	春	2.08
1804	秋	1.67	1805	春	2.03

【비고】 대구미가는 추수 후 작전 기록 단순평균. 영암 미가는 전년도 有司가 인계한
傳受租 중 봄에 작전한 기록의 단순 평균. 지수산정은 1석당 2.5냥을 100으로
놓고 산정.
【자료】『大丘月村丹陽禹氏文書』金炫榮 編, 韓國古文書學會, 1994.
　　　『古文書集成』靈巖南平文氏 編, 韓國精神文化硏究院, 1995.

---

69)『大丘月村丹陽禹氏文書』, 金炫榮 編, 韓國古文書學會, 1994.

전라도 영암과 경상도 대구의 1779-1804년간

미가 수준의 전년도대비 변화율 간의 상관계수 r＝0.8863[70]

t(23)＝7.160838(한계 유의수준＝0.0000485)〈(0.05＝설정된 유의 수준)

이상의 결과에서도 알 수 있듯이 분석대상 기간의 두 지역 간 미가 수준의 변동은 강한 연관성이 있는 것으로 나타났다. 두 지역 간 미가의 상관 정도가 지리적 원근관계와 교통의 편리관계에 의존한다고 볼 때 아마도 낙동강 수운과 남해안 해운과의 교통의 편리함이 두 지역 간 미가 수준의 연동성에 영향을 주지 않았나 사료된다. 아무튼 이러한 서로 다른 지역 간의 상관분석의 결과라는 의미에서 앞에서 행한 지역 내 미가 비교보다 더 큰 의미를 갖는다고 볼 수 있다.

경상도 내의 고성과 상주의 상관정도와 영암과 대구와의 상관정도를 비교해 보면 다음과 같이 나타나 지역 내 상관정도가 지역 간 상관정도보다 더 높은 것을 알 수 있다.

尙州와 固城의 米價 水準 單純相關係數 r＝0.9328

t(16)＝10.359853 (산출된 한계 유의수준＝0.000002)〈(0.05＝설정된 유의 수준)

귀무가설(H_0 : ρ＝0) 棄却

靈巖과 大邱의 米價 水準 單純相關係數 r＝0.704996994

t(23)＝5.389553 한계 유의수준＝0.00001784〈설정된 유의 수준＝0.05

귀무가설(H_0 : ρ＝0) 棄却

결론적으로 상관계수를 지역과 지역과의 미가 연동성의 지표로 볼 경우 18세기 경상도지역과 전라도 지역의 미가는 어느 정도의 연동성을 가지고 변화

---

70) 여기서 前年度對比變化率은 米穀年度의 비교를 행하였다. 대구의 자료가 가을 추수 후의 作錢 자료이고 영암은 신년도 봄에 유사가 전수받은 몫 중 作錢한 자료이기 때문에 두 지역 간 미가 수준의 비교는 예를 들어 대구지방의 1779-1780의 미곡변화율과 영암지방의 1780-1781년의 미곡변화율을 비교하는 식으로 행하였다.

하고 있었음을 확인할 수 있다. 또한 이 결과와 앞서 언급한 경상도 연해지역인 고성의 미가와 내륙지역인 상주의 미가의 상관계수를 비교해보면 경상도 내의 내륙과 연해간의 미가 연동성이 경상도와 전라도의 미가 연동성에 비해 높은 것을 확인할 수 있다. 전체적으로 조선시대에서 18세기에 적어도 삼남지방의 미가의 변화는 일정한 상관성을 갖고 있음을 확인할 수 있다.

〈사례 3〉 경상도 고성과 전라도 영암의 미가비교(1744-1761)

다음으로 고성과 영암의 미가와의 상관계수값을 비교하기 전에 이 두 지역의 미가 수준이 차이가 있다고 볼 수 있는지를 분산분석(ANOVA)을 통해 실시해 보았다. $\alpha = 1\%$ 수준에서 평가하여 보았을 때 결과는 $t(15) =$ -3.490147 유의 수준 0.00328937로 되어 미가 수준은 차이가 있는 것으로 나타났다. 이 결과는 비교 시점의 계절이 일치하지 않아 어느 정도 예상한 결과이다. 결국 두 변수 간의 밀접도를 나타내는 상관관계를 알아보기 위하여 전년도 대비 변화율 간의 상관분석을 한 결과 r값이 0.93으로 나왔다. 이로 볼 때 전라도 영암지방과 경상도 고성지방의 미가 수준은 정확히 일치한다고 할 수 없으나 어느 정도 지역 간 연동성이 있다고 볼 수 있다.

이상으로 18세기 경상도 해안지방 미가기록과 산간지방 미가기록 그리고 전라도 연안지방 미가기록을 각각 비교한 결과, 경상도지역 내 미가 수준과 경상도와 전라도의 연안지방 간의 미가 수준의 상관관계는 거의 같은 수준을 보였으며 경상도 산간지방과 전라도 연안지방과의 상관관계는 이보다 조금 낮은 정도로 나타났다. 이러한 분석결과를 가지고 곧바로 동 시대 시장 통합력이 강했다고 이야기할 수 없다. 왜냐하면 단순히 두 지역의 미가 상관계수가 높은 결과를 가지고 지역 간 시장 연관성을 논하기에는 지역 간 동조를 초래하는 여러 요인을 고려할 필요가 있기 때문이다. 따라서 이 문제는 기후변동과 같은 외부충격이 동시에 일어났다든지 시장기구 이외에 지역 간 곡물이동을 조정하는 재배분체계가 발달했다든지 등등의 요인에 대한 종합적 고찰이 함께 수행되고 나서 결론을 내릴 문제다.

Ⅲ. 米價變動의 諸 要因

1. 人口增減과 米價變動과의 關係

(1) 人口要因 究明의 限界

지금까지 1725-1875년간 米價 時系列을 구축하고 短期 불규칙변동을 제거한 中期變動과 長期趨勢를 고찰한 결과 18세기와 19세기의 변동양상은 서로 다르다는 것을 확인하였다.

18세기 변동의 특징은 1740-1787년간 지속적이고 완만한 上昇趨勢가 주도적인 반면 19세기는 11-16년 간격으로 가파른 上昇과 下落의 連續이 특징이다. 이와 같이 조선의 18세기와 19세기의 미가변동이 서로 다르게 나타난 것은 무엇인가 서로 다른 요인이 작용했기 때문으로 이해할 수 있다.

일반적으로 穀物價格 변동요인은 需要要因으로서 人口變動과 貨幣要因으로서 貨幣量 변화, 그리고 供給要因으로서 收穫量變動을 든다. 이들 요인들 사이의 관계는 이미 알려진 交換方程式을 통해 설명할 수 있다.

$$MVt = PT \quad \text{or} \quad MVy = PY$$

(P는 물가 수준 M은 화폐량 T는 거래량 Y는 소득 Vt, Vy 유통속도)

교환방정식은 화폐량이나 유통속도가 일정한 상태에서 거래량이나 소득이 늘면 물가가 하락하고, 반대로 거래량과 소득이 일정한 상태에서 화폐량이 늘거나 유통속도가 증가하면 물가가 상승하는 관계를 보여준다.

물가사 연구가 일찍부터 발달한 서유럽에서도 이러한 因果關係를 역사속

에서 찾아내는 것은 쉽지 않은 것으로 알려져 있고, 그만큼 이 분야 최대의 논쟁 주제이기도 하다.[71]

조선사회에서 인구규모와 화폐공급량 중 18세기와 19세기에 서로 다르게 나타난 것이 있다면 그것을 미가변동과 연계시킬 경우 의미 있는 결과가 나올 수 있다. 그러나 이 변수들을 가지고 미가변동을 설명하려는 시도는 매우 限定的인 결론이 될 수밖에 없다. 왜냐하면 인구규모와 화폐량, 혹은 유통속도 등 변동요인변수들에 관한 시계열자료가 매우 불완전하며, 일부 추정한 결과들도 많은 오류를 간직하고 있는 상태이기 때문이다.[72]

특히 인구규모는 통계로서 그 불완전도가 심한 상태이다. 왜냐하면 현전하는 조선시대 인구통계는 독자적으로 파악된 것이 아니라 일정한 제도속에서 파악된 수치이기 때문이다.

조선은 국왕을 정점으로 한 中央集權的 官僚制국가였고, 이에 따라 전국의 토지와 인민은 국가의 一元的 收稅源으로 포섭되었는데, 그 包攝制度와 程度에 따라 인구규모가 달라졌다. 예를 들어 結負制度나 面里制度, 혹은 戶口制度나 奴婢制度 등의 변천에 따라 戶口規模가 크게 변화하는 것이 그것이다.

戶口調査는 太歲가 子·午·卯·酉가 드는 式年마다 실시되었다. 仁祖 26年(1648) 戊子式 戶口, 顯宗 10年(1669)의 己酉式 戶口, 肅宗 4年(1678)의 戊午式 戶口, 肅宗 43年(1717)의 丁酉式 戶口가 그 예에 해당된다.[73]

조선시대 최초의 전국 戶口資料라 할 수 있는 世宗實錄地理志를 보면 전국의 戶數는 207,561戶에 口數는 702,870口이다. 여기서 口는 16-60세의 남자를 가리킨다. 이 시기 전국 結數는 171萬結이다. 이 수치를 단순히 계산

---

71) 이에 대한 것은 Jack A. Goldstone(1991)을 참조.

72) 조선시대 인구 추정은 權泰煥,愼鏞廈 「朝鮮王朝時代 人口推定에 관한 一試論」, 『東亞文化』 14, 1977에 시도되어 있고, 화폐량 추정은 元裕漢, 『朝鮮後期貨幣史研究』, 韓國研究院, 1975에 일부되어 있다. 權泰煥,愼鏞廈의 추정에 대해서 Tony Michell, "Fact and Hypothesis in Yi Dynasty Economic History: The Demogrphic Dimension", "Korean Studies Forum, 1979/80"의 비판이 있다.

73) 『增補文獻備考』 卷161, 戶口考一.

하면 1戶當 口는 3-4口이고 結數는 약 8結이 된다. 따라서 당시의 戶는 평균 3-4丁의 人口와 토지 8結의 결합체로 존재한 것을 알 수 있다. 그러나 전국 각 군별로 보면 토지의 경우 戶當 結數는 3結 以下에서 15結 以上의 큰 편차를 보이고 있고, 인구도 호당 1-2丁에서 10丁 以上의 차이를 보이는 것에서 당시 戶의 실체를 人口數로 규정을 내리기 곤란한 것을 확인할 수 있다.[74]

조선조의 行政體制도 1675년에 5家를 1統으로 편제하는 '五家統事目'이 반포되면서 국가의 面里制 行政編制가 발달하기 시작한 것으로 보는데,[75] 이 무렵 『戶口總數』에 나타난 戶口數를 보면 1648(仁祖 26)년에 전국의 戶數는 433,255戶에서 1717(숙종 43)년에는 1,523,518戶로 격증한 것으로 나타나 제도의 변화에 따른 국가의 호구파악능력의 변화를 알 수 있다.

또한 正祖時代 戶口기록은 戶數와 口數에서 남녀별 기록이 함께 기재되어 있는데 대부분 남자의 수보다 여자의 수가 많게 나타난다. 정조 13년(1789) 己酉式 戶口를 보면 戶數는 1,752,837戶이고, 口數는 男 3,607,376口 女 3,797,230口으로 여자가 남자보다 188,854口 많게 나타난다. 지방별로 보면 중앙의 행정권력에 가까운 京畿道와 江原道 黃海道의 경우 남자의 수가 여자의 수보다 많게 나타나고 멀리 위치한 全羅道와 慶尙道는 여자의 수가 훨씬 많은 것으로 나타난다.[76] 이것은 軍役에 따라 호구수가 달라지는 경우를 보여 준다고 볼 수 있다. 이와 같이 조선의 戶口史料는 조선 고유의 行政制度와 賦役制度, 그리고 土地制度속에서 파악된 수치이기 때문에 인구 증감을 나타내는 자료로서 이용되기 위해서는 일정한 史料批判이 요구된다.

호구에 대한 制度的 規定을 무시하고 그 자체를 絶對的 人口規模로 파악하여 사회변화를 설명하려는 시도는 잘못된 결론을 도출할 수 있는 위험이

74) 李榮薰, 「朝鮮佃戶考」, 『歷史學報』 142, 1994, 「朝鮮初期 戶의 構造와 性格」, 『歷史의 再照明』, 한림과학원, 1995.
75) 金俊亨, 「18세기 里定法의 展開 －村落의 기능강화와 관련하여－」, 『震檀學報』 58, 1984.
76) 『戶口總數』, 서울대학교 고전총서, 서울, 1971.

있다. 예를 들어 멜더스 위기론으로 조선사회 변동을 설명한 토니미셸은 1600-1876년까지 약 3세기 기간 한국사회의 변동을 그랜드하게 그린바 있다.[77] 그에 따르면 조선은 17세기까지 급속한 경제발전으로 인구증가가 빠르게 진행되었으며, 그 결과 18세기로 들어오면서 경제통합과 비농업적 경제활동이 정체 또는 하락하게 되어 이후 지속적인 멜더스 위기에 빠졌다고 보았다. 이후 약 450만 정도가 사망한 1810-1812년을 고비로 멜더스 위기에서 벗어나 일인당 농업 소득이 증가가 이루어지고 救荒作物이 보급되어 생계위기에서 벗어났으며 비록 密貿易이지만 海外貿易이 확장되는 가운데 인구가 성장하여 수요를 자극하였다고 보았다.[78]

그의 논지를 요약하면 조선은 19세기 이후 멜더스 위기에서 벗어나 경제적인 성장을 하기 시작하였다는 것이다. 여기서 그의 판단의 진위 여부를 판단하기 전에 그는 인구변동 이외에 다른 변동과의 연관을 전혀 제시하지 않은 채 절대적으로 인구변동만을 가지고 논의를 펼친 한계를 지적할 수 있다. 따라서 불완전한 인구통계만을 가지고 사회변동을 설명하는 것보다도 제 변동과의 연관을 통해서 사실에 접근하는 방법이 필요하다고 생각된다.

(2) 人口變動과 米價變動과의 關係

이와 같이 朝鮮朝 戶口資料는 人口資料로서 同質性 및 一貫性을 갖추고 있지 못하지만 이들 자료에 기초하여 人口規模를 재구성한 연구결과와 미가변동을 연계시켜보자.

권태환·신용하(1977)는 조선시대 호구자료 중 비교적 완전성이 높은 서울의 호구자료를 가지고 1426-1799년까지 전국 인구를 재구성하고, 완전성은 떨어지나 朝鮮全般에 걸쳐 자료가 존재하는 전국 호구자료를 가지고

---

77) 토니미셸, 「朝鮮後期 經濟와 貿易開放」, 『東方學志』, 1983. 12.
78) Tony Michell, "Fact and Hypothesis in Yi Dynasty Economic History: The Demographic Dimension", "Korean Studies Forum, 1979/80."

1639-1910년의 인구를 추정하였다. 그 결과를 도표로 제시하면 〈그림 3-1〉
과 같다.

〈그림 3-1〉 1704-1910년간 인구 추이

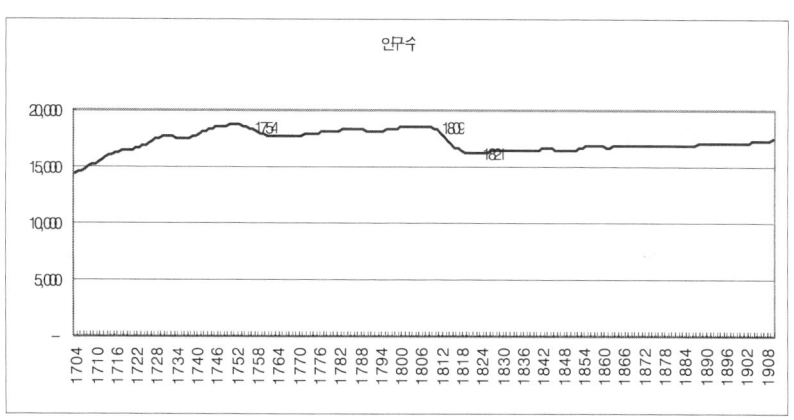

〈그림 3-1〉을 보면 人口趨勢는 두 차례의 단기 감소와 세 차례의 중장기
상승으로 구분되는 것을 확인할 수 있다. 18세기 구간의 경우 1704-1755년
까지 1,400만 수준에서 1,800만 수준으로 증가하다가 1754-1764년까지 잠시
감소하고 1770년대부터 다시 상승한 것을 알 수 있다. 이와 대조적으로 19
세기의 경우 1800-1810년대까지 급격히 감소하다가 1820년대 중반부터 다
시 미미하게 상승하는 것을 알 수 있다.

〈그림 3-2〉 18-19세기 인구변화와 미가변동과의 관계

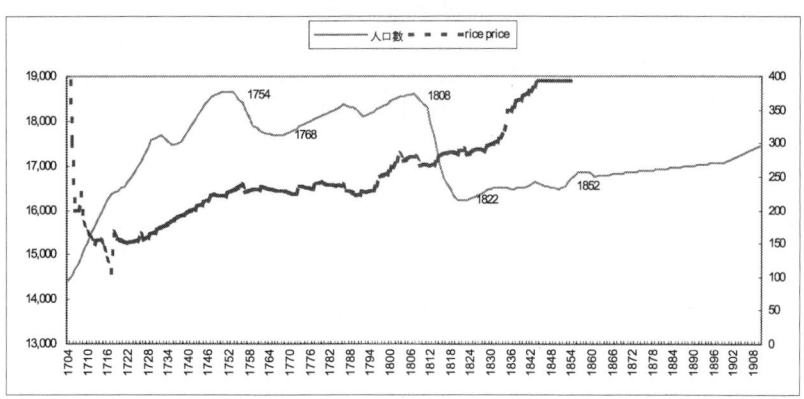

1750년대의 인구감소의 원인은 전염병에 의한 사망자수의 증가에 기인한다고 볼 수 있다. 1750(英祖 26)년 한해 역질로 인한 사망자수는 중앙에 보고된 숫자만 10만 명이 넘었다.[79] 18세기는 이 시기를 分岐로 상승의 추세가 완화되고 있는 것을 알 수 있으나 전체적으로 18세기 인구는 상승의 추세에 있었다고 여겨진다. 19세기 초의 인구감소는 여러 원인들이 복합적으로 작용한 감소로 여겨진다. 旱災와 水災가 겹치고, 전염병이 만연한데다가, 홍경래난과 같은 사회혼란이 가중되어 구조적[80]으로 생존위기에 빠져 급격히 인구감소가 일어났다고 볼 수 있다. 이 시기 湖南의 人口減少에 대한 地方官의 보고를 사례로 들어보자.

국가가 쓰는 재부의 태반을 湖南에 책임지우고 있는데 湖南이 구실을 제대로 한 것은 沿海의 여러 고을이 있기 때문이다. 그런데 한결같이 己巳年과 庚午年(1809-1810년) 이후로는 피폐하여 잔패되었다. 흉년으로

---

79) 『英祖實錄』 71, 72, 영조 26年 1月 28日, 7月 30日, 8月 29日, 9月 30日.
80) 이 시기를 위기의 시대로 진단한 연구로는 소빙기 이론으로 위기를 진단한 이호철, 박근필의 「19세기 초 조선의 기후변동과 농업위기」라든가, 환곡의 진휼 기능이 급격히 감소하였다고 보는 文勇植의 「19세기 前半 還穀 賑恤機能의 變化過程」의 연구가 있다.

사망자가 속출하는데 1백호에 2, 3호가 남기도 하고 혹 5, 60호에 3, 4호가 남기도 한다. 심지어 한 면 전체에 10호도 되지 않는 곳도 있다. 己巳庚午年 이전에는 호구가 번식하여 떼를 지어 살고 있어 키질하듯 거두어들여도 把束에도 차지 않아 백성들이 편안히 살 수 있었다. 그러나 기사경오년 이후에는 陳田은 고사하고 沃土마저 황폐해졌다.[81]

湖南의 지방관은 1809-1810년 이후로 인구가 급격히 감소하여 경작면적이 줄어들고 그것으로 인한 生産과 租稅源의 萎縮을 보고하고 있다. 이러한 사정은 전국적으로 전개되었으며 19세기 초 구조적으로 생계위기에 몰려 인구가 감소한 것은 사실로 여겨진다.

이와 같은 인구변동을 미가변동과 연계시켜보자. 前近代社會에서 人口規模와 食糧需要, 그리고 米價는 그 변동의 방향이 서로 같은 방향이다. 인구가 늘면 수요가 늘고 수요가 늘면 미가가 상승하는 것이 그것이다. 〈그림 3-2〉는 18-19세기 인구와 미가를 연계시킨 것이다. 〈그림 3-2〉를 보면 조선에서 인구와 미가와의 관계는 18세기와 19세기가 서로 다르다는 것을 알 수 있다. 18세기의 경우 전체적으로 보아 인구와 미가는 비교적 같은 방향으로 움직이는 것으로 나타난다. 그러나 19세기는 1800-1820년대까지 미가와 인구는 서로 X자 방향으로 전개되다가 1820년 이후에 가면 미가는 상승하는 반면 인구는 정체하는 모습을 나타내고 있다.

18세기만을 볼 때 인구증가는 미가상승보다 앞서서 나타난 것을 알 수 있다. 인구감소도 마찬가지로 미가가 상승에서 정체로 전환되는 1770년대보다 약 15-20년 정도 앞서서 진행된 것을 알 수 있다.

이상으로 인구변동과 미가변동과의 관계를 살펴본 결과 18세기 미가상승은 동 시기 인구증가에 기인한다고 볼 수 있으나, 이 시기를 제외한 나머지 기간에서는 동 시대와 같은 명확한 관계는 찾기 어려우며 좀 더 구체적인 결론은 추후 다양한 분야의 연구성과를 기다린 연후에 내릴 문제라고 생각한다.

---

81) 『純祖實錄』 18, 純祖 15年 10月 12日.

104

2. 貨幣要因

(1) 18세기 日本으로부터 銀銅 流入量의 減少

일반적으로 화폐량이 변동하여 물가변동을 일으키는 것은 ① 해외로부터
대량의 금속화폐가 유입되거나 혹은 유출될 때, ② 국내 광업생산량이 늘
거나 줄어들 때, ③ 민간의 신용화폐가 많아지거나 적어질 때로 이해하고
있다.[82] 신대륙으로부터 대량의 銀이 유입된 서구 유럽의 16세기 價格革命
은 화폐적 요인으로 물가변동을 설명하는 대표적인 예이다.

조선의 미가추세와 連動的인 모습을 보였던 중국에서도 미가상승의 원인
을 화폐적 요인에서 찾으려는 작업이 1950년대부터 시작되었다.[83] 彭信威
(1954)는 16세기-18세기에 걸쳐 外國銀이 대량 中國으로 유입된 것과
1736-1795년간 미가상승이 일어난 것과 일정한 관계가 있다고 보았다. 全
漢昇(1957)은 美國 大陸의 銀生産으로 18세기에 세계적인 물가상승이 있었
고, 그 일환으로 중국에서도 物價革命이 일어났다고 설명한다.

〈그림 3-3〉은[84] 中國 蘇州의 米價(1638-1935)의 31개년 이동평균값[85]
중 18세기 상승기(1732-1788)의 米價와 같은 시기 朝鮮의 11개년 이동평균
값을 비교해본 그림이다. 〈그림 3-3〉에서 알 수 있듯이 조선과 중국은 18
세기 미가상승기에 거의 같은 수준의 상승률을 나타내고 있다.

82) Goldstone. J. A 'The causes of long waves in early modern economic history', "Reasearch in Economic History", Suppl. 6.
83) 1950년대 중후반 중국의 물가변동을 서유럽의 가격혁명과 일직선상에 올려놓고 논의한 연구는 이후 1960년대 중국의 '資本主義萌芽論'으로 확대 전개해 나간 선구적 연구이다. 이에 대해서는 彭信威, 『中國貨幣史』, 上海群聯出版社, 1954; 全漢昇, 「美洲白銀與十八世紀中國物價革命的關係」, 『中央研究院歷史語言研究所集刊』 二八本 全一九七二第二冊所收.
84) 중국의 도량형 단위는 1(兩)Tael/米 1石이다. 1Tael=37.3grams 1yuan=23,4934 grams이다. 朝鮮은 銅錢 1兩/租 1石이다.
85) Yeh-chien Wang "Secular Trends of Rice Prices in the Yangzi Delta, 1638-1935" Rawski(1992) Chapter one.

이 시기 중국의 銀貨는 1680년대 총 300-350(Millions of silver yuan)에서 1830년대 1,140-1,330(Millions of silver yuan)으로 약 3.8배 늘어난 것으로 되어 있다. 이러한 통화 공급의 증가율로 볼 때 미가상승 요인으로 화폐적 요인을 상정하는 것은 타당성이 있어 보인다.

〈그림 3-3〉 18세기 미가 상승기 조선과 중국의 미가 연동성(1732-1788)

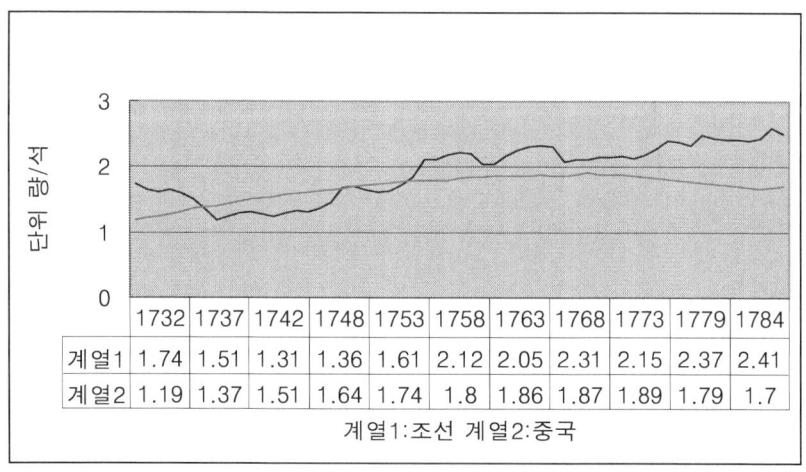

	1732	1737	1742	1748	1753	1758	1763	1768	1773	1779	1784
계열1	1.74	1.51	1.31	1.36	1.61	2.12	2.05	2.31	2.15	2.37	2.41
계열2	1.19	1.37	1.51	1.64	1.74	1.8	1.86	1.87	1.89	1.79	1.7

계열1:조선 계열2:중국

그러나 18세기 중국의 물가상승을 16세기 서유럽의 가격혁명과 같은 수준으로 올려놓기에는 그 상승세가 너무 미미하다는 지적이 있다.[86] 프랑스만 보더라도 16세기 물가상승은 1520-1560년간 약 5배 상승한 것으로 되어 있다.[87] 반면 중국은 1701년-1800년까지 약 2배 정도 상승한 것으로 나타난다.[88] 따라서 18세기 중국의 미가상승을 16세기 서구의 가격혁명과 동일한 현상으로 이해하는 것은 매우 한정적인 결론으로 이해된다.

중국의 연구동향을 살펴볼 때 조선 후기 미가 변동요인을 구명하는 데

---

86) 岸本美緒, 『淸代中國의 物價와 經濟變動』, 硏文出版, 1996.
87) 竹岡敬溫, 『近代フランス物價史序說』, 創文社, 1980.
88) Thomas G. Rawski and Lillian M. Li "Chinese History in Economic Perspective" University of California Press, 1992.

있어서 화폐요인이 주요 요인이라는 당위론적 이해에 앞서 그 요인의 형성 과정의 역사적 배경에 대한 이해가 무엇보다도 선행될 필요가 있다.

왜냐하면 서유럽이나 중국과는 달리 18세기 미가가 상승하던 시기의 조선은 외부로부터 대량의 금속화폐가 유입되기는커녕 오히려 들어오던 외부 유입량이 단절된 것으로 알려져 있기 때문이다.[89]

조선 후기 화폐적 측면을 이해하는 데 있어서 일본과의 교역은 대단히 중요하다. 동 시대 일본은 세계 최대의 銀 輸出國으로 알려져 있다. 이 세계 최대의 銀 輸出國의 주요 대상국이 朝鮮이었다. 지금까지 일본과의 대외무역관계의 연구에 따르면 17세기 淸이 실시한 海禁政策으로 淸과의 직접교역이 어려워진 日本이 朝鮮과의 교역을 통한 간접교역을 하게 되면서 조선은 일본과 청과의 中繼貿易으로 대량의 은이 유입된 것으로 알려져 있다. 그러나 中繼貿易의 호황으로 늘어난 銀量은 1720년대에 海禁政策이 풀리면서 줄어들게 되고 1750년대는 거의 소멸한 것으로 본다.[90]

---

89) Kazui Tashiro, "Exports of japan's Silver to China via Korea and Changes in the Tokugawa Monetary System during the 17th and 18th Centuries" Leuven University Press.

90) 한명기, 「17세기 초 은의 유통과 그 영향」, 『규장각』 15, 1992; 金廷美, 「朝鮮後期 對淸貿易의 展開와 貿易收稅制의 시행」, 韓國史論 36, 1996. 12.

〈표 3-1〉 日本의 御銀船에 의한 對朝鮮 輸出丁銀 輸送高

年度	渡航回數	船數	丁銀 積載額	年度	渡航回數	船數	丁銀 積載額
1711	3(回)	7(艘)	620	1732	7	22	1010
1712	3	8	525	1733	7	13	700
1713	7	13	950	1734	8	15	770
1714	12	26	1956	1735	8	21	950
1715	13	30	1580	1736	5	8	430
1716	11	27	1410	1737	9	13	485
1717	12	27	1360	1738	17	15	770
1718	11	17	980	1739	11	13	595
1719	10	17	580	1740	11	21	910
1720	7	27	765	1741	11	15	750
1721	8	31	1132	1742	7	9	450
1722	10	32	1630	1743	5	3	110
1723	8	23	1490	1744	2	10	500
1724	5	12	700	1745	5	5	250
1725	5	7	410	1746	5	6	260
1726	3	12	700	1747	5	6	270
1727	9	24	1280	1748	2	2	100
1728	6	22	1100	1749	3	7	310
1729	4	27	1350	1750	6	10	196
1730	9	21	1450	1751	4	4	110
1731	9	35	1590	1752	1	1	10
	합계	298回	662艘		33,494.5貫目		

자료: 近世日朝通交貿易史の研究 田代和生(1987)

〈그림 3-4〉對馬藩의 對朝鮮 丁銀 積載量과 5個年 移動平均(1711-1751)

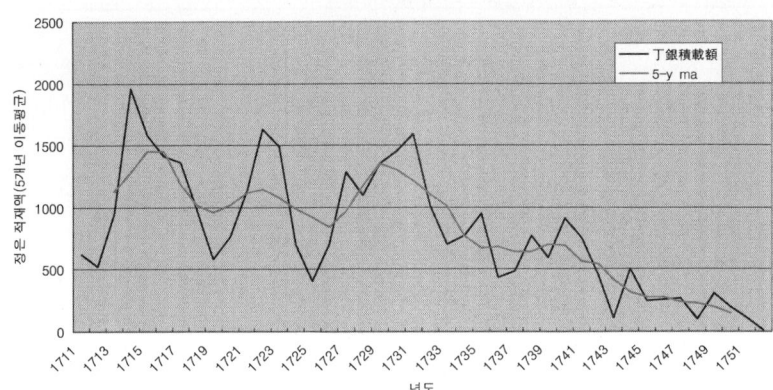

〈표 3-1〉과 〈그림 3-4〉는 日本 國立國會圖書館에 소장되어 있는 對馬藩의 宗家記錄 중 『每日記』에 기재된 朝鮮으로의 渡航回數와 船數 그리고 丁銀 積載額을 정리한 것으로 同 時代 조선의 銀 流入量을 알 수 있다. 〈그림 3-4〉에도 나타나듯이 이 시기 조선으로의 銀 유입량은 18세기 초를 고비로 점차 감소하다가 1750년대에는 거의 소멸한 것을 알 수 있다.

그렇다고 朝鮮 內에서 17세기 말에서 18세기 초 은의 유입 감소로 생긴 공백을 銅錢의 주조로 대신 채운 것은 아니다. 이 시기 화폐공급은 1697년에 중단되어 1731년에 다시 재개되기까지 약 34년간 중단되었다.

同 時代 對馬藩의 朝鮮에 대한 銅 輸出은 1713년 이후로 幕府로부터 허가를 받으면서 진행되었는데 이 허가마저 1737년이 되면 금지되었다. 따라서 朝鮮의 화폐주전 중단의 가장 큰 원인은 日本의 은·동 수출의 중단이라고 볼 수 있다. 다음 〈표 3-2〉는 1713-1737년간 對馬藩과 幕府 사이에서 결정된 朝鮮 輸出銅의 조달신청과 그 허가량을 정리한 것이다.

〈표 3-2〉 對馬藩의 朝鮮輸出銅의 調達申請量과 幕府許可量

年度	申請量	請願事由	許可量	年度	申請量	請願事由	許可量
1713	100,000		100,000	1723	100,000		100,000
1714	200,000	朝鮮國鑄錢	100,000	1723	130,000	朝鮮商人願	130,000
1715	200,000	朝鮮國鑄錢	100,000	1724	100,000		100,000
1715	200,000	朝鮮國鑄錢	100,000	1725	240,000	朝鮮國鑄錢	240,000
1716	200,000	朝鮮國鑄錢	100,000	1726	100,000		100,000
1717	200,000	朝鮮國鑄錢	100,000	1727	100,000		
1718	200,000	水牛角輸入 不足	200,000	1728	100,000		100,000
				1729	100,000		100,000
1719	200,000	水牛角輸入 不足	200,000	1730	100,000		100,000
				1731	100,000		100,000
1720	0			1732	100,000		100,000
1722	100,000		100,000	1736	100,000		0

典據:『近世日朝通交貿易史の硏究』, 田代和生(1987)

〈표 3-2〉에서도 알 수 있듯이 對馬藩의 銅輸出 허가 신청의 주요 이유는 朝鮮國의 鑄錢이었다. 1710년대 對馬藩은 200,000斤을 신청하면 幕府는 그 절반만을 허가하다가 1720년대에 들어서면서 특별한 사유가 없는 한 對馬藩과 幕府 모두 100,000斤으로 한정하여 처리한 것을 알 수 있다. 이것은 幕府의 鑛産資源에 대한 輸出規制政策 때문이다.[91] 18세기 조선의 화폐공급은 이러한 대외무역 조류의 변천을 시대적 배경으로 진행되었다.

결국 조선의 18세기 특징적인 사회현상의 하나인 錢荒[92]문제가 등장하게 된 근본원인은 17세기까지 公的인 영역과 私的인 영역에서 주요 통화기능을 담당했던 銀의 공급량이 감소됨에 따라 銅錢의 流通領域은 확대되었으나, 鑄造 중단으로 그 영역을 채우지 못한 데 있다.

---

91) 田代和生,『近世日朝通交貿易史の硏究』, 1987.
92) 장국종,「17세기 금속화폐 유통에 대하여」,『역사과학』6호, 1961,「18세기 동화의 주조와 전황문제」,『역사과학』, 1963.

이상으로 볼 때 적어도 미가상승 요인으로 화폐적 요인을 조선에 적용하는 데에는 한계가 있다고 사료된다. 왜냐하면 화폐적 요인이 부각된 가격혁명 시기의 서유럽이나 18세기 중국처럼 대량의 금속화폐가 외부에서 유입되거나 금속화폐에 대한 국내 채광량의 현저한 증가가 보이지 않기 때문이다. 따라서 조선에서 화폐요인을 미가상승과 연계시키기 전에 이 한계를 미리 전제할 필요가 있다.

(2) 18世紀 貨幣供給의 特徵과 錢荒問題

가. 1731년 화폐공급

官撰史料에 나오는 米價記錄과 鑄錢記錄을 가지고 1678-1800년의 米價와 鑄錢趨勢와의 관계를 밝힌 연구에[93] 따르면 常平通寶가 鑄錢된 이래 화폐적 요인은 단기 미가변동을 낳은 가장 중요한 요인일 뿐만 아니라 장기추세를 결정하는 가장 중요하고 기본적인 요인으로 보고 있다. 그러나 이러한 결론은 앞서 살펴본 대외무역의 변화와 함께 18세기 국내의 화폐공급의 구체적인 사실속에서 재인식될 필요가 있다.

17세기 말과 18세기 초에 일본으로부터 銀과 銅의 流入量의 감소는 조선의 화폐경제를 위축시켰다고 볼 수 있다. 이것은 당시 朝鮮의 租稅收取體系가 現物體系 중심으로 운영된 것에서 알 수 있다. 이에 1728년 초부터 꾸준히 조세수취체계를 현물에서 화폐체계로 전환하는 논의가 진행되고, 이를 위해 화폐의 대량 보급의 필요성을 역설하는 대신들이 늘어났다.[94] 이들은 貢物과 船價米를 鑄錢을 통해 돈으로 지급하여 經費不足問題와 運

---

93) 李憲昶, 「肅宗-正祖朝 米價의 變動」, 『經濟史學』 21, 1996.
94) 『備邊司謄錄』 84, 英祖 4年 7月 28日: 右議政吳所啓, 臣觀湖西狀啓則, 漕船致敗, 多至四萬七千石, 而冷霖如此傷於稽事, 前頭國計民憂, 實爲渴悶, 必須預講生穀之道 …… 與諸臣講究善策, 則皆言鑄錢之便, 臣意, 以爲有國則必有錢, 若無錢則國無行貨之道, 民無懋遷之利矣 …… 若欲加鑄, 則倭館被執代, 賑廳句管生銅有之, 以此加鑄, 似爲便好矣.

送問題를 동시에 해결하는 안을 제시하였다.

당시 朝廷에서는 미 1석(15두)의 값을 6냥(벼로 환산 1석＝20두＝3냥2
전)으로 정해놓고 공인들에게 貢價로서 쌀을 지불하였는데, 시중에서 米價
는 1석(15두)에 2냥(벼시세 1냥3전3푼)이었다.95) 都市貢人들은 이 양 경제
의 한계지점에 놓여 있었다. 그들은 일반 시중경제의 가치로 볼 때 6냥어
치의 물자를 공급해주고 그 대가로 현물인 쌀을 받아 화폐로 환산하면 2냥
을 받은 셈이었다.

따라서 화폐공급 주장자들은 국가에서 금속화폐 공급을 확대해야 이 격
차가 줄어들 수 있다고 보았다.96) 이러한 國家主導의 現物經濟와 民間主導
의 貨幣經濟의 모순이 18세기 經濟問題의 근원인 '錢荒'으로 나타났다고 볼
수 있다.

이 시기 錢荒은 鑄錢 論議의 구체적 시행을 화폐의 사용을 억제하는 純
木納政策으로 결정내리면서 더욱 심화되었다. 1728(영조 4)년은 1727(영조
3)년의 純木納 결정이 내려진 상황에다가 목화농사마저 흉년으로 판명되어
일반 농민들의 良役의 부담이 더욱 커지게 되었다. 이러한 상황은 시중의
물가에 그대로 반영되었다. 시중 물가는 米價가 하락하고 布價와 貨幣의
價値가 상승하는 것으로 나타났다.

화폐공급이 중단된 상태에서 상품거래의 확대는 지역 간 물가 차이를 대

---

95) 1727년 당시 호남의 기근으로 전세미와 대동미의 조달이 줄어들고 결국 국가
   의 경비가 부족한 상태에서 호남의 곡식을 공납의 대가로 받고 있던 서울 시
   민들도 어려워지자 농촌과 국가 그리고 도시가 모두 어려운 상황에 빠지게 되
   었다. 대동법체계속에서 미를 중심으로 생산물 그 자체가 화폐로서 유통되는
   국가부문 경제의 가격은 금속화폐가 통용되는 일반 시중 경제와 가격 면에서
   커다란 격차를 나타내고 있었다.
96) 『英祖實錄』 27, 英祖 6年 8月 30日：文命請詢鑄錢事, 決意行之, 集日財貨有國所
   重, 用錢今幾五百年, 革錢則已, 不然則更鑄之外, 無他策矣. 寅明曰, 聞貢物主人之
   言, 朝家折定米一石, 代錢六兩, 而每以米給之, 賣之, 不過爲二兩錢, 進排之物, 皆
   以錢辨之, 故難支云. 東弼曰, 百姓怨豊年, 卽今米十斗, 價値一兩, 京外之民, 俱不
   能堪, 此錢之貴故也. 寅明曰二萬生銅, 貿米空寘, 以此先鑄, 豈不可乎. 在魯曰鑄錢
   則一年蓄積當之矣, 文命以鑄錢爲弟一, 廟謨力請, 而入侍備堂, 同聲和之, 獨金取
   魯, 言不便, 而乏曰必有私鑄盜鑄之患, 而別無所見.

두시켰다. 예를 들어 1729년 황해도는 田稅 등 租稅를 돈으로 대신 납부하
도록 방침을 정했으나 황해도의 곡물가격과 수도 서울의 곡물가격과의 차
이가 있는 상태에서 조세수납이 제대로 되지 않았다. 왜냐하면 수도 서울
의 가격을 기준으로 납세액을 정하자 지나치다는 항의를 받게 된 것이다.
황해도는 大米 1석당(15두) 5냥[벼 1석당(20두) 2.6냥], 小米 1석당 4냥1전
7푼, 太 1석당 2냥을 정식으로 각 읍에 지침을 내려 거두었으나 중앙 호조
에서는 大米 1석당 5.5냥(벼 1석당 3냥), 小米 1석당 4냥4전, 太 1석당 2냥
5전을 기준으로 받겠다는 입장을 내세웠다. 이러한 호조의 입장에 대해 시
정을 요구한 것이다.[97]

　貨幣供給이 안된 상태에서 지역 간 公定價格의 차이는 租稅收取體系의
변화마다 문제로 대두되었다. 삼남지방의 경우 鑄錢이 시행되지 않음에 따
라 이전부터 시행된 바 있는 大同作米 기준(곡식이 풍년이 들고 면작이 흉
년이 들었을 때 실시한 물가 조정책)의 시행에 지장을 받게 되었다.[98] 당
시 제도적으로 규정한 米와 布의 교환비율은 시장기구에 의해 형성된 가격
과 맞지 않았다. 시장에서의 교환비율대로 現物을 收取할 경우 經費는 부
족하고 쌀 잉여지역과 부족지역과의 유통도 막히게 되는 문제가 있었다.
이러한 문제의 타결책으로 關西錢을 시중에 유통시키고 쌀이 필요한 진휼
청이 대신 쌀을 보유하도록 하는 변통책이 채택된다. 이러한 한정적 물자

97)『備邊司謄錄』85, 英祖 5年 4月 23日: 書狀官權一衡所啓, 臣於歸路有所聞見, 惶
　恐敢達矣. 黃海道長山串以北各邑, 今年田三稅, 折錢以納事, 旣已定奪, 而折錢則
　依本道詳定例, 大米一石五兩, 小米一石四兩一錢七分, 太一石二兩, 定式, 各邑已
　收捧, 而黃州田稅, 先以上納, 則戶曹卽爲退却, 以大米五兩五錢, 小米四兩四錢, 太
　二兩五錢, 或捧上之意, 當初折錢之令, 旣出於荒歲恤民之意, 而折錢之數, 以京値
　論之, 則亦似爲過.
98)『備邊司謄錄』86, 英祖 5年 윤7月 7日: 右參贊 金東弼 …… 臣意則 三南作米,
　勢當以大同作米爲準, 而大同作米之規, 道道各異, 湖南則一疋八斗, 嶺南則七斗,
　湖西畿甸則六斗例也, 若以市値言之, 則一疋爲二兩錢, 卽三南一兩錢布値, 多至七
　八斗, 然則八斗之米, 僅爲半疋木價. 臣意則 京師四方之根本, 而卽今公私儲蓄, 蕩
　然無存, 一有水旱之災, 措手無策, 臣意則關西錢十萬兩, 旣有上送之令, 以此錢付
　諸惠廳, 應下貢物之以米上下者, 比市値加定其數, 分給貢人, 以其米移送賑廳而留
　儲, 如是則當此錢貴之日, 錢在民間, 亦有得於行貨之道矣.

유통정책은 함경도 지역과 같이 중앙에서 멀리 떨어진 곳의 기근대책에는
별 도움이 되지 못하였다.

이에 따라 함경도 지방관은 함경도에 주전 원료가 다량 매장된 것을 들
어 함경도에서의 주전을 통한 함경도 기근 해결책을 제시한다. 이 해결책
은 돈이 귀하고 쌀이 흔한 지역의 상인들로 하여금 스스로 곡식을 싸들고
함경도로 들어 올 수 있도록 하는 조치였다.

그러나 함경도는 전통적으로 돈의 유통이 금지된 지역이었다. 이러한 전
통적 규제조치에 대해 함경도 지방관은 함경도의 기근 상태의 심각함을 들
어 계속 주전할 것을 요청하였으나 시행되지는 않았다.[99]

그러다가 1731-32년 三南地方에 흉년이 닥친 것이다. 이 흉년은 가뭄이 2
년 연속 계속된 것이 원인이었다. 1731년 가뭄은 6월 6일에 제7차 기우제를
지내기까지 비가 안 오다가 6월 13일 비로소 비가 오기 시작하였다. 이때까
지 移秧을 못하고 기다린 것이다.[100] 2년 연속 가뭄에 水田地帶는 그야말로
모두 赤地를 이루었다. 다만 가뭄에 강한 旱田地帶만 형편이 조금 나았다.
그중 평안도와 함경도지방이 다른 지방에 비해 나았기 때문에 이 시기 기근
대책은 관서·관북 지방의 곡식을 삼남지방으로 이동하는 방향으로 전개되
었다. 이러한 재해대책의 절대적인 힘을 얻고 나온 것이 이해의 鑄錢論議이
다. 결국 삼남지방에 흉년이 들자 농민과 도시 공인들의 생계 위기와 국가
의 재정위기가 겹치면서 어쩔 수 없는 위기상황에서 유일한 해결책으로서
그동안 미루어오던 鑄錢을 1731년 10월 1일에 단행하게 된다.[101]

英祖는 戶曹와 賑恤廳에 주전소를 나누어 설치하고 제반 폐단을 방지할

---

99) 『備邊司謄錄』 86, 英祖 5年 윤7月 25日 : 咸鏡監司宋眞明狀啓, 大抵鑄錢之議, 朝
　　多甲乙之論, 臣不敢論列是非, 而旣有所懷, 不敢不達矣. 北道雖云多粟, 當此無前
　　灾荒, 實無他條賑闊之資, 聞咸興, 山多出銅, 民皆願鑄 …… 上曰 錢是彼我國間
　　禁物, 故西路江邊七邑及北道六鎭, 禁不用錢.

100) 이해 6월 13일 비로소 비가 내리기 시작한 사실은 『勝聰明錄』의 기록과 『英
　　祖實錄』의 기록이 정확히 일치한다. 『英祖實錄』 29, 英祖 7年 6月 13日 : 是日
　　始大雨, 『勝聰明錄』 卷 1, 申亥年六月十三日 始降雨澤.

101) 『英祖實錄』 30, 英祖 7年 10月 1日 : 時鑄錢之議, 已決上命戶曹賑恤廳, 分設鑄
　　錢所, 以防奸僞紊亂之弊.

것을 아울러 명하였다. 이어 후속조치로 平市署에서는 1냥에 미 3두에서 2.5두(미 1석의 가격이 5냥에서 6냥, 벼시세로 1석＝20두＝2냥6전7푼에서 3냥2전) 사이에서 시가가 조정되도록 하는 가격 조정정책을 실시하였다. 아울러 곡식의 상경을 막는 지방의 방곡조치에 대해서도 해제하도록 하는 방곡금지령을 내렸다.[102]

　1731년 10월 5일에는 진휼청과 호조의 〔주전절목〕이 발표되었다. 賑恤廳節目의 내용은 화폐공급에 따르는 폐단을 미연에 방지하기 위한 조치들을 밝히고 있고 戶曹節目에서는 화폐공급에 따르는 물가통제의 조치가 명시되어 있다.[103] 이 節目은 1678(숙종 4)년 윤 3월에 제정된 行錢節目에 명시되었던 銀 1兩＝銅錢 400文＝米 10斗의 공식 換算比率[104]이 변경되어

102) 『英祖實錄』 30, 英祖 7年 10月 8日; 備邊司啓言, 置平市署, 乃所以準物價, 適輕重, 而自鑄錢命下, 畜米牟利者, 欲乘時低昂, 托以錢賤米貴, 刁騰無節. 稍加裁定然後, 民不受弊. 今以錢一緡之値, 代以三斗米, 雖隨時升降, 少不下二斗五升. 限明年麥秋, 違者刑配. 又啓言, 荒年酒禁, 不可廢也, 亦不可太急也. 除喪祭婚賓之用, 限以一月, 先賣其已釀者, 禁其更釀, 使爲瞻穀之道. 又請, 勿禁貿置私庄穀之船運上京者, 以除都下穀貴之弊. 又飭諸道, 禁流冘之出境者.

103) 『備邊司謄錄』 90, 英祖 7年 10月 5日; 賑恤廳 鑄錢節目.
1. 鑄錢處所, 以本廳及本廳屬別倉, 分設二所事.
1. 開鑄之後, 種種奸弊, 不可無洞察嚴防之道, 捕盜軍官一人, 軍士一名, 長時待令於兩所之意, 分付兩捕廳事.
1. 匠人輩挾鑄之弊, 不可不各別嚴禁, 挾鑄現發者, 物件屬公後, 重者一依私鑄律定罪, 輕者差等重勘, 門直役軍之符同者, 捕廳校卒之故繼者, 一體分等勘處, 執捉發告者, 從優施賞之意, 定式施行事.
1. 鑄錢時使役工匠, 勿論諸上司各軍門所屬, 直爲捉來赴役事.
1. 鑄錢始役後, 新鑄之錢, 姑勿行用, 待畢鑄後, 稟定行用, 以防私鑄挾鑄之弊, 亦令三司, 間間出禁, 如有見捉者, 則依法勘罪事.
1. 未盡條件追後磨練事.
　　　　戶曹鑄錢節目
1. 鑄錢處所, 設於分戶曹別工作爲白齊.
1. 鑄錢限以參拾爐, 一時董役, 俾無待曠之弊爲白齊.
1. 錢文加鑄之後, 物價或不無騰踊之弊, 其中銀錢, 想必尤甚, 本曹已有行用定式, 若不嚴立科條, 一定其價, 則隨意操縱之弊, 有不可勝言, 毋論京外官府市場, 公私出入, 丁銀一兩, 代錢文二兩式, 依定式行用爲白乎矣. 如有潛自低仰者, 隨其現發, 物件屬公, 官吏立啓論罪, 小民刑推定配爲白乎. 至於米穀設置, 亦不無參酌定式, 以防其操縱之弊, 宜令廟堂, 採取物情, 參酌定式, 頒布遵行爲白齊.

銀 1兩＝銅錢 200文＝米 6斗로 바뀐 것을 명시하고 있다.

節目에 제시된 換算比率의 轉換은 동전가치의 상승과 은화가치의 하락을 가리킨다. 따라서 이 시기 화폐공급은 錢荒現狀을 해소한 것이라기보다는 실제상황을 반영한 것이라고 볼 수 있다. 결국 1731년 화폐공급은 미가상승 요인으로 작용하기보다는 안정요인으로 작용하지 않았나 생각된다.

鑄錢節目의 기본 내용도 平準 騰落幅을 錢 一兩＝米 3斗－2斗半(米 1石 ＝5兩－6兩, 1斗＝3錢3分－4錢 租 1石＝2.67兩－3.2兩)으로 公示하고 있는데 이것으로 미가안정을 도모한 것을 알 수 있다.

이상으로 1731년 鑄錢背景을 살펴본 결과 그야말로 우여곡절 끝에 이루어진 鑄錢이라는 사실을 알 수 있다. 1731년 鑄錢을 전후한 기간동안(1727 -1734)의 미가변동을 보면 대단히 큰 폭으로 움직이고 있었다. 1725-1729년 동안 변동계수는 0.7639로서 19세기 1815-1819년의 변동계수 0.806510 다음으로 큰 수치를 나타내고 있다. 1730-1734년 기간도 0.512264로 마찬가지로 큰 변동폭을 나타내고 있다.

30년 만에 재개된 1731년의 주전이 당시 미가에 어떠한 영향을 주었는지 확실하지 않다. 왜냐하면 이 시기에 국가는 여러 정책을 함께 시행했기 때문이다.[105] 화폐발행은 적절한 시기에 실시되지 못하고 지연되었다. 따라서 이 시기 미가상승의 원인은 흉년이지 화폐발행은 아니다. 또한 화폐발행으로 미가의 불규칙변동이 완화되었다고 보기 어렵다. 다만 이 시기를 거치면서 국가는 이전까지 논의 수준에 머물던 미가안정의 구체적인 정책을 실제로 실행하게 되고 이 정책들의 효과는 그 뒤에 나타났다고 볼 수 있다. 1727-1734년 기간 극심한 흉년이 연속됨에 따라 미가가 대단히 불안정하였으나 이후 약 20년 동안은 미가가 가장 안정되었다는 점에서 입증된다고 볼 수 있다.

104) 『備邊司謄錄』 34, 肅宗 4年 閏3月 24日；就考大明律所定之值, 參以松都卽今行用之規, 每肆百文准銀一兩四十文准銀一錢, 四文准銀一分爲白乎矣. 米價則自有豊凶高下之不同, 雖不可一定恒式, 姑從卽今市値, 每四百文准米十斗.

105) 이 무렵 국가는 흉년지역 농민들의 생계 안정을 위해 다른 지역에 곡식이동의 행정명령을 하달하기도 하고, 공명첩을 발행하여 흉년지역 부민들의 투기적 곡물저장을 제한하기도 하고, 도량형의 통일을 강화하기도 하였다.

나. 1742년 관북 대기근과 화폐공급

1731년 鑄錢以後 1742년 鑄錢까지 추가된 화폐공급은 없었다. 다만 關西 錢을 서울의 貢人들에게 分給한 것이 전부이다. 이 시기의 미가는 1734년 수확이 풍년으로 판명되고 나서부터 진정되었는데, 이후 미가 추이를 보면 1735-39년 벼 1석당 1냥9푼대로 하락하다가 1740-44년 1냥2전3푼으로 조금 상승하고, 1745-49년에 다시 1냥3전4푼대에서 1750-54년의 1냥4전6푼대에 이르기까지 소폭의 상승을 유지한다.

이러한 미가 수준으로도 나타나듯이 이 시기의 "錢荒＝米賤錢貴"의 사회 문제는 여전히 해결되지 않은 상태였다. 이에 비변사에서는 1740년 12·9 일 戶曹判書 金始炯의 주도로 生銅의 개발에 관해서 논의하게 되었다. 김 시형은 戶曹에서 강원도 영월의 풍성한 동맥을 개발하고 있으며 이 원료를 사용하여 좋은 제품을 생산하는 데 성공하였다고 보고하면서 광맥의 적극 적인 개발을 주장하였다. 이에 영조는 외국의 광산 채굴의 염려가 있다는 이유로 소극적인 태도를 보였다.[106] 김시형은 화폐의 유통을 역설하고 영

---

106) 좌의정 송인명은 동이 나는 것을 버려둘 수는 없으니 적극적인 개발보다는 사사로운 채취만을 막는 것이 좋겠다는 의견을 내세웠다. 우의정 조현명은 먼 일본에서 무역해서 쓰는 것보다는 낫다는 의견을 내었다. 영의정 김재로는 지 금까지 은과 동의 점을 설치하는 것을 금지해 왔으나 개발된 동광이 풍성하 고 동은 은과 다르며 또한 깊은 산중에 위치하여 직로에 있는 경우와 달라 왕이 염려하는 바가 없으니 개발을 허락해야 한다고 주장하였다. 훈련도감 구 성임은 수안에도 동광이 있었는데 고정주라는 명인이 채납한 동품은 품질이 아주 좋아 비변사에 점의 설치를 올렸으나 비변사에서 점을 모두 혁파한다고 해서 중지한 적이 있다고 보고하였다. 예조판서 권적은 자신이 곡산에 부임하 였을 때 보았던 은점의 폐단을 들어 점의 설치를 반대하고 국가가 봉산조치 를 취하여 필요할 때마다 채취하여 쓰는 것이 좋다는 의견을 내었다. 교리 이 창선은 점의 설치는 단연코 허락해서는 안 된다고 주장하였다. 『備邊司謄錄』 107, 英祖 16年 12月 9日；戶曹判書金始炯啓, 生銅非我國所産, 故凡公私之用, 遠貿於倭國, 每患苟簡矣. 向者江原監司, 以寧越地所産銅鐵, 上送備局, 故自本曹 試令鑄器, 則無缺造成, 品亦精好, 實爲多幸. 盖生銅取用之法, 添入鑐鑛, 則爲鑐 鐵, 添入常鑛, 則爲鑄鐵添入含錫, 則爲豆錫. 生銅一物, 鎔鑄器用, 其路甚廣. 今 此銅脈, 若其豊盛, 則有用之物, 空棄可惜, 發遣本司郎廳, 爲先摘奸似好. 左議政 宋曰, 産銅則空棄可惜,雖不設店, 姑以地部銅山散封値, 嚴禁私採. 右議政趙曰, 似是空閑之地, 許之無妨矣.

월과 수안이 품질이 좋을 뿐만 아니라 동의 제련에 필요한 연료로서 박달나무가 동광 주위의 산에서 자라고 있는 점을 들면서 천연의 동광인 점을 다시 한번 강조 하였다.[107]

이러한 분분한 논쟁속에 1741년은 한전 지대에 흉년이 닥쳐 관서지방과 관북지방의 기근이 심하였다. 관서지방은 역질이 돌아 3,700명이 사망하고 호남지방은 큰 홍수로 인하여 778호가 물에 떠내려갔다.[108] 이러한 상황에서 북도의 기근을 해소하기 위하여 영남의 곡식 40,000석을 진휼미로 운반하는 문제가 논의되었다. 이해의 진휼미는 모두 250,000석이 조달되었다. 진휼을 위한 공명첩은 1첩당 100석씩(미 40석) 발행되었다. 호조를 중심으로 주전 원료의 자급노력 가운데 진휼정책이 실시되면서 현물 중심의 진휼미 이동이 가질 수밖에 없는 운송문제로 1742년 1월 12일 화폐공급이 다시 논의되었다.

이날 영의정 김재로는 함경감사와 함경어사의 화폐공급을 요청하는 장계를 가지고 논의를 주도하였다. 김재로는 화폐공급이야말로 함경지방의 구황에 최선의 방법이라고 역설하면서 함흥과 덕원 등지에서 주전하는 즉시 통용시키면 전국의 米商들이 모여들어 곡식과 바꿀 수 있다고 보았다. 趙顯命과 宋寅明은 북쪽 변방이라는 지역적 한계를 들어 주전의 일에 반대하였으나 결국 1742년 1월 15일에 함경도 지방의 화폐공급이 결정되어 절목이 발표 된다. 그 내용은 다음과 같다.

1. 변방지역의 행화는 원래 금지해 왔다. 그러나 불행히도 함경지방이
   흉년이 계속 겹쳐 수만 명의 목숨이 끊길 지경이다. 지금 급히 주전하여
   먼 곳의 곡식을 모아 쓰지 않을 수 없다. 다른 방법이 없다. 1. 함흥은

---

107) 『備邊司謄錄』 108, 英祖 17年 2月 16日: 戶曹判書金始炯啓, 向來以寧越逶安銅
    脈產出處, 發見本曹郞廳摘奸事陳達蒙允矣. 寧越下去郞廳未及還來逶, 安摘奸郞
    廳綾已復命, 而若干銅鐵, 吹鍊以來, 故觀其銅品, 無異孰銅, 且聞其產銅之山, 乃
    產眞山, 而東西三十里, 南北十五里也. 鍊銅之際, 非朴達炭, 則不成, 而滿山皆是
    朴達木云, 此亦異事矣. 地部經用, 每年貿取於倭館, 故常患苟簡, 今幸得此銅山,
    取當卽爲設店.
108) 『英祖實錄』 54, 英祖 17年 7月 13日.

118

지리적으로 동서의 각 읍과 불과 수일 내에 닿을 수 있는 곳이
위치하였으니 함흥에서 주전한다. 1. 전문 1문에 흑골(正鍊하지 않은
것)로 들어가는 것이 생동2전1푼3리3호3사2홀 합 무게 2전5푼3리3호
3사2홀 내에서 약 3푼3리3호3사2홀을 제하면 실 무게는 흑골2전2푼3이고
정련한 백골은 2전이다. 만약 원료에 여유가 있으면 푼수를 늘릴 수 있다.
이 무게 이하로 주전할 경우 국가의 체모에 큰 상처가 오므로 각별히
주의한다. 1. 주전이 시작되면 각 도의 무뢰배들이 몰리게 되니 파산한
호의 출입을 통제한다.109)

1742년 1월 15일 함경도 화폐공급은 여러 가지 의미가 있다. 하나는 화
폐사용 제한 지역임에도 불구하고 주전이 시행된 것인데 이것은 흉년에 따
른 위기를 화폐의 유통으로 극복하였다는 점에서 의미가 있다. 1729년 관
북 기근대책에서 보았듯이 함경도 주전은 1729년 관북 기근대책으로 논의
되던 방안 중 가장 합리적이 진휼방안이었다. 이 방안이 1740년대 기근대
책으로 다시 대두된 것이고 이해의 기근의 정도가 워낙 심각하여 채택되지
않을 수 없었던 것이다. 또 하나는 주전된 동전의 무게를 규정하여 화폐발
행에 있어서 국가의 위신을 엄히 지키려고 노력한 점을 들 수 있다. 마지
막으로 주전원료의 자급노력이 경주된 가운데 실시된 화폐공급이라는 의미
를 둘 수 있다.110) 마지막으로 1742년 8월 23일에는 1727년에 결정되었다

109)『備邊司謄錄』110, 英祖 18年 1月 15日; 咸鏡道鑄錢節目.
  1. 邊地行貨, 國禁旣嚴, 則到今鑄錢, 誠甚重難是白乎矣, 不幸連歲荐凶, 萬命近
  止, 而運穀雖多, 防禁雖弛, 實難以此救得一道, 則勢當乘時通變. …… 今此鑄錢,
  時刻爲急, 故略定節目, 星火下送爲白去乎.
  1. 鑄錢時設爐, 若定多處, 則目前生奸及日後爲弊, 有不可勝言, 咸興非但南關之
  中, 乃是道臣開營之地, 則於此開鑄, 東西各邑道里, 不過數日程, 民人之有鑄器者,
  可以輻輳而鑄之, 咸興一處哛, 定爲鑄錢之所爲白齊.
  1. 錢文一文, 黑骨所入, 生銅二錢一分三厘三毫三絲二忽, 合重二錢五分三厘三毫
  三絲二忽內, 劣三分三厘三毫三絲二忽, 除實黑骨中二錢二分內, 注末二分, 白骨重
  二錢是白置.
  1. 鑄錢之時, 若不嚴法而察奸, 則必以雜鉛, 濫入於鑄時, 而鍮鐵則隨其濫入之分
  數匠手, 隨便偸竊, 潛鑄錢貨, 此是自古通患, 道臣各別深察.
110) 조선사회에서 동전은 법화로서 법전에 무게를 명시하였다. 續大典 國幣用銅錢
  條를 보면 '楮貨更爲常木, 常木又復爲銅錢, 文曰常平通寶, 重二錢五分, 百文爲

가 취소된 각 지방아문의 주조가 결정되었다. 평안감영과 통영은 150,000냥 경상감영은 100,000냥 전라감영은 70,000냥 개성은 30,000냥 등 도합 500,000냥이 배정되었다.111) 1740년대 관북지방 대기근으로 당시까지 금지했던 변방지역의 화폐유통 금지정책이 풀림에 따라 화폐는 전국적으로 통용되었다.

이 시기 지역 간 곡물이동을 보면 嶺南穀 95,000石 浦港米穀 24,000石 등이 배정되어 운반되었으나 운송 도중 다수가 敗船되어 100여 명이 사망하였다. 이에 긴박한 상황이 계속 이어지자 주전 결과를 기다리지 않고 兵曹·戶曹에서 각 2,000냥 선혜청에서 1500냥, 통영·금위영·총융청에서 각 1,000냥, 훈련도감 5,000냥 도합 10,000냥을 조달하여 관북민에게 지급하는 융통성을 보인다.112)

이와 같이 이 시기 국가의 정책은 논의속에 끝나지 않았다. 운송 도중 100여 명의 사망자를 희생하면서 곡식이동을 감행하였고, 오랜 금지책인 관북에서의 화폐유통을 허용하였으며, 화폐가 주전되기까지 임시로 각 군영의 화폐를 조달하여 긴박한 상황을 해결하였다.

결국 1731년과 1742년의 화폐공급의 배경을 비교해 볼 때 양자 모두 기근대책의 일환으로 시행된 공급이나 전자는 논의만 거듭하다가 어쩔 수 없이 행한 화폐공급인 데 반하여 후자는 변방지역의 행화 금지조치까지 풀어

兩, 十兩爲貫, 丁銀一兩代用錢文二兩, 七成爲丁銀, 十成爲天銀, 新舊銀一體行用. 『大典會通』 卷之二, 戶典 國幣 상평통보는 행전 이래 1문=2전5푼으로 통용되어 왔으나 1742년 1월 15일 함경도주전절목에서는 흑골 1문=2전2푼, 백골 1문=2전으로 무게의 하락을 나타내고 있고 다시 순조년에 펴낸 만기요람에 백골 1문=1전2푼으로 하락한 사실이 명시되어 있다. 『萬機要覽』 財用篇 四, 鑄錢式; 新錢一分黑骨所入(未正鍊謂之黑骨)生銅九分七里四戶六絲六忽六微, 咸錫一分八里二戶六絲六忽六微, 常鑞一分八里二戶六絲六忽六微, 合重一錢二分九戶九絲九忽八微, 內劣一分三里九戶九絲九忽八微, 除實白骨重一錢二分(已正鍊謂之白骨). 따라서 1678(숙종 4)년에서 1742(영조 18)년까지 동전 1문=2전5푼을 100으로 잡고 1742(영조 18)년부터 1808(순조 8)년까지 동전 1문=2전80을 Deflator로 삼아 실질 가격을 구할 수 있다.

111) 『備邊司謄錄』 111, 英祖 18年 8月 23日.
112) 「備邊司謄錄」 110, 英祖 18年 3月 4日.

버리면서 행한 화폐공급이라는 차이를 갖는다. 이러한 차이는 미가변동에
도 나타난다. 전자를 전후로 약 10년간은 18세기 중 가장 불안한 시기이나
후자를 전후로 약 10년간은 가장 안정된 시기이다.

다. 1750년대 화폐공급

1750년은 조선 전역에 역질이 돌아 수십만 명의 사망자가 발생한 해이
다. 여기에 흉년까지 겹친 해이다. 이에 대한 대책으로 이해 1750년 5월 24
일에 鑄錢을 의논하게 된다. 이때 화폐공급 논의는 朴文秀(1691-1756)에
의해 주도된다. 박문수는 화폐공급을 주관하는 기관이 호조와 진휼청, 각
군아문으로 각각 분산되어 각처에서 銅을 구할 경우 동의 가격이 급등하는
폐단이 있으므로 鑄錢都監을 설치하여 한 곳에서 주전일을 전담하도록 해
야 한다고 제의하였다. 이에 도감 규모는 너무 기구가 크므로 鑄錢廳을 설
치하기로 하였다.113)

金聖應(1699-1764)도 鑄錢의 效率性을 올리는 방안으로 5부처에서 윤번
제로 5년마다 정기적인 주전을 정하여 5년에 한번씩 통화를 발행하고 각
부처는 25년에 한번씩 주전하는 안을 제시하였다.114)

1750년 전염병에 의한 사망자의 속출과 흉년의 위기를 극복하기 위해 시
작된 주전은 1752년에야 마치게 되었다. 특히 統營의 鑄錢은 節目을 기록
하여 놓았는데, 주전 시 규정된 화폐재료를 사용하지 않는 폐단을 방지하
기 위한 조치가 담겨 있다.

1742(영조 18)년의 함경도 鑄錢節目에 명시된 동전의 무게(1문전＝2전)
보다 가벼워진 흑골 1문전＝1전7푼 백골 1문전＝1전7푼으로 주전할 것을
명시한 것으로 보아 동전의 무게는 점점 가벼워진 것을 알 수 있다. 영조

---

113) 『備邊司謄錄』 121, 英祖 26年 5月 24日 ; 戶曹判書朴文秀啓, 以鑄錢事有所仰達
者矣. 今此鑄錢, 勿論戶曹賑廳各軍門, 若各開鑄, 則各處貿銅之時, 銅價必有刁騰
之弊, 設都監, 同鑄於一處, 則必無慮, 故議于左右相, 則設都監甚當云, 領相則無
妨云, 何以爲之乎. 吏曹判書金尙魯曰, 使戶曹賑廳, 先鑄宜矣. 上曰, 都監則似張
大, 名曰鑄錢廳, 而戶曹賑廳銅鑄, 可也.

114) 『備邊司謄錄』 111, 英祖 27年 2月 23日.

년간 지방관청의 주전은 統營 鑄錢이 마지막이다. 18세기 주전은 統營鑄錢을 고비로 중앙관청으로 집중되었고 특히 정조년간에 주전은 호조로 전일화되어 화폐발행은 중앙권력 고유의 업무로 되었다.[115]

〈표 3-3〉 1750-52년 주전상황

기 관	개시일	완료일	본전(냥)	주전량(냥)
금위영	1751.2.9	1752.6.29	145,000	203,000
훈련도감	1751.2.28	1752.6.29	101,000	164,000
어영청	1751.2.3	1752.6.29	150,000	240,000

【자료】『備邊司謄錄』124. 英祖 28年 5月 29日 7月1日

1757(영조 33)년 摠戎廳 鑄錢은 1752년 주전 후 5년마다 윤번제로 실시하는 계획에 따라 실시되었지만 1756-57(영조 32-33)년 팔도 대기근에 대한 대책의 일환으로도 추진되었다. 1756년 8월에는 嶺南과 關東의 큰 홍수로 물에 빠져 죽은 사람이 수십 수백 명이나 되었다. 전염병과 호환, 그리고 홍수의 피해가 겹친 해였다.[116] 이에 따라 서울은 지방을 떠나 서울로 몰려드는 유민 문제가 심각한 상태였다.[117] 총융청의 주전 용도는 성곽축수 공사 비용으로 지출되었다.[118] 1762(영조 38)년 戶曹의 鑄錢기록은 발견하지 못하였다. 1765(영조 41)년 禁衛營 鑄錢은 1756년 흉년 후 진휼에 거의 소진된 금위영의 경비를 마련하기 위한 주전이었다.[119]

---

115) 統營鑄錢節目: 1. 統營鑄錢初以十五萬兩爲定數, 而前後所鑄, 只是八萬兩是白置, 其餘未準之數, 依所請, 特許加鑄爲白乎矣. 前日所鑄之錢, 麤雜薄劣, 隨手破碎, 雖有鑄錢之名, 元無鑄錢之實, 事之寒心, 外營所鑄尤不可不嚴飭, 一依酌定重數務從敦厚, 內外廊精, 加磨鍊, 以爲永久流行之地爲白齊. 1. 一文錢重數黑骨重十九分, 白骨準十七分爲定, 而勿入雜鐵全以鍮鑞, 生銅等, 精鐵分入鑄成爲白乎矣. 1. 從前鑄錢時, 輕劣薄雜, 專由於工匠等, 挾鑄弄奸之致今番則挾鑄之弊, 嚴加防禁爲白矣.

116) 『英祖實錄』88, 英祖 32年 8月 16日.

117) 『英祖實錄』89, 英祖 33年 2月 11日.

118) 總戎廳鑄錢節目: 1. 漢北門城堞繼築, 及北漢城堞城郭軍器修擧等役, 固不可已者, 而總戎廳旣無生財之路, 朝家又無區劃之物, 則依頃年三軍門例, 許以鑄錢, 取其剩餘, 補用於諸處役事之外, 他無變通之道, 依定奪行用錢爲白矣.

이상으로 日本으로부터 銀과 銅의 流入量이 줄어들기 시작한 18세기에 조선 내에서의 화폐공급의 배경과 그 시행에 대해서 살펴보았다. 대부분 화폐공급의 배경은 공통적으로 흉년에 따르는 흉년대책으로서 시행되었기 때문에 貨幣供給은 단기적으로 볼 때 米價가 급등한 이후에 작용한 事後的인 要因이었다. 따라서 오히려 단기적 미가와 관련해서는 米價安定에 영향을 주었다고 볼 수 있다.

흉년 기간동안 국가의 화폐발행 목적은 화폐발행 그 자체가 아니고, 인민들을 생계위기로부터 구제하는 데 있었다. 당시 국가가 심혈을 기울인 것은 식량부족 지역으로의 穀物輸送120)과 같은 現物移動이었다. 그러나 지역 간 곡물수송은 국가의 행정명령만으로는 잘 진행되지 않았다. 이에 국가는 어쩔 수 없이 화폐발행을 통하여 진휼정책을 수립하게 된 것이다. 진휼정책으로 화폐를 발행하기까지 조정 대신들의 반발이 있었다. 英祖도 임금의 위치에서 화폐발행에 반대하였다. 그러나 흉년의 긴박성과 현물 운송체계의 비효율성이 맞물려 화폐발행과 시장기구를 통한 진휼대책이 점차힘을 더해가게 되었다.

1731-33년 삼남지방 흉년의 긴박성은 1726-1730년까지 화폐발행 여부를 놓고 논의만 거듭되던 상황에 종지부를 찍고 1697(숙종 23)년 이후 30년만에 비로소 화폐발행을 재개되도록 하였다.

1742년의 주전은 1741년 함경도 지방의 대기근에 대한 대책으로 三南地方의 곡식을 원활히 유통시키기 위한 화폐공급이었다. 1740년대 초 관북지방 대기근의 긴박성은 종전까지 금지되던 변방지방의 화폐금지를 풀어버렸다. 또한 이 주전은 이전까지 법화로서 상평통보의 기준 함량이었던 1문=2전5푼이 아닌 1문=2전의 함량의 화폐가 공급된 것이 특징이다.

1750-52(영조 26-28)년의 주전은 1750년 발생한 전국적인 전염병과 흉년

---

119) 『備邊司謄錄』 147, 英祖 41年 5月 10日 ; 嶺議政所啓, 禁營所鑄之錢, 該大將先計其剩, 至爲十萬三千兩云, 蓋此新鑄全爲壬午大歉後, 各處軍餉取用代報給, 與經費衙門之從便顧恤也.

120) 이에 대해서는 제4장에서 구체적으로 고찰한다.

에 대한 진휼정책으로서 실시된 화폐공급이었다. 1752년 통영의 주전절목
에서 확인할 수 있는 것은 상평통보의 기준함량이 흑골 1문전=1전7푼, 백
골 1문전=1전7푼으로 주전한 것이다.

　결론적으로 볼 때 18세기 영조년간 주요 위기는 1731(영조 3)년의 삼남
지방 대기근과 1741(영조 17)년의 관북대기근 그리고 1757(영조 33)년 팔
도 대기근으로 대표된다. 이러한 천연재해 발생과 화폐발행을 비교하여 보
면 시점에서 정확히 일치한다. 따라서 이 시기 화폐발행으로 미가가 상승
하였다고 보기 힘들다. 다만 앞서 단기 미가 불규칙변동의 검토에서 보았
듯이 1734-1754년 기간은 1725-1875년 기간 중 비교적 미가가 안정된 시기
이다. 이 기간 미가 변동계수를 보면 높을 때가 0.2758이고 낮을 때가
0.1387이다. 또한 이 기간 미가변동은 하락에서 상승으로 변화하는 저점을
형성하는 시기이다. 1735-1739년 벼 1석당 평균 1냥9푼대를 저점으로 분석
기간 중 가장 낮은 미가를 기록한 시기이다. 1740-1744년은 이보다 약간
상승한 수준인 평균 1냥2전3푼 정도였다. 1745-1749년이나 1750-1754년도
마찬가지로 평균 1냥5전을 넘지 못한 상태였다.

　이상 18세기 화폐공급의 시대적 배경과 미가변동 추이를 살펴보았을 때
화폐공급 그 자체를 무매개적으로 長短期 米價上昇의 주요 요인으로 보는
것은 무리라고 생각된다. 이 시기 短期 米價上昇은 화폐의 공급으로 발생
한 것이 아니고 흉년으로 발생한 것이다. 또한 中長期的으로 미가가 완만
한 상승의 추세로 나타난 것도 名目的인 화폐요인의 작용이라기보다는 앞
서 살펴보았던 인구증가와 같은 實物的인 요인에 기인한다고 보는 것이 좀
더 설득력이 있다고 생각한다. 이러한 판단의 근거는 鑄錢량 累計値와 米
價變動을 비교해 보면 더욱 명확해진다.

(3) 18-19世紀 貨幣 供給量 推計와 米價變動

　18세기에 이어 19세기에도 화폐공급량이 확대되고 이러한 확대추세와 물

가상승은 일정한 연관이 있다는 것이 지금까지의 이해 수준이다.[121) 18세기 상황에 대해서는 앞서 살펴본 대로 시대적 배경과 발행시기만을 놓고 상승요인으로 작용하기보다는 안정요인으로 작용했다고 판단하였다.

그러나 화폐공급이 특수한 배경과 시기에 진행되었다 할지라도 그 영향은 변동의 안정 여부가 아니라 수준 여부를 중심에 놓고 살펴볼 필요가 있다. 이를 위해서는 매 鑄錢時期마다 鑄錢量을 파악해야 하는데 애매한 것은 동 시대 화폐공급은 언제 어느 지역에서 얼마만큼의 화폐가 공급되었는지는 정확히 알 수 없다는 것이다.

18세기 화폐공급량이 구체적 숫자로 제시된 것은 1742년 鑄錢에서이다. 1742년 8월 23일에는 1727년에 결정되었다가 취소된 각 地方衙門의 鑄造가 결정되었다. 평안감영과 통영은 150,000냥 경상감영은 100,000냥 전라감영은 70,000냥 개성은 30,000냥 등 도합 500,000냥이 배정되었다.[122) 이후 다시 1752년에 禁衛營과 訓練都監 등 중앙 관청에서 鑄錢이 진행되었다.〈표 3-3〉에도 제시되어 있듯이 1752의 鑄錢은 鑄錢에 투입한 經費와 鑄造總額, 그리고 鑄造利益을 파악할 수 있는 구체적인 수치가 기재되어 있다. 구체적인 주조 수치가 기록된 것인 1752년의 주전이 유일하다. 이후 1765년에 禁衛營에서 鑄錢利益을 103,000兩으로 계획하고 있다는 기록이 있다.[123)

正祖代에 들어와서 鑄錢은 매년 5-60,00兩을 鑄錢하는 年例鑄錢制가 실시되었다. 이러한 기록을 모두 고려한 元裕漢(1975) 교수의 연구에 의하면 18세기 화폐공급은 1731(영조 7)년에서 1799(정조 23)년까지 총 3,221,000兩이다.[124)

---

121) 『備邊司謄錄』의 미가기록을 가지고 1678-1800년간 米價變動을 연구한 李憲昶 교수에 의하면 1731-1800년간 常平通寶가 꾸준히 鑄錢되고 米價는 上昇趨勢를 나타내어 兩者의 연관이 확인된다고 보았다. 이어 19세기 미가상승이 18세기보다 빠른 주된 이유를 통화량이 보다 빠르게 증가하였기 때문으로 보고 있다. 李憲昶,「肅宗－正祖朝(1678-1800) 米價의 變動」, 經濟史學 21, 1996.

122) 『備邊司謄錄』 111, 英祖 18年 8月 23日.

123) 『備邊司謄錄』 147, 英祖 41年 5月 10日: "禁衛營所鑄之錢, 亥大將先計其剩, 至爲十萬三千兩云"이 기록을 가지고 元裕漢 교수는 1752년 鑄造額과 鑄造利益의 비율을 적용하여 330,000兩이 鑄造되었다고 推算하고 있다. 元裕漢(1975), 105쪽.

19세기는 18세기에 비해 鑄錢事業이 문란해 진 것으로 사료된다. 18세기에는 1752년 統營의 鑄錢을 마지막으로 地方鑄錢에서 中央鑄錢으로 一元化되었고, 正祖代에 와서 중앙 주전도 戶曹專擔의 年例鑄錢制로 집중화되었다. 이와 반면 19세기는 1806년 宣惠廳 鑄錢을 계기로 戶曹專擔의 鑄錢原則은 무너졌으며,125) 1816년 開城의 鑄錢을 계기로 中央 鑄錢 원칙도 무너졌다.126)

19세기 주전사업의 문란은 관리체계의 多元化에 그치는 것이 아니라 國家 管理 主管의 원칙도 무너져 民間人에 의한 都給鑄錢으로 전환되는 데까지 이른 경향을 말한다.127) 화폐주조의 民間都給制는 1850년 江原監司 李謙在가 道內 富民들에게 銅錢鑄造를 허가하고 그들로부터 감영에 필요한 경비를 조달할 수 있도록 중앙에 건의한 것에서 비롯하여 1850-60년대 성행한 것으로 이해된다.128) 이상 1806-1857년 약 50년 동안 중앙관청과 지방 관청의 鑄錢總額은 5,000,000兩으로 추산된다.

〈표 3-4〉19世紀 前半期 鑄錢機關과 鑄錢量

년 도	주 전 상 황
1806-07(순조 6-7)	命地部惠廳輪回鑄錢－30만 냥 주조
1813-14(순조 13-14)	命咸鏡道鑄錢－6만5천 냥 호조 선혜청 32만6천 냥 주조
1816-(순조 16)	許施開城府鑄錢－10만 냥
1825-(순조 25)	鑄錢所 以鑄錢畢役啓－36만7천 냥
1828-29(순조 28-29)	令訓局惠廳鑄錢合設－73만3천 냥 平字改號新鑄錢
1834-(순조 34)	命北關設鑄錢－北關則銅鉛素稱土産且無運載之勞.
1836-(헌종 2)	命廣州府鑄錢－?
1852-55(철종 3-6)	命戶曹鑄錢明年畢鑄－157만1천 냥

【자료】『增補文獻備考』中 財用考 6, 韓國學振興院, 1987.

124) 元裕漢, 『朝鮮後期貨幣史研究』, 韓國研究院, 1975, 103-105쪽.
125) 『日省錄』, 純祖 6年 10月 5日.
126) 『日省錄』, 純祖 16年 4月 7日.
127) 元裕漢(1975), 107쪽.
128) 『日省錄』, 高宗 11年 1月 13日: 甲子以前, 許令富民, 私備物力, 設爐鑄錢, 而納稅於官, 諺稱公私兩利, 而濫惡之錢, 遍滿國中.

〈그림 3-5〉 18-19世紀 鑄錢量 累計値와 米價變動과의 관계

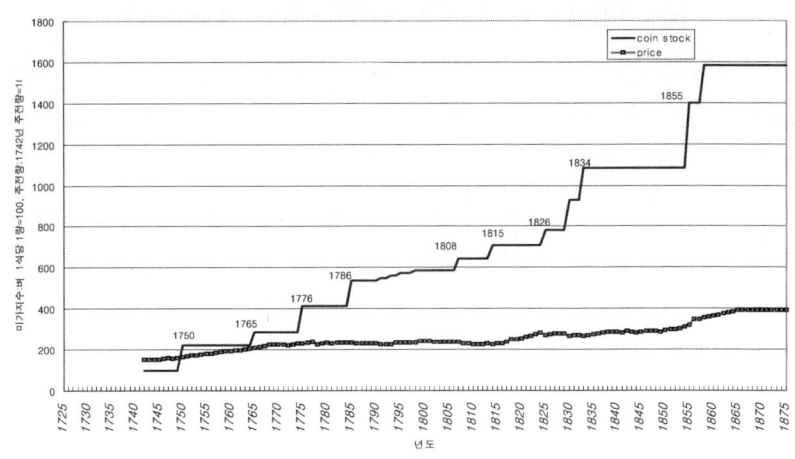

〈그림 3-5〉는 1731-1875년까지 鑄錢累計値와 미가의 31개년 이동평균값을 비교해 본 것이다. 〈그림 3-5〉에서 나타나듯이 중단기적으로 서로 같은 방향의 조응관계로 나타난 시기는 1765-1776, 1815-1826년, 1855-1865년이다. 중장기적으로 볼 때에는 1820년 이후 주전량은 약 2.5배 증가하고 미가는 약 1.5배 상승하여 양자의 조응관계를 알 수 있다. 이와 반면 1765-1820년 기간동안 주전량은 약 3-4배 상승하였으나 미가는 거의 상승하지 않은 것이 두드러진다.

〈그림 3-5〉는 1731년 주전이 재개된 이래 1820년대까지 화폐적 요인이 작용하여 미가가 변동하였다고 보기 어려운 점을 역력히 보여주고 있다. 특히 19세기 초의 미가변동과 화폐공급량과의 관계에 주목할 필요가 있다. 이 시기 인구는 무려 450만이 감소한 시기이다. 이 사실은 미가에도 반영되어 미가도 감소로 나타나고 있다. 반면 鑄錢量을 보면 18세기 후반 正祖의 鑄錢年例制에 따른 매년 50,000-60,000냥의 鑄錢과 달리 약 40만 냥이 鑄錢된 시기이다. 또한 국가의 財政支出 중 錢貨의 支出을 보면 1808-1809년에 약 9백 20만 냥을 지출하였고 1814-1815년 약 140만 냥을 지출한 것으로 나타나는데 이 支出量은 18세기 후반의 30-40만 냥대에 비해 약 30배 가량 늘어난 지출이다.[129) 이와 같이 이 시기 錢貨支出이 팽창되었어도 미

가는 18세기 후반에 비해 증가했다고 보기 힘들다.

따라서 화폐적 요인과 미가상승과의 관계는 19세기 중후반 이후에 뚜렷한 조응관계를 찾을 수 있고 그 이전 기간에 대해 조응관계를 찾을 수 없다고 본다. 이것은 인구와 미가와의 관계에서 나타난 것과 정반대되는 결과이다. 앞서 살펴본 대로 인구증감과 미가변동과의 관계는 19세기보다 18세기에 보다 명확한 조응관계로 나타났다. 반면 화폐와의 조응관계는 19세기에 보다 명확한 관계로 나타난다. 여기서 조심스럽게 내릴 수 있는 결론은 비교적 완만히 상승한 18세기 미가상승은 인구요인의 작용에 기인하고 급격히 상승한 19세기 중후반은 화폐적 요인의 작용에 기인한다는 것이다. 이것을 좀 더 유추한다면 18세기 완만한 미가상승은 경제적 성장의 반영이고 19세기 미가상승은 경제적 위기의 반영이라고 진단할 수 있다. 이것은 아직 명확한 것은 아니지만 일부 사학계에서 제시하고 있는 18세기와 19세기의 서로 다른 상과도 일치하는 결과이다. 18세기 영조 후반에서 정조 대까지의 경제적 안정과 문화번영은 동 시대 견실한 경제성장을 상징한다고 보며 이 시기의 미가상승은 그러한 성장의 반영으로 볼 수 있다. 반면 19세기 위기 증후군은 동 시대 미가상승을 곧 경제성장으로 보기 어렵게 한다. 19세기 미가상승이 성장의 반영이 아닌 위기의 반영이라는 판단은 좀 더 제반 분야의 구체적인 연구성과를 검토하고 난 후에 내릴 결론이다.

3. 氣候變動과 米價變動과의 관계

(1) 18-19세기 降雨量變動

지금까지 人口와 鑄錢量을 米價變動과 연계시켜 그 상관관계를 관찰하여

---

129) 『度支田賦考』, 賦摠 用下.

보았다. 이 두 요인 이외에 前近代社會의 米價變動은 氣候條件, 穀食貯藏, 投機的인 去來, 國家政策 등에 의해서도 영향을 받을 수 있다. 이 중에서 수확량은 가장 큰 영향을 주는 요인으로 볼 수 있다. 수확량은 기후조건에 큰 영향을 받는다. 따라서 氣候變動은 인구와 화폐요인 못지않게 중요한 변동요인이다.

工業化 以前 서구세계의 기후는 중세에 짧은 溫暖期가 있었고, 이 온난기 이후로 점차 한랭해져서 이른바 '小氷期(The little ice age)'가 진행된 것으로 알려져 있다. 지금까지 한국의 기후사 연구도 서구의 '소빙기(The little ice Age)' 현상 연구결과를 중심에 놓고 진행되어 왔다. 그중 『朝鮮王朝實錄』의 天變災異現象기록을 중심으로 조선의 16-17세기를 소빙기로 보는 주장과[130] 『增補文獻備考』 象緯考의 物異기록을 중심으로 19세기까지 확대하여 보는 주장[131]이 있다.

기후사 연구는 작황과 인구변동 그리고 물가와 기후변동과의 상관관계를 밝히는 것이 주요 목표이나 한국의 기후사 연구는 서구 소빙기 이론이 한국에도 적용되는가 아닌가를 놓고 진행된 느낌이다.

이와 반면 최근 발표된 이호철·박근필의 '19세기 초의 기후변동과 농업위기'[132]라는 연구논문은 기존 기후사 연구의 한계를 벗어나, 사회경제사적 의의를 한층 제고시킨 논문이다. 그러나 이 연구도 기후 변화를 주요 경제 변수와 연계시켜 그 상관관계를 밝힌 연구는 아니고, 다만 19세기 초의 농업위기라는 현상의 주요 원인으로 기상악화를 들고 있는 수준에 그친 연구이다. 즉 작황변동과 미가변동의 시계열 제시가 결여된 채 현상적으로 농업위기 상황과 기상이변 상황을 나열한 것에 머물고 있다.

여기서 우리의 기후사 연구도 기후변동과 경제 현상과의 관계를 올바르

---

130) 李泰鎭, 「小氷期」(1500-1750) 천변재이 연구와 《朝鮮王朝實錄》, 『歷史學報』 149, 1996. 1.
131) 金蓮玉, 「韓國의 小氷期」, 『地理學과 地理教育』 14, 1984. 『한국의 기후와 문화』, 이화여자대학교 출판부, 1985.
132) 이호철·박근필, 「19세기 초의 기후변동과 농업위기」, 朝鮮時代史學會 第1回 學術會議, 1996.

게 연계시킬 필요가 있다. 그 연계고리의 중심은 穀物價格과 作況量이 되어야 한다. 즉 供給要因으로서 氣象惡化에 따르는 농업생산물 감소와 미가 상승과의 연관을 구체적으로 살펴볼 필요가 있는 것이다.

주지하듯이 조선에서 한 해 벼농사의 성공 여부의 일차 관문은 음력 4-5월달에 移秧을 무사히 마칠 수 있는가에 달려 있는데, 이 移秧에 절대 필요한 것이 적절한 강우량이다. 따라서 기상이변에 따른 수확량 변동과 곡물가격 변동과의 관계를 추적할 때 기상이변은 강우량의 변동을 말한다.

반면 유럽에서 수확량 변동과 곡물가격 변동을 가져오는 기상이변의 변수는 온도이다. 태양흑점활동의 변화라든지, 수령이 오래된 나무의 나이테의 반지름의 변화를 측정하는 것은 온도 변화를 파악하기 위함이다.[133] 강우량과 관련된 것으로 브로델은 온대지방인 서구 유럽에서 밀의 收穫量은 여름철 降雨量과는 반비례관계이며 봄철 日照量과는 정비례관계에 있다고 보았다.[134] 그러나 같은 온대지방이라도 밀이 아니라 벼가 주요 작물인 중국이나 조선과 같은 곳은 이와 반대이다. 이앙기(음력 4-6월)의 降雨量에 정비례하고 수확기의 日照量에 정비례한다.

농업을 기본 산업으로 삼은 조선사회는 건국 초기부터 국가 차원의 기후 변화를 관측하여왔다. 이 중 주력을 기울인 기후변화는 降雨量 변화이다. 국가가 降雨量 측정에 심혈을 기울인 이유는 당시 降雨量 관측은 조세량을 비롯하여 농민정책을 수립하는 데 가장 필수적인 자료였기 때문이다.

다음은 各司의 지방관들이 중앙에 올린 보고서(錦營啓錄) 중 하나의 예로서 忠淸道 觀察使의 降雨量에 관한 보고문이다.

---

133) Patrick R. Galloway, "Long-term Fluctuations in Climate and Population in the Preindustrial Era" population and Development Review, 12, 1(March 1986).

134) F. Braudel, "The Structures of Everyday Life" vol. 1, Climatic Rhythms, p.49.

公州 등 17읍의 降雨量

1836년 3월 2일

지난달 29일 정오(午時)쯤에 비로소 비가 오기 시작하여 다음날 묘시(卯時)에 측우기(測雨器) 수심을 제어 보니 4촌 1분이었다는 것에 대해서는 이미 보고를 한 상태다. 30일 묘시(卯時) 이후 간혹 이슬비가 적시기도 하고 계속해서 구름이 끼여 있다가 이달 1일 오전 9시부터 11시까지인 사시(巳時)에 날씨가 개었다. 신(臣)이 측우기(測雨器) 수심을 재어보니 또 5분(分)이어서 전후의 것을 모두 합하면 4촌 6분이 된다. 계속해서 각 읍(邑)에 보고한 것을 접해보니 그날의 비로 공주(公州)는 세 번 쟁기질을 할 수 있을 정도의 비를 얻었고, 천안(天安), 아산(牙山), 직산(稷山), 석성(石城), 홍산(鴻山), 보령(保寧), 정산(定山), 청양(靑陽), 대흥(大興), 덕산(德山), 충주(忠州), 문의(文義) 등 12읍은 두 번 쟁기질을 할 수 있을 정도의 비가 내렸다. 청주(淸州), 전의(全義), 진잠(鎭岑), 청산(靑山) 등 4읍은 쟁기질 한 번 할 수 있을 정도의 비를 얻었다고 한다. 아직 보고를 하지 않은 읍(邑)의 상황에 대해서는 보고가 오는 것을 기다렸다가 차례대로 살펴 보고를 하겠다.

위와 같은 형식의 보고는 전국 팔도의 지방감사가 중앙에 올리는 일상적인 보고이다. 〈표 3-5〉는 1836년 忠淸道 篇 「各司謄錄」의 보고문 내용을 분류해본 것이다. 분류해본 결과 降雨量 조사를 기본으로 한 농사상황 보고문이 가장 많았다. 이해 1년간 지방감사가 중앙 정부에 올린 보고문은 총 76건이다. 이 중 降雨量 측정과 관련된 보고가 총 23건이다. 이 중 1-6월 보고서 건수 47건 가운데 降雨量 보고가 23건으로 일년 전체 보고서의 30% 이상이며, 1-6월 수확 이전 시기의 보고서의 49%를 차지한다. 즉 降雨量 보고는 중앙과 지방의 행정정보 교류의 가장 중요한 사항이었다.

지방관의 降雨量 보고서는 그해 농사상황을 판단하는 기본 근거였다. 이들은 매년 수확 후에는 작황상황 보고서를 올리면서 그해 조세량과 면세량 등을 조정 받았는데, 그 조정과정에서 降雨量 보고서가 조정의 근거로 되었다.

〈표 3-5〉 지방관의 중앙에 대한 보고 내용 사례 1836년

年月日	報告 內容 槪要
1836.02.15	관찰사 병부의 인계인수
.02.19	친족상피를 요구함
.02.20	도내 降雨量 및 농사상황*
.02.23	영동현 죄인 압송 보고가 늦은 죄상처리
.02.30	환곡을 세곡선가로 전용한 폐단
.02.30	도내 농사상황 및 降雨量*
.03.02	公州 등 17읍의 降雨量*
.03.02	左右道 순찰출발에 대한 보고
.03.09	도내 降雨量 및 농사상황*
.03.09	將帥 李敏坤을 노후로 파직 처리함(3.9)
.03.11	순찰 후 歸營에 대한 보고(3.11)
.03.26	예의에 벗어난 목천 군수를 파직 처리함(3.26)
.04.09	감영에 단비가 내림*
.04.10	공주 등 14읍 降雨量 상황(4.10)*
.04.12	은진 등 31읍의 降雨量 및 농사상황(4.12)*
.04.16	홍주 환곡 허유의 폐단 및 개혁방안(4.16)
.04.18	군산창 조운선과 김제군 대동선의 파산경위
.04.25	군산창 조운선과 김제군 대동선 인양후 선적진위 조사
.04.25	무장과 부안 전세선 파산경위 및 인양작업
.05.06	파산한 군산창 조운선의 선원과 호송관리의 인적사항
.05.06	김제군 대동선의 선적 내용, 선원인적상황 및 파산경위 조사
.05.06	무장, 부안 전세선 파산경위, 선적 내용 및 선원인적 상황
.05.07	충주 등 24읍 降雨量 상황*
.05.09	도내 가뭄피해 상황 및 기우제 상황*
.05.11	공주 등 19읍의 降雨量 및 청주 등 7읍의 기우제 상황*
.05.12	충주 등 11읍의 降雨量 및 보은 등 4읍의 기우제 실행*
.05.14	도내 降雨量 및 기우제 실행상황*
.05.15	도내 降雨量 및 기우제 실행상황*
.05.17	도내 降雨量 및 기우제 실행상황*
.05.19	도내 각 읍의 定配罪人 도착현황
.05.19	도내에 불에 타 죽은 사람과 목말라 죽은 사람의 처리상황
.05.22	경상도 宇字 조운선의 인양작업 및 관리상황
.05.23	宇字 조운선 인양작업 철수에 대해
.05.24	목천 등 10읍의 降雨量 및 서산 등의 기우제 실행*
.05.24	출가한 양반집 여식이 욕을 당해 자살한 사건에 대한 조사
.05.26	祠院(東學사원)의 폐단처리
.05.28	도내 降雨量 상황*
.05.30	도내 降雨量 상황 및 기우제 상황*

年月日	報告 內容 槪要
.05.30	도내 구휼량 증가배당 청구에 대해
.05.30	흥양현 전세선을 파산시킨 죄인들을 원적에서 관리하고 처벌할 것에 대한 요청과 선적한 곡물수량에 대해
.06.03	옛 상관을 犯한 奎欽에 대한 처리
.06.03	도내 降雨量 및 농사상황*
.06.09	도내 降雨量 및 모내기 상황*
.06.11	도내 降雨量 보고*
.05.11	아산현 蒙字조운선 개조문제 논의
.06.21	새로 부임할 충주 목사에 능력있는 자로 할 것을 건의
.06.22	파산한 배를 호송한 관리의 처벌상황
.07.24	도내 농사상황 및 수해상황보고*
.07.08	파산한 배를 호송한 관리에 대한 보고
.07.15	도내 농사상황*
.07.21	회덕 등 도내 각 지방의 降雨量*
.08.07	관찰사 右道 순행출발 보고
.08.14	右道 각 읍의 재해상황 순찰보고
.08.17	조세청 폐단, 조세청정책 폐단시정을 위한 계책건의
.08.19	左道순행을 위한 출발 보고
.08.24	논, 밭의 피해상황 순찰
.09.04	도내 목화와 모시농사가 흉년이므로 군포를 돈으로 대신 납부할 수 있기를 건의
.09.22	논, 밭 수해상황과 백성의 구휼미 탕감요청에 대한 분등납부 실시상황
.09.30	유배죄인 權稱吉을 父喪에 말미를 주어 葬地에 보냄
.10.30	각 읍 虛結 6,000여 결에 대해 조세를 물리는 폐단시정요구
.10.27	충주 대동미를 돈으로 대신 낼 것과 도내 허결백징의 폐단시정 요구
.10.27	재탈전 상황
.11.07	납부하지 못한 궁납미 갑오조를 겨울에는 얼음 때문에 배를 띄울 수 없으므로 내년 봄 병신조와 함께 납부할 수 있기를 선처요구(11.7)
.11.26	온양군수 성현증은 죄상은 있지만 어려운 상황에서 군수를 공석으로 둘 수 없는 사정 보고
.12.02	기아에 구휼정책 실시상황
.12.19	의금부 도사가 본현 栢谷面에서 辛諱掩을 체포압송해 간 것에 대한 보고
.12.19	大廟 합사 때 箋文을 올리지 못한 연유보고
.12.29	尤甚邑과 之次邑의 환황과 군역을 돈으로 대신 내는 것에 대한 관리
.12.29	중책을 맡은 中軍 李義本의 재임요청
.12.29	아산 공진창 조운선 선원 재보충 상황보고

資料:「各司騰錄」忠淸道 篇 1, 錦營啓錄, 1836年

이러한 忠淸道 地方官의 보고는 전국 팔도의 지방관 모두가 작성한 전형적인 형태이다. 중앙으로 모인 이들 보고서는 정부의 국가정책 결정에 주요 근거이며, 그 정책결정 내용과 함께「備邊司謄錄」과,「承政院日記」의 주요 내용을 이루게 된다. 이러한 보고서는 전국 팔도의 지방감사에 의해 매년 작성되었으나, 현전하는 보고서는 많이 유실된 상태이다.

따라서「備邊司謄錄」과「承政院日記」속의 각 지방 기후상황과 작황상황 기록에 준하여 기후변동에 따른 작황변동을 추적할 수밖에 없다. 지금까지 과학사 분야의 降雨量 변동연구에 따르면 조선의 수도 한양은 세계에서 최초로 降雨量을 측정한 도시이며 가장 오래되고 연속된 測雨記錄을 남긴 도시로 알려져 있다. 이 측우기록은 「承政院日記」속에 있다.135)

측우기는 1441(世宗 23)-1442(세종 24)년에 周尺을 사용하여 尺·寸·分 단위로 잴 수 있도록 제작된 것으로 알려져 있다. 그러나 이때 제작된 것은 파손 유실되었고, 현전하는 측우기는 1770(英祖 46)년 5월 1일에 세종 24년에 제작된 것과 똑같은 크기와 규격을 그대로 다시 복원한 측우기로 알려져 있다. 「書雲觀志」에 의하면 세종 대에는 미작기간인 5월에서 9월 사이의 降雨量을 측정하였으나 영조 대에는 수도 서울과 대구 함흥에 설치하고 관측하였다.136)

「承政院日記」의 기록은 수도 서울의 降雨量이다. 1770년 시작된 측우의 관측횟수는 매일 2회이었는데 1791(정조 15)년 이후부터 매일 3회로 변경되었다. 관측된 자료는 承政院과 侍講院 內閣 등에 제출되었다. 報告形式은 "自卯時 至未時日暉 夜自二更始雨 至十四日平明 測雨器水深一寸(卯時부터 未時까지 날씨가 맑다가 저녁 二更부터 비가 오기 시작하여 14일 새벽이 되어 측우기 수심을 재어보니 1촌이었다)"137)와 같다.

---

135) 나일성, 조회구, 「18세기 한국의 기후변동-강우량을 중심으로」, 동방학지 22, 1979; 이영미, 「조선 영정조 시대의 측우기록 정리와 분석」 연세대 지학교육 석사학위논문, 1995; 서경진, 「조선 순조시대의 측우기록 정리와 분석」, 연세대 지학교육 석사학위논문, 1996.

136) 전상운, 「한국과학기술사」,정음사, 1994.

137)「承政院日記」, 乾隆三十五年 庚寅 五月十三日 己丑陰.

이 기록은 이영미(1995)와 서경진(1996)에 의해 현재 사용되는 측우단위로 환산되었다. 이들은 태음력을 그레고리력으로 바꾸고 주척 1尺을 20.7㎝로 놓고 환산하였다.138) 그 결과가 〈표 3-6〉이다.

〈표 3-6〉에서도 알 수 있듯이 1770년에서 1800년까지 31년간 연평균 降雨量은 990mm이다. 1801년에서 1834년까지 연평균 降雨量은 약 1,330mm이다. 18세기 후반의 降雨量이 19세기 초반의 降雨量에 비해 약 340mm나 적은 상태이다. 이러한 경향은 최근의 降雨量 통계와 비교해도 나타난다. 최근 1961-1990년 연평균 降雨量은 서울 1,368mm, 인천 1,135mm, 강릉 1,373mm, 목포 1,107mm, 부산 1,444mm이다. 이것으로 보아도 18세기 후반의 降雨量은 19세기 초반뿐만 아니라 20세기 후반에 비해서도 적은 降雨量임을 알 수 있다.139)

〈표 3-6〉에서 확인되듯이 1771-1779년까지 1,000mm 이상을 기록한 해는 한 해도 없다. 1772년의 경우 1년 총 降雨量이 329mm로 나타난다. 이해 12개월 중 2월, 4월, 7월, 9월은 한 방울의 비도 안온 것으로 되어 있다. 벼를 이앙하고 거두기까지 4월에서 9월로 본다면 이 기간 총 240mm가 내렸다. 이앙기에서 수확기까지 월 평균 40mm가 내린 셈이다. 이해의「承政院日記」의 기술기록을 보면 다음과 같다.

금년의 가뭄은 최근 없었던 가뭄이다. 특히 경기와 호남 호서지방이 심한 피해를 입었다. 겨우 6월에 단비가 내려 모두 그때까지 이앙을 연기하고 있었는데 겨우 이앙을 마치자마자 7-8월에 다시 가뭄이 닥쳐 겨우 자란 벼들이 끝내 결실을 맺지 못하게 되었다. 수확의 시기임에도 불구하고 미가는 폭등하여 춘궁기와 다를 바 없게 되니 앞으로의 일이 걱정이다.140)

138) 이영미,「조선 영정조 시대의 측우기록 정리와 분석」연세대 지학교육 석사학위논문, 1995. 서경진,「조선 순조시대의 측우기록 정리와 분석」, 연세대 지학교육 석사학위논문, 1996.
139) 통계청,『국제통계연감』, 1997.
140)『承政院日記』1330, 英祖 48年 10月 1日: 今年亢旱, 挽近所無, 圻湖兩路, 被灾偏甚, 六月旬前, 始得甘霈, 移秧之愆期, 理勢固然, 而七八月之間, 又値旱暵, 禾

이해 미가 수준은 아직 파악할 방법이 없다. 用下記도 이해는 자료 자체가 없는 해이다. 「備邊司謄錄」도 아예 기록이 없다. 1780-1789년은 1771-1779년에 비해 비교적 비가 많이 내린 시기이다. 1787년의 경우 1,958mm로 이 기간 중 가장 많은 비가 내린 연도이다. 이러한 降雨量 추세는 19세기로 접어들면서 더욱 뚜렷이 나타난다. 1801년 이후부터는 거의 모든 해가 1,000mm 이상을 기록하고 있다.

〈표 3-6〉 1770-1834년 기간의 년별 월 降雨量

	1	2	3	4	5	6	7	8	9	10	11	12	계
1771	10	0	91	17	50	273	108	39	37	25	31	0	681
1772	10	0	29	0	35	8	0	197	0	19	29	2	329
1773	0	6	52	37	2	97	188	149	2	37	12	0	584
1774	0	0	2	162	15	25	137	174	62	31	10	10	627
1775	10	0	6	116	19	137	151	0	23	4	25	50	540
1776	6	0	22	79	70	17	389	37	43	25	0	48	737
1777	0	0	15	6	50	8	21	162	81	56	75	0	472
1778	0	33	0	17	62	122	259	190	66	25	4	0	778
1779	0	0	99	64	31	344	99	159	41	97	52	10	998
1780	2	4	0	68	37	77	186	122	122	12	39	0	671
1781	6	15	46	37	54	269	385	219	155	4	15	23	1228
1782	0	4	8	4	25	39	337	180	97	10	17	48	770
1783	0	0	2	54	41	126	95	395	60	89	6	0	869
1784	0	62	8	101	73	157	375	112	435	95	85	8	1511
1785	0	0	8	44	68	89	251	41	81	97	19	8	706
1786	0	0	10	31	93	77	379	195	33	8	2	19	847
1787	0	0	47	54	17	414	745	335	294	15	37	0	1958
1788	41	19	50	27	91	89	410	85	236	52	15	0	1114
1789	0	0	29	213	66	209	416	306	52	56	21	23	1391
1790	0	0	35	33	114	110	354	95	19	0	15	0	774
1791	31	0	17	17	143	188	373	648	124	118	52	83	1793
1792	0	0	27	44	101	304	524	246	197	21	15	0	1478
1793	0	0	23	95	95	201	253	39	157	50	31	17	961
1794	27	6	17	39	116	135	141	170	147	46	66	19	927

穀初米苗茂, 及其發穗, 終缺堅實, 至於田穀豆菽之屬, 太半花而不實, 當此秋穫之日, 米價騰貴, 無異窮春, 前頭之憂, 有不可勝言.

136

	1	2	3	4	5	6	7	8	9	10	11	12	계
1795	2	6	27	17	60	110	290	151	23	10	41	0	737
1796	0	4	135	75	41	313	286	244	62	89	93	0	1341
1797	6	0	64	79	0	149	271	215	116	6	27	0	933
1798	0	23	27	70	95	29	453	130	170	12	64	101	1176
1799	17	2	10	64	43	110	513	284	17	52	46	12	1170
1800	8	0	19	172	60	52	534	358	236	93	27	12	1571
1801	0	39	4	43	77	77	248	277	77	23	39	6	911
1802	12	0	64	97	110	219	340	294	68	33	79	0	1317
1803	12	0	58	64	37	66	304	95	97	104	81	0	919
1804	0	0	8	89	77	33	638	344	44	27	68	0	1327
1805	0	12	159	89	106	170	261	294	182	91	104	21	1488
1806	6	21	70	234	253	352	64	294	217	77	85	10	1683
1807	0	0	15	39	108	157	188	462	35	52	35	8	1099
1808	0	0	29	89	46	114	476	168	41	56	68	4	1091
1809	10	0	97	31	79	52	282	188	157	12	35	0	944
1810	0	6	0	12	168	25	586	536	261	91	31	0	1716
1811	0	0	99	31	8	116	580	350	81	73	35	12	1385
1812	0	79	99	157	15	110	213	50	31	114	33	0	900
1813	0	0	122	6	37	118	418	373	50	48	23	19	1213
1814	4	4	50	4	35	50	211	619	97	64	35	10	1184
1815	0	0	46	39	25	157	364	385	155	52	10	0	1234
1816	0	52	10	101	95	81	809	544	77	35	66	0	1871
1817	0	0	52	108	60	89	580	646	54	12	48	25	1672
1818	0	8	6	48	162	35	443	369	155	106	70	12	1414
1819	0	0	60	4	31	118	366	205	397	12	46	27	1267
1820	0	101	6	77	97	178	505	58	164	25	41	0	1252
1821	0	41	10	119	81	232	1184	681	178	110	29	6	2664
1822	0	0	95	46	87	155	99	151	93	27	44	12	809
1823	4	31	79	17	91	151	331	128	128	33	54	12	1060
1824	0	21	39	46	112	147	480	284	44	126	83	21	1401
1825	0	0	0	60	54	39	170	340	97	110	10	8	888
1826	0	19	6	39	128	271	350	278	48	6	0	8	1153
1827	0	0	37	93	253	246	238	307	261	46	43	31	1555
1828	75	0	37	31	41	110	404	588	263	6	62	27	1644
1829	0	0	60	73	114	79	226	75	209	120	8	8	971
1830	0	0	12	110	21	58	453	402	56	308	10	8	1439
1831	0	23	52	58	137	0	91	186	120	58	31	0	756
1832	15	10	0	110	17	31	1348	333	238	8	79	35	2224
1833	0	0	12	58	87	85	480	911	54	19	50	44	1799
1834	0	0	6	12	104	106	203	128	251	97	8	10	926

자료: 이영미, 「조선 영정조 시대의 측우기록 정리와 분석」, 1995;
서경진, 조선 순조시대의 측우기록 정리와 분석」, 1996.

특히 1821년과 1832년은 2,000mm를 훨씬 넘는 비가 쏟아진 해이고, 이 두 해의 降雨量의 절반(1,184mm; 1821년, 1,347mm; 1832년)이 7월 한 달에 내린 것을 확인할 수 있다. 1771-1785년 기간 겨우 두 해만이 1,000mm를 넘는 비가 온 반면 1801-1834년 기간에는 7월 한 달 동안 내린 降雨量이 1,000mm를 넘는 해가 두 차례나 있는 대조를 보인다.

전반적으로 降雨量 통계기록을 비교할 때 18세기 후반은 19세기 초반에 비해 상대적으로 비가 적게 온 것을 알 수 있다. 그러나 이와 같이 통계상 나타난 사실은 다른 기술자료나 방증자료가 함께 제시될 때 좀 더 크게 신뢰할 수 있다.

방증자료로서 「文獻備考」 上에 연대기적으로 기록된 18세기 가뭄과 홍수피해 그리고 19세기 가뭄과 홍수피해를 정리하여 보자. 〈표 3-7〉은 1725-1875년 사이 가뭄피해를 옮겨 놓은 것이고, 〈표 3-8〉은 1800-1875년 사이의 홍수피해 기록을 옮겨놓은 것이다. 〈표 3-7〉에서도 알 수 있듯이 가뭄피해는 단연 18세기에 많은 것으로 나타났다. 19세기 가뭄은 1831년 피해만 기록하고 있다. 이와 반면 홍수피해는 18세기에 비해 19세기가 훨씬 더 많은 것으로 나타났다. 사건기록 건수에서 18세기는 12건이나 19세기는 19건이다. 피해규모로 놓고 보아도 18세기는 인명피해는 많은 해가 1000호정도이나, 19세기는 대부분 4,000戶에서 13,000戶 사이였다.

〈표 3-7〉 18-19世紀 旱災發生年譜

年　度	事　件	年　度	事　件
1725(英祖 元年)	7月大旱饑	1751(英祖 27年)	北關饑
1726(英祖　2年)	三南饑	1753(英祖 29年)	饑
1727(英祖　3年)	夏旱	1755(英祖 31年)	大饑
1731(英祖　7年)	夏大旱又大水大饑	1756(英祖 32年)	大饑
1732(英祖　8年)	大旱饑	1762(英祖 38年)	冬饑畿甸及三南尤甚
1737(英祖 13年)	三南大饑	1764(英祖 40年)	大旱自四月至七月不雨
1740(英祖 16年)	夏旱	1768(英祖 44年)	濟州饑
1741(英祖 17年)	冬北關饑	1770(英祖 46年)	饑
1743(英祖 19年)	北關饑	1783(正祖　7年)	饑
1744(英祖 20年)	饑	1832(純祖 32年)	大饑
1750(英祖 26年)	饑		

【자료】『增補文獻備考』上, 韓國學振興院, 1987, 127쪽.

〈표 3-8〉 18-19世紀 洪水災害 發生 年報

18世紀		事件 (戶는 漂沒戶數)
1729(英祖 5年)	8月	關北　　　1000人
1731(英祖 7年)	8月	全羅道　壞人塚墓漂棺槨
1739(英祖 15年)	6月	黃海道　大水　一坪九百餘戶盡沒死　8月 北道大水　漂沒近千
1741(英祖 17年)		關東大水　漂沒千餘戶
1742(英祖 18年)	9月	嶺南大水　沒死者甚衆
1750(英祖 26年)	9月	湖南同福等縣　大水漂沒130戶
1752(英祖 28年)	6月	畿甸大水　漂沒數百戶　壓死者30餘人
1763(英祖 39年)		關東大水
1777(正祖 元年)	8月	大水山崩　漂戶不記其數
1781(正祖 5年)	6月	平安道大水　漂沒500餘戶　8月 慶尙道大水　漂沒410餘名
1789(正祖 13年)	6月	平壤大水　漂沒500餘戶
1796(正祖 20年)	8月	義州大水　漂沒1000餘戶　沒死者200餘人
19세기		事件　(戶는 漂沒戶數)
1810(純祖 10年)	7月	義州　1700戶　8月 咸景道大水　漂沒700餘戶
1815(純祖 15年)	8月	慶尙道 1800戶　8月 全羅道　1200戶
1816(純祖 16年)	6月	黃海道　500戶
1817(純祖 17年)	6月	全羅道 2300戶　6月 慶尙道　1000戶(合3300戶)
1819(純祖 19年)	8月	公淸道 1900戶　7月 平安道　200戶 (合2100戶)
1822(純祖 22年)	7月	黃海道 1100戶
1823(純祖 23年)	6月	慶尙道 3800戶　6月　全羅道　1200戶(合5000戶)
1829(純祖 29年)	8月	咸鏡道 1000戶　8月　慶尙道　300戶 (合1300戶)
1832(純祖 32年)	7月	서울　230戶 8月 公忠道 1200戶 8月 慶尙道 1500戶(合2930)
1835(憲宗 元年)	7月	忠淸道 1500戶
1839(憲宗 5年)	8月	平安道 1560戶 8月 慶尙道 3100戶 黃海道 3600戶(合8260)
1845(憲宗 11年)	7月	平安道 4000戶
1846(憲宗 12年)	7月	黃海道　640戶
1850(哲宗 元年)	7月	忠淸道　800戶 7月 平安道 2500戶 黃海道 3200戶(合6500)
	8月	全羅道 1400戶
1854(哲宗 5年)	7月	忠淸道 1700戶 7月 全羅道 2300戶 慶尙道 300戶(合4300)
1856(哲宗 7年)	8月	黃海道 8210戶　8月 平安道 1000戶　8月 全羅道 1190戶
	8月	慶尙道 2700戶(合13100戶)
1862(哲宗 13年)	7月	平　壤 2200戶 7月 慶尙道 1700戶 全羅道　640戶(合4540戶)

【자료】『增補文獻備考』上, 韓國學振興院 1987, 127쪽.

「承政院日記」의 降雨量 기록과 「文獻備考」의 旱災와 洪水災 기록을 대조해 본 결과 18세기는 19세기에 비해 가뭄의 시대였으며, 19세기는 18세기에 비해 홍수의 시대였음이 드러나게 되었다. 이러한 경향은 「王朝實錄」을 통해서도

검색할 수 있었다. 거칠지만 건수, 횟수 비교를 해보면 18세기의 경우 旱魃 건
수가 371건수이고 홍수 건수가 294건수이다. 반면 19세기 한재건수는 28회이
나 수재건수는 89회로 나타났다. 이제 이러한 기후변동의 경향을 미리 전제하
고 단기 미가 불규칙변동과 기후변동과의 관계를 살펴보기로 한다.

〈표 3-9〉 18세기 기후변동과 미가변동과의 관계

년도	강 우 량							미가
	3월	4월	5월	6월	7월	8월	전체	
1771	91	16	49	273	107	39	681	
1772	29	0	35	8	0	196	329	
1773	51	37	2	97	188	149	583	
1774	2	161	14	24	136	173	627	
1775	6	115	18	136	151	0	540	
1776	22	78	70	16	389	37	736	
1777	14	6	49	8	20	161	471	
1778	0	16	62	122	258	190	778	
1779	99	64	31	343	99	159	997	
1780	0	68	37	76	186	122	670	
1781	45	37	53	269	385	219	1227	1.6.5
1782	8	4	24	39	337	180	770	2.7.0
1783	2	53	41	126	95	395	869	3.1.8
1784	8	101	72	157	374	111	1511	3.6.0
1785	8	43	68	89	250	41	705	1.8.8
1786	10	31	93	76	378	194	846	1.6.8
1787	47	53	16	414	745	335	1958	4.1.0
1788	49	26	91	89	409	84	1113	1.5.2
1789	28	213	66	209	416	306	1391	2.0.4
1790	35	33	113	109	353	95	774	2.0.3
1791	16	16	142	188	372	647	1792	2.2.0
1792	26	43	101	304	523	246	1477	2.6.0
1793	22	95	95	200	252	39	960	3.6.4
1794	16	39	115	134	140	169	927	1.6.0
1795	26	16	60	109	289	151	736	2.8.0
1796	134	74	41	312	285	244	1341	2.6.3
1797	64	78	0	149	271	215	933	1.7.8
1798	26	70	95	28	453	130	1175	2.4.1
1799	10	64	43	109	513	283	1169	3.0.0
合								

비고: 降雨量 수치: 승정원일기 수록 降雨量 단위 mm(소수점 이하 버림). 이영미
(1995), 서경진(1996)에서 인용
: 미가란 수치: 단위 벼 1석(20斗)당 상평통보 兩, 제1장에서 인용

140

〈표 3-10〉 19세기 기후변동과 미가변동과의 관계

연 도	강 우 량							미 가
	3월	4월	5월	6월	7월	8월	전체	
1800	18	171	60	51	534	358	1571	1.6.0
1801	4	43	77	76	248	277	911	1.7.5
1802	64	97	110	219	339	293	1316	1.5.8
1803	58	64	37	66	304	95	919	1.6.3
1804	8	89	76	33	637	343	1326	2.0.8
1805	59	89	105	169	260	293	1488	2.0.3
1806	70	234	252	351	64	293	1683	2.1.6
1807	14	39	107	157	188	461	1099	1.7.8
1808	29	89	45	113	476	167	1090	1.6.8
1809	97	31	78	51	281	188	944	1.8.9
1810	0	12	167	24	585	536	1716	5.5.0
1811	99	31	8	115	579	349	1384	2.2.0
1812	99	157	14	109	213	49	900	1.5.3
1813	22	6	37	118	418	372	1213	2.3.5
1814	49	4	35	49	211	618	1184	2.9.3
1815	45	39	24	157	364	385	1233	6.0.0
1816	10	101	95	80	809	544	1871	1.8.3
1817	51	107	60	89	579	645	1672	
1818	6	47	161	35	443	368	1414	
1819	60	4	31	118	366	204	1266	1.5.0
1820	6	76	97	178	505	58	1252	1.6.0
1821	10	111	80	231	1184	681	2664	1.7.9
1822	95	45	86	155	99	151	809	2.6.3
1823	78	16	91	151	331	128	1059	2.0.5
1824	39	45	111	147	480	283	1401	1.4.8
1825	0	60	53	39	169	339	888	1.5.8
1826	6	39	128	271	349	277	1153	2.2.0
1827	37	93	252	246	238	306	1554	1.5.5
1828	37	31	41	109	403	587	1643	2.2.0
1829	60	72	113	78	225	74	971	3.7.0
1830	12	109	20	58	453	401	1438	2.1.8
1831	51	58	136	0	91	186	755	2.0.4
1832	0	110	16	31	1347	333	2223	2.2.7
1833	12	58	86	84	480	910	1798	4.0.0
1834	6	12	103	105	202	128	925	5.1.9

비고: 降雨量 수치: 승정원일기 수록 降雨量 단위 mm(소수점 이하 버림). 이영미
　　　(1995), 서경진(1996)에서 인용
　　: 미가란 수치: 단위 벼 1석(20斗)당 상평통보 兩, 제1장에서 인용

(2) 短期米價不規則變動과 氣候變動과의 관계

지금까지 중앙의 관찬자료인 「承政院日記」, 「文獻備考」, 「王朝實錄」의 기록을 가지고 18세기 기후변화와 19세기 기후변화의 차이를 降雨量을 중심으로 살펴보았다. 세 자료를 통해 밝혀진 바는 18세기는 19세기에 비해 降雨量이 적은 시대였다는 개괄적인 경향뿐이다.

이제 이러한 전반적인 경향이 구체적으로 개별 연도의 미가변동과 어떠한 연관이 있는지 살펴보기로 한다. 이를 위하여 勝聰明錄의 기후변동에 관한 기록을 참조할 수 있다. 그러나 勝聰明錄의 기록은 1725-1761년 기간동안이란 단기에 머무르고 있기 때문에 나머지 기간에 대한 방증자료가 필요하다.

지금까지 구한 자료 범위 내에서 보면 기후변동과 작황상황이 언급된 기록으로 「備邊司謄錄」이 있다. 앞서 언급한 바 있듯이 각 지방의 관찰사들의 주요 업무는 降雨量 측정과 농사형편을 살피는 일이었다. 이를 위해 농사상황에 대한 보고문을 가장 많이 작성하였다. 이들의 이 보고를 토대로 중앙에서 국정정책을 결정하였다. 「備邊司謄錄」의 주요 내용이 바로 이 정책결정과정이다.

따라서 「備邊司謄錄」에는 매년 각 지방농사상황을 보고받고 그 지방의 조세 감면량을 결정한 기록이 존재한다. 그중 대표적인 보고서가 「分等狀啓」이다.

「備邊司謄錄」에 「分等狀啓」기록이 등장하는 것은 1757년 전라도지방관의 보고 내용에서 비롯된다. 1756(영조 32)년 비변사에서는 八道 踏驗之政의 방법을 기존의 敬差官制度에 의존하던 방식에서 比摠制 방식으로 전환할 것을 논의한다.[141]

比摠制는 1760(英祖 36)年에 실시되었으나 그 논의는 1756년부터 시작되었다. 比摠制 실시 이전에는 地方監司의 災實보고에 대해 戶曹에서 敬差官을 파견하여 踏驗케 하고 그들의 보고에 의해 田稅를 算定하였다. 그러나 比摠制가 실시되면서 중앙에서 敬差官을 파견하지 않고 地方監司의 農形報

---

141) 「備邊司謄錄」 38, 英祖 36年.

告에 따라 田稅額과 給災結數를 결정하였다.[142]

　1756년 敬差官제도를 폐지하고 比摠제도의 채택을 논의한 후 지방관들의 농사상황 보고양식은 변화되었는데, 그 처음 보고를 올린 것이 전라도관찰사의 「分等狀啓」이다. 그 내용과 형식은 다음과 같다.

　　전라감사 서유린의 재결수에 관한 분등장계이다. 진도 등 13읍은 之次에, 무주 등 4읍은 초실읍에 해당한다. 따라서 전라도 재결수는 4,878결에 해당하니 특별히 적당한 양을 나누어 낼 수 있도록 허락해 주십시오. 舊還을 상납하는 절차에서 年條는 농사의 풍흉을 참고해 결정해야겠습니다. 지차읍 가운데 진도, 해남, 흥양은 신향, 구향을 함께 독려하기에 어려움이 있어 지금은 연기해야 합니다. 그 나머지 지차 10읍은 가장 오래된 2년 조목을 연기해야 하고 초실 각 읍은 가장 오래된 1년 조목을 연기해야 한다.[143]

　지방관들은 作況 分類를 稍實·之次·尤甚 삼등급으로 나누고 각 해당 읍을 조사하였다. 여기서 稍實은 平年作 이상을 의미하고 之次는 平年作 수준이며, 尤甚은 平年作 이하를 가리킨다. 인용문에서 알 수 있듯이 各道 지방관들은 道內 各邑의 작황상황을 조사하여 분등장계를 작성하고 그해 免稅結數인 災結數를 중앙에 올려 裁可를 받았다.

　〈표 3-11〉은 勝聰明錄의 기후상황과 작황상황 기록과 「備邊司謄錄」의 매년 「分等狀啓」를 정리한 것이다. 이제 앞서 정리한 관찬기록과 이 양 기록을 가지고 미가와 대조해보자. 우선 제2장 제5절 불규칙변동 분석 결과를 보면 미가의 변동 계수가 0.4를 상회하는 시기를 추려보고 이 시기 미가변동의 원인을 살펴보기로 하자.

142) 「大典會通」: 敬差官 都事 踏驗年分之規, 本曹臨時稟定, 或命道臣磨勘則, 當年 八月, 本曹參考諸道農形狀, 以相當年比摠啓下, 觀察使秋審後, 分等啓聞.

143) 「備邊司登錄」161, 正祖 4年 10月: 全羅監司徐有隣, 災實分等狀啓也. 珍島等十 三邑, 置之之次, 茂朱等四十邑, 置之稍實, 仍以爲本道災結四千八百七十八結, 特 許分俵酌定, 舊還捧上之節, 不可不以稔事稂歉, 年條久近, 參互商量, 之次邑中珍 島海南興陽, 有難以新舊還幷督, 今姑停退. 其餘之次十邑, 最久二年條停退, 稍實 各邑最久一年條, 停退.

〈사례 1〉 1725-1729년 변동계수: 0.763922 평균미가: 租 1石當 2兩8錢9分(이후 사례 제시에서 미가 수준은 모두 租 1石當 價格을 의미함)

「文獻備考」에 의하면 이 기간에는 1725년 7월에 큰 가뭄이 들어 기근이 있었고 1726년에는 삼남지방의 가뭄에 의한 기근이 든 것으로 되어 있다. 勝聰明錄에 의하면 이 기간 미가 수준은 1725년의 경우 8월 7일에 8냥으로 나타났고 1726년 7월에는 4냥으로 나타났다. 1726년 8월 26일 미가는 1냥2전9푼으로 하락하였는데, 이것은 수확 직후의 상황이 반영되었기 때문으로 이해된다. 1727년 3월에서 5월 사이 미가는 다시 3냥대를 상회하는 수준으로 상승하였다.

〈사례 2〉 1730-34년 변동계수: 0.512264 평균미가 2냥3전1푼

「文獻備考」에 의하면 이 기간 중 1731(英祖 7)년 여름에 전국에 큰 가뭄과 큰 홍수로 인한 기근이 들었다. 1731년 8월에 전라도에서는 무덤이 모두 떠내려갈 정도로 큰비가 내렸다. 1732년에는 전국에 가뭄으로 인해 큰 기근이 든 것으로 되어 있다. 勝聰明錄에는 미가기록뿐만 아니라 가뭄피해 상황도 생생히 기록되어 있다. 1731년의 경우 사월과 오월에 가뭄이 심하게 들어 이앙시기를 놓치고 6월 13일에야 겨우 비가 내려 6월 말에 이앙할 수 있었다고 기록하고 있다. 1732년은 1731년의 흉년에 이은 겹친 흉년으로 그 피해가 더욱 컸다. 이해 3월 우물 밑바닥에는 봄풀이 자라고 있었으며, 6월 말까지 가뭄에 시달리다가 6월29일부터 큰 비가 쏟아져 홍수피해까지 겹쳐버린 해이다.

이 기간 미가기록을 보면 1731년 미가기록은 아예 없고 1732년 7월 17일에 8냥으로 치솟았다. 1731년 흉년의 여파가 1732년 3월까지 만해도 4냥4전4푼으로 높았으나 1732년 작황이 흉년으로 판명되기 시작한 7월에 8냥대로 치솟았다. 그 후 등락을 반복하다가 1733년 1월까지 8냥대의 수준을 나타냈다.

〈사례 3〉 1755-59년 변동계수: 0.641278 평균미가: 1냥2전8푼

「文獻備考」에 의하면 1755(英祖 31)年과 1756(英祖 32)年에 큰 기근이
든 것으로 되어 있다. 이 기간 흉년과 기근의 원인에 대해서 勝聰明錄에는
분명히 제시되어 있다. 勝聰明錄에 1755년은 홍수의 피해가 극심한 해로
나타났다. 이해 여름 장맛비로 강가 마을의 집이 모두 떠내려갔고 바닷가
어부의 어망에 걸린 시체와 기물의 수가 대단히 많았다. 이해 농사는 큰
흉년으로 판명났는데 저자는 그 실상을 3두락에서 1석2두 정도 5두락에서
1석11두 정도의 소출을 예로 제시하고 있다. 1756년은 1755년 홍수로 인한
흉년의 피해로 전염병이 만연하여 사망자가 다수 나왔고 그로 인한 노동력
상실이 주된 이유로 흉년이라고 기록하고 있다.
　勝聰明錄의 이 기간 미가변동을 보면 1755년 1월에 2냥대에서 6월에 3냥대
로 상승하고 수확이 지난 8, 9월에 4냥대로 상승한 것으로 나타났다. 평상시의
계절변동과 전혀 다른 양상이 전개되고 있었다. 이해 겨울 12월에는 5냥대로
상승하였으며 1756년 2월에는 최고로 올라 8냥대로 치솟았다. 이 기간은 18세
기에 들어서서 처음으로 홍수피해로 인한 흉년이 전개된 기간이다.

〈사례 4〉 1760-1764년 변동계수: 0.563918 평균미가: 1냥4전2푼

「文獻備考」에 의하면 이 기간 중 1762(英祖 38)年 겨울에 기근이 들었는
데 경기와 삼남 지방이 극히 심했다고 한다. 1764(英祖 40)年에는 전국이
큰 가뭄에 시달렸는데 4월부터 7월까지 비가 내리지 않았다고 한다. 勝聰
明錄에는 1761년에 전국적으로 가뭄이 심하였고 특히 충청도 이하 삼남지
방의 가뭄이 심하여 이앙을 마친 곳이 1/3에서 2/3정도였다고 기록하고 있
다. 「備邊司謄錄」의 各道 「分等狀啓」를 보면 〈표 3-11〉과 같다. 1762년 전
라도의 경우 尤甚邑이 전체 53읍 중 34읍으로 64%나 차지하였다. 「分等狀
啓」에서 尤甚邑의 비중이 전체의 60%를 넘은 해는 1756-1848년 총 기간
중 1762년과 1809년 단 두 해뿐이다.

〈표 3-11〉 1761-1764 分等狀啓

(1761)	B.140册 英祖 37年 p.594-640			
道別	尤甚邑	之次邑	稍實邑	作況記述
전라	임피 17	운봉 12	임실 28	
경상	김해 14	창원 36	안동 21	
충청	서천 14	정산 22	청양 18	
경기	남양 1	부평 8	광주 18	
강원	삼척 5	강릉 7	양양 14	
함경	갑산 2	안변 9	덕원 12	
(1762)	B.142册 英祖 38年 p.781-798			
道別	尤甚邑	之次邑	稍實邑	作況記述
전라	진안 34	남원 16	무주 3	大歉之歲
경상	남해 36	성주 23	안동 12	
충청	서천 39	청안 10	제천 5	
강원	0	원주 10	춘천 16	
경기	남양 10	인천 16	지평 11	
함경	갑산 4	문천 14	안변 5	
(1763)	B.144册 英祖 39年 p.20-29			
道別	尤甚邑	之次邑	稍實邑	作況記述
전라	전주 8	나주 25	남원 20	今年湖南穡事 誠違初料 極爲可恨
경상	양산 10	함안 25	청도 34	今年本道穡事 初料一邑之內 歉穰判異
충청	석성 8	연기 19	홍주 27	湖西穡事 可謂稍豊
평안	정주 8	의주 15	평양 19	
강원	횡성 6	강릉 15	철원 5	
경기	양천 6	가평 17	영주 14	
함경	갑산 6	이성 8	안변 9	
(1764)	B, 146册 英祖 40年 p.201-245			
道別	尤甚邑	之次邑	稍實邑	作況記述
전라	나주 12	전주 23	여산 18	
경상	동래 15	인동 11	청도 45	
충청	직산 23	영춘 15	괴산 16	今年穡事 大歉之狀
평안	용강 9	평양 17	강계 16	道內各邑 無不被灾
강원	0	통천 17	평해 9	
함경	경흥 5	경성 9	은성 10	
경기	양천 16	양주 12	영평 9	

146

〈사례 5〉 1785-1789년 변동계수: 0.471459 평균미가: 2냥2전4푼

「文獻備考」에는 이 기간 뚜렷한 재해양상을 기록하고 있지 않다. 다만 1789년 6월에 평양의 홍수로 500여 호가 표몰된 사실이 기록되어 있다.

〈표 3-12〉 1785-90년 단기미가변동

(단위: 兩·錢·分)

年度	最高值	最低值	1-6月 平均值	7-12月 平均值	年度	最高值	最低值	1-6月 平均值	7-12月 平均值
1785	2.0.0	1.6.0	1.8.8	1.6.0	1786	3.5.4	1.6.5	1.6.8	3.5.4
1787	4.2.0	4.0.0	4.1.0	*	1788	1.9.0	1.3.0	1.5.2	1.5.0
1789	2.0.4	2.0.4	2.0.4	*	1790	2.1.0	2.0.0	2.0.3	*

이 기간 「承政院日記」의 降雨量을 보면 1787년에 1,958mm가 내린 것으로 나타났다. 현대 降雨量 단위로 환산하여 제시한 기간(1771-1834) 중 적어도 18세기 구간에서 최대량의 비가 내린 것이다.

「承政院日記」의 降雨量 기록과 「文獻備考」의 기록, 그리고 「王朝實錄」의 기록을 종합해 보면 이 시기 미가변동은 홍수에 의한 기후변동으로 이해될 수 있다. 그러나 「備邊司謄錄」의 「分等狀啓」의 尤甚邑의 비중을 보면 1785년, 1788년은 기록이 없고, 1786년이 28%, 1787-1789년이 0%로 되어 있다. 이 기간 用下記의 미가변동을 보면 표와 같다. 用下記의 가격변동과 「분등장계」의 尤甚邑 비중에서 알 수 있듯이 1787년 전라도 지방은 흉년이 아니다. 따라서 이해 서울지방에 내린 1,958mm의 비는 경기와 충청지역에 피해를 주었으나 전라도 지방의 미가에 영향을 줄 정도로 전국적인 비는 아닌 것으로 이해된다.

〈표 3-12〉에 제시된 바와 같이 이 기간 미가상승을 주도한 것은 1786년 수확 이후의 가격이다. 이 미가상승은 1787년 수확 전까지 지속되었다고 볼 수 있다. 1786년의 흉년이 이 시기 미가변동폭을 늘린 것이다.

〈사례 6〉 1810-1814년 변동계수: 0.518463 평균미가: 2냥9전

1815-1819년 변동계수: 0.806510 평균미가: 3냥1전1푼

이 시기는 10년 동안 연이어 미가가 불안한 모습을 보인 기간이다. 따라서 같이 묶어 살피기로 한다. 「文獻備考」에 기록된 이 시기 재해상황은 아래와 같다.

〈표 3-13〉 1810-1819 재해상황

年 度	月	事 件
1810(純祖 10年)	7月	義 州 1700戶 8月 咸景道大水 漂沒700餘戶
1815(純祖 15年)	8月	慶尙道 1800戶 8月 全羅道 1200戶
1816(純祖 16年)	6月	黃海道 500戶
1817(純祖 17年)	6月	全羅道 2300戶 6月 慶尙道 1000戶(合3300戶)
1819(純祖 19年)	8月	公淸道 1900戶 7月 平安道 200戶 (合2100戶)

이 중 삼남지방에 집중된 홍수피해는 1815년과 1817년의 피해이다. 「分等狀啓」를 보면 1810-1814년 불안정한 미가변동을 주도한 것은 1809년 흉년임을 알 수 있다. 이 흉년의 원인은 가뭄인지 홍수인지 정확하지 않다. 이해 전라도의 전체 읍의 63%가 尤甚邑으로 판명되었다. 이 사실은 用下記의 미가변동 양상에서도 확인된다. 1809년 수확 이전 평균가격은 1냥8전9푼이었다. 1810년의 수확 이전 평균가격은 5냥5전으로 상승하였다. 1809년 수확의 결과가 1810년 수확 이전의 가격상승을 주도한 것이다.

다음으로 1815-19년 미가변동을 주도한 것은 1814년 흉년이다. 「分等狀啓」를 보면 전라도는 우심읍의 비중이 54%이고 경상도는 90%가 우심읍이었다. 1815년 기록은 누락되어 알 수 없다. 用下記의 가격변동에서도 이 사실은 확인된다. 1814년 수확 이전 가격은 평균 2냥9전3푼이었다. 1815년 수확 이전 가격은 6냥대로 상승하였다. 이 가격은 1814년 수확의 결과가 반영된 것이다. 1816년 수확 이전 가격은 1냥8전3푼이었다. 결국 1814년 전라

148

경상지방의 흉년이 1815-1819년 가격 불안정을 주도한 것이다. 이 시기도 마찬가지로 「承政院日記」의 降雨量 기록이나 「王朝實錄」의 재해 검색만으로는 홍수에 기인하는 흉년인지 가뭄에 기인하는 흉년인지 명확하지 않다. 「文獻備考」에는 이 시기 홍수 피해로 1817년에 3,000호 이상이 표몰되었고, 1819년에는 2,000호 이상이 표몰된 것으로 나타난다. 따라서 이 시기 흉년의 원인은 홍수라고 판정될 수 있다. 그러나 茶山 정약용의 「經世遺表」에는 이 시기 흉년에 대해 다음과 같은 표현이 있다.

> 내가 예전에 호남에 있을 때 기사·갑술년의 기근을 보았다. 삼복이 이미 지났는데도 벼이앙을 다하지 못해 벼대신 파종할 수 있는 것으로 蕎脈, 黏粟 두 종뿐이었다. 영암의 창고에 교맥 200석이 있었는데 모든 백성들이 앞을 다투어 유궤하여 죽는 자까지 있었다. 장흥 백성 중에 점속 30석을 가진 자가 때를 틈타 영리추구하여 부자가 되었다. 그때 점속 1석이 15전이었다. 이로써 보건대 호남의 옥토도 교맥, 점속 두 종류는 남겨 저축하여 종자로 할 수 있도록 해야 한다. (臣昔居湖南, 見己巳甲戌之饑, 三伏旣過, 稻秧未移, 可以代播者, 唯蕎麥黏粟二種而已. 靈巖之倉, 有蕎麥二百石, 萬民爭頭, 蹂궤至死. 長興之民, 有黏粟三十石, 乘時射利, 猝爲富翁, 時黏粟一石値錢十五. 由是觀之, 雖以湖南之饒沃, 而如此二種不可不留儲以勸種也.)

여기서 '己巳甲戌之饑'란 1809년과 1814년 흉년을 가리킨다. 이 두 해에는 삼복이 지나도 이앙을 못한 것으로 되어 있다. 결국 이앙을 못하고 대신 한전 작물을 심을 수밖에 없는 상황이 전개되면서 일어난 소란을 적고 있다. 따라서 1809년과 1814년 호남지방의 흉년의 원인은 가뭄으로 판단된다.

〈사례 7〉 1830-34년 변동계수: 0.445590 평균미가: 3냥1전4푼

이 시기는 수도 서울에서 쌀폭동이 발생한 시기이다. 이 시기 미가의 불안정한 양상은 이 쌀폭동 자체로 잘 웅변된다. 「文獻備考」에는 1832(純祖

32)年 7月에 서울에서 230戶, 8月에 公忠道에서 1200戶, 같은 8月에 慶尙道
에서 1500戶 모두 2,930호가 표몰된 것을 기록하고 있다. 이 홍수가
1833-34년 미가상승에 어떤 영향을 주었는지는 명확하지 않다. 「分等狀啓」
를 보면 1809년이나 1814년과 같이 尤甚邑이 극심하게 나타나지는 않지만,
전라도의 경우 1832년에 35%, 1833년에 37%, 1834년에 20%를 기록하고
있어 다른 시기에 비해 비교적 높은 비중을 나타내고 있다. 用下記의 미가
변동을 보면 1832년 수확 이후 미가부터 상승하기 시작하여 1833년 봄의
경우 최고 5냥대까지 상승하고 이 움직임이 지속되다가 1834년 수확 이전
평균가격이 5냥1전9푼까지 상승한다. 1832년 흉년의 원인은 홍수라고 사료
된다. 이해의 「承政院日記」의 降雨量 기록을 보면 2,224mm를 기록하고 있
다. 이 수치는 降雨量 기록 제시기간 중 1821년 2,664mm 다음의 수치이다.
이해 7월 한 달에 쏟아진 비의 량만 1,348mm이다. 18세기 30년 기간동안
년평균 降雨量이 1,348mm를 넘긴 해가 총 7개년인 것과 비교하면 상당한
양의 비가 내린 것을 알 수 있다. 이 기록은 1771-1834년 전체 기간 중 월
평균 최고의 降雨量이다. 따라서 1830-1834년 미가변동을 주도한 것은
1832년 흉년이며 이 흉년의 원인은 홍수라고 판정된다.

　이상 단기 미가 불규칙변동 계수가 0.4이상인 기간을 대상으로 미가변동
과 기후변동과의 관계를 살펴보았다. 그 결과 18-19세기 미가 불안정을 주
도한 기후변동은 가뭄이란 사실을 발견하게 되었다. 물론 18세기와 19세기
홍수로 인한 흉년으로 미가가 변동한 시기도 있었다. 그러나 주도한 것은
역시 가뭄이라고 볼 수 있다.

　특히 10년 연속 미가가 불안정한 모습을 보인 기간은 18세기의 경우
1725-1734년 기간이며 19세기는 1809-1819년 기간임을 확인하였다. 또 하
나의 공통된 사실은 양 세기 모두 10년 연속 미가 불안정 뒤에 다시 찾아
온 흉년은 홍수에 의한 흉년이란 점이다. 18세기 1755-56년 홍수가 그것이
며, 19세기 1832-34년 홍수가 그것이다.

　18세기의 경우 10년 연속 불안정한 기간을 거치고 난 후에 1754년까지
약 20년간 안정적인 국면이 지속적으로 전개되었으나 19세기의 경우 10년

연속 불안정기간을 거치고 난 후 미가는 안정 국면으로 들어서지 못하고 곧 1830-34년의 불안정 국면을 맞게 되는 차이를 보인다.

여기서 다시 단기불규칙변동과 순환변동 그리고 추세변동의 특징을 결합시켜보자. 앞서 제2장 2절 장기추세분석에서 언급한 바 있지만 1725-1875년 150년의 장기추세를 상승의 추세로 이끈 것은 18세기 상승국면과 19세기 상승국면의 작용에 기인한다. 18세기 상승국면은 1740-1787년 약 48년 기간동안 지속된 국면이란 특징을 보인다. 반면 19세기 상승국면은 1804년-1815년, 1827-1838년, 1855-1875년 총 세 차례 단절적인 상승국면이란 특징을 보인다. 특히 19세기 상승국면 중에서 1804-1815년 상승국면과 1827-1838년 상승국면은 최종 상승기인 1855-1875년 상승기의 가파른 상승을 뒷받침하는 상승국면이다. 이것을 단기 불규칙변동과 연결시킬 경우 1809-1810년 그리고 1814-1819년의 미가 불규칙변동이 1832-1834년 불규칙변동과 결합하여 1855-1875년의 가파른 상승을 야기했다고 볼 수 있다.

즉 18세기 단기 불규칙변동은 약 48년간 지속된 상승국면속에서 약화되었으나, 19세기 단기 불규칙변동은 고점과 고점의 연결 주기가 짧아지는 순환변동과 맞물려 초인플레 국면과 결합하는 특징이 보인다.

1725-1875년 150년간 상승국면은 총 4차례 있었다. 각 국면의 경사도를 비교해보자. 1740-1787년의 상승국면은 傾斜度가 0.0273으로 가장 작은 값을 보이고 있다. 〈사례 3〉과 〈사례 4〉의 단기 불규칙변동이 작용한 시기이다. 다음 상승국면인 1804-1815년의 경우 傾斜度는 0.0642이다. 前 국면에 비해 약 2.5배 가파른 상승을 보이고 있다. 〈사례 6〉의 단기 불규칙변동이 작용한 시기이다. 다음 상승국면인 1827-1838년의 경우 0.1112이다. 1차 상승국면에 비해 4배 정도, 2차 상승국면에 비해 1.7배 정도 가파른 상승을 보이고 있다. 〈사례 7〉의 단기 불규칙변동이 작용한 시기이다. 최종 상승국면을 보자. 경사도가 0.2255이다. 제1차 상승국면에 비해 8배 이상 가파른 상승이다. 제2차 상승국면에 비해 3.5배 가파른 상승이다. 제3차 상승국면에 비해 2배 이상 가파른 상승을 보이고 있다. 결국 시간이 흐를수록 완만한 구릉의 모습에서 날카로운 톱날의 모습으로 바뀌고 있음을 알 수 있다.

이제 기후변동과 미가변동과의 관계를 정리해보자. 18-19세기 약 150기간동안 하늘이 지상에 내려준 기후환경은 가뭄이건 홍수이건 그것이 미가의 단기간 불규칙변동을 주도하는 요인이란 점에서 차이가 있을 수 없다. 만약 인간의 경제적인 삶이 이러한 외부환경에 대해 수동적으로 반응하는 피동체라면 미가 변동요인은 기후변동이 전부 다일 것이다.

지금까지 한국 기후사 연구는 이러한 피동체를 가정하고 연구한 것이나 다름없다. 예를 들어 이태진의 연구(1996) 결과를 놓고 미가변동과 연결시켜보자. 이태진의 소빙기 현상 연구는 기후변화가 경제에 미치는 영향을 지나치게 강조하거나 단순화할 때 발생하는 오류에 속한다. 이태진(1996)은 조선에서 소빙기는 1500년부터 시작되어 1700년까지 진행되고 이후부터 점차 사라지기 시작하여 1750년 이후는 평온한 상태가 지속되었다는 주장을 하였다. 그는 이어서 조선왕조 시대 역사 중 흔히 "太平聖代"로 알려진 英正祖 시대의 평온의 이유를 이러한 온화한 자연환경의 영향을 그대로 받았기 때문으로 해석하고 있다.

〈표 3-14〉 朝鮮王朝實錄 天變災異 時期別 總 頻度數

시 기	해당 년도	총 빈도	시 기	해당년도	총빈도수
제1기	1392-1450	1,840	제2기	1451-1500	1,421
제3기	1501-1550	6,010	제4기	1551-1600	4,312
제5기	1601-1700	3,670	제6기	1651-1700	3,977
제7기	1701-1750	2,832	제8기	1751-1800	,790
제9기	1801-1863	,349			

비고: 이태진(1996) 참조.

자연현상으로서 기후변화와 경제현상으로서 미곡가격의 변동을 무매개적으로 연결시킬 때 어떤 오류가 생기는가를 보자. 〈표 3-14〉의 결과대로라면 소빙기 제9기인 1801-1863년의 미가는 소빙기 7-8기인 1701-1800년에 비해 안정되어야 한다. 그리고 8기인 1751-1800년 기간에 비해 훨씬 안정되어야 한다. 이것이 아니면 미가는 상승에서 하락의 추세로 나타나야 한다. 즉 하늘의 기상조건이 악화될수록 생산은 줄어들어 미가가 상승하다가 기상조건이 우호적으로 변하면 생산이 늘어나 미가가 하락해야 하는 것이다.

「承政院日記」, 「文獻備考」, 「王朝實錄」, 「備邊司謄錄」, 勝聰明錄 등의 자료를 검토한 결과 18세기 특히 영정조 시대의 기후환경은 농업에 우호적이라기보다는 매우 황량한 환경이었다. 19세기도 마찬가지이다.

가뭄과 홍수에 의한 기후변동을 볼 때 18세기와 19세기의 세기적 양상을 드러낼 정도로 뚜렷한 차이는 발견되지 않는다. 단지 가뭄이란 현상이 단기 미가상승을 주도한 요인이라는 사실과 18세기는 19세기에 비하여 가뭄조건이 더 심했다는 사실만 확인될 뿐이다. 가뭄환경이 미가상승에 더 큰 영향을 준다는 사실과 18세기가 19세기에 비하여 더 많이 가뭄에 시달렸다는 사실을 놓고 볼 때, 18세기 미가상승은 19세기 미가상승에 비해 더 큰 폭으로 변동하여야 한다. 그러나 반대로 18세기의 미가상승은 19세기에 비해 안정적이었다.

이것은 상승국면의 미가 변동요인은 기후변동 이외에 다른 변동요인이 작용하고 있다는 것을 가리킨다. 즉 기후변동은 단기변동을 설명하는 데에는 유용하지만 중장기 변동으로 진행될수록 그 설명력은 점차 떨어진다는 것을 의미한다.[144]

이 사실을 증명해주는 예를 들어보자. 가뭄에 대해 가장 민감한 반응을 보이는 작물이 미곡이다. 미곡 생산을 위한 농법으로 이앙법의 보급은 가뭄이란 기후환경에 대해 더욱 민감한 반응을 보이게 된다. 가뭄이 심할수록 이앙법에 의존하는 미곡생산은 불안하게 된다. 따라서 1682(숙종 8)년에 이앙법 금지령이란 국가 대응이 나온 것은 그만큼 미곡 생산의 불안이 심했다는 것이고, 그만큼 가뭄이 심했다는 것을 의미한다.

---

144) 이 사실은 서구 유럽 기후변동과 곡물가격 변동에서도 확인되는 사실이다. 서구 유럽에서도 관심 분야는 기상악화냐 우호냐에 두지 않고 정부 기능의 효율성과 개선된 국가기능에 관심의 초점을 맞추고 16-19세기 가격변동을 연구하고 있다. "Essays in European Economic History 1500-1800", Clarendon Press Oxford, 1974.

앞서 보았듯이 18세기도 가뭄이 기후환경이었다. 그러나 18세기 국가의 대응은 달랐다. 이앙법 금지령이란 피동적 대응책이 아니라 국가적 차원의 수리시설을 보급하는 능동적 대응책을 강구한 것이다. 여기서 다시 降雨量 변동과 수리시설수의 변동 그리고 미가변동과의 관계를 살펴볼 필요가 생긴다. 예를 들어 旱魃을 미가 불안 요인으로 놓고 수리시설의 수의 증가를 미가안정 요인으로 놓아 미가변동폭을 관찰할 필요가 있는 것이다.

그러나 기후사 연구와 마찬가지로 지금까지 조선시대 수리시설에 관한 연구[145] 또한 기후상황과 미가변동을 고려하지 않은 연구이다. 주지하듯이 수리시설에 관한 연구는 최소한 降雨量 변동과 연계시켜야 그 의미가 제대로 전달될 수 있는데 아쉽게도 이러한 연구는 아직 나오지 않은 상태이다. 따라서 기존 연구에서 밝힌 수리시설수의 변동이 함축하는 의미가 제대로 전달되지 못하다는 느낌이 든다. 일단 여기서 18-19세기 편찬된 읍지에 등장하는 堤堰數의 변화를 宮嶋博士(1983)와 최원규(1992)의 연구성과를 이용하여 정리하면 〈표 3-15〉와 같다.

〈표 3-15〉 18-19세기 각 도별 수리시설 변동

경상도 (崔)	1470-1767 폐기 신설 472 763		1769-1832 폐기 신설 185 417		1832-1895 폐기 신설 342 156	1895-1900 폐기 신설 4 36	합계 폐기 신설 1,003 1,372
경상도 (宮)	15세기 후반 721		1760 885 (폐7)	1782 1522	18세기 말 928 (폐15)	19세기전반 1021 (폐32)	1908 1317
충청도 (崔) (宮)	1760 505(폐12) 505(폐14)		1782 503 503		1800 454(폐16) 454(폐16)	1871 491(폐17) 248	1895 491(폐17)
전라도	1760 568(폐3)		1782 839 913(宮)		1800 833 914(폐17)(宮)	1871 830	1895 854 745

자료: 宮嶋博史(1983), 최원규(1992).

---

145) 李光麟,『李朝水利史硏究』韓國硏究院, 1961, 宮嶋博士,「李朝後期の農業水利」, 東洋史硏究 41卷 4號, 1983; 최원규,「朝鮮後期 水利기구와 經營문제」, 國史館 論叢 39, 1992.

수리시설수의 변화를 보면 경상도의 경우 1762-1782년 사이에 885처에서 1,522처로 약 두 배 이상 늘어난 것을 알 수 있다. 전라도의 경우도 동 기간 568처에서 839처로 급격히 늘어났다. 충청도의 경우 별 다른 증가는 보이지 않는다. 정조는 즉위하자마자 堤堰節目146)을 발표(1778)하고 제언에 대한 강력한 국가관리 의지를 천명하였다. 정조 즉위 원년인 1777년은 3월에 14.49mm, 4월에 6.21mm, 5월에 49.68mm를 기록하여 이앙기 총 降雨量이 70mm에 지나지 않았다. 따라서 이 시기 미작지대의 제언수의 급격한 증가의 원인은 가뭄으로 인한 이앙의 곤란과 그에 따른 수확의 차질을 방치하지 않으려는 대책이 국가적 차원에서 진행된 것으로 보아야 한다.

정리하자면 18세기 자연환경은 수전농업에 대단히 불리한 기후환경이었다. 이러한 사실은 당시 농가일기와 降雨量 통계에서 확인된 사실이다. 이러한 자연환경에도 불구하고 가장 주된 수전농업 생산물인 미가는 비교적 안정된 변동을 보였다. 이러한 사실도 미곡가격에 관한 장기 시계열자료에서 확인된 사실이다. 또한 이 시기 편찬된 지방 읍지를 통해서 확인되듯이 제언수의 증가도 사실이다. 결국 18세기의 자연현상과 경제현상과의 사실적 괴리를 메우는 것은 역시 수리시설의 확대와 같은 국가적 차원의 노력의 집중이 있었기 때문이다. 이 문제를 좀 더 확대 해석한다면 18세기 조선에서는 비우호적인 자연환경 조건에서 국가가 단순히 조세 수탈적인 비효율적이고 비합리적인 기능에서 벗어나, 합리적이고 효율적인 공공재 공급의 주체로 등장함으로써 미가는 안정되고 경제는 번영된 것으로 이해될 수 있다. 결론적으로 조선의 기후 변화와 관련하여 분명한 것은 기후요인은 경제현상과

---

146) 堤堰節目 1: 堤堰修築, 自是農政之大者, 每年道臣巡歷時, 至有摘奸啓聞之擧, 而堤內冒耕者, 則勿論士夫與平民, 幷爲全家徙邊, 守令之不能奉行者, 亦用制書有違之律.
1. 堤堰之長廣步數, 本司與該邑, 俱有載錄者, 而諸宮家各衙門, 或有折受之處, 士豪奸民, 亦多冒耕之患, 昔之渟瀦之地, 盡爲乾堤, 前之灌漑之利, 遂致廢絶, 非但農政之不修, 可見國法之漸弛, 可勝寒心. 今番段, 別定解事監色, 從實改量, 毋使舊堤有縮, 民田混入, 而至於冒耕處, 則一幷還陳, 退築舊堤, 列植樹木, 而別爲限界, 以禁日後更耕爲白乎矣. (『備邊司謄錄』159, 正祖 2年 1月 13日)

사회현상의 설명에 최소한 암시적인 요인이지 결정적인 요인은 아니라는 기
존의 기후사 연구성과147)가 조선에서도 적용된다는 것이다.

 기후환경과 국가의 기능 그리고 미가변동과의 관련은 19세기로 확장하여
고찰할 때 더욱 확연해 질 수 있다. 이호철·박근필의 19세기 초 조선의
기후변동과 농업위기에 관한 연구는 기후변동을 직접적으로 농업위기로 연
결시킨 점에서 앞의 이태진(1995)연구와 다를 바 없게 된다.

 19세기 기후환경도 18세기와 마찬가지로 가뭄과 홍수가 교체되는 환경이
었다. 단지 강우량을 놓고 보면 18세기보다 19세기가 훨씬 많은 비가 내린
시기라는 점은 드러난다. 그러나 이로 인하여 농업에 의존해온 조선의 농
업위기가 전개되었다는 논지는 지나친 것이다. 19세기 기후변동은 19세기
농업위기를 설명하는 데 암시적인 상황을 제공하고 있을 뿐이다.

 19세기의 경우 18세기와 큰 차이 없는 기후환경이었다고 해도 국가정책
에 있어서 18세기와 달랐다면 기후요인이 미가변동에 미친 영향도 달라진
다고 볼 수 있다. 예를 들어 1811년의 경우 삼남지방은 풍년이나 함경 평
안지방은 흉년이 들었다. 1812년의 경우 삼남지방은 흉년이나 관서·관북
지방은 풍년이다. 1813년은 전국적으로 흉년이 들었고 함경도 지방은 홍수
의 피해를 겪었다. 1814년은 경상도의 경우 가뭄과 홍수에 번갈아 가며 시
달렸고 전라도와 함께 전국에서 가장 큰 흉년이 들었다. 반면 함경 평안지
방은 풍년이 들었다. 1816년은 다시 반대로 삼남지방은 풍년이나 함경도
지방은 일 년 내내 기상악화에 시달려 흉년이 들었다. 1817년은 삼남지방
은 홍수의 피해를 입었고 함경 평안지방은 가뭄과 홍수에 번갈아 가며 시
달린 해이다. 1818년은 삼남지방이 오랜만의 평온한 해로 기록되고 있다.
다만 평안지방이 처음에는 온화한 기후로 좋았으나 수확기에 광풍과 폭우
로 피해를 입은 것으로 기록되고 있다. 1819년은 경기와 황해 등 중부지방
의 흉년이 심한 해였다. 1820년은 전국적으로 고른 평년 내지 풍년을 보인
해이다. 1821년은 가장 많은 양의 降雨量을 기록한 해로서 비변사등록의

---

147) J. L Anderson, 'Climatic Change in European Economic History', "Research
   in Economic History", vol. 6. 1981.

기록이 존재하지 않는 해이다. 이 시기가 19세기의 제2차 위기로 볼 수 있다. 이와 같이 19세기는 1820년대까지 가뭄과 홍수에 번갈아가며 시달렸고, 이에 따라 각 지방의 풍흉관계가 대단히 불균등하게 나타난 것이 특징이다. 이러한 특징은 18세기에도 엄존한다.

미가변동도 이 시기를 분기점으로 완만한 상승과 하강 국면에서 완전히 벗어나 급격한 상승과 하강을 보이는 국면이 본격적으로 전개된다. 결국 19세기는 초반부터 몇 차례의 위기가 누적되다가 중반의 급격한 기상악화에 국가의 대응이 없었던 이유로 국가와 농민의 생존을 지탱해온 모든 체제가 붕괴된 것으로 보인다. 1830년대 이후 국유 제언의 폐기가 경상도의 경우만 382개 처로 잡히고 있는 것과 1810년 이후로 발생하기 시작한 농민반란과 쌀소동(Rice riot)은 이러한 체제 붕괴를 증명한다고 볼 수 있다.

이러한 19세기 모습은 18세기의 국가 모습 즉 기상악화에 적극적으로 대응하는 국가체제와 그 속에서 진행된 안정된 미가변동과 대조적인 모습이다.

(3) 供給量變動과 米價變動과의 관계

가. 地代 收取量 變化를 통한 收穫量 變動과 米價變動과의 관계

지금까지 조선 후기 농가경영 연구를 볼 때 수확량 그 자체의 추세를 정리한 연구는 없다. 대신 地代 收取量으로 추정한 연구는 있다. 주지하듯이 지대 수취방식은 打租와 賭租로 구분하고 賭租는 다시 執賭와 定賭로 구분한다. 打租는 타작한 날 수확량의 반을 거두는 방식이다. 執賭는 수확하기 전에 벼의 收穫量을 예상하여 作人과 협정하여 일정액을 정하는 방식이다. 定租는 타인에게 미리 일정액의 지대를 정하고 경작을 맡기는 방식이다.

지대 수취방법이 打租이건 賭租이건 地代 收取量의 변동을 가지고 수확량 변동을 이야기하기 위해서는 몇 가지 중간과정을 거쳐야 한다. 예를 들어 인구가 늘어나서 單位土地當 인구밀도가 올라갈 경우 지주와 작인과의 관계에서 地主權은 强化된다고 볼 수 있다. 지주권이 강화되면 지주와 작인과의 契約期間이 단축되고 지대수취량이 늘어나게 된다. 이 경우 지대의 증가는 수확량의 증대라고 보기 힘들게 된다. 따라서 지대의 증가를 수확량의 증가로 직접 연결시키기 위해서는 인구가 일정하고 지주권이 일정하다는 전제 위에서 가능하다. 지대량이 감소하는 경우도 마찬가지이다. 작인의 권리가 일정하다는 전제 위에서 지대의 하락이 곧 수확량의 하락으로 연결된다.

지대 수취형태는 지역과 시기마다 다르다. 대개 18-19세기에 畓에서는 打租로 田에서는 賭租로 수취하는 것이 일반적이라고 알려져 있다. 지금까지 秋收記를 통해 地代 收取量에 대한 시계열을 구축한 연구는 경기도 과천지방의 秋收記(1849-1890) 연구148)와 慶尙道 漆谷 石田李氏家 秋收記(1685-1764) 연구,149) 忠淸道 瑞山 田畓謄出記(1834-1875) 연구150) 등이 있다. 이 중 漆谷 石田李氏家의 秋收記는 打租151)에 의한 秋收記가 주종으로 18세기 수확량 추이를 알 수 있는 良質의 자료이다. 瑞山 田畓 謄出記는 78.5%가 打租에 의한 地代 收取를 기록한 자료로서 전자에 비해 자료의 질은 떨어지나 19세기 중반 수확량 변동을 알려주는 자료이다.

이 두 자료를 이용한 연구의 공통된 결론은 시간이 흐름에 따라 畓의 地代 收取量은 감소한다는 것이다. 石田 李氏家 秋收記 연구에 의하면 1685-1764년간 慶尙道 七谷地方의 斗落當 지대 수취량은 1680년대 후반-1690년대 전반, 1720년대, 1740년대 후반, 1770년대-1780년대에 하강하고, 1690년대 후반-1705년간과 1730년대에 상승하는 것으로 나타났다. 이러한 中短期 循環을 포괄하는 장기추세는 미미한 감소로 나타났다.152)

---

148) 安秉台, 『朝鮮後期經濟史研究』, 1976.
149) 金建泰, 「16-18世紀 兩班地主層의 農業經營과 農民層의 動向」, 成均館大 史學科 博士學位論文, 1997.
150) 崔潤晤, 「18, 19세기 서울 不在地主의 土地集積과 農業經營」, 『金容燮敎授停年紀念韓國史學論叢』 2, 1997.
151) 지대 수취량을 가지고 收穫量 推移를 파악할 경우 賭租에 의한 지대 수취량보다는 打租에 의한 地代 收取量이 좀 더 정확하다고 볼 수 있다. 打租에 의한 地代 收取量은의 변동은 수확량의 변동과 직결되는 것이나 賭租에 의한 지대 수취량 변동은 地主權의 强化 여부에 의해서도 영향을 받기 때문이다.

瑞山田畓謄出記 연구에 의하면 서산군 군내면의 경우 1836년 두락당 17.75두를 수취하던 것에서 1873년이 되면 13.56두로 감소하는 것으로 나타났다. 37년 동안 두락당 4두 이상이 감소한 것이다.[153]

이와 같이 斗落當 地代 收取量이 감소의 경향으로 나타나는 사실이 인구조건이나 지주·작인과의 관계가 일정하다는 전제하에서 일어난 감소라면 그것은 곧 수확량 감소를 의미하며, 나아가 朝鮮後期 農業生産力發達이라는 장기추세의 명제와 다르다는 것을 의미한다. 이 사실은 적어도 미가변동과 관련하여 米價를 상승시키는 요인임에는 틀림없다.

지금까지 경상도 칠곡지방과 충청도 서산지방의 개별 가문의 지대 수취량을 가지고 수확량 변동을 알아보았다. 수확량 변동을 가지고 미가변동을 고찰하는 것은 공급요인의 작용을 파악하기 위함이다. 그러나 전라도 영암지방에서 추출된 미가와 다른 지방의 추수기에서 추출된 지대 수취량을 곧바로 연계시킨 한계가 있다. 뿐만 아니라 개별 가문의 추수기에 나타난 수취량 변동으로 공급량의 변화를 추적한 한계가 있다. 따라서 공급요인의 변동을 명확히 고찰하기 위해서는 거시적인 지표로 보완할 필요가 있다. 여기서는 국가의 조세 수취지 면적과 면세지 면적의 변동을 통해 공급량 변화를 추정해보기로 한다.

나. 出稅結數와 給災結數의 변화를 통해 본 供給量 變動과 米價變動과의 관계

조선 후기에는 각종의 賦稅가 總額制로 운영되면서 점차 田結稅化되는 추세속에서 田稅收取制度는 다른 賦稅收取의 기준이 되고 있었다.[154] 18세기 田稅 比摠制는 조선 후기 전형적인 總額制 賦稅收取方式을 반영한 제도였다. 조선 후기 전세 수취제도는 임란 이후 永定法으로 표현되는 定額稅制로의 변

---

152) 김건태(1997).
153) 崔潤晤(1997).
154) 정인식, 「朝鮮後期 賦稅制度 硏究 現況」, 『韓國中世社會 解體期의 諸問題』, 한울 1987.

화속에서 敬差官踏驗定額稅制(1634-1760)에서 比摠定額稅制(1760-1894)로 바뀌어 시행되었다.[155]

敬差官踏驗制度는 敬差官의 災傷分揀을 통한 조세의 차등징수방식으로 재해의 비율에 따라 일정 세액을 감면하는 比率給災方式이다. 災傷은 永災와 當年災로 구분하여 川反과 浦落[156]으로 永災[157]를 삼고 未移秧, 晚移秧, 未發穗, 水沈 등을 當年災[158]로 삼았다. 이러한 給災制度는 17세기 이후 기상변화에 따른 재해 발생이 빈번해지면서 前年度 상황과 비교하여 급재하는 比年給災方式으로 변해갔다.

比摠制는 比年給災方式이 구체화된 방식이다. 1760년대 比摠制가 실시되기 전에 이미 1730년대부터 戶曹로부터 반급된 實摠과 災摠을 바탕으로 地方觀察使가 주관하는 比摠制가 관행으로 정착되었다. 비총제는 1760년부터 경차관을 파견하지 않고 戶曹에서 八道와 四都의 田結數를 甲年을 중심으로 10년 간격의 增減數를 기록한 田摠에 기반하여 流來陳雜頉田과 각 도의 免稅田인 各宮房田 各衙門田 各攘雜位田을 제하고 매년 8월 각 도, 각 읍의 雨澤農形狀啓를 비교하여 實摠과 災摠을 각 도에 分給하면서부터 시작되었다.

각 지방의 雨澤農形狀啓를 참고한 實摠과 災摠 중 實總은 그해 총 경지면적의 규모를 알려주는 지표로 활용할 수 있으며 災摠은 作況狀況을 알려주는 지표로 활용할 수 있다. 『度支田賦考』[159]는 이러한 비총제 실시와 운

---

155) 李哲成, 「18세기 田稅 比摠制의 實施와 그 성격」, 『韓國史硏究』81, 1993. 6
156) 내가 딴 길로 터져서 논밭이 떨어져 나간 것이다.
157) 『度支田賦考』, 年分 永災則川反浦落, 此邊浦落處, 旣已懸頉, 則彼邊泥生處, 査出加錄, 覆沙處 當年則給災, 而翌年掘沙後, 起耕收稅.
158) 『度支田賦考』年分 一年災則初不付種 未移秧 晚移秧 未發穗.
159) 度支田賦考에 대한 解題는 ① 奎章閣『韓國本圖書解題』1984. ②『韓國圖書解題』高麗大學校民族文化硏究所, 1971. ③ 金榮鎭, 『農林水產古文獻備要』1982, ④ 韓榮國『度支田賦考』解題 麗江出版社 1986.이 있다. 각 해제마다 연대 비정이 다르다. ①은 연대비정을 1780년으로 추정해 놓았다. 따라서 모든 내용은 1684-1780년간 수치로 연대를 배정하였다. ②는 1796년도 정조 20년 전국 田摠과 賦摠을 수정하였을 때 만들어진 것으로 보고 있다. ③은 1840년대로 추정하고 있다. ④는 1796년이라고 보고 있다. 이 모든 연대 비정은 모두 틀

영을 기록한 책으로서 1900년경에 작성된 책이다. 1744-1840년 약 100년간 각 도별 給災數와 出稅實結數가 기록되어 있다. 이 자료를 이용하여 전라도 영암의 미가와 대비할 경우 유의미한 사실이 발견된다.

우선 전국 출세결수의 변화를 보면 1744년 약 85만 결 수준에서 점차 하락하다가 1755년 흉년을 계기로 72만 결 수준으로 급락한다. 이후 다시 80만 결 전후의 수준을 유지하다가 1762년 65만 결 수준으로 다시 급락한다. 이후 급락하는 시기를 보면 1786년, 1792년, 1809-1810년, 1814년이다.

急落의 시기를 중심으로 미가 수준과 연계시켜 보면 대개 米價急騰의 시기와 일치한다. 그러나 米價와 出稅結數와의 단기적 변동의 連繫性은 1830년대 이후로 가면 나타나지 않는다. 예를 들어 1833-34년을 보면 미가는 1831년 2.27兩에서 1832년 4兩으로 치솟았고, 1833년은 다시 5兩 1錢 9分대로 올라간 반면 전국 출세결수는 1831년에 78만 결에서 1832년에 73만 결 1833년에 다시 78만 결 수준으로 나타나 1815년까지 서로 같은 방향으로 움직이던 모습은 더 이상 나타나지 않는 것을 확인 할 수 있다.

출세결수와 미가와의 연동성에서 전국출세결수가 전라도 출세결수에 비해 더 크게 영향을 준 것으로 나타났다. 정확한 원인은 모르겠으나 이 경향은 뚜렷하다. 전라도 영암의 미가변동이 전라도 지역보다 전국의 출세결수에 더 큰 영향을 받는 것은 좀 더 면밀히 고찰할 필요가 있다. 예를 들어 1782년의 경우 호남지역은 1781년에 비해 풍년이 든 해이나 전국적으로는 흉년이 든 해이다. 이해 전국 출세결수는 77만 6천577결로 전년의 78만 6천161결에 비해 9천584결이 감소한 것으로 나타났으나 전라도의 경우 1781년의 19만 6천235결에 비해 1782년은 19만 8천474결로 감소한 것으로 나타났다. 반면 이해 미가는 2.7냥에서 3.18냥으로 상승하였다. 이해 호남의 농사상황에 대해 전라감사는 비와 일조량이 알맞아 풍년이 들었으나 북관

렸다. 給災結數와 出稅實結數는 매년 풍흉상황을 반영하고 있으므로 미가변동과의 연관을 대조하면 1744-1875년 미가변동과 일정한 연동성을 보였다. 따라서 맨 마지막에 나오는 庚子年은1900년 경자년이다. 맨 처음 나오는 甲子年은 1744년 甲子年이다.

의 경우 가뭄이 심하여 미가가 급등하였다고 보고하고 있다.160)

19세기 중후반부터 뚜렷이 나타나는 비 연계성의 이유는 두 가지로 생각해볼 수 있다. 하나는 1830년 이후 국가의 出稅實結數 파악능력이 약화되어 실제 상황을 반영하지 못하기 때문이든가 아니면 미가변동이 공급요인보다는 다른 요인의 영향을 받게 되었기 때문으로 이해할 수 있다.

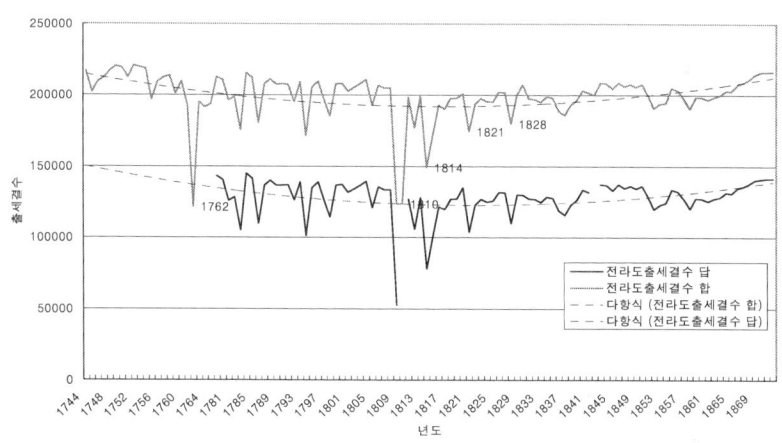

〈그림 3-6〉 전라도출세결수

여기서는 전자는 일정하다는 전제 위에서 후자에 더 큰 비중을 두고 고려해보기로 한다. 〈그림 3-6〉에서 出稅結數의 장기추세를 보면 1814-15년을 저점으로 완만한 하락에서 상승으로 접시모양을 그리고 있다. 出稅結數를 공급요인으로 받아들인다면 1744-1814년까지 미가는 상승하다가 1814년을 고비로 하락하는지 확인해 볼 필요가 있다. 앞서 제2장에서 미가의 추이를 보았듯이 18세기 미가의 추세는 1740-1787년까지 완만한 상승세였고 19세기는 상승과 하락을 반복하다가 1850년대를 고비로 급상승하는 모습을 나타냈다. 이 사실과 출세실결수의 추이와 대조해보면 적어도 18세기 미가 상승의 원인으로 공급량의 축소라는 논리는 성립한다. 그러나 19세기 미가

160)『備邊司謄錄』165, 正祖 6年 8月 20日.

변동에 대해서는 거의 설명력이 떨어진다. 특히 1850년대에 이후는 전혀 설명할 수 없는 관계를 보이고 있다. 공급량이 뚜렷이 확대되는 시기임에도 불구하고 미가는 급상승한 것이다.

<그림 3-7〉 급재결수와 미가변동과의 관계(1744-1875)

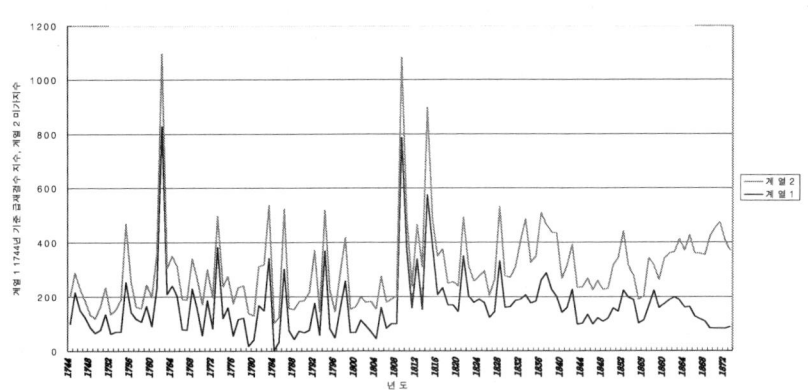

이와 같이 장기추세속에서 확인되는 사실은 단기변동에서 더욱 뚜렷이 확인된다. 〈그림 3-7〉은 풍흉관계를 반영한 공급요인 지수로서 災結指數와 米價指數와의 관계를 나타내고 있다. 지수는 1744년 給災結數와 米價를 각각 100으로 놓고 각 년도 변동을 지수화한 것이다.[161]

給災結數는 흉년든 정도를 나타내고 급재결수가 많다는 것은 그만큼 공급량이 줄어든 것을 의미한다. 따라서 給災結數와 미가는 서로 정비례관계를 나타내야 한다. 〈그림 3-7〉을 보면 이러한 관계를 확인할 수 있다. 초기의 급재결수와 미가는 서로 비 조응하는 것으로 나타난다. 1744년의 1만천 833결에서 1745년 2만5천522결의 급재를 받았으나 미가는 1.86냥에서 1.37냥으로 하락이 그 예이다. 그러나 초기에만 非 照應關係가 보일 뿐 19세기 초기까지 약 70년간 단기 미가변동의 등락과 급재결수의 등락은 서로 정비

---

161) 미가는 수확 이전 가격이고 재결수는 수확의 값이므로 양자의 비교는 수확년을 기준으로 미가지수를 일차 차분하여 비교하였다.

례 관계를 보이고 있다. 그러다가 1865년 이후부터는 이러한 照應關係가 전혀 상반된 관계로 뒤바뀌는 것을 확인할 수 있다. 이것은 1865년 이후의 미가상승은 공급요인과 상관없는 변동이라는 사실을 보여주는 것이라고 생각된다.

앞서 화폐요인의 고찰에서 1820년대부터 일본은 자국의 銅의 對 朝鮮 輸出制限의 규제를 점차 완화하여 1850년대가 되면 일본으로부터 수입되는 동의 양이 최고조에 이른다는 것을 언급한 바 있다. 이와 같이 이 시기는 일본 동의 수입 조건이 개선된 시기이다. 뿐만 아니라 1731년 주전부터 1750년대 주전에 이르기까지 지속적으로 노력해온 국내 銅鑛開發이 이 시기 甲山銅鑛의 개발을 중심으로 급속하게 착수된 시기이다.

더군다나 이 시기는 일본 동의 수입제한 조치가 완화되고 국내 동광이 개발된 데다가 1866년에는 16,000,000兩의 當百錢이 발행된 시기이다. 이러한 화폐적 요인의 변동은 이 시기 미가상승에 다른 어떤 요인보다도 더 큰 영향을 주었다고 볼 수 있다. 따라서 이전까지 공급요인의 변동과 강한 상관성을 띠던 미가변동이 이 시기부터 전혀 상반된 모습을 보인 것은 貨幣的 要因의 작용에 기인한다고 사료된다.

이 사실은 災結指數를 분등장계에 나타난 우심읍의 비중으로 대체한 결과와도 부합한다. 앞서 살펴본 분등장계에서 호남 전체 읍에서 흉년으로 판명된 읍수의 비중을 계산하여 미가변동과 연계시킬 경우 〈그림 3-8〉과 같이 된다. 〈그림 3-8〉에 나타난 미가와 흉년든 읍수와의 관계는 1837년까지 조응하다가 이후로는 비조응의 모습을 나타낸다. 따라서 당시 지방관은 19세기 중반까지 비교적 정확히 풍흉관계를 조사하여 보고하였다고 볼 수 있다.

이상으로 명목적 요인으로서 화폐요인과 실물적 요인으로서 공급요인을 중심으로 미가 변동요인의 작용에 대해서 살펴보았다. 그 결과 화폐요인은 19세기 전반까지 미가변동에 그리 큰 영향을 주지 못한 것으로 판단되었다. 다만 화폐요인은 19세기 중후반부터 주요한 변동요인으로 작용하고 있

164

었다는 생각이 든다. 따라서 18세기 40년간 지속된 미가상승은 실질적으로 소득이 늘거나 인구가 늘거나 등등의 실질적인 요인의 작용에 의한 상승으로 판단된다.

〈그림 3-8〉 全羅道 分等狀啓上 尤甚邑 比重과 米價變動과의 관계

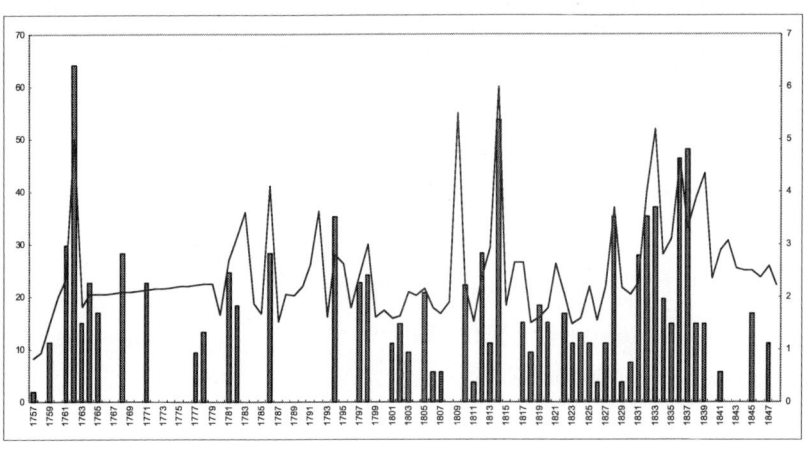

공급요인이 18세기와 19세기 초까지는 미가변동과 일정한 상관성을 가지면서 움직인 것도 이러한 판단을 뒷받침한다. 반면 19세기 중후반부터는 공급요인 등 실질적인 요인의 작용보다는 화폐적 요인이 더 크게 작용했다고 판단된다. 화폐요인과 공급요인 모두 중·장기적 요인으로서 미가에 미친 영향을 판단하기에는 좀 더 신중할 필요가 있다. 그러나 명확한 것은 이들 요인이 단기적으로는 비교적 명확하다는 것이다.

그것은 단기 미가변동과의 강한 상관성에서 확인된 사실이다. 다시 말하자면 18-19세기 화폐 주전기록이나 比摠制하에서 매년 기록된 出稅實結數와 給災結數의 변동을 볼 때 중 長期的 相關性에 앞서 短期的 相關性이 더 강하다는 사실이다. 따라서 단기변동요인에 대한 좀 더 구체적인 접근이 필요하다고 본다.

Ⅳ. 國家的 再配分體系의 變化와 米價變動과의 關係

1. 國家的 再配分體系의 成立背景

(1) 旱災와 國家의 饑饉對策

지금까지 18-19세기 기후변동과 단기 미가변동에 대해 고찰한 결과, 단기 미가상승을 이끈 주요 요인은 旱災라는 사실을 확인하였다. 水災와는 달리 旱災는 서서히 진행되는 재해이다. 水災와 旱災 모두 흉년의 원인이라 해도 이 兩者로 인한 위기에는 다른 점이 존재한다. 왜냐하면 두 災害의 서로 다른 진행과정으로 인하여 정부의 개입이 다를 수밖에 없기 때문이다. 가뭄과 같이 서서히 진행되는 災害는 그 결과를 미리 예측할 수 있고, 그만큼 정부는 대책을 준비할 수 있다.

18-19세기 旱災에 대한 政府對策도 收穫 以前에 이미 災害地域과 災害程度를 예측하면서 시작된다. 이 시기 『備邊司謄錄』을 보면 移秧期인 4-6월에 가뭄이 들고 그 가뭄이 계속되면 정부는 지역별로 그 결과를 예측하고 대책을 강구하는 모습이 자주 보인다. 주요한 대책은 기근에 대비한 곡식조달이다. 제2장 그림에 나타나 있는 바와 같이 단기 미가변동이 尖峰으로 솟은 해를 중심으로 旱災를 미리 예측하고 대책을 강구한 예를 몇 가지 제시하면 다음과 같다.

① 1732년 7월 4일 檢討官 趙明澤: "금년의 旱災는 지극히 참담하다. 호남은 반드시 흉년을 면키 어려울 것이고 湖西와 畿甸은 이미 흉년으로 판가름났다. 절약하고 덜어쓰는 방법을 미리 강구하지 않으면 안 된다. 앞으로 닥칠 기근에서 백성을 구하기 위해서는 還穀을 모두 거두어들여야 한

다."162)

② 1733년 2월 7일 奉朝賀 閔鎭遠: "흉년의 賑恤의 정사는 반드시 곡식을 저축해 놓아야 救荒의 정사를 펼 수 있다. 본인이 賑廳에 근무할 때 호남 임피 해안에 창사를 건립하여 곡식을 저장해 놓고 진휼에 대비한 적이 있다."163)

③ 1740년 4월 21일 咸鏡監司 朴文秀: "본도는 우박으로 牟耕의 기한을 지키지 못하여 익기도 전에 이미 흉년으로 판명났다. 앞으로 백성들에게 닥칠 위기가 걱정된다. 미리 진휼의 정책을 강구해 놓아야 한다."164)

④ 1762년 6월 20일 前參判 鄭弘淳: "몇 달 동안 오랜 가뭄에 잠시 비가 내릴듯하다가 끝내 한줄기 쏟아졌다는 소식이 없다. 동서는 조금 풍년이 들었다 하나 三南은 이미 큰 흉년으로 판명되었다. 앞으로 닥칠 기근을 구제할 일을 성실히 준비해야 한다."165)

⑤ 1782년 5월 26일 持平 李泰永: "요사이 가뭄은 참으로 참혹하다. 다가올 가을에 풍년을 바라보기는 매우 어렵게 되었다. 여기에 보리농사마저 흉년이 드니 농가의 식량을 저축할 방법이 없다. 백성들의 민심은 흉흉하다. 신의 집은 광주에 있는데 이곳의 還穀은 가장 많다 이 還穀으로 백성을 구제해야 한다."166)

⑥ 1815년 2월 20일 領議政 金載瓚: "근년에 논농사가 특히 旱災를 입은 것은 移秧때문이다. 옛날에는 이앙이란 법이 없었는데, 我朝의 中古 이후로

---

162) 『備邊司謄錄』 92, 英祖 8年 7月 4日: 昨年凶荒, 挽近所無, 而今年旱災, 又極孔慘, 湖南必不能免凶, 而湖西畿甸, 已判大無, 節損之道, 預講之策.

163) 『備邊司謄錄』 93, 英祖 9年 2月 7日: 凶年賑恤之政, 必有宿儲, 然後可以救濟, 臣待罪賑廳時 於湖南臨陂海邊, 建立倉舍, 除置大同貿穀藏置, 以備濟州移轉及本道饑荒.

164) 『備邊司謄錄』 106, 英祖 16年 4月 21日: 以爲本道雨雹頻數, 牟耕愆期, 不待成熟, 已判凶歉, 前頭民事, 極爲可慮, 不可無預備賑穀之策.

165) 『備邊司謄錄』 141, 英祖 38年 6月 20日: 彌月久旱, 乍雨旋霽, 終未得一霈, 東西雖曰稍登, 三南已判大歉, 前頭賙濟之患, 誠爲罔措.

166) 『備邊司謄錄』 164, 正祖 6年 5月 24日: 近日之旱暵孔酷, 來秋之豊登難望, 重以麥事失稔, 農糧無儲, 民情遑急, 若不保朝夕, 臣家在廣州, 熟知民間 倒懸之狀矣. 廣固大邑, 還穀最多, 雖當豊足之歲, 每值夏秋之交, 則民之命脈, 惟資於巡還.

남쪽에서부터 시작하여 서로 모방하게 된 것인바, 근년처럼 이렇게 극성스러운 때는 없었다. 대개 지금 논농사에 있어서 전체를 10분이라고 하면 모내기가 그 7, 8분이 넘는다. 하물며 모내기 때를 당하여 안타깝게도 항상 가물기 때문에, 근년에 벼농사가 연거푸 흉작이었던 것은 실로 모내기를 지나치게 많이 하기 때문이다. 옛날에는 법을 만들어서 금했기 때문에 '이앙'이란 두 글자가 감히 조정에 들릴 수 없었다. 그러나 地形과 水源의 형편상 부득이 모내기를 하지 않을 수 없는 곳이 있으니, 이는 오직 마땅히 형편에 따라서 굳이 금할 필요가 없다. 다만 전에 씨앗을 뿌리던 곳에 지금 모내기를 하는 자에 대해서는 지방관으로 하여금 직접 농토를 찾아다니며 농민을 깨우쳐서 반드시 전처럼 씨앗을 뿌리도록 하여 다시 모내기를 하는 일이 없게 되면, 비록 혹 불행히 장마나 가뭄이 닥치더라도 가을에 가서 모든 것을 잃게 되는 지경에까지 이르지는 않을 것이다."[167]

이상으로 제시된 사례에서 확인되듯이 18-19세기 조선에서 흉년이 크게 든 해의 주요 氣象原因은 가뭄이었기 때문에, 국가 차원의 대책이 미리 준비되고, 그만큼 國家主導의 經濟的 統合形態인 再配分體系는 발달하였다. 조선 후기 米穀부문 총생산 중 조세와 환곡을 합친 國家的 물류몫은 총 28% 정도이며, 이 중 還穀이 차지하는 비중은 14%로 추산한다. 국가적 물류 중 還穀의 비중은 48%이다.[168]

국가의 재배분체계는 이러한 기후조건에다가 한반도 본래의 지리적 특징이 가세하여 더욱 발달하였다. 남북으로 길게 뻗은 지형이 특징인 한반도에 가뭄이 들 경우 三南地方의 水田農業地帶는 타격을 받으나 관서·관북 지방 등 旱田農業地帶는 그리 큰 타격을 받지 않는다. 반대로 홍수가 발생할 경우 삼남지방의 水田農業地帶는 타격을 받지 않으나 북쪽의 旱田地帶는 타격을 받는다. 이러한 기후요인의 불균등한 작용은 같은 삼남지방 내에서도 內陸의 旱田地帶와 沿岸의 水田地帶에 서로 다르게 나타난다. 이에 대해 茶山 丁若鏞(1762-1836)은 다음과 같이 지적하고 있다.

---

167) 『純祖實錄』 18, 純祖 15年 2月 20日.
168) 李榮薰, 「韓國史에 있어서 近代로의 移行과 特質」, 『經濟史學』 21, 1996.

우리나라는 남북이 아주 멀고 산택이 얽히고설켜 기후가 같지 않고
토질이 각각 다르므로 8도에서 함께 풍년드는 해는 아주 드물다. 건륭
경술년 이후로 지금까지 없었다.[169]

다산이 경험한 바에 따르면 지역 간 불균등한 풍흉관계는 적어도 1790년
(乾隆庚戌以後) 이후부터 「經世遺表」를 저작한 1821년까지 매년 발생하고
있었다. 당시 정부는 가뭄으로 흉년이 들 경우, 기근 등 생계위기를 넘기기
위한 비상대책부터 서두른다. 備邊司에서는 각 지방관들의 農形報告를 접
수하고 食糧不足地域과 剩餘地域을 판단하여 지역 간 곡물이동을 결정하고
다시 각 지방관에게 행정명령을 하달하여 곡물을 이동시켰다. 따라서 이
시기 지역 간 풍흉의 차이를 조절하는 機構는 市場機構도 있었지만 이 기
구보다 좀 더 상위에 위치한 國家의 再配分機構가 발달할 수밖에 없었다.

「備邊司謄錄」의 「分等狀啓」를 보면 다산이 지적한 불균등한 풍흉상황은
명백한 사실로 나타나있다. 每年度 分等狀啓의 내용을 정리한 것이 〈제3장
부표 3〉이다. 적어도 「分等狀啓」에 전국적 상황이 올라온 1763년부터 1848
년까지 전국 각 지방의 尤甚邑과 之次邑, 그리고 稍實邑의 비중 추이를 보
면 경기 이남의 삼남지방과 경기 이북의 관서·관북 지방이 서로 다른 것
을 확인할 수 있다.

먼저 18세기 구간을 확인하자. 1766년에 전라도의 尤甚邑은 한 읍도 없
는데 평안도의 경우 尤甚邑의 비중이 33% 정도인 것을 알 수 있다. 1767
년도도 전라도의 경우 尤甚邑은 한 읍도 없으나 함경도의 尤甚邑은 전체읍
의 44% 정도로 나타나고 있다. 1777년의 경우 반대로 평안도의 尤甚邑이
없는 데 비해 전라 경상의 尤甚邑이 나타나고 있다. 1780년의 경우 전라,
경상, 충청 등 삼남지방은 모두 尤甚邑이 한 읍도 없는 풍년이나 북쪽지방
은 큰 흉년이 든 해로 기록되고 있다. 1782년은 반대로 경기 이남지방이

---

169) 丁若鏞, 「經世遺表」 12: 況我邦南北夐遠, 山澤糾錯, 風氣不同, 土宜各殊 故八
路同豊之年, 絶無而菫有, 乾隆庚戌以後, 現今未有, 若以坐待爲幸, 則獨不可轉移
懋遷, 以思化居之方乎.

흉년이 들고 경기 이북지방은 풍년이 든 것으로 나타나 있다. 1789년은 다시 전라도의 尤甚邑은 한 읍도 없는 풍년이나 평안과 함경도 지방은 흉년으로 나타나 있다.

이러한 불균등한 풍흉양상은 19세기에 들어서도 마찬가지로 전개되고 있었다.

먼저 1804년에는 전라도와 경상도의 尤甚邑은 나타나지 않았으나 평안도와 황해도의 尤甚邑이 비교적 많이 나타난 것을 알 수 있다.

<표 4-1> 1804년 分等狀啓

(1804)	B.195冊 純祖 4年 p.760-774			
	우심	지차	초실	
전라	0	전주 17	무주 36	本道年事 始經極備之灾 終獲大有之喜
경상	0	지례 6	함양 65	嶺農之豊 甲於諸路
평안	의천 8	안주 19	평양 15	今年年事 比之諸路 最爲失稔
황해	해주 9	김천 7	토산 7	今年年事 比之昨年 稍勝

1809년의 상황을 보면 전국적으로 흉년이 든 상황속에서도 平安地方이 제일 나은 상태를 기록하고 있다. 1810년은 전국적인 흉년임을 알 수 있다. 1811년은 다시 京畿以南(이하 南道)은 풍년이고 以北(以下北道)은 흉년으로 불균등해진다. 1812년은 北道가 풍년이고 南道가 흉년으로 나타나 있다. 1814년은 전라 경상도에 극심한 흉년이 든 반면 평안도과 함경도는 비교적 풍년이 든 것으로 나타나 있다. 1816년은 다시 상황이 바뀌어 전라 충청이 풍년이 든 반면 함경도에 흉년이 든 것으로 나타나 있다. 1818년은 南道는 풍년과 평년이나 北道가 흉년이 든 것으로 나타나 있다. 1819년은 三南地方은 극흉이나 평안도는 비교적 평년 수준 이상으로 나타나 있다. 1824년은 계속 北道 풍년과 南道 흉년을 보이고 있다. 1832년은 계속 南道 흉년과 北道 풍년으로 나타나 있다. 이 상황은 1837년까지 이어진다. 그러다가 1843, 1844, 1846년은 반대로 南道가 풍년이고 北道가 흉년으로 나타나 있다.

이와 같이 18-19세기는 반복되는 기상재해의 지역 간 불균등한 영향으로 국가가 주도한 곡물 재배분체계는 발달할 수밖에 없었다.

(2) 國家的 再配分體系와 米價變動과의 關係

기상악화에 따르는 단기 불규칙 가격변동 구조를 살펴볼 때 조선사회의 총수요와 총공급의 균형은 생계유지 수준을 분기점으로 서로 다른 가격반응을 나타내고 있었다. 예를 들어 기상악화에 따른 수확량의 감소는 생계유지 자체가 어려운 위기상황으로 귀결되어 급격한 가격상승으로 나타난데 반하여, 평년 수준 이상의 풍년은 급격한 가격하락으로 나타나지 않고 완만한 가격하락으로 나타났다.

이러한 변동의 특징은 제2장 제2절 미가추세의 〈그림 2-1〉에서도 확인된다. 〈그림 4-1〉를 보면 豊年이 든 해의 가격의 下限線은 벼 1석당 1.7냥에서 2냥대에 가지런히 놓인 반면, 흉년든 해의 가격 上限線은 벼 1석당 3-6냥대로 치솟는 尖峰을 이루고 있다. 즉 풍년든 해의 價格下落幅과 흉년든해의 價格上昇幅의 차이가 뚜렷한 것을 확인할 수 있다.

이러한 서로 다른 가격반응은 〈그림 4-1〉과 같이 평균적인 공급곡선이 생계유지 수준에 놓여 있고, 수요곡선은 이 수준에서 屈折되는 서로 다른 彈力性을 가진 수요곡선으로 나타난다고 볼 수 있다.[170]

---

170) 평균적인 공급곡선이 생계유지 수준에 놓여 있다는 가정하에 흉작이 가져오는 공급감소와 그에 따른 가격상승폭이 대단히 크게 된다는 점과 반면 풍작으로 인한 가격하락의 폭은 흉작의 가격상승폭에 비하면 미미하다는 사실을 가지고 서로 다른 탄력성을 가진 굴절된 수요곡선의 형태는 다음 세 논문에서 시사받은 것이다. 생계유지 수준의 유지와 그 위기상황에 따르는 반응에 대해서는 John W. Rogers, 'Subsistence crises and political economy in France at the end of the *ANCIEN REGIME*', "Research in Economic History" vol. 5,1980에 따르고 기후변화의 반응에 대해서는 John L. Anderson 'Climatic Change in European Economic History', "Research in Economic History" Vol. 6, 1981.을 참조하였으며 곡물가격 변동과 생계위기

〈그림 4-1〉 풍년든 해의 미가하락폭과 흉년든 해의 미가상승폭과의 차이

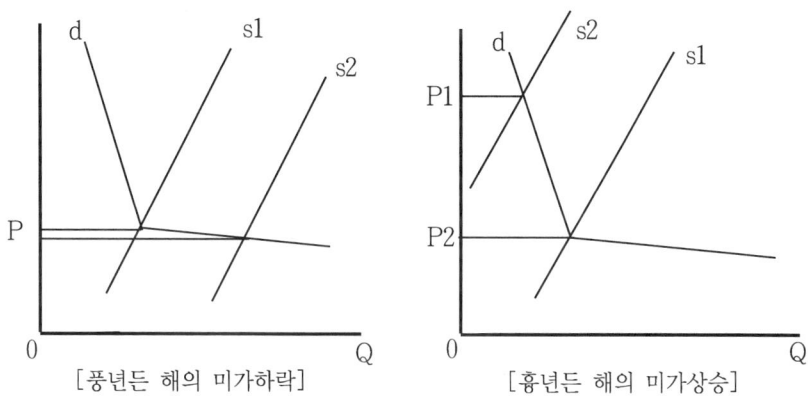

[풍년든 해의 미가하락]   [흉년든 해의 미가상승]

결국 변동계수로 단기 불규칙변동폭을 측정할 경우 단기 불규칙변동폭이 작은 18세기 중후반의 미가변동은 〈그림 4-1〉의 왼쪽 그림과 같은 수요 공급 곡선 상에서 움직인 것을 의미하며 그 변동폭이 매우 큰 18세기 초와 19세기 초중반의 미가변동은 〈그림 4-1〉의 오른 쪽과 같은 수요 공급곡선 상에서 움직인 것을 의미한다.

이러한 차이속에 국가가 얼마만큼 효율적인 체계로 풍년이 든 해에 곡식을 備蓄하고, 흉년이 든 해에 분배하는가에 따라 미가도 영향을 받았다고 볼 수 있다.

예를 들면 국가의 穀物備蓄能力이 유지되고 발휘되면 사회구성원들은 흉년상황에도 식량의 缺乏에 따른 饑饉局面에 들어서지 않게 된다. 이러한 기능은 가격구조에도 반영되어 미가는 안정적 변동을 보이게 된다. 결국 미가안정은 그만큼 국가의 穀食再配分體系의 원활한 운용을 나타낸다.

반대로 기후변동에 따른 외부충격이 가해진 경우에 국가의 재배분기능이 상실되어 倉庫貯藏機能이 마비되면 식량 결핍과 기근으로 이어져 생계위기

와의 연관은 Andrew B. Appleby, 'Grain Prices and Subsistence Crises in England and France, 1590-1740', "The Journal of Economic History" 4, 1979에서 시사받았다.

는 극한상황에 이르게 되며 그만큼 가격은 큰 폭으로 진동할 것이고 결국 미가는 불안정적 변동으로 나타난다고 볼 수 있다.

朝鮮後期 國家의 再配分體系는 還穀과 賑恤 두 가지로 살펴볼 수 있다. 지금까지 '還穀'에 관한 연구[171])는 운영문란과 농민항쟁의 주요 계기와 같은 부정적 시각에서 조망되어왔다. 대개 고리대적 성격, 혹은 부세적 성격을 강조하여 농민층과 대립되는 측면의 부각이 주종을 이룬다. 그러나 '賑恤'을 포함하여 '還穀'은 당시 국가의 주된 肯定的 기능의 하나였다. '賑恤'은 국가가 베푸는 無償配分이며 '還穀'은 토지를 보유한 자에게 이웃의 보증을 담보로 내주는 有償配分이었다. 당시 이 기능이 없었다면 많은 사람들이 기근으로 사망하였을 것이며, 체제 유지도 불가능하였을 것이다. 이러한 긍정적 기능을 무시한 역사연구는 많은 문제점이 있다고 사료된다.

당시 국가의 지방관들의 행정 내용은 관할 지역의 한 해 농사가 정상적인 수확으로 마무리되는가 아닌가를 조사하여, 租稅減免 規模와 '賑恤' 規模 그리고 '還穀'에 대한 연기나 추가신청 등을 중앙에 보고하는 내용이 대부분이었다. 중앙에서는 각 지방관들의 보고를 종합하여 조세감면 규모를 확정하고, 還穀量을 조정하며, 剩餘地域과 賑恤地域을 구분하여, 지역 간 곡물이동을 시행하는 행정명령체계를 수립하는 내용이 대부분이었다. 따라서 '賑恤'과 '還穀'은 국가의 곡식재배분의 주된 내용이었으며, 이 기능의 효율적 작동 여부는 국가와 농민 간의 생존체제와 관련된 중요한 관건이었다.

그러나 行政命令에 의한 人爲的인 再配分體系는 그 효율성과 합리성의 유지에 한계가 있었다. 특히 사회 전반적으로 상품화폐 경제가 자리를 잡으면서 중앙과 지방과의 행정명령 전달체계는 어긋나는 일이 많았다. 그때마다 국가의 인위적인 행정명령에 의한 再配分體系는 잘 시행되지 않고 변질되었다. 특히 有償配分인 '還穀'은 無償配分인 '賑恤'에 비해 훨씬 복잡한 변질을 겪었다. 茶山은 還穀의 변질을 놓고 백성이 죽고 나라가 망하는 것

---

171) 宋贊植, 「李朝時代還上取耗補用考」, 『歷史學報』 27, 1965; 오일주, 『朝鮮後期 國家財政과 還穀의 賦稅的 機能의 强化』, 연세대 석사학위논문, 1984; 鄭允炯, 「朝鮮王朝後期의 財政改革과 還上問題」 서울대 박사학위논문, 1985.

이 눈앞에 닥친 일이라고 한탄하였다. 다산은 還穀의 변질과정을 다음과 같이 묘사하였다.

　맨 처음 환자의 법을 만든 본뜻은 반은 백성의 양식을 위함이요, 반은 나라의 경비를 위한 것인데, 지금은 폐단위에 폐단이 생기고, 문란에 문란을 더하여, 나라의 경비에 쓰는 것은 열 가운데 하나요, 여러 아문에서 관장하여 자기들의 몫으로 삼은 것이 열 가운데 둘이요, 군현의 아전들이 농간질하고 판매해서 장사속으로 이득을 취하는 것이 열 가운데 일곱이다.172)

茶山에 따르더라도 還穀 역시 일정부분 發達과 停滯와 變質이라는 자기변화를 갖고 있었다고 볼 수 있다. 따라서 환곡문제에 대한 접근도 朝鮮後期 전체를 대상으로 한 構造分析的 접근보다도 中期的 時間帶의 變動을 파악하는 접근이 필요하다고 본다. 예를 들어 환곡의 中期的 變動을 파악하기 위해서는 價格變動과 관련하여 접근해 볼 수 있다. 즉 환곡의 기능이 원활히 작동될 때의 미가변동과 환곡의 기능이 변질되어 작동할 때의 미가변동을 관찰하는 것이 이에 해당된다. 다음 인용문은 茶山이 지방관료의 부정과 還穀의 변질 그리고 미가 불안이 서로 어떠한 관계로 얽혀있는가를 보여주는 예이다.

　지방감사가 여러 고을의 달마다 물가를 보고하도록 하여 장사치 노릇을 한다. 만약 갑현에서는 벼일석에 싯가가 7전이고 을현에서는 싯가가 1냥4전(산간고을과 연해고을은 그 풍흉이 같지 않다.)이면 을현의 벼 2,000석을 팔아서 돈 2천8백 냥을 만들어 그 반은 훔쳐서 자기가 먹고 그 반은 갑현에 던져서 곡식을 사들여 다시 벼 2,000석을 만든다. 이것이 이른바 移貿요, 이것이 이른바 立本이요, 이것이 이른바 步粟이다.173)

---

172) 『牧民心書』 戶典 穀簿條.
173) 『牧民心書』 戶典 穀簿.

茶山이 관찰한 대로 還穀과 그 운영을 담당한 官僚와 그리고 米價는 긴밀한 관계에 놓여 있었다. 따라서 관료의 부패가 심할수록 환곡 문란의 정도는 깊었고, 그만큼 시장에서는 합리적 가격보다는 투기적 가격이 힘을 발휘하게 되었다고 볼 수 있다. 여기에 기상악화로 인한 외부충격이 가해질 경우 일어나는 가격체계의 혼란과 그로 인한 사회 혼란은 훨씬 더 심각하게 전개되었다.

개괄적으로 보아 朝鮮의 18-19세기 중 還穀이 順機能으로 작용한 시기의 미가는 비교적 안정적이었으며, 逆機能으로 작용한 시기는 불안하다고 판단해도 무리는 아닐 듯싶다. 이에 還穀을 중심으로 國家의 再配分體系와 미가변동과의 관계에 대해서 좀 더 구체적으로 살펴보기로 한다.

2. 國家 再配分몫의 膨脹과 米價 安定

(1) 英祖年間 地域 間 穀食移動

앞서 기후변동 분석에서 살펴보았듯이 18세기 영조 시대(1725-1776)의 饑饉은 1731-33년 三南地方 大饑饉과 1741년 關北 大饑饉, 1756-57년 八道 大饑饉을 정점으로 3-5년마다 반복되는 문제였다.

기근이 든 해의 계절지수는 평년보다도 훨씬 더 큰 폭으로 변동하고 있었다. 1733년 米價의 계절변동 양상을 보면 이해 1월 벼 1석당 4냥1전7푼에서 2월에는 6냥6전7푼으로 치솟았으며, 수확후인 8월에는 1냥6전7푼으로 急落하였다. 最高値인 2월과 最低値인 8월의 米價가 무려 4배 정도 차이가 났다. 1733년 기근은 1732년 흉년에 기인한다. 1732년 12월 1일 勝聰明錄의 기사를 보면 추위와 기근으로 길가에 시체가 즐비하다고 적고 있다. 전국적 기근이 발생한 1755-56년의 계절변동은 이보다 더 심하였다. 최고치인 2월의 벼 1석당 8냥과 최저치인 9월의 1.6냥과는 무려 5배 이상 차이가 났다.

이와 같은 계절변동은 생계위기가 극한상황으로까지 올라간 것을 알려주는 지표라 할 수 있다. 기근의 위기가 극한에 이를수록 국가는 모든 역량을 동원하여 진휼에 힘썼다. 이러한 국가의 진휼 노력을 연도별로 정리한 기록이 「惠政年表」[174]이다. 이 중 영조시대 기록을 정리한 것이 〈표 4-3〉이다. 〈표 4-3〉에서 드러나듯이 영조시대 지역 간 곡물이동은 기후변동에서 고찰한 바와 같이 단기 미가 불규칙변동의 변동계수가 0.4 이상 기간인 1725-1734년, 1755-1764년에 주로 일어난 것을 알 수 있다. 단 변동계수가 0.13876으로 가장 낮은 기간인 1740-44년 기간의 예외가 있다. 1740-1744년 기간은 삼남지방은 풍년이나 관북지방에 기근이 든 기간이기 때문이다.[175]

앞에서도 언급하였듯이 기상변화의 불균등한 영향은 한반도 여러 지역 내 食糧 需給體系의 균형을 파괴하였고, 이에 따라 외부지역으로부터 곡물수송이 절박한 상태를 연출하였다. 이러한 상태는 곧 지방관의 보고로 중앙에 접수되었다. 이에 따라 備邊司를 중심으로 한 中央 行政當局은 긴급히 곡물을 투입할 지역을 결정하고 剩餘分을 비축하고 있는 지역을 조사하여 잉여지역과 결핍 지역 간의 곡물 수송체계를 수립한다. 이러한 상황에서 중앙 당국은 ① 행정명령에 의한 곡물이동과 ② 시장기구를 통한 곡물이동(해당지역에서 화폐를 발행하여 상인들이 곡물을 가지고 와서 화폐와 곡물을 바꾸는 방법), 그리고 ③ 空名帖을 발행하여 民間의 退藏行爲를 賑恤穀으로 義捐케 하는 방법 등 여러 가지 정책을 강구한다.

국가에 의한 穀物再配分이란 바로 이러한 방법으로 곡물을 재배분하는 것을 의미한다. 〈표 4-3〉을 중심으로 영조시대 국가에 의한 穀物 再配分

---

174) 天災地變 등 不意非常時年에 국가에서 베푼 惠政을 태조 때부터 역대왕조에 걸쳐 연별, 지방별로 연표를 만든 책. 권 1은 태조에서 현종까지 권 2는 숙종조, 권 3은 경종 영조조, 권4는 정조 대의 기록으로 되어 있다. 1796년에 이와 유사한 惠政要覽이 만들어졌는데 아마 이시기에 같이 만들어진 것 같다.

175) 이 시기 관북지방의 기상이변에 대해 「勝聰明錄」에 다음과 같이 묘사하고 있다. 「勝聰明錄」 1742년 6월 9일: 朝報有云, 平安道內, 去月十二日, 雨雪云頃頃, 朝報聞云, 籍民死者, 四萬八千, 而都城中, 一日死者, 一千六百云云, 咸鏡一境尤甚云云, 傷哉, 是何時變耶.

상황을 살펴보자.

1727년에 기근이 가장 심한 호남으로 嶺南穀 20,000石, 湖西麥 5,000石 統營穀 20,000석, 關西米 25,000석이 재배분되었다. 비변사등록에도 같은 사항이 기재되어 있다. 이해 閏3月 호남의 기근에 대해 진휼이 시급하다는 보고가 중앙에 계속 접수되었다.[176] 이에 비변사에서도 嶺南의 沿邊穀食과 統營穀을 획급할 것을 논의한다.[177] 이해 호남의 기근은 보리농사의 흉년이 겹쳐 일어난 것이다. 이해 기근의 참상에 대해 보리가 익기도 전에 굶주린 백성들이 보리의 줄기를 모두 먹어버려 수확할 것이 하나도 남아 있지 않다고 보고하고 있다. 1726년의 작황 부진에다가 1727년 봄의 보리농사마저 흉년이 들어 춘궁기를 넘길 방법이 없어진 것이다. 이해 호남은 보리가 익기도 전에 그 줄기를 먹어버리고 사람이 사람을 먹는 지경에까지 이르렀다.[178]

이러한 긴박한 상황을 보고받은 중앙에서는 湖南田稅에 대해서 加給을 합쳐給災結數 6,600結을 劃定하고 이외의 기타 徵稅와 軍布 등을 감면하였다.[179] 또한 중앙에서는 嶺南穀 20,000石移劃, 湖西麥 5,000石 劃給 統營穀 20,000石 許貸, 關西小米・大豆 20,000石 劃給, 京畿沿海邑春耗 2,000石 劃給 功名帖 300狀 나리포미 1,500石 劃給을 결정하였다.[180]

그러나 이해 국가가 계획한 곡식이동은 잘 진행되지 않았다. 그 이유는 영남의 보리농사도 흉년으로 판명되고 전염병[181]이 돌았기 때문에 嶺南民

---

176) 『英祖實錄』 11, 英祖 3年 윤3月 19日, 윤3月 23日.

177) 『備邊司謄錄』 81, 英祖 3年 윤3月 10日: 領中樞府事閔曰 …… 臣意則嶺南所在 北穀, 雖已盡分, 無論某穀限二萬石, 而沿邊所在穀, 爲先移送湖南, 而本穀則待秋 以所捧北穀, 塡充似好, 盖嶺南則儲置米, 別餉米, 統營會付等穀, 其數甚多, 庶可 推移移送矣.

178) 『備邊司謄錄』 81, 英祖 3年 윤3月 26日: 檢討官黃梓所啓, 臣頃往忠淸道, 目見 兩麥將不免失稔 …… 況伏聞全羅道, 則比湖中尤甚, 飢民輩不能待其熟, 或有刈 其莖而食之, 莖已盡矣, 則又有桑其根而食者, 其顚流離之狀, 實有傷心慘目者云.

179) 『備邊司謄錄』 81, 英祖 3年 5月 7日.

180) 『備邊司謄錄』 81, 英祖 3年 3月 26日.

181) 『備邊司謄錄』 81, 英祖 3年 4月26日: 嶺南麥凶特甚之中, 癘疫又從而大熾, 死亡 相繼.

들의 타 지역으로의 穀物移出에 대한 防穀 심리가 만연하여, 地方官은 곡물이동을 시행하기 어려웠다. 곡식이동이 지연되고 이해의 湖南의 가을걷이가 다시 흉년으로 판명됨에 따라 호남의 식량 사정은 더욱 긴박하게 되었다. 이에 全羅監司는 北關의 각 읍의 還穀을 嶺南으로 이전하고 嶺南의 還穀은 湖南으로 이전하여 賑恤米를 조달하려 하였으나, 備局에서는 함경도에서 경상도로의 곡물수송의 위험 부담과 영남의 흉년으로 영남미의 지급은 어렵다고 판단하고 統營米 20,000석으로 호남의 진휼을 허락한다.[182]

1729년은 함경도지방에 기근이 들었다. 이에 중앙에서는 영남곡식 30,000석을 함경도로 이송할 것을 결정하고 영남에 이 조치를 하달한다. 이에 영남에서는 이 중 25,000석은 영남 선박을 이용하고 5,000석은 함경도 선박을 이용하여 운송할 예정이라는 보고를 올린다.[183]

1731-32년 삼남지방에 흉년이 들었다. 이에 중앙에서는 호남은 軍作米 40,000石을 賑資로 쓰도록 하고 충청도는 儲置米 7,000石을 賑資로 쓰도록 한다. 영남에 대해서는 關西小米 10,000石, 關北穀 10,000石, 儲置米 60,000石, 軍餉米 5,000石을 賑資에 쓰도록 한다. 1731년의 국가에 의한 곡물 재배분상황은 지방 儲置米, 中央 上納米, 軍布作米 등 각 지방에서 활용할 수 있는 모든 명목의 곡식을 진휼미로 전환하고 각 읍의 還穀이 賑資로 보충되었다.[184]

1741-42년 관북지방에 대기근이 들었다. 이에 중앙에서는 浦項穀 34,000石, 嶺南穀 95,000石, 湖南會付穀 20,000석을 賑資에 쓰도록 결정하였다.[185] 이러한 결정이 어느 정도 실행되었는지 확실하지 않다. 1742년 4월 10일의 경상감사의 5,000석을 겨우 劃送하였다는 보고를 보면 실제 상황을 짐작할

---

182) 『備邊司謄錄』 82, 英祖 3年 10月 2日: 全羅監司鄭思孝留待 …… 北關各邑還穀 參酌移轉于嶺南, 嶺南還穀, 移轉于湖南, 則湖南之民, 庶有濟活之道 …… 北關 之穀, 水路幽險, 次次移轉之際. 不但弊端不貲. 嶺南告飢移轉之狀, 亦已至矣, 參 以事勢, 嶺南之穀, 又難劃給, 統營句管案之在本道者, 限二萬石許貸.

183) 『備邊司謄錄』 85, 英祖 5年 1月 14日.

184) 『備邊司謄錄』 89-92, 英祖 7年 4月 14日 - 英祖 8年 12月 14日.

185) 『備邊司謄錄』 110, 英祖 18年 1月 12日 - 2月 3日.

수 있다.[186]

　1762년 호남을 비롯하여 삼남지방의 흉년으로 함경지방과 평안지방의 곡식이동이 있었다. 이해의 곡식이동으로 제도화된 것이 三南의 濟民倉 節目이다. 〈표 4-2〉는 1761년과 1762년의 「分等狀啓」로 올라온 각 지방의 尤甚邑·之次邑·稍實邑의 상황이다. 1761년과 1762년 이년 연속 삼남지방의 작황상황은 경기 이북지방에 비해 안 좋은 상태인 것을 알 수 있다.

〈표 4-2〉 1761-1762 分等狀啓

(1761)	B.140册 英祖 37年 p.594-640				(1762)	B.142册 英祖 38年 p.781-798			
	우심읍	지차읍	초실읍			우심읍	지차읍	초실읍	
전라	임피 17	운봉 12	임실 28		전라	진안 34	남원 16	무주 3	
경상	김해 14	창원 36	안동 21		경상	남해 36	성주 23	안동 12	
충청	서천 14	정산 22	청양 18		충청	서천 39	청안 10	제천 5	
경기	남양 1	부평 8	광주 18		강원	0	원주 10	춘천 16	
강원	삼척 5	강릉 7	양양 14		경기	남양 10	인천 16	지평 11	
함경	갑산 2	안변 9	덕원 12		함경	갑산 4	문천 14	안변 5	

　1761년 전라도, 경상도, 충청도의 尤甚邑의 비중은 30%, 20%, 26%에서 다음 해 1762년은 64%, 51%, 72%로 올라갔다. 이와 같이 1761년에 이어 1762(영조 38)년 호남, 호서, 영남, 경기에 흉년이 들자, 함경도와 평안도의 곡식이 긴급히 삼남지방으로 수송된다.[187] 1762년 11월 26일에 함경도 원산의 交濟倉穀食 10,000석을 추가로 劃給하고, 화급을 다투는 일이라 먼저 북도의 곡식을 호남으로 이송하는 일은 浦項倉 곡식 50,000석을 호남으로 운반한 뒤 北穀으로 보충하도록 조치한다.[188]

　이해 흉년으로 삼남지방의 미가가 급상승하자, 서울로 운송하던 곡식을 상인들이 삼남지방의 흉년이 극심한 지역으로 몰래 빼돌렸다. 이에 서울로

---

186) 「備邊司謄錄」 111, 英祖 18年 4月 10日.
187) 『備邊司謄錄』 144, 英祖 39年 10月 18日.
188) 『英祖實錄』 100, 英祖 38年 11月 26日.

운반된 곡식의 1/3이 감축하자, 서울의 쌀값이 急上昇하는 악순환이 나타났다. 조정의 보고에 의하면 상인 한 사람당 약 1,000석 정도를 숨겨두고 값이 오르기를 기다리는 상태였다.[189] 이 무렵 전라도 영암의 미곡시세는 1762년 收穫 前 價格이 벼 1석당 2냥3전3푼에서 1763년 收穫前에는 1762년 흉년이 반영되어 벼 1석당 5냥으로 치솟았다. 備邊司에서는 상인들의 투기적 행동으로 서울의 쌀값이 상승하자, 곡식을 미리 사두는 행위를 금지하는 조치를 시행하였다.[190] 이해 삼남지방으로 옮겨진 북쪽 곡식은 경상도 30,000석, 전라도 55,000석, 충청도 30,000석이 배정되었고, 호남이 급한 관계로 영남의 연해읍의 곡식을 먼저 운송하고 영남에는 호남에 운송된 곡식만큼 호남에 배정된 50,000석에서 제하여 운송되었다. 이 운송의 책임자는 三道監運御史 金鐘正, 兩湖監運御史尹師國, 咸鏡北道御史金相翊 등이었다. 1762년 北南間 곡식이동으로 내려온 북쪽 곡식은 1763년 10월부터 1764년 7월까지 삼남지방의 제민창 설치의 기곡(基穀)이 되고 이후 남쪽 지방의 흉년에 대비하게 된다.[191]

〈南北間 穀食移動의 代表事例 1762年 濟民倉 節目〉

영남 제민창 절목: 1762(영조 38)년 근고에 없는 삼남지방 흉년으로 북쪽의 곡식으로 긴급히 진휼할 상황 제민창 곡식 대미 4,000석, 태 2,000석, 조 54,000석 합 60,000석 마련하여 매년 20,000석씩 조적하여 3년에 1번씩 윤회하도록 한다. 취모율은 매 1석(15두)당 1두5승(10%) 환곡은 매호당 2석씩 분정. 이 창의 목적은 남북간 곡식 교류이므로 운반선도 갖추어야 한다. 운반선은 포항창의 예에 따라 갖추는데 경상우도의 연안읍에 각각 조선이 12척씩 있으니 이 선박을 신설창으로 옮겨 오도록 한다. 기타 각 읍의 환곡수에 따라 비정하는 데 진주 사천은 4척씩 갖춘다. 곤양과 고성은 2척씩 갖춘다.

---

189) 『備邊司謄錄』 141, 英祖 38年 6月 27日.
190) 『備邊司謄錄』 142, 英祖 38年 8月 27日.
191) 『備邊司謄錄』 144, 英祖 39年 10月 18日: 嶺南濟民倉節目, 同 145, 英祖 40年 6月 16日 湖西濟民倉節目, 同 146, 英祖 40年 7月 11日, 湖南濟民倉節目.

　　호서 제민창 절목: 작년 삼남에 큰 흉년이 들어 이 땅의 모든 생령들이 모두 남북간 곡식이동에 달려있게 되었다. 이제 북쪽 곡식을 남쪽에서 받은 상태에서 삼남지방의 풍년이 들었으니 북쪽지방의 흉년에 대비하여 창고를 설치하지 않을 수 없다. 본창은 대미 3,000석, 태 1,000석, 조 26,000석 합 30,000석을 저치해두고 작년에 운반되어온 북쪽 곡식 14,469석은 가을을 기다렸다가 보상하기로 한다. 본창의 곡식은 부근 2,30리 고을의 환곡에 소속시켜 관리한다. (庇仁 四面 1,765戶, 舒川 五面 1,894戶, 韓山 一面 522戶, 籃浦 一面 508戶, 鴻山 一面 393戶) 환곡은 매호당 2석씩 배정한다.

　　호남 제민창 절목: 좌창-순천, 광양, 낙안, 구례, 동복, 곡성, 보성, 흥양, 장흥 등 9읍 우창-나주, 남평, 영암, 무안, 광주, 함평 등 6읍에 갑 30,000석, 대미 6,202석, 태 1,918석, 조 18,785석, 피모, 23,095석을 본도에서 마련하여 조적한다. 조적의 곡식은 20,000석으로 하고 3년에 1회씩 개비하여 진부가 없도록 한다.

　이와 같이 영조 시대에는 남북간 곡식이동이 빈번히 일어났다. 역사 속의 사례에서 확인된 바로는 그 이동의 방향이 곡창지대인 남에서 북으로 이동된 것이 아니라 오히려 북에서 남으로 이동된 사례가 더 많았다. 이것으로도 18세기 영조시대는 가뭄 든 해가 많았음을 짐작할 수 있고 수전 농업에 의존하던 삼남지방이 농업생산이 더 불안하였던 것을 알 수 있다.

〈표 4-3〉 英祖時代(1725-1776) 賑恤米·穀 配分

年度	京畿	湖西	湖南	嶺南	咸鏡	江原
1727			嶺南穀　20,000 軍保米　6,000 湖西麥　5,000 統營穀　20,000 關西米　25,000			
1729						嶺南穀　30,000 嶺東大同米 全數 嶺南皮穀　3,000 嶺南米　15,000
1730						浦項穀　20,000
1731	江都米　7,000 南漢米　7,000 湖西太　1,000 湖南太　2,000	儲置米 7,000	軍作米　40,000 常賑廳白給全數 會付耗米白給 統營车許給 田稅米許賣	關西米　10,000 船價米　4,000 儲置米　60,000 關北穀　10,000 大同米　10,000		
1732	衙門屯穀許賣 海西米　2,000 湖西太　1,000 湖南太　2,000	湖南大同米 　　　30,000 湖南田稅米 　　　11,000	常賑租　5,000 大同米　7,000 濟州大同米等 　　　11,000	關北穀　10,000 大同米　7,000 儲置米　13,000		
1733		軍作米發賣 立本取利	大同米　4,000 濟州山城 　　　7,000			
1734					浦項穀　20,000(관북) 新還车割給　6,000	
1737		貢進倉,可興倉 賑恤廳留庫 分給	帖價穀　20,000 軍作米　10,000	南倉作米 軍作米 帖價穀取用	浦項穀　15,000 嶺東還穀　6,000 六鎭還穀　6,000	
1738			儲置米　37,000 軍作米　10,000 稅　太　10,000 統營穀　15,000 羅里浦　15,000	北　穀　15,000 帖價穀　10,000 元會穀　10,000	北關貢米　4,000	
1740	常賑穀 4,000 江都米等				各邑耗穀 2,000 浦項租　2,000	

年度	京畿	湖西	湖南	嶺南	咸鏡	江原
	5,000 羅里浦米 　3,700				浦項牟　2,000 浦項米　10,000 浦項田米 10,000 常賑穀　10,000 嶺南穀　95,000 關西米　15,000	
1742	營賑穀　3,000				平壤還穀 15,000 浦項穀　10,000 統營穀　10,000 嶺南穀　5,000	
1755	營賑穀　19,000		自備穀　60,000 常賑穀　32,000 羅里浦穀 　　4,000	私賑穀　50,000 帖價穀等 　　33,000		
1759	營賑穀　6,000 海西米　3,000	營賑穀　8,000				
1760	營賑穀　7,000 戶　曹 賑　廳　3,500 江都米　1,000					
1762	關東米 50,000 海西米 20,000 營賑穀等 　　23,000	營賑穀等 　　42,000 備局均廳等 　　30,000	賑廳均廳等 　　30,000 交濟倉穀 　　50,000 浦項倉穀 　　50,000 四山城穀 　　10,000 統營穀　6,000 濟洲穀　7,000			
1773	營賑穀　5,000	營賑穀 24,000	營賑穀 備局　60,000 濟民穀　28,000			

資料: 『惠政年表』, 韓國精神文化研究院, 藏書閣(2-3270).

(2) 諸般米價安定政策

가. 空名帖[192] 發行

가뭄 등의 이유로 흉년이 예상될 경우 정부는 지역 간 인위적인 곡식이
동뿐만 아니라 空名帖 발행과 같은 納粟政策을 시행한다. 18세기 納粟政策
은 還穀과는 별도로 白給用 賑恤穀을 해당지역 내에서 조달하기 위해 사용
된 정책이다.[193] 壬亂 이후부터 18세기까지 朝鮮의 納粟制度는 募粟의 방
법, 償典의 내용, 制度施行의 배경 등을 기준으로 크게 세 시기로 구분된
다. 첫째는 實職除授期로 宣祖에서 孝宗까지이다. 이 시기는 전란으로 인한
군량과 복구재원을 마련하는 것이 주목적이다. 둘째는 空名帖 發行期로 顯
宗에서 景宗까지이다. 이 시기는 흉년으로 인한 진휼곡 마련이 주목적이다.
셋째는 富民勸分期로 英祖에서 正祖대까지이다. 이 시기도 마찬가지로 賑
恤穀을 마련하기 위해 納粟이 이루어진 시기이다.[194]

〈표 4-4〉는 英祖年間 納粟政策이 시행된 시기와 그 규모를 정리한 것이
다. 〈표 4-4〉에서 확인되듯이 1731-32년, 1755년, 1762년 등 三南地方이 흉
년든 해에 삼남지방에 가장 많이 발급된 것을 알 수 있다. 예를 들어 삼남
지방에 흉년이 든 1731년 7월 14일의 備邊司謄錄을 보면 가을 추수의 흉년
이 예측됨에 따라 각 지방에 총 8,500張의 空名帖을 할당하는데 영남과 호
남 지방에만 5,500장이 할당된 것을 알 수 있다.[195] 또한 이 표에서 확인되
듯이 1726-1773년 동안 총 65,090張이 전국 팔도에 발행되었는데, 이 중
29,800장이 영남과 호남에서 발행되었다.

---

192) 朝鮮時代 納粟制度 중 募粟의 한 방법이다. 납속제도는 국가가 賑資나 軍資를
　　얻기 위하여 곡식 등 각종 재물을 납부하는 자에게 그 신분과 납속량에 따라
　　官爵을 주거나 신분의 束縛을 풀어주는 제도이다.
193) 文守弘,「朝鮮時代 納粟制에 관한 硏究」, 성균관대 박사학위논문, 1985. 徐漢敎,
　　「朝鮮後期 納粟制度의 運營과 納粟人의 實態」, 경북대 박사학위논문, 1995.
194) 이에 대해서는 徐漢敎(1995) 참조.
195)『備邊司謄錄』90, 英祖 7年 7月 14日: 副提調朴文秀所啓, 年事已判凶歉, 況東
　　風連吹, 稍勝之黍粟, 又將枯損, 其爲憂悶, 實難形言, 旣知年事之已判凶歉, 則聚
　　穀之道, 不可不急, 而空名帖卽, 今則勢當許之..

이러한 사실을 통해서 볼 때 앞서 살펴본 지역 간 곡식이동이 食糧剩餘 地域과 不足地域간의 再配分이라면, 이 시기 空名帖發行은 同一地域 內의 富民과 貧民間의 再配分이라 할 수 있다.

이 納粟政策의 시행으로 어느 정도의 정책 효과를 거두었는지 알 수 없으나 적어도 정부는 두 가지 면에서 목적을 이루었다고 생각한다. 하나는 民間의 富民들이 훗날 가격이 상승할 것을 미리 예견하고 곡식을 퇴장시키는 투기적 행위를 제한하는 것이다. 다른 하나는 진휼에 지출될 경비 부족을 메우기 위한 것이다. 따라서 이 시기 納粟政策은 同一地域 內 階層 間 再配分을 통해서 미가안정에 어느 정도 영향을 주었다고 생각한다.

〈표 4-4〉 1725(英祖 1) - 1773(英祖 49) 空名帖 發行 狀況

(단위: 張)

년도	경기	호서	호남	영남	관동	해서	관서	관북	제주	합계
1725		1250	100	700					400	2,450
1726									240	240
1727			300	400						700
1728								1950		1,950
1729								650		650
1731	1000	1700	2100	2700	800	200				8,500
1732	1300	1000	1000	2000	300					5,600
1733		700			300					1,000
1735								200		200
1736		200								200
1737					3000			700		3,700
1740								3800		3,800
1741	1000						1000	1000		3,000
1755		2000	2500	3000	1000					8,500
1762	900	1500	4000	4500					1000	11,900
1763						800				800
1764	700	800								1,500
1768	700					700				1,400
1773	500	2000	4000	2500						9,000
합	6,100	11,150	14,000	15,800	5,400	1,700	1000	8,300	1,640	

【資料】『惠政年表』 藏書閣

나. 禁酒令 實施.

納粟政策이 공급량이 축소되는 흉년의 상황에서 공급량을 늘림으로써 미가안정에 기여한 정책이라면 금주령실시는 수요의 억제를 통해 미가안정에 기여한 정책으로 볼 수 있다. 예를 들어 1733년 1월 10일 금주령 실시에 대하여 다음과 같이 기록하고 있다.

> 이때 도성의 쌀값이 뛰면서 품귀현상이 일어났는데, 備局堂上 金東弼이 곡식을 소비하는 것으로 술보다 심한 것이 없으니 엄중히 금지할 것을 청하자 임금이 그대로 따른 것이다.[196]

이 시기 禁酒令 실시와 미가변동과의 관계에 주목한 연구는 安達義博 (1989)의 연구가 있다. 그는 禁酒令의 실시로 쌀 수요가 억제되었으며 그만큼 미가상승은 억제되었다고 보았다.

<표 4-5> 조선 후기 금주령 논의 및 실시회수

기　　간	회　　수
1728-1798년	14회
1803-1832년	9회

安達義博, 「朝鮮後期の物價變動」 - 米價變動と酒造業の發展を中心に -

이러한 酒禁정책은 勝聰明錄에도 빈번히 나타나 국가의 酒禁정책이 지방에 얼마만큼 강력히 실시되었는가를 잘 나타내고 있다. 예를 들어 1755년 11월 10일 일기에는 禁酒令을 어겨 수많은 사람들이 구금된 것을 기록하고 있고, 1756년 1월 1일 일기에는 명절에도 금주령으로 인하여 술에 취한 사람이 전혀 없음을 기록하고 있다.[197]

---

196)『英祖實錄』33, 英祖 9年 1月 10日.
197)『勝聰明錄』第1冊, 1728년 9월 28일; 乙亥朝令, 酒禁嚴禁, 只許婚喪以祀用之, 而至於市肆毋得御云,『勝聰明錄』第4冊, 1755년 11월 10; 今週令令, 行于國中, 而晋州宜寧, 於邑特甚嚴截, 故犯禁拘囚者頗多.『勝聰明錄』第5冊, 1756년 7월

금주령이 곡물소비억제와 미가안정에 어느 정도 기여했는지는 명확하지 않으나, 지역 간 곡식이동과 공명첩발행 등 제반 미가안정정책과 병행하여 실시되었다는 점에서 일정한 영향을 주었다고 생각한다.

다. 作米政策

영조년간 미가안정정책은 미가상승기에만 실시되지 않았다. 미가하락기에도 정부는 미가하락의 방지를 위해 노력하였다. 풍년이 들어 미가가 하락하면 作米政策의 실시로 物價下落의 폭을 줄였다. 茶山의 지적에 따르면 作米정책은 1729년 尹淳의 청으로 시작되었다. 作米政策은 綿布는 귀하고 쌀이 흔한 경우에 備邊司에서 각 營의 軍布를 모두 作米하여 적당한 시기에 수납·방출함으로써 흉년에 대비하는 정책을 말한다.[198] 이 作米 政策은 1734-1749년까지 지속된 정책이었다.

한 예로 1734년 作米政策의 시행과정을 살펴보자. 1734년은 三南地方의 미곡만 풍년이 들고 旱田 작물은 흉년이 심하게 들어 木花價格이 상승한 해이다. 이에 경기 이북 지역의 지방관들은 중앙의 純木納政策으로 조세수취의 어려움에 봉착하였다.[199] 결국 이해 10월 16일에 軍布作米節目이 발표되면서 純木納 政策은 作米政策으로 수정되어 실시되었다. 그 내용을 보면 다음과 같다.

1. 미곡과 교환할 돈 100,000냥을 조성하여 경상도에 40,000냥, 전라도에 40,000냥, 충청도에 20,000냥을 획급한다. 1. 이 100,000냥의 돈으로 매

11: 丁丑市値米二斗, 牟六斗半卽今酒禁極嚴, 民多種林者, 且禁市上麥餠麥, 麵今市有持麥貿錢者, 官差撥撤其麥云, 人家有麵者, 使面任搜報云. 이외에 『勝聰明錄』 第5册, 1756년 1월 1일, 『勝聰明錄』 第5册, 1757년 12월 24, 『勝聰明錄』 第5册, 1758년 9월 6일, 『勝聰明錄』 第5册, 1760년 12월 29일에 금주령에 관한 기사가 기재되어 있다.

198) 「經世遺表」 12, 倉廩之儲, 번역본 210쪽.

199) 『備邊司謄錄』 96, 英祖 10年 9月 29日; 黃海監司兪拓基狀啓也, 備陳農形及木花失稔之狀, 而各邑身布請以錢代納, 邑勢民情雖如此, 而朝家旣以純木定式,則有難變改何以爲之乎.

2냥 1필씩 계산하여 1000同(1동＝50필)을 경상도에 400동, 전라도에 400동 충청도에 200동을 각각 분획한다. 1. 이번 작미의 일은 연해읍의 儲蓄이 바닥이나 목화값은 상승하고 미가는 하락하는 데서 오는 폐단을 막기 위함이다. 1. 지금 들은바 연해읍의 쌀값 시세는 1냥당 미 10두(1석당 1냥5전, 벼 1석당 0.8냥. 勝聰明錄에 따르면 1734.12.29 기록시세는 1兩＝租全石餘斗, 米八九斗로 되어 있다.)라 하니 작미는 시세에 따른다. 비록 시가가 낮은 지역이라도 매 1필당 10두 이하로 낮추어서는 안 된다.[200]

1735년에도 똑같은 상황이 전개되었다. 關西地方과 海西地方은 흉년이 들고 경기 이남 지방은 풍년이 들었다. 결국 이해에 미가 흔한 삼남지역에서 미를 거두어 이 지역의 미가하락의 폭을 진정시키고 동시에 관서와 해서 지방의 미곡 부족을 지원할 수 있는 방책으로 三南・京畿作米節目이 1735년 8월 19일에 발표되었다. 그 내용을 보면

1. 귀한 것은 방출하고 천한 것은 사들이는 것이 상평법이다. 지금 화폐와 布가 귀하고 米가 천한 상황에서 布 대신 米로 대신 받는 것은 일시적이나마 백성들을 구하는 길이 된다. 1. 여러 도중 경기와 삼남의 농사가 가장 잘되었으나 良役의 무거움에 허덕이고 있다. 이 지역의 제반 身役에 대해서 作米를 허락한다. 1. 이 일은 백성의 편의에 따른다. 산군(山郡)의 목화 생산 지방은 무명을 내도록 하고 연해지방 등 米가 흔한 지역은 米로 내도록 한다.
1. 作米의 기준은 지방에 따라 편차를 둔다. 경기의 경우 一疋＝8斗, 공홍도의 경우 10斗, 경상 전라의 경우 12斗를 기준으로 한다.[201]

---

200) 『備邊司謄錄』 96, 英祖 10年 10月 16日 ; 作米節木 1. 今此貿米錢十萬兩內四萬兩, 劃給慶尙道 - 1. 以 此十萬兩錢, 每二兩木一匹式計之 …… 1. 今此作米, 一則沿邑儲蓄之罄竭, 一則米賤木貴之爲弊 1. 所聞 …… 一兩錢米或至十許斗是如爲白去乎. 今此作米段一從市價捧上爲白乎矣. 雖市價低下之處是白良置, 一疋無減十斗爲白齊.
201) 『備邊司謄錄』 98, 英祖 11年 8月 19日 ; 三南京畿作米節目 1. 貴出賤取, 固國家常平之法 - 況錢木踊貴, 米値低下之, 故民困益急, 勢如倒懸今若木代捧米, 則庶爲一時救弊之道 1. 諸道中京畿三南年事最勝, 良役苦重之弊, 亦莫如此四道 - 亦

으로 되어 있다. 이 시기의 국가정책의 혼선에 대해 전라감사 서종옥은 다음과 같이 어려움을 토로한다.

　朝家에서 錢貴의 폐단을 인식하고 금년부터 身布에 해당되는 것을 純木으로 거둔다고 발표해서 봄, 여름부터 방적의 일을 경영하게 되었는데 다시 作米의 령을 내리니 계획한 바를 잃어버리게 된다. 이런 상황에서 비변사에서 정한 作米價가 너무 높게 책정되어 있다. 대개 금년 농사는 경기와 호서가 가장 풍년이고 남중이 다음이고 남중의 아래 지방이 그 다음이다. 시가로 이야기하자면 수원과 진위가 1냥에 미 7-8두이고 천안과 공산이 8-9두이고 여산과 전주는 6-5두이다. 지금 일 년 내내 만들어낸 포를 시장에 낼 경우 1필당 1냥4-5전이다. 이 돈을 가지고 미과 바꿀 경우 12두의 미는 생각도 못한다.[202]

라고 호소하여 慶尙道와 全羅道의 경우 作米 折錢價가 1냥당 12두에서 11두로 하향 조정되었다.[203] 三南地方의 연이은 풍년으로 도시 貢人들의 손실폭은 증가되었다. 1736(英祖 12)년 6월 도시의 쌀값은 1석에 2냥의 시세를 나타냈는데 공인들의 수지를 맞추기 위해서는 1석에 6냥 정도가 요구되었다. 즉 純木納과 作米 政策에 의해 주요 국가 경제의 흐름이 米와 布로 매개되자 시중의 화폐는 점차 退藏되어 錢荒현상이 심화되고 米로 貢價를

　　許作米. 1. 此擧專以便民爲主, 山郡木産邑民情, 欲以木木備納者, 則不必勒令作米是白遣, 且各道沿海之邑, 儲蓄尤爲匱竭, 必就沿海地方, 米甚賤, 木最貴處, 施行是白齊. 1. 作米斗數段, 量其米値高下, 參以聞見京畿則每一疋八斗式, 公洪道則每一疋十斗式, 慶尙全羅道則每一疋十二斗式, 折定是白齊.

202) 『備邊司謄錄』 98, 英祖 11年 10月 12日; 全光監司徐宗玉上疏云云, 朝家深軫民間錢貴之弊, 自今年爲始, 凡係身布, 必以純木收捧, 故昔之出穀貿錢者, 自春夏以來, 經營紡績之事, 艱難造備, 將以納上, 而今又有作米之令, 固已失其取圖矣. 但廟堂取定之米價太高, 而又甚不均, 大低今年事, 畿內湖西則最實, 南中次之, 南中之嶺下又其次, 而亦多尤甚之處, 槪以市價言之, 水原振威一兩七八斗, 天安公山八九斗, 礪山全州七八斗, 自全州至於嶺下漸減.

203) 『勝聰明錄』 第2冊, 1735년 10월 5일 기록을 보면 중앙의 이러한 정책이 지방에서 구체적으로 어떻게 실시되었는지의 예를 보여주는데 고성지방에서는 軍布作米의 비율은 쌀 6두로 시행되고 있었다. 1735년 10월 5일 庚午如昨事目軍布以米六斗代納云.

지급받는 공인들의 손실은 점점 커져가게 된 것이다.

영조는 집권 초기 화폐공급의 확대와 시장 경제의 확대에 대단히 부정적이었다. 1727년 기근대책으로 나오기 시작한 주전안은 영조에 의해 계속 거부되다가, 1732년 삼남 대기근에 의하여 비로소 시행되었다. 함경도 지방의 주전도 1740년대 관북 대기근에 의해서 마지못해 시행된 것이다. 영조는 상품화폐 경제에 대해 소극적 입장을 견지하였으나, 곡물저장체계의 가동에는 적극적이었다. 다음 〈표 4-6〉은 다산 정약용이 영조 대를 중심으로 곡물저장체계의 형성 연원을 서술한 것을 정리한 것이다.

190

〈표 4-6〉 全國 穀食倉庫 形成 淵源 및 始期

穀 名	形成年代	形成淵源
元山倉	숙종 때	관북에 있는 내노가 바치던 베를 곡식과 바꾸어 여러 고을에 저장
船儲米	임난 후	임난 후 배 수리 밑천으로 장만 한 쌀(儲置米)
軍資穀	1454(단종 2)	삼남 흉년으로 군자창의 곡식 23만 석으로 진휼하면서
營賑穀	1626(인조 4)	진휼청 곡식을 상평창으로 옮기고 남은 곡식
水營穀	1690(숙종 16)	호서
蠹石穀	1703(숙종 29)	진주
犒軍穀	1707(숙종 33)	관북
私賑穀	1707(숙종 33)	관서
營賑穀	1716(숙종 42)	영남
上黨穀	1716(숙종 42)	청주
羅里鋪	1720(숙종 46)	공주와 연기의 접경 고을에 설치 제주 접제 1722년 임피로 옮김
別軍餉	1729(영조 4)	패서
軍作米	1729(영조 5)	1729-1749년까지 군포를 쌀로 만드는 작미 정책으로 모은 곡식
補餉穀	1729(영조 5)	패서
補餉穀	1730(영조 6)	영남
帖價米	1732(영조 8)	공명첩 발매 진자에 보충하고 나머지를 회록한 것
軍餉穀	1732(영조 8)	수원
帖價米	1732(영조 8)	영남
浦項倉	1732(영조 8)	조현명의 제안으로 설치
營賑穀	1732(영조 8)	호서
私備穀	1735(영조 11)	매년 자력으로 각 고을의 진휼에 대비하여 저축토록 한 곡식
交濟穀	1737(영조 13)	관북의 원산창과 영남의 포항창의 곡식을 이름
軍需穀	1742(영조 18)	호서
蒜山倉	1744(영조 20)	김해 명지도에 소금과 무판하여 영남과 양호의 진제를 위한 것
軍需穀	1744(영조 20)	해서
修城穀	1746(영조 22)	마령
別檢穀	1746(영조 22)	전주(완영) 별비전으로 곡식 무역
會錄穀	1752(영조 28)	균역청 설치 이후 전국의 베와 곡식을 회록 흉년의 경용에 대비
癸甲租	1753(영조 29)	경기
均稅穀	1757(영조 33)	관서
差需穀	1759(영조 35)	관북
兵營穀	1760(영조 36)	호서
私賑穀	1762(영조 38)	해서
久置穀	1763(영조 39)	관북
濟民穀	1763(영조 39)	영남 사천 호남 순천, 나주에 홍봉한의 건의로 설치
北濟穀	1763(영조 39)	호서
軍餉穀	1764(영조 40)	파주
牙兵穀	1765(영조 41)	경기
元賑穀	1765(영조 41)	해서
統禦穀	1765(영조 41)	호서
常賑穀	1770(영조 46)	정홍순의 제안으로 상평창과 진휼청 곡식을 합하면서
請得穀	1772(영조 48)	관서
潽川穀	1773(영조 49)	관서
兵曹穀	1782(정조 6)	관서
補還穀	1784(정조 8)	균역청 결전으로 진제하고 난 후 나머지를 환상으로 만든 것
補蔘穀	1785(정조 9)	관동
元勅穀	1786(정조 9)	경기
壯勇穀	1793(정조 17)	강화와 준천사상환회록곡 등으로 만든 것

資料: 譯註「牧民心書」三, 국역「經世遺表」三.

3. 國家再配分體系의 動搖와 米價上昇

(1) 正祖年間 穀食移動

50여 년이 넘게 지속된 英祖統治 期間의 再配分體系는 茶山의 표현대로 膨脹一路에 있었다. 이것을 移讓받은 正祖에게는 이 體系에 대한 변화가 숙제였다고 생각한다. 정조년간에도 기상이변에 의한 흉년은 빈번히 발생하였다. 따라서 정조 대도 지역 간 곡물이동이 이었다. 즉위한 해인 1776년에는 함경도 지방과 강원도 지방이 가뭄과 홍수와 바람의 피해를 입은 해이다. 이해는 교제창의 전미 10,000석과 대두 5,000석 비국관리곡 10,000석 전미 3,000석을 획급하고 공명첩 1,000장을 만들어 보냈다.[204] 이렇게 시작한 정조 대의 곡물 재배분은 영조 대와 비교해서 볼 때 행정명령에 의한 지역 간 곡식이동은 축소된 편이었다.

〈표 4-7〉은 정조 대 진휼미 배분상황이다. 이 표에서도 알 수 있듯이 정조시대는 영조시대와 비교하여 지역 간 곡식이동은 많이 줄어들었다. 1782년 경기지방은 심한 가뭄과 흉년이 든 반면 관서·관북 지방은 풍년이 든 해로 이해에는 관서지방의 곡식이 경기지방으로 이동되었다. 1783년에는 전국적인 흉년임에도 불구하고 관동지방의 진휼을 위해 浦項穀의 이동이 있었고,[205] 1788년 관북 기근에 영남곡 30,000석의 이동이 있었다.[206] 그리고 1798년 호서지방 진휼에 관북 곡식 15,000석이 이동되었다. 1776-1799년 간 지역 간 곡물이 이동된 경우는 ① 1782년 경기지역으로 관서미 20,000石이 배정된 것과 ② 1783년 관동지역에 포항곡이 이동된 것, ③ 1788년 함경도에 영남곡 30,000石이 배정된 것, ④ 1798년 호서지방에 관북곡 15,000石이 배정된 것이 전부이다. 이외는 대부분 영진곡과 사진곡, 군작미,

---

204) 『正祖實錄』 2, 正祖 즉위년 9月 8日.
205) 『正祖實錄』 16, 正祖 7年 10月 19日.
206) 『備邊司謄錄』 174, 正祖 13年 2月 14日.

교제곡, 제민창곡 등이 배정된 것으로 나타나 있다.

그리고 중앙 주도의 곡물이동보다는 지방 민간 주도의 곡물조달이 늘어난 것에 주목할 필요가 있다. 그것은 사진곡(私賑穀)[207]과 첨가미(帖價米)[208] 비중의 확대에서 드러난다.

〈표 4-7〉 正祖時代(1776-1799) 賑恤米·穀 配分

단위: 石

연도	경기		호서		호남	영남	관동		함경	
1776							賑穀	5,000	交濟田米	10,000
									交濟太	5,000
									私賑皮穀	10,000
									私賑田米	3,000
									衙門還牟	55,000
									貢 米	2,000
									私賑米	5,000
1777	營賑穀	5,000	營賑穀	14,000	賑 穀 (영남)	20,000				
	常賑穀	3,000								
1778			營賑穀	13,000	私賑穀	146,000				
					賑 穀 (영남)	250,000				
1781					軍作牟 (영남)	20,000			私賑穀	8,000
					私賑穀	35,000				
1782	關西小米	16,000			賑 穀	30,000				
	關西米	4,000								
	營賑穀	10,000								

---

207) 「續大典」에 각 고을의 진곡은 해마다 그 고을의 힘에 따라 비축한다라는 조항에 의해 1735년 각 지방의 수령에게 매년 자력으로 진휼곡식을 준비초록한 것이다.「經世遺表」卷十二, 倉廩之儲, 번역본 210쪽.

208) 공명첩을 발행하여 진휼의 자금으로 한 것이다.

연도	경기		호서		호남	영남	관동		함경	
1783	關西小米	20,000	濟民倉米	3,000	私賑穀	25,000	浦項租	14,000	交濟穀	25,000
	江都米	10,000	濟民倉租	22,000	軍作米 (영남)	5,000	浦項牟	3,500	私賑穀	10,000
	營賑穀	20,000	營賑穀	55,000			浦項太	500	衙門穀	5,000
							浦項穀	1,000		
							帖價米	25,000		
1786	常賑穀	15,000	常賑穀	20,000	賑穀	30,000				
	營賑穀	5,000	營賑穀	10,000	常賑穀 (영남)	40,000				
					賑穀	70,000				
1788									交濟穀	40,000
									嶺南穀	30,000
1792			營賑穀	10,000	賑穀	60,000				
			常賑穀	10,000						
1794	營賑穀	40,000	營賑穀	35,000	軍作米 (영남)	130,000				
			自備穀	7,000	私賑穀	60,000				
					賑穀	30,000				
1795			營賑穀	2,000						
			常賑穀	3,000						
			自備穀	550						
1797					營賑穀 (영남)	55,000				
					私賑穀	40,000				
1798			北　穀	15,000	賑穀 (영남)	38,000				
			營賑穀	5,000						
			自備穀	700	賑穀	40,000				

비고: 『惠政年表』 韓國精神文化研究院 藏書閣(2-3270)

(2) 還穀體系의 動搖와 米價變動

이와 같이 정조 대에도 여전히 국가의 행정명령에 의한 인위적인 곡식이

194

동이 있었다. 그러나 그 내용에 있어서 점차 변화하는 것이 보인다. 이러한 변화는 환곡량과 환곡운영체계를 중심으로 확연히 나타난다. 〈표 4-8〉은 18-19세기 환곡에 대한 총량적 변화 추이를 나타내고 있다.

〈표 4-8〉 還穀量 變化 推移(18-19世紀)

年 度	還 穀 量(單位 石)
18세기 초	5,000,000
1760(영조 36)년	9,300,000
1769(영조 45)년	10,100,000
1776(영조 52)년	10,500,000
1788(정조 12)년	9,900,000
1797(정조 21)년	9,380,000
1807(순조 7)년	9,995,599
1828(순조 28)년	8,000,000
1862(철종 13)년	8,000,000

자료: 오일주(1984)

〈표 4-8〉에서도 알 수 있듯이 환곡량은 1776(영조52)년을 최고 분기점으로 늘다가 줄어든다. 1776년 10,500,000석의 규모는 정조 12년인 1788년에 9,900,000석으로 줄어들고 이후 1797년에는 9,380,000石으로 줄어든다.

다산이 정리한 대로 곡식장부가 급속히 늘어난 시기는 환곡총량에 비추어 볼 때 18세기 초에서 1760년대까지로 볼 수 있다. 이 시기 환곡량은 총 5,000,000석에서 9,300,000으로 늘어났다. 이와 같은 환곡량의 증가는 영조년간 변하지 않는 추세였다.

따라서 정조가 영조로부터 이양 받은 정권의 내용이란 한마디로 방대한 양의 환곡이었다. 정조 초기 단순히 방대한 양의 환곡이 문제였을 뿐만 아니라 지역 간 비축상태의 불균등성도 심각한 문제였다. 지역 간 환곡의 불균형문제는 '還多民少邑'과 '還少民多邑'의 문제였는데 대개 경기도와 강원도 지방이 還少지방이었고 영남, 호남, 함경도가 還多지방이었다.

정조는 즉위한 해 1월에 각 읍의 환곡량이 서로 불균등한 폐단에 대해 보고 받고 이에 대한 시정을 지시한다.[209] 그리고 이해 12월에는 구환곡에 대한 대대적인 탕감조치를 내린다.[210] 구환곡에 대한 탕감조치는 이후에도 계속된다. 1781(정조 5)년 영남과 관서의 구환곡 停免조치에 이어 전국의 구환곡에 대한 停捧조치를 실시한다.[211] 이후 1782-1798년까지 구환곡에 대한 탕감은 지속된다.

환곡에 대한 탕감조치는 영조 대에서는 아주 특별한 조치였다. 이러한 특별한 조치가 정조 대에서는 매년 실시하는 일반적인 정책으로 전환한 것이다. 이러한 이유로 정조 대의 환곡량은 영조 대에 비하여 줄어든 것이다.

환곡량의 감소의 원인으로는 탕감조치 이외에 作錢조치를 들 수 있다. 1779년 8월 먼저 영남의 환곡에 대한 작전결정이 내려지고 곧 이어 전국으로 확산하여 환곡이 많은 읍에 대한 작전결정이 내려진다.[212] 이러한 작전결정은 이후 각 지방관들의 환곡문제 해결에 주요한 지침이 되었다. 이제 정조 대에 행해진 재배분과정의 특징을 몇몇 사례에서 확인해 보자.

1780년 4월 황해감사는 평산고을의 환곡문제를 접수하고 작전하여 해결한 과정을 중앙에 보고하였다. 보고 내용에 따르면 평산지방의 총 실호수는 4,600여 호인데 총 환곡량은 46,500여 석이고 매년 분급해야 할 량은 31,800석이나 되어 피곡으로 계산하면 1호당 환곡량이 평균 13-14석이나 된 상태였다. 또한 각 읍의 거리가 먼 곳은 150-60리나 되고 가까운 곳은

---

209) 『備邊司謄錄』158, 正祖 元年 1月 10日: 侍讀官李獻慶所啓 …… 春耕補不足之道, 專在還穀, 而各邑還穀多寡不均, 有裕之邑, 則民不願受, 而或至勒分, 不足之邑, 則民雖飢困, 而無以遍及, 令道臣酌量多寡, 從便移割, 則必有均惠之效, 且監司之營耗作錢也, 必皆發賣於穀貴之邑, 移錄其數於穀賤之邑, 故沿海之還穀, 或至空虛, 山郡則或至過多, 此爲病民之巨弊, 各別申飭, 必使各該邑作錢, 毋得移錄, 則似無多寡不均之患.

210) 『正祖實錄』4, 正祖 元年 12月20日.

211) 『正祖實錄』12, 正祖 5年 9月29日.

212) 『備邊司謄錄』160, 正祖 3年 8月 29日: 嶺南牟還, 本爲種子, 而反爲民弊, 分付道臣, 就其石數最多處, 從市値作錢以上, 以補經費之意 …… 北道江京三南諸道還穀, 逐年添數, 反爲民債, 元會付外, 如常平別備等還, 或十年一次, 七八年一次, 折米作錢以上, 以補經費之意.

196

60-70리 정도로 떨어져 있는 상태라서 환곡을 수령하고 납부하는 데는 4-5
일 정도의 기간이 소요되는 실정이었다. 따라서 1777년 시행한 방식대로
작전하여 취용하는 방법만이 민간의 피해를 줄이는 방법이었다.213)

1781년은 경상도지역에 수해피해가 심한 해였다. 이해 경상도는 전 지역
중 약 40%(27개 읍)가 작황이 부진한 尤甚邑으로 보고되었다.214) 이해의
降雨量 기록을 보면 1,227mm로215) 되어 있어, 1771년 이래 최고의 많은
양의 비가 내린 해이다. 이해 경상도지역에 대한 국가의 조치는 조세감면
으로 29,852결을 책정하고, 진휼을 위한 곡식은 軍作皮牟 20,000석을 획급
하고 私賑穀으로 35,000石과 공명첩 3,000장을 하송하는 조치를 취했다. 이
러한 조치에서 알 수 있듯이 정조는 가급적 민간 스스로 위기를 극복하도
록 한 것을 알 수 있다.

1783(정조 7)년은 경기, 호서, 호남, 영남, 관동, 관북 모두 육도에 흉년
이 든 해이다.216) 관서와 해서도 겨우 흉년을 면한 정도였다. 1782(정조 6)
년의 가뭄에 이어 이해도 가뭄으로 이앙에 고생한 해이다. 1782-83년의 降
雨量을 보면 1782년 한 해의 총 降雨量이 770mm이고 3, 4, 5월 3개월 동
안의 降雨量은 36mm였다. 1783년은 846mm가 한 해 동안 내렸고 3, 4, 5
월 3개월 동안 96mm가 내렸다. 이해의 흉년에 대해 국가가 취한 조치는
군향미와 군보미에 대한 작전 납부와 조세감면, 그리고 환곡 탕감이다.217)

정조 대의 환곡정책의 변화는 '加分과 盡分'218)의 증가에서도 찾을 수 있

213) 『備邊司謄錄』 161, 正祖 4年 3月 27日: 黃海監司金煜狀啓也 …… 以爲平山府
還穀數多, 而太白城餉及倉元元還等穀, 合爲四萬六千五百餘石, 每年當分, 只爲
三萬一千八百石, 而受還實戶, 只爲四千六百餘戶, 一戶所受, 摠以皮穀折計, 則將
至於十三四石之多, 當其分糶之時, 各邑道里, 遠或爲一百五六十里, 近不下七八
十里, 所受還上, 消融於四五日齎粮往來之費 …… 依丁酉年例, 自京司作錢取用,
則在平邑, 無穀多傷民之弊.
214) 『備邊司謄錄』 163, 正祖 5年 10月 27日.
215) 제3장 〈표 3-4〉의 환산기록이다.
216) 『正祖實錄』 16, 正祖 7年 10月 30日.
217) 『正祖實錄』, 正祖 7年 9月 22日.
218) 환곡은 分給穀과 留庫分으로 구분된다. 이것은 조성된 환곡 중 50%만이 대출
로 나갈 수 있으며 50%는 항시 창고에 남아 있어야 한다는 규정이다. 오늘날

다. 가분은 경기 충청 강원 관서지방 등 환곡량이 적은(民多穀少) 지방의
지방관들이 춘궁기에 종자와 식량 마련 명목으로 신청하던 환곡의 특수대
출이다.

춘궁기 각 지방관 가분 요청 및 결정 사례

1782(정조 6)	함경도	留庫中 50,000석 가분 교제곡 10,000석 가분
	전라도	尤甚 之次邑 1/3-1/4 가분
	충청도	도내 환향 서천 한산 제민곡 1/5 가분
	강원도	43,500석 가분
	경기도	30,000석 가분 이상『備』164 正祖 6년 3월 9일-14일
1784(정조 8)	충청도	還軍餉庫 100,000석 가분 신청, 80,000석 결정(2. 21)
	함경도	留庫中 1/3 가분(2. 25)
	강원도	留庫中 65,300석 가분(3. 5)
	평안도	留庫中 50,000석 가분(윤3. 6)
	황해도	留庫中 30,000석 가분(윤3. 6)『備』166 正祖 8년
1787(정조 11)	충청도	제민곡, 군향곡 중 80,000석 가분(2.20)『備』170 正祖 11년
1792(정조 16)	충청도	군향곡 중 40,000석 가분(4. 14)『備』180 正祖 16년

가분과 함께 진분도 늘고 있었다. 환곡 중에는 미곡과 함께 보리(皮穀)
의 비중도 높았다. 보리는 오곡 중 보관이 가장 어려운 곡식이었다. 영조
대까지만 해도 환곡은 50%(半留半分)를 창고에 저장해야 하는 법률 규정
이 엄히 적용되고 있었다. 그러나 정조 대에는 부패가 쉬운 보리를 중심으
로 이러한 원칙은 재고해야 한다는 건의가 계속되었다. 이로서 1781(정조

금융용어로 보자면 일종의 지급준비율이 50%라는 이야기이다. 加分이란 이
50% 규정에 있는 유고분의 일부를 더 분급하는 것을 의미한다. 가분보다 더
진행된 것으로 盡分이 있다. 盡分이란 창고에 남은 것이 없이 모두 대출되었
다는 뜻이다. 지급준비율이 0%란 이야기이다. 영조 대까지 지급준비율이
50%인 半留半分法은 법제의 규정으로 엄격히 실시되었다. 그러나 정조 대에
들어와서 이 50%의 수치는 가분과 진분의 증가로 변화하였다. 환곡운영 시스
템에 관해서는 양진석(1989)을 참조.

198

5)년 3월 牟還盡分定式이 채택된다.219) 이렇게 진행된 진분의 증가는 10년 뒤인 1791(정조 15)년 전라도의 도내 환곡 총량 보고를 보면 총 환곡 (1,927,040석)에서 진분(599,700석)이 차지하는 비중은 31%나 되고, 반면 반류반분(1,327,340석)의 비중은 69%로 줄어들어 666,720석이 반분된 상태로 나타났다. 따라서 전라도의 경우 총 환곡(1,927,040석) 중 66%인 1,266,420석이 환곡으로 대출된 상태였다.220)

　이상에서 알 수 있듯이 정조 대의 환곡은 작전량이 늘고 진분과 가분량이 늘면서 전체 총량은 감소되고 있었다. 이것은 국가의 곡물저장규모의 축소와 시장거래량의 증가를 나타낸다고 볼 수 있다. 1782-1783년의 흉년에 대한 대책으로 정조는 비축된 곡식을 방출하였을 뿐만 아니라 각 군영에 간직된 화폐도 대량 방출하였다. 이해 한 해에 이자 없는 돈 총 15만 냥을 수도 서울의 도시민을 중심으로 대출하였던 것이다. 오영문의 돈 100,000냥, 내수사의 돈 10,000냥, 진휼청의 돈 43,000냥을 시전인과 공인들에게 무이자로 나누어 준 것이다.221) 이해의 대출목록을 보면 〈표 4-9〉와 같다.

〈표 4-9〉 1784(정조 8)년 시민 공인 대출 목록(단위: 냥)

立　廛 6,000	綿紬廛 5,000	紙　廛 5,000	苧布廛 5,000
魚物廛 7,000	布　廛 2,500	帽子廛 2,500	上米廛 2,000
烟草廛 2,200	生鮮廛 2,000(이상 시전중 2,000냥 이상)		
奉常寺貢人 1,800	司導寺貢人　1,040		其人貢人　3,600
濟用監貢人 1,690	(이상공인 중 1,000냥 이상)　공시인 총합계 96,000냥		

비고: 『備邊司謄錄』166 정조 8년 3월 21.

　정조 대의 변화는 無償供與인 賑恤米穀의 조달에 민간의 참여가 확대된 사실에서도 확인된다. 1782(정조 6)년의 흉년에 대한 민간의 진휼상황에

219)『備邊司謄錄』952, 正祖 5年 3月11日.
220)『備邊司謄錄』178, 正祖 15年 3月 13日.
221)『備邊司謄錄』166, 正祖 8年 3月20日.

대한 보고를 보면 전라도의 경우 98인이 진휼에 물자를 공급하였는데 전주의 가선 장익복은 2,000석을 제공하였으며, 광주의 강덕휘외 3인이 2,000석을 제공한 이외에, 1,000석 이상 제공자가 9인, 500석 이하가 85인이나 되었다.[222]

이해 총 진휼에서 公賑과 私賑의 정확한 비율은 알 수 없다. 다만 이로부터 10년 뒤인 1792(정조 16)년에 호서와 관서지방이 홍수로 인한 피해를 겪었을 때 진휼한 기록을 보면, 호서지방은 기민의 총수가 1792년 1월부터 5월까지 25,082구이고, 이들에게 총 2,249석의 진휼곡을 제공하였다. 관서지방에서는 공진의 대상이 된 기민 총수가 238,279구(口)이고 이들에게 7,823석의 곡식이 제공되었다. 반면 관서지방의 사진의 대상은 20,0068구이고 이들에게 6,359석이 제공되었다. 비율로 보면 인구 면에서 公賑대 私賑의 비율은 54:46이고, 제공된 곡식의 비율은 55:45의 비율이었다.[223]

이상의 사실에서 정조와 영조는 환곡에 관한한 서로 분명한 차이가 있었다고 사료된다. 정조시대 중앙 권력에 참여한 다산의 회고에서도 이 점은 발견된다.

> 還上은 社倉이 일변한 것이며 糶糴도 아니면서 백성들의 뼈를 깎는 병폐가 되었으니 백성이 죽고 나라가 망함은 바로 눈앞에 닥친 일이다.[224]

> 선조께서 환상하는 뜻을 책문하면서 곡식이 백성에게 나와서 백성에게 돌아가는가, 아니면 관(官)에서 나와서 관으로 돌아가는가 하니 여러 유생들이 대답하지 못하였다.[225]

정약용에 회고에서도 정조는 환곡정책을 관 주도에서 민간 주도로 전환

---

222) 『備邊司謄錄』 166, 正祖 8年 5月 22日.
223) 『正祖實錄』 34, 正祖 16年 5月 28日.
224) 「牧民心書」, 戶典 穀簿.
225) 『經世遺表』 12, 倉廩之儲: 先朝策問, 還上之義曰, 粟出於民, 而還于民乎, 抑出於官, 而還于官乎, 諸生不能對.

200

하려 한 것을 알 수 있고, 시장기구의 활용을 적극 추진하려는 뜻을 가지고 있었던 것을 알 수 있다. 다산은 「經世遺表」, 「倉廩之儲」의 마지막 부분에 常平倉條例를 적으면서 다음과 같이 常平과 還上을 구분하고 있다.

우리나라는 남북이 아주 멀고 산택이 얽히고설켜 기후가 같지 않고 토질이 각각 다르므로 팔도에 함께 풍년이 드는 해는 아주 드물다. (경술년 이후 지금까지 없었음) 그냥 앉아서 요행을 기다리기보다는 수운하고 무천하여 삶을 변화시키는 것이 가하지 않겠는가? 전함과 병선을 모래밭에 끌어 올려서 썩고 허물어진 수천 척을 상평창에 예속시켜 조전하기를 의논하는 것이 가하지 않겠는가? -풍년에는 곡식을 사는 사람이 없다. 관에서 수천만 섬을 사들이면 곡가는 저절로 치솟을 것이다. 큰 기근이 든 해에 쌀 한 말 값이 백 전(미 1두 1냥)인데 열 말 쌀에 다만 1냥을 감해도 그 값이 아홉 냥이나 하민들에게는 도움이 안 된다. 큰 기근이 들 때에는 쌀 한 말 값을 60-70닢으로 제한하여 지나치게 가격이 상승하는 일이 없게 해야 한다.226)

우리나라 이두문자에 무릇 위에서 아랫사람에게 주는 것을 차하(상하)라 하는데 환자(환상)이란 환사이다. 백성에게서 거두어 백성의 급한 형편을 구제하므로 이것을 환사라 하는 것이다.227)

다산에게 환곡은 풍년에 백성에게 거두어 흉년에 구제하는 것이다. 즉 창고저장을 통해 수량을 조절하는 것이다. 반면 상평은 풍년에 사들이고 흉년에 팔아내는 것이다. 즉 시장기구를 통해 가격을 조절하는 것이다. 다 같이 흉년에 백성을 위한 제도이나 다산에게 환곡은 좋지 않은 제도로서

226) 『經世遺表』 12, 倉廩之儲, (번역본 263): 況我邦南北夐遠, 山澤糾錯, 風氣不同, 土宜各殊, 故八路同豊之年, 絶無而菫有, 乾隆庚戌以後今未有, 若以坐待爲徼幸, 則獨不可轉移懋遷, 以思化居之方乎, 戰艦兵船, 各泥沙朽以壞者, 數百千艘, 獨不可隷于常平, 以議漕轉乎.
227) 『經世遺表』 12, 倉廩之儲: 吾東吏文, 凡上之賜下, 上音次又音玆, 還上者, 還賜也, 收之於民, 以救民急, 此之謂還賜也.

인식되고 있었다. 환곡을 가지고 상평정책과 반대방향으로 시장에 참여하는 것을 다산은 '아전들의 상평창'이라 칭하였다.

> 지금 정사하는 자들은 주 현의 창고를 모두 나라 환곡을 저장하는 집으로 알고 있으나 나는 이것을 아전들의 상평창이라 생각한다. 나라에서는 환상하는 법을 시행하는데 아전들은 상평하는 권한을 잡고 있으니 나라에서는 그 櫃이만 안고 있을 뿐이고 아전이 그 구슬을 환롱하며, 나라에서는 그 칼집만 잡고 있고 아전들이 그 칼날을 사용한다.[228]

다산이 인식한 대로 정조는 환곡을 줄여서 그만큼 지방 아전들의 幻弄을 줄이고 시장을 통하여 가격을 조절하는 정책으로 전환하려 했다. 이와 같이 정조 대에는 진휼대책에서 화폐와 곡식이 官에서 官으로 이동되는 것이 아니라 民間에서 民間으로 유통되도록 하는 조치들이 취해진 것이다. 이러한 정책 기조의 전환은 정조의 다음과 같은 주장에서도 역력히 나타난다.

> 대개 시장에서 교역하는 방도에서 돈과 곡식은 똑같이 교역의 수단이 되어 그 풍부함과 희소성에 따라 가치의 비중이 바뀐다. 국가에서는 마땅히 평준의 법칙에 힘써서 백 가지 하천이 도도히 흐르는 것과 같이 해야 하는데 그 방법은 그 근원이 되는 물이 자연히 흐르도록 유도하는 일 뿐이다. 상행위(商賈)에 있어서는 먼 곳에서 배와 수레로 실어와 쌀 때 사들이고 비쌀 때 팔아서 이익이 있는 연후에야 모여들고 이익이 쌓인 연후에야 흩어진다. 이제 각종 규제로 그 이익을 막는다면 이익이 막히게 됨에 따라 배와 수레로 한강을 건너고 서울로 향하던 자들이 허둥지둥 배와 수레를 돌려 돌아가게 된다. 이 규제를 풀고 자연히 모이도록 유도한다면 저자의 곡식값은 저절로 안정되고 곡식은 넉넉해 질 것이다.[229]

---

228) 「經世遺表」 12, 倉廩之儲.
229) 『正祖實錄』 35, 正祖 16年 8月 25日: 近日有臺言, 飭有司, 禁其刁騰, 而竊以爲 行不得, 夫貿遷之方, 錢與穀, 均之爲貨泉, 隨其豊乏互爲珠糞, 朝家當務平準之則, 要令百川滔滔, 而其術不過曰, 導其源頭活水而已, 至於商資舟牽車遠服, 賈販賤

정조는 각종 규제의 강화 대신 시장기구의 활용으로 물가안정을 도모하려 하였다. 1792(정조 16)년 9월에 정언 이명연은 겨울과 봄의 미가상승을 걱정한 나머지 곡식의 낭비를 막아 미가를 안정시키기 위해서는 시중의 양조업자들의 곡식 낭비를 막아야 한다고 보고 이들의 양조를 금하는 한편 일반 민간에서도 술 마시는 것을 금해야 한다고 주장하였으나 정조는 이에 대해 반대하였다. 정조는 국가정책에 대한 백성들과의 신의가 앞서야 한다고 보았다. 정조는 술 빚는 일은 허락한 지 오래인데 지금 만약 다시 금한다면 국가에 대한 백성들의 신의는 무너진다고 보았다. 정조는 국가정책의 기조를 일관되게 유지하는 것이 경제안정에 더 도움이 된다고 보았다.

시장 중심의 정책을 일관되게 선호한 정조와 다른 대신들과의 마찰은 1795(정조 19)년 2월 좌의정 유언호[230]와의 언쟁에서 가장 부각되었다.

> 지금 농사일이 본격적으로 진행될 때에 백성들의 생활은 날이 갈수록 어려워져 지금 시장가격이 공미 1석당 7냥7, 8전한다. 경기와 삼남의 심한 곳은 서울의 저자거리보다도 가격이 비싸다. 이 이유는 서울의 부유한 백성들이 곡식을 사서 저장해놓고 폭리를 노리기 때문이다. 늘 가격을 안정되게 유지하는 법으로 논하더라도 그들이 가격을 조작하도록 맡겨둘 수 없다. 관에서 참작하여 몇 년 동안의 평균가격과 맞추어 획일적인 가격을 정하도록 하여야 한다. (좌의정 유언호)

而賣貴利, 然後趣, 積然後散, 今也設爲禁, 而塞其利. 利塞矣, 舟車之渡漢水向終南者, 其將望望然回槺而返轅積之云乎, 是在計也, 任渠輻輳, 任渠京坻譬如萬斛在市, 一市之價旣平, 一邦之食自足矣.

230) 노론계 沈樂洙가 쓴 당론서『恩波散稿』卷 8, 黨逆列傳 兪彦鎬傳에 보면 정조 등극에 결정적인 공로를 세운 홍국영을 중심으로 攻洪派와 扶洪派로 구분하여 유언호를 공홍파의 대표적인 인물로 묘사하고 있다. 정조년간 時僻 당쟁론을 연구한 朴光用(1990)에 의하면 1792(정조 16)년부터 사도세자의 죽음에 관한 책임추궁론과 국왕권 정통성의 문제가 연결되어 정조가 유언호와 물가논쟁을 한 1795(정조 19)년을 기점으로 벽파와 시파는 뚜렷하게 분열하여 대립하는 것으로 보고 있다. 우연의 일치인지는 모르지만이 시기는 정조와 채제공이 시장기구를 통한 물가안정정책을 강구하던 시기라는 점에서 흥미가 있다.

말은 좋은 말이다. 곡식가격을 관에서 획일적으로 정한다면 불편한 점이 대단히 많게 된다. 대체로 물건이 제각기 다른 것이야말로 물건의 속성이다. 더구나 장사꾼들은 이익만을 추구하는 자들인데 그들이 도성 내에서 이익을 얻지 못하면 곡식 실은 배들은 다른 데로 돌아가지 않는다고 누가 보장하겠는가 유언호의 뜻은 좋으나 책상물림의 주장과 다를 바가 없다.[231] (정조)

물가정책을 둘러싸고 정조와 좌의정 유언호와의 의견 대립에 나타난 현실 인식 차이는 많은 점을 시사한다. 먼저 왕과 대신은 모두 물가안정을 목표로 이야기하고 있다. 여기서 대신은 가격은 국가권력에 의해 결정될 수 있으며 그것이 공정하다는 생각에 가득 차있다. 대신은 시장가격보다는 획일적인 통제가격이 더 공정하다고 믿고 있다. 반면 왕은 가격은 국가권력도 어찌할 수 없는 것이며, 서로 다른 사용가치를 지닌 물건들이 시장에서 만나서 수요와 공급을 매개로 결정되는 것으로 인식하고 있다. 즉 시장과 가격과의 불가분관계를 인식하고 있는 것이다. 마지막으로 획일적인 통제가격을 주장하는 신하에게 왕은 현실물정을 모르는 책상물림의 소리라고 쏘아부친 핀잔이 재미있다.[232]

이 시기는 비변사의 권한이 국왕과 재상 중심의 위계질서하에 놓이게 된 시기로 본다. 奎章閣의 機能이 활성화되고 文體反正을 표방하여 관료세력의 재교육을 강조하고 새로운 官學風의 진작이 있었던 시기이다.[233] 또 軍制는 오군영제를 개편하고 1785(정조 9)년의 장용위를 증원하여 장용영으

---

231) 『正祖實錄』42, 正祖 19年 2月 10日: 上曰, 言則好矣, 穀價之自官割定, 不但有 難便之端, 盖物之不齊, 物之情也, 且況商販之徒, 惟利是逐, 若知都下之不售其利, 則安知不向泊之船粟, 反爲回棹而之他乎, 今此所陳, 意非不好, 而近於書生迂濶 之論.

232) 서구 유럽에서 중세 교회의 교리는 '공정가격'이었다. 하나님이 명하신 가격체 계는 사회구성원들 모두가 자신의 사회적 지위에 걸맞게 살아갈 수 있도록 맞추어 주신 명령이었다. 따라서 중세에는 가격상승과 가격변동에 반응하는 경제행위는 불공정한 것이라는 믿음이 지배적이었다. M. M Postan, 'Credit in Medieval Trade', "Economic History Review", 1935.

233) 朴光用, 「정조년간 時僻당쟁론에 대한 재검토」, 『韓國文化』, 1990.

로 강화하여 왕을 중심으로 하는 일원화를 도모하였다.[234]

정조의 개혁노력은 1791(정조 15)년 이른바 '신해통공'으로 대표된다고
볼 수 있다. 본래 난전을 금하는 법은 육의전이 국가의 공용에 수응하도록
하기 위한 법이었으나 시중의 무뢰배들과 궁방의 잡배들이 이 법을 악용하
였다. 이들은 스스로 가게를 벌려놓고 크게는 말이나 배에 실은 물건부터
작게는 머리에 이고 손에 든 물건까지 싼 값에 늑매하려하고 이 중 말을
듣지 않는 사람들을 '난전'이라 부르면서 결박하여 형조와 한성부에 잡아넣
고 있었다. 이들이 시중 물건의 모든 공급로를 차단하고 자신들만이 영업
을 독점하였기 때문에 시중 물가는 계속 상승하고 있었다. 이에 채제공은
1791(정조 15)년 1월 25일에 이들의 독점행위를 끊어내기 위하여 통공매매
의 자유를 국가가 보장하도록 하는 조치를 취할 것을 정조에게 건의한 것
이다.[235] 이후 보름 뒤인 2월 12일에 체제공은 이러한 조치가 내려진 후
곧 시중 물가가 하락하였다며, 개혁한 뒤의 실효가 있는 것은 물가하락을
통해서 미루어 알 수 있다고 보고한다.[236] 채제공의 시각 그대로 '신해통
공'의 의미는 물가변동과 연관 지워 파악해야 한다. 즉 독점적 가격이 형성
되고 그 폐단이 시중의 전반적인 물가상승으로 연결되어 삶의 수준이 하락
함에 따라, 국가가 나서서 독점에 대한 규제를 강화함으로써 물가가 하락
하고 다시 삶의 수준이 안정되도록 유도하는 조치로서 이해할 필요가 있
다.[237] 채제공은 이해 6월 다시 독점에 대한 규제의 강화를 촉구하면서 물

---

234) 『正祖實錄』 37, 正祖 17年 3月 10日.
235) 『正祖實錄』 32, 正祖 15年 1月 25日.
236) 『正祖實錄』 32, 正祖 15年 2月 12日.
237) 신해통공에 대해 기존의 연구는 난전을 중심에 놓고 신흥 비특권상인의 경제
    적 실력 앞에 국가가 양보한 사건으로 보았다. 최근 이에 대해 난전은 특권의
    배제가 아닌 신특권으로 18세기 말부터 외방 포구 상권의 객주들이 궁방과
    관아의 보호하에 독점적 상권을 유지 확대하면서 자리잡는 것으로 이해하는
    시각이 있다. 전자는 金泳鎬, 「조선 후기에 있어서 도시상업의 새로운 전개」,
    『한국사연구』 2, 1968. 강만길, 『조선 후기 상업자본의 발달』, 고대출판부,
    1973. 후자는 須川英徳, 「18世紀 朝鮮における經濟動向にちいて」, 『朝鮮學報』
    143, 1992가 있다.

가안정의 효력에 대해 역설한 바 있다.238) 이러한 독점규제와 경쟁 확대는 기존 기득권층의 거센 저항을 받았다. 1793년 채제공은 수원성 건설 총본부장이 되어 수원에 체류하고 있었는데 서울의 공인과 시전인 70여 명이 수원까지 쫓아와 거세게 항의하는 소동이 일어났고 정조와 채제공은 이에 굴하지 않고 기강을 다시 확립한다.239)

이상 정조년간 시행된 정책을 개관하였다. 영조 대와 대조되는 정조 대의 변화는 다산이 강조한 대로 곡물의 수량통제로서 상징되는 환곡의 축소를 지향한 점과 그 대안으로서 시장기구를 활용하는 상평책을 지향한 점에 있다고 볼 수 있다.

이러한 정책 차이를 가지고 미가변동과 연관시켜 보자. 앞서 언급하였듯이 영조 대 미가안정은 국가의 수량 조절적 곡물 재배분체계의 확대에 기인한다. 영조는 평상시 곡식저장량을 늘렸다. 흉년이 들면 삼엄한 금주령으로 미곡 수요를 억제하였다. 공명첩 발행을 통해 부민들의 곡식저장 행위에 제한을 가하였다. 이러한 통제정책은 기근으로부터 생계를 유지하기 위한 것이었다. 따라서 영조년간은 기근으로부터 어느 정도 벗어 날 수 있었다.

앞서 보았듯이 정조 대(1777-1799)의 미가는 완연한 상승국면이었다. 이러한 상승국면은 환곡량의 감소와 함께 나타났다. 환곡량의 감소는 곡물저장체계에 속한 곡물의 감소로 볼 수 있다. 이것은 창고에 저장된 곡식이 민간 시장으로 흘러 나간 것을 의미한다. 즉 행정명령에 의한 수량통제분이 시장 유통분으로 전환된 것을 의미한다. 시장기구의 발달은 유통속도의 증진을 가져오고 유통속도의 증진은 미가의 상승을 가져왔다고 볼 수 있다. 또한 정조는 수요 긴축과 같은 규제를 완화하였다. 시행 효과도 별로 나타나지 않은 금주령의 실시를 유보한 것이 그것이다.

---

238) 『正祖實錄』 33, 正祖 15年 6月 20日 : 蔡濟恭又啓言, 近來人心不古, 專事權利, 都賈之名, 於是乎出矣, 都賈不革, 則民俗無以正, 民産無以裕, 商賈無以通, 街市無以盛矣, 朝家之前後禁令, 非不申嚴, 而奸賣莫破, 狙詐益甚, 雖以今番言之, 都下邃邃, 若不莫居, 苟非自捕廳發送捕校, 縛來奸首, 則柴價寧有不日復舊之理乎.

239) 『正祖實錄』 37, 正祖 17年 3月 10日.

〈표 4-10〉 정조년간 미가상승률

(단위: 냥, 전, 푼)

年 度	價 格	上昇率	年 度	價 格	上昇率
1781	1.6.5	-0.075	1792	2.6.0	0.3
1782	2.7.0	0.35	1793	3.6.4	0.82
1783	3.1.8	0.59	1794	1.6.0	-0.2
1784	3.6.0	0.9	1795	2.8.0	0.4
1785	1.8.8	-0.06	1796	2.6.3	0.315
1786	1.6.8	-0.16	1797	1.7.8	-0.11
1787	4.1.0	1.05	1798	2.4.1	0.205
1788	1.5.2	-0.24	1799	3.0.0	0.5
1789	2.0.4	0.02			

비고: 상승률 1750-1765년 평균가격 벼 1석당 2냥 기준 상승률.

4. 國家再配分體系의 崩壞와 米價 不安

(1) 19世紀 危機의 徵候

지역 간 불균등한 작황상황은 19세기에 들어와서도 거의 매년 발생하였
다. 그러나 19세기 국가는 불균등한 작황상황에 대해서 효율적인 대처에 실
패한 듯이 보인다. 예를 들어 대표적으로 지역 간 불균등한 풍흉이 발생한
1805-1810년과 1814년도 상황을 보자. 이 기간도 삼남지방은 흉년이나 북쪽
지방은 평년 수준이었다. 이 기간 1810년의 홍경래난으로 대표되는 민란은
시작되고 있었다. 이어서 1818년은 다시 반대로 평안과 함경지방이 흉년을
당한 반면 삼남지방은 평년 이상의 작황을 보였다. 수도 서울에서 쌀폭동이
일어난 1832-33년에는 경기지방이 최대의 흉작을 기록한 해이다. 이해 충청
과 황해 등 중부지방은 거의 경기지방과 같은 상황이었다. 결국 이해 수도

서울의 쌀폭동은 수도 서울의 식량공급지인 중부지방의 사상 유래없는 흉년과 이를 틈탄 상인들의 투기적 행동이 결합되어 나타난 산물이다.

10여 년 동안 두세 차례의 연속적인 흉년을 당할 경우 생계유지 수준에 머문 소농경제는 붕괴의 위기를 맞는다. 소농의 붕괴는 소농에 기반을 둔 국가체제의 위기로 치닫는다. 이에 국가는 체제 유지를 위해 소농들은 생계유지를 위해 서로 결합하는 영역이 넓어진다. 이러한 이유로 국가의 공적 기능은 양적으로 확대되고 있었을 뿐만 아니라 질적으로 심화되고 있었다.

따라서 조선의 미가 변동요인으로 기후변동 못지않게 주요한 요인이 국가의 곡물 재배분체계임을 강조할 필요가 있다. 국가가 흉년에 대비하기 위하여 풍년과 평년에 곡식을 저장하는 체계의 작동 여부에 따라 단기 불규칙적인 미가가 안정국면으로 진정되는가 아니면 위기국면으로 치닫는가가 결정된다고 볼 수 있다.

19세기를 여는 1800년은 몇 가지 면에서 예사로운 해가 아니다. 우선 바로 1년 전인 1799(정조 23)년에 신해통공과 수원성 건립의 총 책임자인 번암 채제공이 바로 사망했다. 이에 정조는 몸소 축문을 지어 제사케 하였다. 1800년에는 정조가 죽었다. 만 48세에 죽은 것이다. 1801년은 신유사옥(辛酉邪獄)이 일어나 이가환(李家煥), 이승훈(李承薰), 정약종(丁若鍾) 등 천주교도들이 모두 목숨을 잃은 해이다. 1801년 신유환국(辛酉換局) 이후로 정국의 주도권은 급속하게 노론계로 넘어간다. 조선은 18세기에서 19세기로 이행을 이렇게 시작한 것이다. 여기서 우리의 관심은 정치적 변화보다는 경제적 변화이다. 따라서 문제는 이러한 세기적 변화는 과연 미가변동으로 감지될 수 있는가에 놓여져야 한다. 적어도 19세기 초반인 1800-1808년까지 미가변동을 놓고 보았을 때 이러한 정치적 변화는 감지되지 않는다. 오히려 이 기간(1800-1808)의 하향 안정세[240]는 1777(정조 1)년 이래로 가장 돋보이기까지 한다. 1800-1808년 사이 미가의 하향 안정의 모습은 작황상황에 대한 지방관들의 장계에서도 확인된다. (표 참조) 이 시기 지

---

240) 1800-1809년 봄까지 미가는 벼 1석당 평균 1.81냥을 중심으로 표준편차 0.20의 안정된 모습을 보였다. 표 참조.

208

방관들의 작황상황 보고는 전국에 걸쳐 거의 전시기를 풍년상황으로 보고
하고 있다. 기후변동에서도 가장 우호적인 기후환경이었다. 이 시기 降雨量
은 평균 1234mm이고 표준편차는 268mm로서 농사에 적당한 降雨量을 기
록하였다.[241]

<표 4-11> 19세기 降雨量 변화(단위: MM)

年度	AM	SD	年度	AM	SD	年度	AM	SD	年度	AM	SD
1800-1809	1234	268	1810-1819	1310	283	1820-1829	1320	376	1830-1834	1335	406

1800-1809년 사이의 인구는 1798(정조 22)과 비교하여 볼 때 감소하였
다. 1798년 기준 전국호수는 1,786,129호이고, 인구수는 7,606,469명인 데 비
해 1807년 기준 전국호수는 1,764,504호 인구수 7,561,403명으로 호수는 약
1.22%(21,625호) 감소하고 인구수는 2.55%(45,065) 감소하였다. 이러한 인
구감소는 100세 이상 노인수에서도 확인된다. 1790(정조 14)년의 경우 전
국의 100세 이상 노인수는 89명이었는데 1807년의 경우 33명으로 보고되었
다.[242] 100세 이상 노인수의 현격한 감소는 이 시기 사망률이 늘어난 것을
의미한다. 이 시기 특별한 기상 이변이 없는 가운데 인구가 감소하고 사망
률이 늘어난 것과 미가가 하향 안정세를 보인 것은 수요 감소에 따른 반응
으로 이해된다. 그러나 왜 이 시기 인구가 감소하고 사망률이 증가하였는
지에 대한 뚜렷한 근거는 아직 확실하지 않다. 이러한 인구감소 수치에서
19세기는 심상치 않은 시기임이 느껴진다. 이러한 느낌은 19세기로 들어갈

---

241) 19세기 초 조선의 기후변동과 농업위기에 관한 이호철·박근필의 연구는
   1799-1825년 기간을 대상으로 하고 있는데 1799-1809년 10년 기간은 여기에
   전혀 해당되지 않는다. 19세기 기상 악화의 시점은 1809년 하반기부터 시작
   되었다고 보아야 옳을 듯싶다. 기상 이변의 시점을 1809년 하반기로부터 보
   는 것은 이호철 자신이 밝혔듯이 서구 유럽에서도 1810년부터 저온 현상이
   나타난 것과도 일치하는 것이다. 이호철·박근필(1997), Post. "The Last
   Great subsistence Crisis in the Western World". 참조.
242) 『純祖實錄』11, 純祖 8年 1月 2日.

수록 더욱 확연한 사실로 다가온다.

　인구감소의 원인은 아니지만 19세기의 사회 분위기는 대단히 불안정적이었음을 감지할 수 있는 증후군은 많이 나타났다. 먼저 화재가 대단히 빈번히 발생한 것을 들 수 있다. 1801년 3월 10일 전라감사는 순천부의 사창(司倉)이 화재로 불탄 사실을 보고해 왔는데 화재 원인은 사창 바로 뒤인 정 과부집(鄭召史)에서 화재가 발생하였기 때문이고, 피해규모는 인근의 민가 10호와 창고 54칸과 관공서 12칸이 모두 타버렸다는 것과 창고에 있던 곡식 7,009석 중 6,404석이 모두 화재로 소실되었다.243) 같은 해 5월 20일에는 평안감사가 화재를 보고하였는데 선천(宣川)에서 곡식창고 아래의 민가 28호가 화재로 소실되고 창고는 18칸이 완전히 불타버렸으며 곡식피해는 4,250석 중 3,500석이 그을렸으며 750석이 완전 연소되었다는 내용이다.244) 1807년 1월 3일에는 경상감사가 경상감영의 화재를 보고해왔는데 관아 건물 184칸이 화재로 소실되어 그 복구를 위한 목재만 5,600株가 소요된다는 내용이다.245) 1809년에 들어서서 화재는 더욱 빈발하였다. 1809년 2월 29일에는 함경도 감영에서 화재가 발생하였는데 7개리의 민가 1,798호가 불타버렸으며 6개의 관청건물이 소실되었다. 함경도 감영의 화재는 1803년에도 발생하여 민가 2,700호가 소실된 뒤로 6년 만에 다시 발생한 대규모 화재이다. 같은 해 3월 4일 경산도 울산에서도 화재가 발생하였는데 민가 507호가 소실되었다. 1809년 4월 22일 충청감사의 보고에 따르면 제천현의 창고에 화재가 발생하여 민가 323호와 관청건물 6채가 소실되었고, 곡식은 8,407석이 타고 타나 남은 곡식이 304석이었다. 이해 3월 23일 강원도 안협(安峽)에서도 화재가 발생하여 창고 31칸과 곡식 340석이 화재로 타버린 사건이 발생하였다. 같은 해 6월 18일 전라도 용담(龍潭)현에서도 화재가 발생하여 민가 164호와 관청건물 109칸이 화재로 소실되었다.246) 이러한 화재의 발생은 주로 곡식창고 주변에서 일어났다. 이것으로

243)『備邊司謄錄』192, 純祖 元年 3月 10日.
244)『備邊司謄錄』192, 純祖 원년 5月 20日.
245)『備邊司謄錄』198, 純祖 7年 1月 3日.

보아 화재는 단순화재가 아니라고 여겨진다. 즉 화재의 발생은 환곡과 깊은 관련이 있음을 알 수 있고 사회의 불안정도 환곡과 관계된 것임을 미루어 짐작할 수 있다.[247]

여기서 19세기 초의 인구감소는 자연감소 이외에 사회적 감소요인도 있음을 감안해야 한다. 환곡과 관련된 사회적 인구감소는 1호당 환곡액의 증가와 유망걸식호의 증가로 나타난다. 1806년 9월에 조진순(校理 趙鎭順)은 민간에 배정된 환곡의 수가 1호당 30석이 넘는 현상을 지적하고 이에 대한 대책을 촉구하였다.[248] 같은 해 10월 함경감사 이면긍(李勉兢)도 도내 한 고을의 1호당 환곡수가 20석이 넘는 것을 지적하였다.[249] 1807년 5월에 함경감사 이만수(李晩秀)도 도내 고을의 환곡 배정의 불균등을 지적하였는데 종성(鐘城)의 경우 환곡이 93,000석이고 1호당 환곡수는 30석이나 되었으며, 갑산(甲山)의 경우 환곡 127,100석에 1호당 5-60석씩 배정되어 있음을 지적하였다. 이 정도의 규모는 18세기와 비교하면 2-5배 수준이다. 영조 대는 매호당 환곡의 규모가 2석 정도였다.[250] 정조 대는 이보다 상승하여 1호당 4-5석에서 10석 사이에서 환곡문제가 대두되었다.[251]

---

246) 이상 『備邊司謄錄』 199, 純祖 9年 2月-6月까지 기록 참조.
247) 환곡과 농민항쟁과의 관계는 宋讚燮(1992) 참조.
248) 『備邊司謄錄』 197, 純祖 6年 9月 21日.
249) 『備邊司謄錄』 197, 純祖 6年 10月 8日.
250) 『備邊司謄錄』 143, 英祖 39年 3月 1日.
251) 『備邊司謄錄』 174, 正祖 13年 4月 29日.

〈표 4-12〉 民家 1戶當 還穀配定數

年 度		地 方	還穀量(石)	還 戶	1戶當還穀	出 典
1780(正祖 4)	3.27	關西平山	46,500	4,600	10.1	『備』161
1781(正祖 5)	3.10	關西諸鎭			10	『備』162
1797(正祖 21)	4.11	京畿朔寧	30,000	2,000	15	『備』185
1797(正祖 21)	10.11	關西宣川	36,700	3,650	10	『備』186
1802(純祖 2)	6.5	京畿朔寧			20	『備』193
1848(憲宗 14)	1.7	湖南昌平	102,000	1,400	73	『備』235
1806(純祖 6)	9.21	關北茂山			40	『備』197
1806(純祖 6)	10.20	關西募嶺	800	40	20	『備』197
1807(純祖 7)	5.3	關北鐘城	93,000		30	『備』198
1807(純祖 7)	5.3	關北甲山	127,100		5-60	『備』198
1810(純祖 10)	4.18	關北甲山	146,000	2,300	8-90	『備』200
1827(純祖 27)	4.1	關西楚山	32,000	1,700	20	『備』200

이제 민가 1호당 환곡수를 놓고 볼 때 19세기 초의 인구감소에 대해 두 가지 추측을 할 수 있다. 하나는 19세기에 접어들면서 사망률이 출생률에 비해서 늘고 이에 따라 자연 인구감소가 일어나 민가 1호당 환곡수의 증가를 가져왔고, 1호당 환곡수의 증가는 농민의 환곡 부담을 무겁게 하여 농촌을 떠나는 호의 증가를 가져와 인구감소는 자연 감소와 사회적 감소가 서로 맞물려 가속화된 것이 아닌가 하는 추측이다. 다른 하나는 순수한 사회적 감소로 보는 추측이다. 주지하듯이 1801년 신유환국으로 정국의 주도권을 잡은 노론계가 다시 등장하면서 관료제는 더욱 경직되었다고 볼 수 있다. 경직된 관료제는 중앙과 지방 간의 행정명령 체계의 전달과정에 있었던 영주인과 경주인 등에게 관료제에 기생하여 투기적 행동을 하는 상인으로 변신할 기회를 많이 부여하였다고 볼 수 있다. 이러한 기회는 이권을 놓고 합리적이고 효율적인 경쟁을 통한 보상의 획득이 아닌 독점과 부패와 결합된 보상의 획득으로서 이들의 이권이 커질수록 농민 1호당 환곡의 수가 늘고 이에 따라 농촌에서 유리걸식호가 많아지고 국가의 호구파악은 점

차 감소하여 그 결과가 인구감소로 귀결된 것으로 추측할 수 있다. 후자의 추측대로라면 이들 유리걸식호는 국가의 호구파악에서는 사라졌으나 어딘가에 가서 새로운 식량 수요자로 존재한다고 볼 수 있다. 농촌의 환곡 부담을 피해서 이들이 갈 곳은 광산촌이나 부두가나 수도 서울의 변두리일 것이다. 이러한 인구이동으로 인한 가격변동은 농촌의 미곡가격의 하락과 도시 미곡가격의 상승으로 나타난다. 왜냐하면 농가 호수의 감소는 농촌의 장시 규모를 축소시킨다. 반면에 도시적 수요에 공급하기 위한 포구 상인들의 곡식수매의 폭은 커진다. 따라서 농촌의 장시를 중심으로 수요와 공급에 의한 가격형성력은 떨어지고 대신 가격형성의 주도권은 포구상권으로 옮아가게 된다. 19세기 부패와 투기와 결합된 시장기구의 모습은 18세기 후반 정조 대 형성된 합리적이고 효율적인 경쟁체제로서의 시장기구와는 다른 모습임에 틀림없을 것이다. 이제 이러한 과정을 구체적 사실에서 확인해 보도록 한다.

(2) 還穀紊亂과 投機的 穀物去來

19세기에 들어서면서 현격히 환곡량은 줄어들고 있었다. 오일주(1984)의 연구에 의하면 19세기 초 전국에 9백만 석 규모의 환곡은 1828년 이후 8백만 석 규모로 줄어든다. 이 규모는 영조 대에 비하면 약 25만 석 줄어든 것이고 정조 대와 비해서도 약 19-13만 석 줄어든 규모이다. 이러한 환곡 총량의 감소의 원인은 먼저 가분곡의 증대와 이에 대한 상환의 부실을 들 수 있다. 당시 환곡이 사회문제가 되어 중앙에 보고된 내용을 보면 환곡 대출은 함경도 지방의 경우 농가 호수 1호당 많은 곳은 80석이고, 적은 곳은 적어도 20석 규모였다.[252] 정조 대인 1781(정조 5)년 평안도 지방관의 보고에 의하면 평안도 지역의 경우 상농부 1호가 1년 내내 경작하여 얻는

---

252) 『備邊司謄錄』 198, 純祖 7年 5月 3日.

소출이 절미 10석이고 하농부는 잡곡 10석 정도인데 이들이 안고 있는 환
곡량은 1호당 평균 10석이었다.[253] 당시 농민들은 국가로부터 차입한 곡식
이 자신의 1년 생산 능력의 평균 2-3배 규모로 확장된 상태였다. 이러한
과다 환곡으로 당시 곡식은 전형적으로 '관에서 나와 관으로 흘러들어가는'
형국이었다.

〈표 4-13〉 19세기 加分穀 狀況

年度	충청	경기	강원	전라	황해	평안	함경	사도	경상	합계
1801	13,000	9,000								
1802	10,000	9,000	34,000							
1803	10,000	10,500	33,000							
1804	9,000	12,600		80,900		7,790		8,315		118,605
1805	23,500	13,000	32,000	40,000	20,500	29,223				164,673
1806	8,000	2,300	24,000	35,000	10,180					79,480
1807	8,000	7,000	25,000	45,000	5,000	14,100	4,000	3,865	1,000	112,965
1809	18,000	5,800	27,000	58,000		13,051		9,675	6,650	138,176
1810	32,172	12,000	33,000	100,037	6,000	20,000	4,000	30,939		238,148
1811	13,000	4,230	43,000	53,000	17,000	55,130	10,000	22,182		217,542
1812	10,000		20,000	25,000	28,847		15,000	12,400		111,247
1813	10,800	21,900	40,000	30,000	3,500		8,000	16,900		131,100
1814	13,000	28,000	37,000	30,000	25,000		30,000	22,756		185,756
1816	14,000	15,000	23,000	20,000	15,000	1,138	30,000	12,403		130,541
1822	9,000	3,000	20,000	10,000	14,100	16,865	20,000	15,467		108,432

비고: 문용식(1990) 재인용

〈표 4-13〉의 19세기 가분곡 규모를 보면 1810년의 238,148석을 정점으로
팽창일로에 있었다. 또한 1830년대로 가면 매년 일정한 액수로 고정되어
가분되고 있었다.[254] 19세기 환곡은 가분의 증가와 환총의 감소로 나타나
나 그 가운데에는 부패의 연결고리가 존재하고 있었다. 그것은 '포흠'(逋

253) 『備邊司謄錄』 162, 正祖 5年 3月 10日.
254) 1830-1840년대는 환곡기능에서 진휼 기능이 축소되고 부세기능 위주로 전환
되는 시기로 본다. 문용식(1990) 참조.

214

欠)으로 사회문제화되고 있었다.255) 1809년 5월 평안감사의 보고를 보면 환곡을 둘러싸고 관료와 영주인, 그리고 경주인이 부패의 사슬에 연결된 사례를 보여준다. 이해 4월 벽동(碧潼) 사람이 소를 올리기를 이 고을의 전 군수 민수익(閔修益)은 환곡을 농단하여 챙긴 이익이 3,800냥인데 그 구체적인 내역은 다음과 같다.

〈표 4-14〉 평안도 관료의 환곡 부패 사례

營耗穀	936석	매 석당 3냥씩	作錢	2,800냥	私用	1,450냥(1,300냥 軍番米防給)
稱民庫	500석	매 석당 4냥씩	作錢	2,000냥	私用	1,200냥(石當 1.6냥씩 立本)
秋還米	400석	매 석당 3냥씩	作錢	1,200냥	私用	480냥(720냥 營主人役價)
路需米	200석	매 석당 3.5냥	作錢	700냥	私用	340냥(360냥 立本還報)

비고:『備』199, 純祖 9년 5월 27일

〈표 4-15〉 1777-1856년간 포흠발생과 규모

年度			地域	規模	및	內譯			出典
1778(正祖 2)	10.10		경기도	4,500석	南漢山城				『備』159
1778(正祖 2)	2.26		황해도	600석	長壽山城別將 朴載謙				『備』158
1793(正祖 17)	10.12		比安縣	7,000석	吏逋 5,000				『實錄』38
1796(正祖 20)	1.06		原州	7,882석					『備』183
1797(正祖 21)	11.05		仁同	14,950석	吏逋 8,390 民逋 2,250				『備』186
1802(純祖 2)	6.05		竹山	17,000석					『備』193
1835(憲宗 元)	6.22		茂山	60,494석					『備』223
1837(憲宗 3)	5.12		驪州	27,644석					『備』225
1837(憲宗 3)	5.12		忠州	105,785석	吏逋	63,612民逋 42,172			『備』225
1840(憲宗 6)	1.21		鏡城	33,710석	吏逋	16,990民逋16,723			『備』228
1840(憲宗 6)	1.21		富寧	28,481석	吏逋	3,344絶戶25,139			『備』228
1840(憲宗 6)	10.21		安岳	15,142석	吏逋	9,774民逋 5,368			『備』228
1840(憲宗 6)	8.02		春川	17,972석	吏逋	10,847民逋 7,125			『備』228
1841(憲宗 7)	2.20		竹山	28,683석	吏逋	11,355民逋17,328			『備』229
1843(憲宗 9)	6.07		慶山	47,700석	吏逋	41,657民逋 6,070			『備』230
1854(哲宗 5)	11.28		陰竹	12,241석	吏逋	8,241 民逋 4,000			『日』
1856(哲宗 7)	1.18		順興	43,135석	吏逋	26,403民逋16,732			『備』229

---

255) 19세기 포흠에 관한 연구는 宋讚燮(1992), 梁晉錫(1989), 張東杓(1993) 참조.

장동표(1993)의 연구에 의하면 18세기 말엽까지 만해도 경주인과 영주인들이 환곡에 관여하여 사회문제화된 사례는 많지 않았다. 이들이 환곡과 결부되어 사회문제화 된 것은 19세기로 접어들면서부터였다.[256] 다산 정약용은 관료배들이 이들 邸人(영주인, 경주인)들을 괴롭히면서 부패의 사슬이 형성되었다고 보았다. 정약용은 자신의 생애 중(1762-1836) 가장 팔자가 바뀐 사람으로 이들 저인들을 꼽았다. 이들은 자신이 어렸을 때는 피폐하고 잔약하였으나, 1810년 강진에 유배되어 『경세유표』를 저술할 당시에는 비단옷과 깁바지를 입고 옥같은 얼굴을 하고 다니는 존재로 변했다고 술회하고 있다.[257]

내가 곡산을 다스릴 때(1797년) 보았던 이른바 영주인이란 자는 군대에서 죄인을 다루던 군뢰로 있다가 늙어서 물러난 자이다. 그 후 남방에 귀향 가서(1810년) 영주인이란 자를 보니 모두 얼굴이 옥 같고 배가 불룩했다. 고을 아전에게 물으니 수십 년 전에는 본 고을 영주인 자리의 매매값이 전 200냥이었으나 지금은 8,000냥이라 한다.

다산은 이들이 이렇게 팔자가 바뀐 이유로 두 가지를 들었다. 하나는 경화사족(京華士族)들이 이들의 이권권리를 사들였기 때문이고, 다른 하나는 수령들이 이들과 뇌물로 결탁되었기 때문이었다. 김동철(1989)의 연구를 보면 1798(정조 22)년 전라도 만경현의 환곡운영에 이러한 사슬이 형성되고 있는 생생한 사례를 확인할 수 있고, 또한 1862년 진주 농민항쟁의 궁극적인 원인도 이러한 사슬에 놓여 있음을 알 수 있다. 이러한 사실을 놓고 볼 때 19세기 조선의 미가구조를 결정하는 주요 요인을 해명하고자 할 때에는 수요와 공급이라는 시장 논리 뒤에 환곡운영과 관료의 부패, 그리고 포구간 곡물 매매를 둘러싼 이권 규모의 확대가 존재하고 있음을 다시 한번 확인하는 것이 필요하다.

---

256) 張東杓(1993) 72-73쪽.
257) 丁若鏞, 『經世遺表』 7, 地官修制, 飜譯本 177쪽, 민족문화추진회, 1977.

〈표 4-16〉 충청도 홍주부 환곡 허류 증감 추이(1808-1834)

年 度	虛留規模	責任牧使	生存與否
1808(年)	199석(石)		
1810	322	崔光泰	死
1811	610	柳 畊	死
1812	789	金啓溫	死
1813	800	申光軾	死
1814	802	〃	
1815	628	韓永逵	死
1816	686	〃	
1817	605	趙台榮	死
1818	835	〃	
1819	826	趙鎭宣	死
1820	808	李義溫	死
1821	929	〃	
1822	1,015	洪世周	死
1823	947	李憲圭	生
1824	1,005	金熙臣	生
1825	1,170	〃	
1826	1,167	〃	
1827	1,231	〃	
1828	1,155	〃	
1829	1,163	李魯秉	生
1830	1,244	〃	
1831	1,287	李敏會	生
1832	1,811	金在三	生
1833	1,699	洪徹榮	生
1834	1,613		

비고: 忠淸道監營狀啓謄錄(奎 15092) 第一册

<그림 4-2> 19세기 忠州牧 虛留穀 추이(1808-1834)

〈표 4-15〉는 여러 지방의 여러 시기가 혼재되어 부패 규모 언제 얼마만큼 증가했는지 정확히 알 수 없다. 이러한 문제는 동질의 시계열자료를 확보하면 해결된다. 〈표 4-16〉은 충청감사 김재삼(金在三)이가 1836(헌종 2)년에 홍주 목사로 재직 시에 전임부사들의 관리 소홀로 인한 부내 창고의 허류 상태를 조사하여 비변사에 보고한 내용이다. 이 보고에 따르면 이 시기 동일 지방의 동일 창고의 부패실상을 시계열적으로 파악할 수 있다.

〈그림 4-2〉를 보면 1811-12년 사이에 200-300석 규모에서 700-800석 규모로 급증하고, 그 후 꾸준히 늘어나다가 1832년 1800석 규모로 급증하는 모습을 보이고 있다. 이러한 모습은 앞서 보았듯이 1810년 홍경래난과 1833년 서울의 쌀폭동 사건이 일어난 시기와 거의 일치한다. 이로 보아 부패 규모와 농민반란, 그리고 도시에서의 쌀폭동은 서로 일정한 상관성을 지니는 것을 알 수 있다. 오일주(1983)의 연구를 보면 이러한 허류곡의 규모를 18세기와 19세기를 비교해 놓았는데 19세기 1862년 당시 허류곡은 전체 환총 5,178,614석 중 54.4%인 2,816,916석이었다.

〈표 4-17〉 18·19세기 환곡 중 허류곡 비중 비교

年度	京畿	忠淸	慶尙	全羅	黃海	江原	咸鏡	平安	全國
1776	16.2%	18.4%	7.7%	20.3%	2.0%	9.7%	36.4%	16.9%	14.9%
1862	92.7%	96.2%	58.2%	54.4%	9.6%	50.3%	18.9%	63.8%	54.4%

비고: 오일주(1983) 재인용

다산이 파악한 대로 관료의 부패는 곡식의 투기적 거래를 둘러싼 이권에 깊이 연루되어 있었다. 이들은 부정 사실을 은폐하기 위하여 공문서 파기까지 자행하였다. 1841(헌종 7)년 12월 경상감사 홍재철은 1832(壬辰)년 이후 울산부의 포흠곡식을 조사하고 관련자의 명단을 제시하였는데 「備邊司謄錄」에는 이 부분이 거의 삭제되어 있는 상태이다. 실제로 1843(헌종 9)년 경기도 음죽현 이방 이기천(李基天)은 음죽현 전체 포흠 곡 12,241석 중 33%인 4,000석을 혼자서 포흠하였는데, 이 자는 부패 사실을 은폐하기 위하여 장부를 소멸시킨 행위까지 적발되었다.[258] 이러한 관료의 부패의 정도와 투기적 거래의 규모는 서로 비례하는 상관관계를 형성하는 것으로 추정할 수 있고 이 상관관계가 높을수록 생산을 담당한 농민이나 소비를 담당한 도시민의 생계는 더욱 어려워지는 것을 연계시킬 수 있다. 이제 이러한 연계와 그 영향의 심각성을 구체적인 사례에서 확인해 보자.

앞서 제시한 충청도 홍주지방의 부패 규모와 이 지방 곡물 상거래의 이권을 장악한 포구 여객주인권의 매매가격과의 상관관계를 통하여 이 문제는 해명될 수 있다고 여겨진다.

---

258) 「備邊司謄錄」230, 憲宗 9年 5月 1日: 京畿監司李若愚狀啓 …… 官屬逋折米一萬二千二百四十一石零 …… 內逋吏李基天 …… 則所逋折米爲四千餘石, 而其分錄作奸之狀, 毁簿滅跡之罪, 査發於邑牒者, 若是凶狡 …… 則其爲可殺, 不止於逋摠之當律.

〈표 4-18〉忠淸道 瑞山 旅客主人權 賣買價格 變動 推移

去來年度	舊旅客主人	買受人	價　格	相對價格指數(變動率%)
① 1687.09.14	林時樑	林　鳳	錢文50兩	
② 1756.09.06	朴敦吾	裵宗郁	60	100
③ 1756.10.25	裵宗郁	李震三	60	100(0)
④ 1800.03.15	李碩隣	朴宗仁	660	1,100(1,000)
⑤ 1800.12.15	朴宗仁	趙　恬	660	1,100(0)
⑥ 1801.03.19	趙　恬	姜得周	700	1,167(6)
⑦ 1808.閏5.19	李碩隣	姜得周外1人	1,200	2,000(71)
⑧ 1808.06.10	姜得周	金井邑宅		
	姜仁洽	奴日宗	1,200	2,000(0)
⑨ 1829.12.26	姜民璜	崔宗毅	1,000	1,667(17)
⑩ 1838.04.01	崔宗毅	安　達	1,100	1,833(10)
⑪ 1847.11.18	安　達	金允澤	1,100	1,833(0)
⑫ 1852.08.	金允澤	李泰達	1,260	2,100(15)
⑬ 1857.12.18	李泰達	鄭翼基	1,700	2,833(35)
⑭ 1869.03.	鄭鎭昊	鄭得基	3,000	5,000(76)
⑮ 1870.05.	鄭得基	李永元	5,500	9,167(83)
㉠ 1874.05.	李永元	林致彦	6,000	10,000(9)
㉡ 1878.05.	林致彦	韓昶東	8,000	
㉢ 1883.12.	韓昶東	李參判	9,000	
㉣ 1887.09.	李參判	洪承旨	27,000	

비고: 相對價格指數는 1756년 基準 指數. 變動率은 前年度對比變動率
　　　1756-1799년간 去來 回數(n)=2　平均價格變動率=0%
　　　1800-1874년간 去來 回數(n)=13 平均價格變動率=34%　전체 평균=34%
　　　平均價格變動率 計算式 $Mg = \sqrt[n]{x1*x2*x3*x4---xn}$
자료: 『忠淸道庄土文績』奎 19300-5

제시된 자료는 충청도 서산포구의 여객주인권의 매매 가격변동 사례이다. 이 권리가 처음 거래에 등장한 것은 1687년 9월 전문 50냥에 거래되면서부터이다.

　　康熙二十六年丁卯九月十四日: 林鳳前明文
　　右明文事段, 要用所致, 以父主生時, 自己買得接對是在, 公州邑瑞山邑,
田大同載成, 旅客及各面魚釭與私卜船載成旅客乙, 右人處價折錢文, 伍拾兩
依數交易捧上爲遣 永永放賣爲去乎. 本文記他旅客竝付乙仍于, 許給不得是

220

在果, 日後同生子孫族屬中, 若有雜談有, 持此文記告官卞正事.

旅主林時樑

　거래 내용을 보면 임시량의 아버지가 살아 계실 때 공주와 서산의 대동미 운반과 각 읍의 어선과 민간 곡식에 관한 여객업의 권리를 매득한 것을 자식인 본인이 필요한 곳이 있어서 전문 50냥을 받고 임봉에게 판다는 것이다.

　문기 마지막 부분엔 이 권리를 명시하는 문기는 다른 여객문기와 함께 있어서 내어줄 수 없다는 내용도 있다. 따라서 이 집안은 이 서산 여객업 이외에 다른 여객업무도 맡아온 집안임을 알 수 있다.

　이렇게 시작된 여객권 매매는 1756년 두 번째 거래가 성사될 때까지 임봉 집안에서 맡아 온 것으로 추측된다. 1756년 9월 두 번째 거래에 여객주인으로 등장하는 박돈오(朴敦吾)는 이 권리를 '외변깃득(外邊矜得)'하였다고 밝히고 있는 것에서 아마 박돈오의 어머니 집안이 아닌가 사료된다. 이것이 사실이라면 외조카인 박돈오가 계속 이 업을 관장해오다가, 1756년에 배종욱에게 팔아넘긴 것이 된다. 이러한 추측은 배종욱에게 팔아넘길 때 문기가 1장인 것을 보면 확실하다. 결국 서산의 여객주인권은 1687년 9월에서 1756년 9월까지 약 70년간 한 집안에서 계속 담당해온 것이 특징이다. 또한 70년 만에 거래되었을 때 과거 금액과의 차이가 10냥인 것도 주목된다.

　③에서 ④로 넘어가는 거래를 보면 여객주는 이진삼에서 이석린으로 바뀌었는데 이석린은 이진삼의 손자이다. 이석린 집안은 1756년에서 1800년 약 44년 동안 3대에 걸쳐서 여객업을 해온 것을 알 수 있다. 아래 명문에는 이 사실이 잘 나타나 있다. 이진삼대에 와서 여객 범위가 황해도에 사는 서가와 김가의 업무까지 합병되어 확대된 것도 알 수 있다.

　嘉慶五年庚申三月十五日朴宗仁前明文
　右明文事段, 切有緊用處, 祖父生時, 裵宗郁姜後聖兩人處買得, 爲在忠淸道

瑞山官田大同稅舡及, 其邑十八面安邊島大山黑乞諸島諸浦居民等, 魚鹽商舡
私穀載卜舡, 及或有京江舡本官稅米, 載來到泊京江是乎, 乃置主人應食米壹石
御下貢物旅客及, 黃海道白翎居金哥同生子孫旅客之業, 價折錢文陸百陸拾兩,
依數交易捧上爲遺, 本文記七度騰給二丈, 和名一丈, 合十度幷, 以永永放賣爲
去乎, 日後良中, 同生子孫族屬中, 若有雜談之弊, 則以此文記告官卞正事.

旅客主 李碩隣

1800년 3월 박종인과 이석린의 거래 내용을 보면 우선 거래 금액이 660
냥으로 무려 10배가 상승한 것을 알 수 있는데, 이는 수도 서울의 경강선
박이 서산에 정박할 때의 업무와 황해도 백령에 거주하는 김가 동생 자손
들의 여객업무도 추가된 것을 고려한다 해도 급상승한 것을 알 수 있다.
1800년에 와서 무엇인가 변화가 있었음에 틀림없다. 1800년 이후 서산의
여객주인권은 매매횟수가 빈번해진다. 1808년 가격은 600-700냥 대에서 갑
자기 1,200냥대로 상승한다. 이것은 앞서 19세기 위기를 살펴보았을 때
1800년을 고비로 정치적 격변이 있었으며 1808-1809년을 고비로 사회의 불
안정이 심화되는 것을 지적한 바 있다. 서산의 여객주인권의 매매가격의
상승은 이러한 변화의 시점과 일치하면서 가격변동하고 있는 것을 확인할
수 있다. 19세기 포구 여객권리 매매가격의 급등 추세는 마지막 거래에 이
참판과 홍승지가 등장하는 거래의 27,000냥까지 치솟는 것을 마지막으로
민간 거래는 종지부를 찍고 1890년 당오전으로 50,000냥에 명례궁 소속 이
권으로 귀속된다.

앞서 보았듯이 18세기 미가구조와 19세기 미가구조는 불규칙변동에서 안
정성과 불안정성의 차이가 있었고, 순환변동에서도 완만한 상승과 하락의
순환과 급격한 상승과 하락의 순환이 서로 대조적이었음을 확인한 바 있
다. 또한 변동요인 고찰에 있어서도 18세기는 기후변동과 같은 외부 충격
에 대해 탄력적인 반응을 나타내고 있음을 확인하였다.

18세기 미가변동과 19세기 미가변동의 서로 다른 모습은 포구 여객주인
권 매매 가격변동에서도 확연히 드러난다. 1687년 9월에 임봉(林鳳)이란
인물이 매수인으로 나타나서 매매되기 시작한 서산의 포구 여객주인권은

1756년까지 세 차례 거래되었고, 가격변동은 단지 10냥의 상승만 있었다. 임봉(林鳳)에서부터 1756년 거래에 매수인으로 나타난 이진삼(李震三)과 1800년 이진삼의 손자인 이석린(李碩隣)이 박종인(朴宗仁)에게 660냥에 거래할 때까지 서산 포구 여객업무는 대대로 이어지는 가업으로 존재해왔다고 사료된다. 즉 18세기까지 개별가의 가업으로 존재해온 포구 여객업무는 다른 개별가로 여객업무가 변경될 때 투기적 요인의 반영 없이 매매되었다. 이 사실은 여객업무 지속기간과 매매가격 차이에서 유추할 수 있다.

이와 반면 19세기로 넘어오면서 여객업무의 매매는 투기적 요인이 주요 원인이 되어 매매된 것을 알 수 있다. 18세기 100년 이상의 기간동안 세 차례의 명의 변경이 있었으나 19세기에는 총 14 차례의 명의 변경이 있었다. 19세기에는 평균 6년에 한 번꼴로 매매가 발생한 셈이다. 특히 1852년 이태규(李泰逵)가 매수인으로 등장한 이후부터 여객업무의 투기적 거래는 더욱 기승을 부린 것을 확인할 수 있다. 이러한 포구 유통업무의 매매 가격변동의 특징은 동 시대의 내륙교통업과 관련된 권리 가격변동이나 부동산 가격변동과 비교해보면 더욱 확연히 드러난다. 〈표 4-20〉은 1755-1872년 기간동안 수도 서울 중심에 위치한 와가(瓦家) 72칸(間) 규모의 부동산 가격변동과 1759-1872년 기간동안 전라도 장흥(長興) 벽사역(碧沙驛)의 경주인권 매매 가격변동을 정리한 것이다. 〈표 4-19〉는 수도 서울 중부 전의 감동계(典醫監洞契)에 소재한 72칸 규모(와가 21칸, 공대지 51칸)의 부동산이 1755년 이동엽(李東燁)에 의해 매매되기 시작하여 1872년 김소사(金召史)가 구입하기까지 120년간에 걸친 가격변동 사례를 정리한 것이다. 이 매매 사례도 시계열자료로서 시간성, 공간성, 연속성을 갖춘 비교적 양질의 자료이다. 이 사례를 통하여 18세기와 19세기에 걸쳐 수도 서울의 중심 지역 부동산 가격변동의 양상을 알 수 있다.[259] 이 사례에서 확인되듯이

259) 주지하듯이 조선시대의 부동산 매매는 1460(세조 5)년 반포된 「經國大典」이후부터 자유로운 매매가 제도적으로 공식 인정되었다. 「經國大典」에 따르면 부동산 매매계약은 전지(田地)와 가사(家舍)의 경우 계약 해약 가능한도는 15일이고, 노비와 우마 등 동산의 경우 5일의 규정을 두고 자유로운 매매를 허용하였다. 또한 명의변경은 100일 이내에 관에 신고하여 관에서 발급한 입

1755년에서 1872년까지 약 120여 년 동안 수도 서울의 중심가의 부동산가격은 약 6-7배 정도 상승하였다. 18세기 기간인 1755년에서 1792년까지 상승폭은 약 1.4-2배 정도이며, 1801년에서 1872년 기간은 3-4배 정도이다. 거래횟수를 보면 18세기 약 45년 동안 7차례이고 19세기는 약 72년 동안 9차례를 나타내고 있다. 이러한 양상을 서산 포구 여객주인권 매매 사례와 비교해 보자. 우선 가격변동폭에서 서산 포구 여객권은 19세기의 급격한 가격상승이 있는 데 반하여 서울 부동산 매매 사례에서는 이러한 가격변동이 보이지 않는다. 1755-1792기간 동안 평균(기하평균) 가격변동률은 9%이고 1801-1872년 기간은 17%로서 전체 평균변동률은 13%를 가리키고 있다. 거래빈도도 18세기와 19세기는 큰 차이가 없다. 이 두 사례를 비교하면 포구 여객주인권 매매는 19세기에 들어서면서 투기적 거래와 가격이 형성된 것을 다시 확인할 수 있다.

안을 받도록 규정하였다. (田地家舍, 賣買限十五日物改, 竝於百日內, 告官受立案) 여기서 立案이란 오늘날 등기제도와 같은 것으로 일종의 매매 증명서를 관에서 발급해주는 것을 말한다. 이러한 매매규정은 300여 년 뒤의 「續大典」에서는 (田地家舍, 賣買雖十五日限內呈狀而過三十日不就訟者勿聽)로 되어 있어 立案 형식은 점차 사라진다. 이러한 입안 형식의 소멸은 소유권제도의 불안정이라기보다는 토지거래비용의 감소로 볼 필요가 있다.

〈표 4-19〉서울中部典醫監洞契 所在 不動産 價格 變動 推移

賣買年度	賣渡人	買受人	價格(냥)	가격지수(변동률)	비고
1755.6.	李東燁	李匡復	銀子290(錢文580)	100	買得居生
1777.7	李文祥(匡復子)	金麗興	銀子300(錢文600)	103(3)	買得居生
1784.7	尹氏(金麗興妻)	李德孚	錢文700	121(17.5)	買得居生
1785.5	李德孚	李喜仁	錢文800	138(14)	買得
1786.4	李喜仁	劉元哲	錢文800	138(0)	買得
1787.6	劉元哲	趙宗喆	錢文800	138(0)	買得居生
1792.6	李 民	吳祥獜	銀子400(錢文800)	138(0)	買得居生
1801.7	吳祥獜子彦默	劉大完	銀子550(錢文1100)	190(38)	買得居生
1803.12	劉德亮	高允恒	銀子500(錢文1000)	172(9)	買得居生
1820.8	高致元(允恒子)	徐益哲	錢文1500	259(36)	買得居生
1826.1	徐益哲	李時豊	錢文1500	259(0)	買得居生
1828.3	李時豊	金聖基	錢文1500	259(0)	買得居生
1830.5	金聖器(基)	金在聲	錢文1500	259(0)	買得居生
1845.4	金在聲	徐寬信	錢文1800	310(20)	買得居生
1864.5	徐寬信	李錫允	錢文4300	741(139)	買得居生
1872.1	李錫允	金召史	錢文3900	672(9)	買得居生

비고: 相對價格指數는 1755년 基準指數. 變動率은 前年度對比變動率
　　 1755-1792년간 거래횟수(n)=7, 평균변동률=9%
　　 1801-1872년간 거래횟수(n)=9 평균변동률=17% 전체 평균=13%
　　 평균변동률 계산식 Mg = $\sqrt[n]{x1*x2*x3*x4---xn}$
자료:「朝鮮田制考」(1940) 文記第四

<表 4-20> 全羅道 長興 碧沙驛 京主人權 價格 變動 推移

賣買年度	賣渡人	買受人	價格(냥)	價格指數(變動率)	其他
1761.9	林尙奉	朴先重	錢文 700	100	還退放賣
1761.9	朴先重	韓泰寬	錢文 800	114(14)	
1773.6	韓泰寬	李福世	錢文1400	200(75)	
1778.6	李福世	蔣 瑜	錢文1300	186(7)	
1786.8	蔣 瑜	申正希	錢文1250	179(4)	
1790.12	申正希	金宗大	錢文1400	200(12)	
1792.11	金宗大	李春大	錢文1400	200(0)	
1796.6	李春大	鄭重翼	錢文1550	221(11)	
1797.5	鄭重翼	金潤河	錢文1550	221(0)	
1797.8	金潤河	文喜復	錢文1600	229(4)	
1801.7	文喜復	崔繼興	錢文2000	286(25)	
1810.5	崔好植	李孝顯	錢文2000	286(0)	
1826.3	李孝顯	崔慶秀	錢文1500	214(25)	
1831.8	崔慶秀	吳仁植	錢文1900	271(27)	
1852.5	吳弘烈	金錫基	錢文3000	429(58)	
1860.7	金錫基	崔相賢	錢文3500	500(17)	
1861.3	崔相賢	李寬榮	錢文3500	500(0)	
1868.6	李寬榮	徐致性	錢文4500	643(29)	
1870.10	徐致性	李奎明	錢文3500	500(29)	
1871.6	李奎明	韓宗蕃	錢文3500	500(0)	
1872.4	韓宗蕃		錢文3500	500(0)	

비고: 相對價格指數는 1755년 基準指數. 變動率은 前年度對比變動率
　　　 1761-1797년간 거래횟수(n)＝10 평균변동률＝10%
　　　 1801-1872년간 거래횟수(n)＝11 평균변동률＝28% 전체 평균＝17%
　　　 평균변동률 계산식 $Mg = \sqrt[n]{x1*x2*x3*x4----xn}$
자료: 「朝鮮田制考」(1940) 文記第四

이러한 사실을 또 한번 확인시켜주는 사례가 바로 전라도 장흥 벽사역
경주인권 매매 사례이다. <표 4-20>을 보면 1761-1872년 기간동안 벽사역
경주인권 가격변동의 추이와 거래횟수를 알 수 있다. 이 사례를 여기서 소

개하는 이유는 이 사례가 앞서 밝힌 포구간 여객권리와 대조되는 내륙교통
업무와 관련된 경주인권리의 매매 사례라는 점이다. 역시 예상대로 1761-
1797년 기간동안 가격이 약 2-2.3배 정도 상승한 것과 1801-1872년 기간동
안 약 3배 정도 상승한 변동 모습은 수도 서울의 가격변동과 유사한 것을
알 수 있다. 반면 서산의 여객권 가격변동과는 뚜렷한 대조를 보이고 있다.
거래횟수나 변동률도 마찬가지 양상을 보이고 있다.

V. (補論) 18-19世紀 地價水準 및 推移

1. 問題와 資料

조선시대는 경제생활의 중심이 農業이고 기본적인 생산물은 米穀이었으며, 기본 생산수단은 土地였다. 이 때문에 토지는 國家의 公共財政源이나 個人의 私的財産源의 중심에 놓여 있었다. 이러한 이유에 기인하는 것인지는 몰라도 朝鮮後期 토지와 관련된 公文書와 私文書[260]는 가장 많이 현전한다. 지금까지 파악된 바로는 國立中央圖書館 所藏 古文書가 13,464점이며 그중 土地文記類는 약 3,900여 점이고 奎章閣 古文書 47,000여 점 가운데 32,430점이 土地文記類이며, 嶺南大學校 博物館의 4,000여 점의 古文書 가운데 509점이 土地文記類이며 그리고 成均館大學校博物館의 5,000여 점 가운데 약 629점이 土地文記類이다.[261] 이외에 각 지방의 世居 집안에는 많은 양의 고문서가 아직 공개되지 않은 채로 존재한다.[262]

土地文記를 가지고 토지문제에 접근한 연구로는 去來慣行과 價格에 관한 연구[263]와 法制度에 관한 연구[264] 그리고 農家經營方式의 究明에 사용한

---

260) 역사사료로서 古文書는 "발급자가 수급자에게 어떠한 목적을 전달하기 위하여 작성된 서류 중 1910년대까지의 것으로 그 효용성이 없어진 문서"로 정의하고 있으나 高麗以來로 사용되어온 '文券', '文契', '文記', '文書' 등 사료적 가치가 있는 모든 기록으로 정의할 수 있다. 고문서에 대해서는 以下를 참조할 수 있다. 金東旭, 「古文書의 樣式的 研究序說」, 『古文書集眞』, 연세대학교 인문과학연구소, 1972. 서울대 圖書館, 『古文書集眞』, 1972. 李樹健, 『慶北地方古文書集成』, 嶺南大 出版部, 1981. 崔承熙, 『韓國古文書研究』, 韓國精神文化研究院, 1981. 許興植, 『한국의 古文書』대우학술총서 30, 1988. 李榮薰, 「朝鮮時代 社會經濟史 研究의 最近 動向과 古文書의 意義」, 『정신문화연구』 46호, 1992.

261) 성균관대학교 박물관 소장 고문서 중 629점이 토지명문이고, 그중 경상도 尙州地方의 명문이 513점이며 39점이 경기도 陽城地方, 27점이 경기도 水原地方, 나머지 50점은 전라도와 기타지역의 명문이다.

262) 崔承熙, 『韓國古文書研究』, 지식산업사, 1989, 41-44쪽.

연구265)가 있다. 周藤吉之(1937)는 이 자료를 가지고 양반계급의 토지소유의 발전과 토지겸병의 확대, 그리고 地價의 상승추세를 확인하였다. 朴秉濠(1960)는 法律制度에 초점을 맞추어 不動産賣買의 公證制度와 擔保制度를 구명하였다. 허종호(1965)의 경우 18-19세기에 土地所有權의 발전과 相應한 소작제의 다른 한 형태로서 賭地權의 발전에 주목하였는데 그 근거를 土地文記에서 찾았다.

이들 연구는 각각 土地制度와 民法制度 그리고 農業經營方式에 대한 연구를 수행하는 데 토지문기를 자료로 삼았다는 면에서 선구적 연구였다. 그러나 세 연구 모두 각기 주제에 대해 여러 지방의 여러 시기의 文記를 이리저리 섞어서 접근한 관계로 한 주제에 대해 同質的이며 時系列的인 결과를 갖지 못하는 한계를 갖는다.

특히 地價에 관한 한 그 도출된 결과의 유의미성은 제한적이며 또 왜곡된 부분도 존재한다.266) 따라서 土地文記를 가지고 地價分析을 하려고 할 때 그 成功與否는 일차적으로 가능한 한 同一地域의 同質的인 시계열자료를 많이 확보하는 데 달려 있다고 할 수 있다. 다음으로 확보된 자료는 일정한 분류체계를 설정하여 내용을 재배치할 필요가 있다.

263) 周藤吉之,「朝鮮後期の田畓文書」,『歷史學硏究』 7卷 8, 9號.
264) 朴秉濠, 韓國法制史特殊硏究 -李朝時代의 不動産賣買及擔保法-, 韓國硏究院, 1960.
265) 허종호,『조선봉건말기의 소작제 연구』, 사회과학원, 1965.
266) 이러한 限界는 中國의 地價硏究에서도 확인된다. 中國 明淸時代 地價變動을 연구한 趙岡·陣鍾毅는 私家의 置産簿를 정리하여 1481-1910년 지가 변동을 고찰하였다. 이들은 "畝"로 表示된 거래의 田價와 "砠"로 表示된 거래의 田價 사례를 모아 시계열을 구축하였다. "畝" 田價의 사례는 총 828건을 모았고, "砠" 田價의 사례는 691 사례를 모아 10년 단위로 건수를 정리하여 평균가격을 구하였다. 이 연구도 서로 다른 지역의 자료를 섞어서 분석한 것으로 그 결과는 한계가 있다고 볼 수 있다. 趙岡, 陣鍾毅,「明淸的地價」,「大陸雜誌」第 60卷 第五期.

(1) 土地賣買文記 分類方法

대체로 賣買文記는 그 기입양식은 비슷하다. 따라서 매매문기 분석의 실마리는 기입양식을 가지고 기준을 설정하여 자료를 분류하는 데에서 찾아질 수 있다. 문제는 매매 사례마다 기입 내용이 모두 다르다는 데 있다. 결국 동일 양식하의 서로 다른 내용을 분석하기 위해서는 먼저 일정한 지역의 文記를 취합하고 모아진 文記의 내용을 몇 가지 기준으로 분류하여 유용한 토지거래 정보를 추출할 필요가 있다. 이 과정을 예를 들어 제시하면 다음과 같다.

> 例 慶尙道 尙州地方(현 상주군 공성면 옥산리) 土地賣買文記(1814)
> 1055 嘉慶十九年(1814) 甲戌正月 日① 三從侄趙述德前② 明文
> 右明文段 當此窮節 以要用所致 不得已③ 云可谷員 聽字八十畓 二斗五升落
> 卜數八卜五束庫乙④   價折錢文四十一兩⑤   錢當次放賣爲去乎   日後待年
> 從準數還退之意⑥ 成手標以給 持此文憑考事 畓主自筆三從叔希洙⑦

예로 제시한 문기는 1814년에 작성된 경상도 尙州地方의 토지매매문기이다. 제시된 예의 記入內容을 분류하면 모두 일곱 가지로 분류할 수 있다. ①은 거래년월일이다. 이 사항이 담고 있는 유용한 정보는 언제 어느 시기에 토지가 시장에 나왔는가를 알려준다. 예를 들어 同一地域의 가능한 한 많은 土地去來件數를 가지고 그 去來年을 정리하여 그 시기의 미가나 作況狀況과 비교해 볼 수 있다. 그 결과는 凶年의 米價上昇期에 나오든지 아니면, 豊年의 米價下落期에 나오든지 둘 중의 하나일 것이다. 둘째 점련된 토지문기가 존재할 경우 동일 토지의 시장 出市間隔을 파악할 수 있다. 이 정보도 미가변동과 연계시킬 경우 미가상승기의 거래간격과 하락기의 거래간격을 비교할 수 있는 유용한 정보이다. 따라서 去來年月日은 '거래발생 빈도가 많은 해는 단기 불규칙 미가변동이 큰 해이다.'라든가 혹은 '거래발생 빈도가 많은 해는 흉년이다'라는 假說下에 검토해 볼 필요가 있다.267)

다음 ②와 ⑦은 매매문기상의 賣渡人과 買受人을 가리킨다. 이 란의 기입 내용은 매우 다양하다.[268] 몇 가지 예를 든다면 우선 당사자들의 직역과 신분(奴, 幼學, 匠人, 都監儉知)이 명시되어 있다. 또한 개인의 身分이나 직역이외에 단체를 대표할 경우 단체(洞稧, 里社, 亭契稧, 書院, 書堂, 門中稧, 寺院)가 표시되어 있다. 이외에 喪中인 경우 喪人, 죄인인 경우 囚人, 친족인 경우 친족관계(從侄, 從叔, 族兄, 族弟 등)가 표시되어 있다. 이 란을 정리하면 몇 가지 매매 성격을 파악할 수 있다. 먼저 대리매매이다. 유력자 집안의 토지매매는 대부분 '某生貝宅奴某'라고 표기되어 있으며 文記의 내용 안에도 '右宅永永放賣'라고 표기되어 있다. 이 매매에서 奴는 심부름을 수행하는 데 지나지 않는 경우 상전으로부터 '牌旨'를 받아 매매한다. '牌旨'가 없는 경우는 '首奴' 등이 능동적으로 대리매매를 수행하는 경우로 추측할 수 있다. 어느 경우이든 대개 畓主란에는 '畓主某奴'로 되어 있다. 두 번째 共同畓의 매매이다. 이 경우 團體長이 단체를 대표할 경우 '某稧長某'로 되어 있고 有司와 擔當者가 매매에 참가한 경우 '某稧有司, 某稧庫子'로 되어 있다. 이외에 團體名만 기입된 경우도 있다.

③은 土地保有由來와 賣渡事由에 관한 사실의 기입이다. 토지 보유유래의 경우 '自己起耕', '祖上傳來', '買得', '衿得', '別給' 등이 기재되어 있다. 起耕은 18세기 초까지 나타나다 그 이후로는 나타나지 않고, 대개 傳來畓 아니면 買得畓 혹은 衿得畓으로 기재되어 있다. 保有由來에 이어 賣渡事由가 기재되어 있다. 매도사유는 '要用所致'와 '移買次'라는 애매한 상태의 기재가 많고 이외에 '殺歲生活無路', '喪債報償次', '還上備納無路', '身役次' 등

---

267) 이것은 토지매매문서의 단점이자 동시에 장점이다. 페르낭 브로델은 고문서의 단점으로 역사가들에게 파산과 파국의 모습만을 보여주고 행복한 사람과 성공한 사업은 역사에 등장하지 않는다는 점을 들었다. 그러나 역으로 고문서를 통해 파국과 위기의 시기를 잡아낼 수 있는 장점이 있다.

268) 조선시대 국가가 토지를 파악하기 위해 작성한 양안의 기주란도 통일되어 있지 않았다. 이에 국가에서는 순조 20년(1820)의 양전사목에 다음과 같은 조항을 설정하였다. '曾前田案中, 士夫不書名, 只書奴名, 混而難辨, 今則二品守監司以上, 書其姓某, 職某 奴某, 三品以下, 悉書姓名及奴名, 良民具書性名, 公私賤只書其名.'

구체적인 사유가 기재되어 있는 경우도 다수 존재한다. 이 란은 앞서 언급
한 거래년월일의 정보의 유의미성에 대한 설명력을 높인다. 예를 들어 거
래년월일이 1814년인 경우 賣渡事由는 '殺歲生活無路'라고 기입되어 있다.
1814-15년은 19세기의 대표적인 흉년기간이다. 흉년으로 인한 토지거래 발
생은 미가의 변화를 통해서도 확인된다. 따라서 이 란은 거래년월일과 미
가의 변화를 연계시켜 정리해 볼 필요가 있다.

　④는 賣買 對象物의 位置와 條件의 기입이다. 이 란에는 賣買土地의 所
在地, 字號, 地番, 地目, 結負數, 價格, 그리고 還退 여부가 기재되어 있다.
소재지는 '某面某垈' 혹은 '某垈'으로 기재되어 있다. 이 란은 同 時代 土地
臺帳이라 할 수 있는 量案의 기입 내용과 유사한 점이 있다. 字號·地番은
오늘날의 번지로 千字文의 순서대로 소재지의 구체적인 위치를 나타낸다.
매매조건은 마지막에 '永永放賣'란 문구로 매듭이 된다. '永永放賣'가 아닌
경우 '還退之意'의 조건이 명기된다.

232

賣買文記類의 分類 例

區分	原　文	內容	意　義
1	嘉慶十九年 甲戌正月 日	거래년월일	① 언제 어느 시기에 토지가 시장에 나왔는가를 파악(미가 변동과 비교 및 작황상황과의 비교) ② 토지의 시장 출시간격을 파악(미가 상승기의 거래간격과 하락기의 거래 간격을 비교)
2	三從侄趙逑德前	매매문기 상의 매도인	① 당사자들의 직역과 신분(奴, 幼學, 匠人, 都監僉知)이 명시 ② 개인의 신분이나 직역이외에 단체를 대표할 경우 단체 표시(洞稧, 里社, 亭契稧, 書院, 書堂, 門中稧, 寺院,) 이외에 喪中인 경우 喪人, 죄인인 경우 囚人, 친족인 경우 친족관계(從侄, 從叔, 族兄, 族弟 등)가 표시
3	明文右明事段 當此窮節 以要用所致 不得已	토지 보유유래 와 매도사유	① 토지 보유유래의 경우 '自己起耕'과 '祖上傳來', '買得', '衿得', '別給' 등이 기재 ② 매도사유는 '要用所致'와 '移買次'라는 애매한 상태의 기재가 많고 이외에 '殺歲生活無路', '喪債報償次', '還上備納無路', '身役次' 등 구체적인 사유가 기재되어 있는 경우도 다수 존재 ③ 거래년과 미곡가격의 변화를 연계시켜 분석이 가능
4	云可谷員 聽字八十畓 二斗五升落 卜數八卜五束庫乙	토지매매조건	매매토지의 所在地, 字號, 地番, 地目, 結負數,
5	價折錢文四十一兩	토지매매조건	매매토지의 가격
6	錢當次放賣爲去乎 日後待年 從準數還退之意	토지매매조건	환퇴조건
7	成手標以給 持此文憑考事 畓主自筆三從叔希洙	매매문기 상의 매수인	매도인의 의의 사항과 동일

(2) 分類結果

以上의 分類基準을 가지고 慶尙道 尙州地方 몇몇 洞里[269]의 18-19세기

269) 자료는 18-19세기 상주읍을 중심으로 남동쪽으로 반경 10-20리 내(4-8km) 마을에서 일어난 토지거래자료이다. 이 지역은 풍양 조씨와 안동 권씨 등 동족마을이 존재하는 지역이다. 靑東面加羅員: 상주읍 오가리 현 상주시 가장동. 內南面佳里坊員: 상주읍 오가리 현 상주시 가장동. 內南面甘井員: 상주읍 양산리 정동 현 상주시 양촌동. 靑東面內鉢山員: 상주읍 초산리 鉢山 마을 앞

土地賣買文記 약 513점과, 全羅道 求禮郡 토지면 오미동 문화 유씨 고문
서[270])를 분류하였다. 구례지방의 문기는 1650년대부터 19세기 중반까지 거
래된 문기로서 주로 17-18세기 문기이다. 반면 상주지방의 매매문기는 18
세기 후반부터 19세기 후반까지 거래된 문기이다. 이 두 지방 매매문기의
거래연월을 정리한 결과 다음과 같이 나타났다.

먼저 구례지방 매매문기 총 456점 가운데 1725-1875년의 매매문기 243점
을 5개년 단위로 묶어 거래횟수의 연도별 분포를 정리한 것이 〈표 5-1〉이
다. 각 구간별로 거래횟수가 15회 이상 나타난 연도는 1725-1734년,
1740-1759년, 1765-1769년, 1780-1789년이다. 단일연도로 5회 이상 거래가
이루어진 연도는 1724년, 1725년, 1730년, 1732년, 1745년, 1752년, 1756년이

산의 모습이 부처에게 공양 올리는 바리모습이라서 발산으로 불림. 현 상주시
초산동
內南面垈村員: 상주읍 대촌 현 상주시 양촌동. 飛來員: 마을 뒤의 갑장산을
향해 용이 나르는 형국이라 비래원 낙동면 비용리 상주군 장천면 비래리 현
상주군 낙동면 비룡리. 沙器幕員: 마을 뒤 일제 때부터 금이 채굴되었다. 상
주군 장천면 사막리 현 상주군 낙동면 新梧里. 城山員: 가야국 때 이곳에 성
이 있었다 하여 성산원 현 상주군 낙동면 내곡리. 玉山員: 용문산, 신암산, 서
산 등의 산줄기가 용모양이 되어 앞산의 구슬모양의 산과 어우러져 있다하여
옥산. 현 상주군 공성면 옥산리. 云可員: 풍양 조씨가 정착한 마을 云加里라
불리다가 마을 양편의 내에서 아침마다 안개가 자욱하게 뿜어낸다하여 雲谷
里라고도 한다. 현 낙동면 운평리. 柳等員: 마을앞에 장천이 흐르는데 그 냇
가에 버드나무가 많아 유천 유등이라 불림. 현 낙동면 유곡리.
270) 그동안 문화 유씨 고문서를 이용한 연구는 李鍾範과 朴錫斗의 연구가 있다.
이종범, 「1908-1909년 일제의 과세지 조사에 관한 실증적 검토 -전라남도 구
례군 토지면 오미동 사례-」, 『역사와 현실』 5, 1991 「1910년 전후 지세문제
의 전개과정에 관한 연구-전라남도 구례군 토지면 오미동 사례」, 『역사연구』
창간호, 1992. 『19世紀末 20世紀初 鄕村社會構造와 租稅制度의 改編』, 연세대
학교 대학원 박사학위논문, 1994. 「土地調査事業에 대한 地主家의 認識과 對
應 -全南 求禮郡 柳氏家의 事例를 중심으로-」 이들 연구는 1910년대 일제
시대의 토지조사의 과정과 지세부과문제를 다룬 연구이다. 그러나 실제 이 집
안의 고문서는 일제시대 고문서보다 훨씬 더 사료적 가치가 있는 17-18세기
고문서도 다량 존재한다. 정신문화연구원에서 마이크로필름으로 촬영된 자료
(필름번호 35-005104)만해도 총 540점이 있고 그중 토지명문은 456점으로 가
장 다수를 차지하고 있는 상태이다. 따라서 문화 유씨 고문서를 이용한 연구
는 이 시기 자료분석이 선행되었어야 한다.

다. 이 연도를 미가상승 연도와 대비해 볼 때 제2장 〈그림 2-1〉에 제시된 바 있듯이 18세기 초중반의 尖峰을 이룬 연도와 일치한다. 따라서 토지거래 빈도가 높은 연도와 短期米價變動係數가 높은 연도를 비교하면 정확히 일치하는 것은 아니지만 어느 정도 서로 조응하고 있는 것을 알 수 있다.

상주지방의 경우도 마찬가지이다. 상주지방 매매문기 총 629점 가운데 1725-1875년에 거래된 문기 총 325점을 5개년 단위로 묶어 연도별 분포를 정리한 것이 〈표 5-2〉이다. 원 자료상 상주지방의 토지거래는 1730년대에 나타나기 시작하여 1888년에 그치고 있다. 이 기간 중 토지거래가 15회 이상 등장한 연도를 보면 1805-1834년, 1860-1864년, 1870-1875년이다. 여기서 주목되는 기간은 1805-1834년 기간이다. 이 기간은 앞서 살펴본대로 價格, 氣候條件, 人口와 貨幣發行量, 還穀量 등 국가체제의 全方位에서 구조적 변동이 일어난 시기이다. 따라서 이 기간에 농민의 기본 생산수단인 토지의 소유권변동이 집중된 것으로 나타난 것은 당연하다고 볼 수 있다. 특히 1825-1834년으로 총 81회로 전 기간 중 가장 많은 횟수를 보이고 있다. 이 횟수는 전체 325회의 25%에 해당된다. 즉 150년간 토지거래 중 1825-1834년 10동안에 총 25%의 토지가 거래된 것이다. 이 기간은 短期不規則 米價變動係數도 마찬가지로 높은 상태임을 알 수 있다. 따라서 사회경제적으로 불안한 시기와 土地의 出市時期는 서로 조응한다고 볼 수 있다.

〈표 5-1〉 구례지방 토지거래횟수 연도별 분포

연 도	거래횟수	미가변동계수	연 도	거래횟수	미가변동계수	연 도	거래횟수	미가변동계수
1725-1729	21	0.763922	1775-79	4		1825-29	0	0.387860
1730-1734	21	0.512264	80-84	18	0.302078	30-34	0	0.445590
1735-1739	11	0.258350	85-89	24	0.471459	35-39	1	0.202328
1740-1744	19	0.138760	90-94	6	0.320967	40-44	1	0.290487
1745-1749	20	0.275867	95-99	12	0.186183	45-49	1	0.055558
1750-1754	16	0.216019	1800-04	2	0.119961	50-54	1	0.296855
1755-1759	19	0.641278	05-09	7	0.100395	55-59	0	0.368157
1760-1764	12	0.563918	10-14	6	0.518463	60-64	0	0.256047
1765-1769	16		15-19	2	0.806510	65-69	0	0.082054
1770-1774	3		20-24	0	0.238981	70-75	0	0.127421

〈표 5-2〉 상주지방 토지거래횟수 연도별 분포

연 도	거래 횟수	미가변동 계수	연 도	거래 횟수	미가변동 계수	연 도	거래 횟수	미가변동 계수
1725-1729	0	0.763922	1775-79	5		1825-29	41	0.387860
1730-1734	1	0.512264	80-84	12	0.302078	30-34	40	0.445590
1735-1739	1	0.258350	85-89	8	0.471459	35-39	14	0.202328
1740-1744	2	0.138760	90-94	8	0.320967	40-44	5	0.290487
1745-1749	2	0.275867	95-99	7	0.186183	45-49	8	0.055558
1750-1754	0	0.216019	1800-04	7	0.119961	50-54	12	0.296855
1755-1759	3	0.641278	05-09	19	0.100395	55-59	12	0.368157
1760-1764	4	0.563918	10-14	20	0.518463	60-64	26	0.256047
1765-1769	1		15-19	15	0.806510	65-69	12	0.082054
1770-1774	8		20-24	15	0.238981	70-75	17	0.127421

이러한 사실은 一年單位 內에서도 관찰된다. 연도별 분포에 이어 월별 분포를 정리한 것이 〈표 5-3〉과 〈표 5-4〉이다. 구례지방의 경우 1월과 2월 이 가장 많고 3월과 12월의 순서로 분포되어 있다. 월별 분포는 총 243건 가운데 12월에서 3월까지 159건으로 4개월 동안 총 65%가 거래된 것으로 나타났다. 상주지방은 12월의 거래가 가장 많고 11월, 1월, 2월의 순서로 분포되어 있다. 월별로 볼 때 絶糧期나 春窮期의 土地去來가 다른 계절의 거래보다도 좀 더 많은 빈도로 나타난다고 볼 수 있다.

〈표 5-3〉 구례지방 토지거래횟수 월별 분포

월별	1월	2월	3월	4월	5월	6월	7월	8월	9월	10월	11월	12월	합
거래 횟수	43	43	39	19	7	11	7	4	4	11	21	34	243

〈표 5-4〉 상주지방 토지거래횟수 월별 분포

월별	1월	2월	3월	4월	5월	6월	7월	8월	9월	10월	11월	12월	합
거래 횟수	56	42	31	14	7	4	3	6	7	16	59	80	325

　토지거래의 이러한 月別分布의 경제적 의미는 무엇일까. 앞서 勝聰明錄의 저자 구상덕의 경제행위에서 필자는 季節變動幅의 차이를 이용하여 토지를 집적한 것을 지적한 바 있다. 尙州地方의 토지거래에서도 마찬가지로 계절지수가 높은 계절인 겨울과 봄에 토지가 거래된 것으로 나타났다. 따라서 토지거래의 월별 분포를 정리하였을 때 계절지수가 크게 상승하는 겨울과 봄에 토지는 주로 거래된 것으로 볼 수 있다.

　다음으로 賣渡人과 買受人 란을 정리하면 촌락사회 내의 토지와 얽힌 여러 관계들이 드러난다. 예를 들어 상주지방의 경우 宗畓, 洞畓, 契畓 등 다양한 단체의 공동답이 거래에 등장한다든지 喪禮를 치르는 喪主가 거래 주체로 기입된 경우가 종종 나타난다. 구례지방은 또 다른데 共同畓이 거래에 나온 경우와 喪主가 거래에 나온 경우는 거의 없는 반면, 화엄사와 쌍계사가 근처에 위치해서인지 절의 중(僧)들이 거래 주체로 나온 경우가 많았고, 남편을 잃은 寡婦(召史)들이 거래 주체로 등장한 빈도도 많았다. 去來土地面積은 尙州地方이건 求禮地方이건 대부분 10두락 미만의 소규모였다. 이것은 생활상의 관습이나 도덕이 경제적 거래와 관계되어 있다는 것을 의미한다고 볼 수 있다.

　상주지방의 文記 중 契畓, 洞畓 등 共同畓이 거래에 나온 건수는 42회이다. 이 중 18건은 個人畓이 契나 社, 洞畓으로 이전된 경우이며 24건은 반대로 契畓과 洞畓 등이 個人으로 넘겨진 경우이다. 전자의 거래는 18세기에 집중적으로 발생하였으며, 후자는 19세기에 발생하였다. 구체적 시기는 1810년대에서 1830년대에 주로 발생하였다. 共同畓의 私有化 件數 24件 중 50%인 12件이 개인 성씨로 넘어간 것에서 개인으로의 토지 집중이 주로 한 성씨 중심으로 일어난 것도 확인할 수 있었다.

〈표 5-5〉尙州地方의 稧畓, 洞畓 去來 狀況

去來年月	A	賣渡人	買受人	賣渡事由	所在地	斗落數	價格	
1782.2	1329	陳順采	偶成稧	移買次	云可員	2	24.5	○
1782.2	1350	陳順采	偶成稧		云可員	3	36	○
1783.12	1366	陳順采	偶成稧	凶年無路	云可員	3	48	○
1789.11	1071	宗稧有司	里社有司	宗中債償	玉山員	5	32.5	●○
1796.2	1175	稧長趙錫鼎	趙述德(三從孫)	要用所致	云可員	9	105	●
1800.1	1449	稧有司	都監儉知	要用所致	云可員	4	40	●
1803.12	1474	邊	澗稧庫子	要用所致	柳等員	6(田)60		○
1805.3	1378	朴态孫	稧中	要用所致	彼廻員	3	35	●
1807.10	1127	申紹然	稧中	稧債報償	柳等員	1.5	13	○
1810.1	1396	李性三	淵嶽書院	移買次	甘井員	4	26	○
1811.1	1189	松稧庫子	趙(奴)貴男	移買次	思乃員	3	18	●
1812.12	1070	技助契	尹龍在	要用所致	玉山員	4	33	●
1813.12	1001	權氏門中	金有範	凶年無路	飛來員	3	65	●
1814.2	1065	尊位南戒三	趙(奴)岩回	要用所致	玉山員	6	55	●
1814.4	1165	宗稧有司	趙杙	移買次	未記	3	15	●
1815.2	1156	稧長南相奎	崔春興	移買次	山村員	3	32	●
1815.12	1128	齋舍有司	趙杙(族侄)	要用所致	云可員	4	30	●
1819.12	1250	契長	趙(奴)岩回	要用所致	云可員	2	30	●
1822.2	1306	齋舍有司	破	移買次	柳等員	3	37	●
1823.12	1008	鄭龍水	有恒稧庫子	要用所致	二玉山員	13	135	○
1824.12	1441	奴謹成	有恒稧	移買次	古里倉員	6	75	○
1825.1	1473	澗稧庫子	南光準	要用所致	柳等員	6(전)36		●
1826.1	1187	稧有司金介乞	趙(奴)岩回	移買次	避回員	22.5	280	●
1827.11	1168	韓(奴)玉德	伏牛山族稧	要用所致	柳等員	8	67	○
1827.12	1153	立春稧	趙童金	不得已	云可員	2	8	●
1828.12	1307	稧中庫子	姜完生	要用所致	思乃員	4.5	90	●
1828.12	1201	門中族	金岳三	破稧分給次	香音員	5	50	●
1829.2	1186	稧有司趙述德	趙師洙	稧負債報償	云可員	6	50	●
1830.12	1101	齋舍庫子	趙(奴)局每	負債報償	城山員	8	40	●
1832.1	1470	院中庫子權	林奴己同	院中移買次	柳等員	6	45	○
1832.3	1258	崔同三	孤峰書堂	未記	柳等員	7	77	○
1833.12	1146	松稧	洛東松稧	契財産分給	小堤員	6	63	●
1834.1	1190	門中有司	破	門中債報償	柳等員	5	破	●
1834.2	1021	營建所有司	趙(奴)局每	要用所致	城山員	8	31	●
1834.2	1452	澗亭有司	僧采英	亭所禮費	云可員	2	5	●
1853.10	1257	金德天	洞中		良丁員	4	40	○

주: 破는 문기보존상태의 불량을 의미

○는 개인답이 단체답으로 이전된 경우　●는 단체답이 개인답으로 이전된 경우

【資料】成均館大學校博物館 所藏 古文書

A＝소장처 고문서 분류번호, 가격: 단위 냥. 전문

238

이상 매매문기를 통해 洞稧, 立春稧, 伏牛山稧, 松稧 등 다양한 단체명이
등장하는 것을 확인할 수 있었다. 여기서 한 지역, 한 촌락 내의 촌락공동
체를 대표하는 조직이 토지거래에 등장할 때 買受人의 위치에서 賣渡人의
위치로 바뀌는 현상의 의미를 돌이켜 볼 필요가 있다. 다시 말하자면 18세
기에는 주로 小農民畓이 共同畓으로 바뀌는 데 반하여, 19세기에는 반대로
共同畓이 한 성씨 중심의 私有畓으로 전화되는 경우가 훨씬 많아지는 것은
무엇인가 村落土地所有關係의 변화를 가리키는 것으로 받아들일 필요가 있
다. 다시 말하자면 18세기에는 村落民의 결속을 다지는 村落組織의 經濟基
盤이 鞏固化된 데 반하여 19세기에는 그 조직이 瓦解되는 사실의 반증으로
볼 수 있다. 이러한 사실을 증명하는 사례로서 앞서 제시한 영암 장암리
문계운영의 변천과정이 적절하다고 본다.

〈표 5-6〉은 영암 장암리 문계답의 매매과정을 정리한 것이다. 이 표에서
확인되듯이 門契畓은 1746(영조 22)년 이후 꾸준히 확대되어 오다가 1797
(정조 21)년부터 放賣畓이 생기기 시작하여 19세기에는 放賣畓의 규모가 購
入畓의 규모를 훨씬 상회하는 것을 파악할 수 있다. 門契畓은 1790-1799년
사이에 가장 크게 확대되었다. 반면 1840년대 이후 급격히 축소되었다. 이
시기는 상주지방에서 토지거래가 가장 빈번히 일어난 시기와도 일치한다.

매년 門契 살림살이의 시작인 傳受租의 규모를 보면 1779-1804년까지 계
속 증가하는데 1779년 35석의 규모에서 1804년 약 80석의 규모로 증가하다
가 1808년 이후로 감소하여 1862년이 되면 9석에서 5석의 규모로 줄어들어
거의 명맥만 유지하게 된 것을 알 수 있다.

〈표 5-6〉 영암 장암리 문계답규모의 변천 추이

年度	擴大規模	年度	縮小規模
1740-1749	15斗落	－	－
1750-1759	31斗落	－	－
1760-1779	14斗落	－	－
1780-1789	20斗落	－	－
1790-1799	34斗落	－	－
1800-1809	21斗落	1797-1815	26斗落

　〈그림 5-1〉은 用下記에서 傳受租 規模의 연도별 추이를 나타낸 것이다. 그림에 나타나듯이 傳受租量은 1804년까지 매년 증가하다가 1804-1805년을 고비로 급속히 하락하는 것을 확인할 수 있다. 이후 심한 변동을 거듭하다가 1850년대에 들어서면서 겨우 명맥만 유지하는 것을 알 수 있다. 이 사실은 靈巖 場巖里 남평 문씨의 門契基盤이 19세기에 들어서면서 와해되는 과정을 여실히 보여 주는 것이라고 사료된다. 이것으로 촌락공동체의 자율적 기반의 붕괴와 소농들의 자립도에 있어서 불안정은 일정한 관계가 있는 것은 아닌지 생각해 볼 필요가 있다. 이러한 관계는 地價變動構造에서 좀 더 구체적으로 나타날 수 있다.

〈그림 5-1〉 門契運營에서 傳受租 規模의 增減趨勢

(단위: 斗)

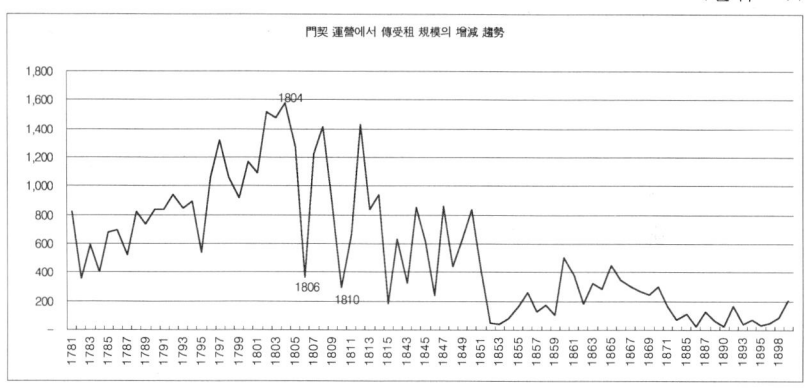

240

2. 地價水準 認識을 위한 豫備的考察

(1) 地價와 利子率과 土地의 年收入[271]과의 관계

이상의 자료에서 地價를 抽出하고 그 水準을 분석하기에 앞서 농업을 기반으로 한 사회에서 토지를 둘러싼 제반 經濟變數들과 地價와의 相互規定性에 대한 理論的 考察이 필요하다. 예를 들어 브로델(1973)은 장기 16세기 번영이 한창 진행되던 1558년경[272] 스페인의 地價上昇에 대하여 다음과 같이 묘사한 바 있다.

　　지금까지 이곳에서 토지는 보통 8-10%, 즉 소득의 12.5배 내지 10배에 팔렸지만, 이제는 4-5%, 즉 소득의 25배 내지 20배에 팔린다.[273]

이는 당시 서유럽에서 형성된 地價와 土地의 年收入과의 관계를 나타낸 표현이다. 이것은 地價와 利子率은 반비례 관계이며, 토지의 年收入과는 서로 정비례 관계를 나타낸 것이다. 地價를 利子率 및 土地의 年收入과 연계시켜 파악하는 것은 최근에까지 이어져왔다.[274]

---

271) 여기서는 년수익을 정액지대와 같은 것으로 본 것이다.
272) 1250-1896년 사이에 서구 유럽의 가격변동은 다음과 같은 네 개의 연속적인 장기추세를 나타냈다. 1250 -〉[1350]〈- 1507~1510; 1507~1510 -〉[1650]〈- 1733~1743; 1733~1743 -〉[1817]〈- 1896; 1896 -〉[1974 ?] …… 여기서 [ ]을 중심으로 왼쪽 숫자는 상승의 시발점이고 오른쪽 숫자는 하락의 도착점을 가리킨다. 1350년, 1650년, 1817년, 1974년의 정점들이 기록하고 있는 단절들은 서구 유럽 역사가들이 작업해온 다양한 차원의 시대구분과 맞아 떨어지는 것은 분명하다. 이 중 1650년은 장기 16세기의 번영이 끝난 시기이다.
273) Braudel(1997) Ⅲ-1, 100-103쪽.
274) 서구 유럽에서 토지가격과 이자율과의 관계는 20% 이자율하에서 5년의 년수입액(Years purchase)이 토지가격이고, 10%인 경우 10년, 8%인 경우 12.5년, 6%인 경우 16.67년, 5%인 경우 20년의 년수입이 토지가격이 된다고 보았다. 이에 대한 이론적 설명은 Karl Marx "Capital" vol. 3 p.623에 언급되어 있고, 논쟁에 대해서는 'The long-term rate of interest and the price of land in the seventeenth century' by H. J. Habakkuk "The Economic History Review" vol. 5, 1952를 참조.

서구 유럽에서 이자율과 토지의 년수입 적립 햇수와의 관계[275]

Interest rate	Number of Year's purchase
20%	5
10%	10
8%	12.5
6%	16.7
5%	20
4%	25

년수입·토지가격·이자율과의 관계
A: 토지가격 B: 년수입 α: 이자율
β: 년수입 햇수(Number of Year's purchase)
$A=B\beta$ $\beta=A/B$ $\alpha=B/A$ $\alpha=1/\beta$

결국 地價는 농업이 지배적인 前工業化 경제에서 土地所得과 商品貨幣關係가 결합함으로써 창출된 범주로서 地代가 일정기간 적립된 금액을 말한다. 서유럽에서는 16세기 가격혁명 이래 資本形成速度는 전통적인 농업의 變化速度보다 훨씬 빨랐다. 이것은 자본주의 발달에 있어서 이자율 하락과 지가의 상승으로 나타났다. 그러나 다른 지역이나 다른 시기의 경우 이와 다른 상황이 전개되기도 하였다. 예를 들어 17세기 동안 서유럽의 利子率은 하락했으나 地價는 상승하지 않았다. 이러한 역사적 사실은 利子率과 地價와의 반비례 관계를 부정하는 사실이다.

이외에 이자율은 높고 지가는 낮은 상황이라든가 이자율과 지가가 동시에 높게 되는 상황이 나타나는 곳도 있다. 예를 들어 소규모 토지소유가 지배적이고 자본의 형성과 재생산이 상대적으로 약한 곳에서 인구가 늘면 토지수요가 토지공급을 초과하게 되어 토지의 분할판매는 늘어난다고 볼

275) H. J. HABAKKUK 'The Long term Rate of Interest and The Price of Land in the seventeenth Century', "The Economic History Review" vol. 5, 1952.

242

수 있다.[276] 이러한 상황에서 生産力의 향상이 없는 한 資本과 土地의 稀
少性으로 인해 이자율은 높고 지가는 낮은 상황에서 이자율과 지가가 모두
높은 상황으로 바뀌게 된다. 이것은 '선무당 사람잡는 식'으로 자본주의 생
산양식의 불완전한 발달과 자본주의의 불이익이 결합한 불행이다. 이러한
불행은 소규모 토지소유의 자체의 성질상 나타나는 불행[277] 위에 고리대와
조세가 아울러 내리누르는 중압된 상황이 연출하는 불행으로 볼 수 있다.

직관적으로 朝鮮後期 利子率水準과 土地의 年收入 그리고 地價水準을 볼
때 이러한 不幸은 감지된다. 18세기에서 19세기 초반까지 朝鮮의 地價는
年收益의 5배 정도로 형성되고 있었다. 대개 이 당시 이자율은 20-50% 수
준에서 변동하고 있었다. 따라서 地價水準을 파악하는 데 선행적으로 알아
야 할 것이 토지의 年收入과 利子率水準이다.

傳統農業社會의 토지수입은 地代로 파악할 수 있다. 이자율 수준은 여러
경로를 통해 감지할 수 있다. 예를 들어 미가의 계절변동폭을 가지고 이자
율 수준을 감지할 수 있다. 이른바 長利가 이에 해당된다. 혹은 擔保付 土
地去來인 還退文記라든지 典當文記를 이용할 수도 있고 用下記와 같은 契
文書의 분석을 통해 파악할 수도 있다. 여기서는 경상도 상주지방의 還退
文記를 이용하여 그 속에 함께 명기된 賭地水準과 土地價格을 정리하여 양
자의 관계를 인식한다. 利子率은 영암 장암리 남평 문씨 古文書의 貸出關
係 기록과 부안 김씨 典當文記를 분석하여 파악하기로 한다.

---

276) 분할판매는 토지문기에서 확인된다. 조선에서 토지거래는 거래할 때 마다 문
기를 작성하여 그것을 신문기라 하고 구문기와 함께 첩련되어 거래되었다. 그
러나 조선 후기로 오면서 '舊文記段他田畓幷付故以新文記一丈永永放賣'라는
문기 내용이 많이 등장한다. 이것은 구문기는 다른 전답과 함께 남아 있어서
여기에서는 신문기 1장으로 영영 방매한다는 내용이다. 이것으로 보아 토지는
점점 분할되어 거래되었다고 볼 수 있다.
277) 소규모 토지소유의 불행은 풍년든 해가 불행한 해가 된다든가, 사회적 노동의
생산력의 발달, 노동의 사회적 형태들, 자본의 사회적인 집중, 대규모의 목축,
과학의 점진적인 적용 등을 배제하는 바탕 위에 고리대와 조세가 토지소유를
억누르면서 나타나는 불행 등을 말한다. K. Marx "Capital" Ⅲ p.635 Progress
Publishers 1972.

(2) '還退'去來에 明記된 賭地水準과 地價水準과의 관계

朝鮮後期 土地去來에서 자주 등장하는 거래가 '還退'거래이다. 還退去來는 일종의 買戾로서 판 사람이 장래에 대가를 치르고 목적물의 소유권을 되돌려 받을 수 있는 거래를 말한다. 대개 土地賣買文記의 마지막 부분에 '永永放賣'로 표현되어 있지 않고, '還退之意'라든가 '權賣'의 형태로 기입된 문기가 환퇴거래 문기이다.

이 환퇴거래에 대해서 周藤吉之(1937)는 典當制度로 인식하고 당시 토지 겸병의 중요한 수단으로 보았다. 朴秉濠(1960)는 매매의 형식을 띤 擔保制度로 파악하였다.[278] 허종호(1965)는 경제적 방법을 통한 토지 집중 과정의 일환으로 파악하였다. 이러한 선행연구 중 朴秉濠(1960)의 연구가 주목된다. 그는 還退를 賣買形式을 띤 擔保慣習으로 파악하였다. 또한 토지거래를 ① 所有權과 使用占有權이 함께 讓渡되는 경우와 ② 所有權은 留保하고 使用收益權만을 讓渡하는 경우 그리고 ③ 典當과 같이 所有權을 賣渡하되 使用收益權은 賣渡人에게 留保하는 세 가지 형태로 구분하고, 이 중 還退去來를 세 번째에 해당되는 去來로 인식하였다. 그에 의하면 典當에는 ① 占有質로서의 典當과 ② 非占有質로서의 典當 그리고 ③ 文書質로서의 典當이 있는데 환퇴거래는 비점유질로서의 전당에 해당된다. 비점유질로서의 전당은 담보 부동산의 점유를 인도하지 않고 채무자가 부동산의 사용수익권을 상실하지 않으므로 채무자에게 유리한 거래라 할 수 있다. 여기에는 ① 元本에 利子를 붙이는 것과 ② 利子를 賭租例에 의하여 收穫物로 지불하는 것으로서 두 가지 경우가 있다. 還退文記를 보면 賭地定式이란 附記가 붙어 있는 경우가 있는데 이 賭地定式이 기입된 還退去來가 바로 利子를 賭租例에 의하여 현물로 지불하는 경우이다.[279]

---

278) 매매의 형식을 띤 담보제도로 소유권과 점유가 함께 양도되는 형태와 소유권은 유보하고 사용수익권만을 매도하는 퇴도지매매 그리고 오늘날의 동산매도 저당과 같이 소유권을 매도하되 사용수익권만은 매도인에게 보류하는 방법 중의 하나로 보았다.

〈표 5-7〉還退去來

去來年月	A	賣渡人	買受人	賣渡事由	所在地	斗落數	價格	期間	
1796.2	1175	稧長趙錫鼎	趙述德(三從孫)	要用所致	云可員	9	105	未記	◆
1814.1	1055	趙希洙(從叔)	趙述德(從姪)	凶年無路	云可員	2.5	41	待年	◆
1814.10	1242	述敎(族弟)	泰川(族兄)	凶年無路	柳等員	6	70	不計	◆
1819.1	1161	僧瑞文	趙(奴)岩伊	喪債無路	城山員	4	40	來頭	◇
1828.1	1361	奴萬石	趙奴局每	要用所致	云可員	4	40	待年	◇
1829.4	1133	趙啓晦(從叔)	趙潤之(從姪)	凶年無路	云可員	6	60	待年	◆
1830.2	1219	姜仁實	趙(奴)岩回	要用所致	柳等員	2	28	待年	◇
1831.2	1068	金(奴)厚時	趙(奴)岩回	要用所致	玉山員	2	24	待年	◇
1831.12	1057	趙述興(四從弟)	四從兄	要用所致	云可員	3	25	待年	◆
1832.8	1069	趙來洙	三從姪		城山員	4	28	待年	◆
1833.12	1303	趙德(四從兄)	趙栻(四從弟)	身役無路	云可員	4	40	待年	◆
1834.1	1024	從嫂寡高	趙栻(從弟)	凶年無路	云可員	3	16	待年	◆
1834.1	1164	洪在赫	高夢南	凶年無路	山村員			今年內	◇
1834.3	1451	趙述初(喪人)	趙九榮	喪禮無路	云可員	4	24	限歲前	◇
1834.6	1248	趙俊榮(族姪)	趙述德(族叔)	身役無路	云可員	2	17	未記	◆
1835.12	1067	金聲達	趙(奴)岩回	要用所致	玉山員	3	49	待年	◇
1837.12	1145	壁榮(族兄)	啓榮(族弟)	要用所致	小堤員	3(田)	12	待年	◆
1840.11	1446	趙九榮(族姪)	趙述逢(族叔)		云可員	4	20	待年	◆
1867.1	1371	奴卜伊	奴千伊	要用所致	月羅員	6(田)	30	待年	◇
1877.2	1243	李(奴)匹女	未記	要用所致	月老員	5(田)	79	3年	◇
1861.12	1372	申起明	未記		?				
1862.12	1218	崔卜任	未記	債錢無路	吾里院	3(田)	14	生力後	◇
1863.10	1355	奴七成	奴局每	要用所致	云可員	7	191	待年	◇
1863.12	1038	韓(奴)海金	趙(奴)局每	要用所致	云可員	9(田)	80	5年	◇
1865.10	1182	趙四峰	趙(奴)千得	要用所致	玉山員			未記	◇
1875.11	1368	金鳳花	奴卜伊	要用所致	貞有井員	2(田)	30	3年	◇

주: A는 소장처 古文書分類番號. 殺歲, 窮歲, 歉歲 등 凶年表現은 凶年으로 통일, 田 이외
　　는 모두 畓 ◇는 환퇴거래 중 비친족 간 매매 ◆친족 간 매매
　　【資料】成均館大學校博物館 所藏 古文書

279) 여기서 토지가격은 년수입에 의해 결정된다는 가정을 하고 도지를 해당 토지
　　의 년단위 순수입으로 가정할 때 이 시기 토지가격은 20% 즉 순소득의 5배
　　수준이었다고 볼 수 있다. 이것은 5년 동안의 년수입액(Years purchase)과 같
　　다고 볼 수 있다. 서구 유럽에서도 토지가격은 이자율과 관계가 있다고 보고
　　20% 이자율하에서 5년의 년수입액이 토지가격이 된다고 보았다. 10%인 경우
　　10년, 8%인 경우 12.5년, 6%인 경우 16.67년, 5%인 경우 20년의 년수입이 토
　　지가격이 된다고 보았다. 'The long-term rate of interest and the price of
　　land in the seventeenth century' by H. J. Habakkuk, "The Economic
　　History Review" vol. 5, 1952.

尙州地方 513점의 賣買文記 중 還退去來가 명기된 文記는 총 26件이었다. 이 중 還退去來이면서 동시에 親族間去來는 11건이었다. 환퇴거래 중약 42%가 친척 간 거래인 셈이다. 친족 간 거래는 전체 去來件數 325건중에서 19件으로 약 6%를 차지하고 있는 것과 비교해 보면 親族間去來에서 還退去來가 차지하는 비중을 알 수 있다. 還退去來年度를 보면 주로 19세기의 흉년이 발생한 해에 집중되어 있다. 1804-5년, 1809-10년, 1814-16년, 1829-34년, 1861-65년은 19세기에 들어와서 흉년이 거듭 발생한 해이다. 환퇴거래는 이 중에서도 1830년대에 가장 많이 발생하였다.[280] 거래조건의 하나로 명시하는 還退期間은 '待年還退之意'가 가장 많았다. '待年'이란 어려운 상황이 다시 좋아질 때까지 기다린다는 의미로 해석되며, 구체적 기간이 명시된 경우에 비해 賣渡者에게 좋은 조건의 거래로 보여진다.[281] 11건의 친족거래 중 환퇴기간은 '待年'이 8건 '不計早晚歲'가 1건 未記가 2건이었다.

이와 같이 친족 간 거래에서 환퇴기간은 대부분 '待年'인 것과 달리 타인끼리의 거래의 환퇴기간은 구체적 기간의 명시가 많았고, 그 기간은 1-5년사이에 놓여 있었다.[282]

환퇴거래에서 거래토지의 환퇴 여부는 환퇴기간이 좌우하였다고 보여진다. 왜냐하면 상주지방 환퇴거래는 대부분 친족 간 거래에서 나타났는데대부분 환퇴기간을 구체적으로 명시하지 않고 막연하게 명시한 것에서 우호적인 것을 확인할 수 있기 때문이다. 이러한 환퇴거래의 특징을 가장 잘드러내고 있는 문기가 문서번호 '1242'이다. '1242'의 내용을 보면 1814년

---

280) 미가변동에서 1830년대는 18-19세기 전시기중 구조변동이 일어나는 시기이다. 이에 대해서는 졸고 「18-19세기 미가 추이」, 1997. 2 한국경제학회 발표문 24 참조.

281) 周(1937)는 환퇴기간이 명시된 사례가 명시되지 않은 사례보다 더 많다고 단정지었으나 이것은 다양한 지역의 사례를 많이 모아놓고 판단할 문제이다.

282) 1865(고종 2)년에 편찬된 법전 대전회통(大典會通)의 '환퇴' 조항을 보면 환퇴기한은 10년 이내로 규정되어 있다. 『大典會通』 卷之二 戶典 【賣買限】 退賭地賣買以十年爲限 滿十年則無價還退, 五年以後, 則半價還退, 若準本價, 則雖一二年, 亦許還退.

10월 흉년의 상황을 '當此大殺生計沒策'으로 표현하고 있다. 여기서 매도인
은 유등원의 답 6두락을 70냥에 환퇴의 조건으로 방매하는데, 환퇴기간은
"구황의 힘이 생길 때까지 기간을 따지지 않는다"라고 명시하고 있다. 또
한 '도지 4석을 같은 문서에 정하여 놓는다'는 부수조항도 적혀 있다. 이
문기로 보아 환퇴는 어려운 상황에서 친족 간 환난상휼의 성격을 갖는 거
래였음이 확연히 드러난다. 아래의 예는 환퇴거래 문기를 소개한 것이다.

1055 嘉慶十九年(1814) 甲戌正月 日 三從侄趙述德前明文
　右明文段, 當此窮節, 以要用所致, 不得已 云可谷員, 聽字八十畓,
二斗五升落, 卜數八卜五束庫乙, 價折錢文四十一兩, 錢當次放賣爲去乎.
日後待年, 從準數還退之意, 成手標以給, 持此文憑考事.
畓主自筆三從叔希洙.

　이 문기는 1814년 1월 삼종숙 조희수가 종질 조술덕에게 흉년의
어려움으로 운가원 청자 2.5두락의 답을 전당하고 41냥의 돈을 빌린
경우이다. 환퇴기간은 '待年還退之意'로 구체적 기간이 명시되어 있지 않다.

1242 嘉慶十九年甲戌十月 日族兄泰川兄主前明文
　右明文, 當此大殺, 生計沒策, 不得已 柳等員竭字六十二畓, 破, 六斗落塵,
折價七十兩, 放賣爲去乎. 價錢依數備給是遺等, 若有救荒餘力, 則不計早晩歲,
以本價還退, 破. 畓主族弟述敎 賭地四石定于此紙.

　이 문기는 친족 동생 술교가 태천형에게 1814년 큰 흉년을 넘기기
위해 유등원 6두락의 답을 70냥에 환퇴거래한다는 내용이다. 이 문기의
환퇴기간은 구황의 힘이 생길 때까지로 되어 있다. 구체적인 기한으로
한정하지 않는다는 내용을 명시하고 있는 것이 특징이다. 또한 부기로
이 문서에 도지 4석을 정하여 놓는다는 내용도 적혀있다. 이 문기는
앞서 설명한 대로 비점유질로서 전당인 환퇴거래의 성격을 전형적으로
제시하고 있다. 6두락의 땅에 대한 소유권을 70냥을 빌리는 데 담보로
제공하고 사용수익권은 채무자가 지니면서 원본 70냥에 대한 이자는
도지 4석의 현물로 낸다는 계약관계를 명시한 문기로 이해된다.

 이상의 사례에서도 확인되듯이 상주지방 환퇴문기에는 '賭地定式'이라는 특기사항이 있다. 그것은 환퇴건수 11건 중에 8건이 기입되어 있었다. 문기 상에 기입 위치는 앞에 되어 있는 경우도 있고 문서 말미에 기입된 경우도 있었는데 대부분 뒤에 기입되어 있었다. 문서별로 기입 내용을 보면 아래 와 같다.

 1242: 賭地四石定于此紙. 1219: 無論凶豊每年賭地以二十八斗爲定式事.
 1057: 每年牟賭地三斗正租賭地二十五斗式. 1303: 每年賭地八兩定式不然則許耕者.
 1067: 穀數段每年小斗四十九斗爲定. 1293: 每年賭地租四十五斗定式.

〈표 5-8〉 19세기 상주지방 토지거래 중 환퇴조건부 거래와 도지수준

문서번호	거래년월	토지면적	거래금액	도지정식
1057	1831.12	3두락	25냥	25두
1067	1835.12	3두락	49냥	49두
1219	1830.02	2두락	28냥	28두
1294	1835.01	5두락	45냥	45두

 문서번호 1303은 유일하게 賭地가 貨幣單位로 기재된 사례이다. 이 사례 를 제외하고 대부분 도지정식은 현물로 표시하고 지가는 화폐로 표시되어 있는데, 현물과 화폐의 숫자가 대부분 동일한 숫자였다. (〈표 5-8〉) 문서번 호 1303 문기에서 알 수 있듯이 도지정식 8냥은 토지가격 40냥의 20% 수 준이다. 이 문기를 보아 도지 수준은 지가의 20% 수준임을 알 수 있다. 현 물도지인 경우 당시 미곡가격을 알면 화폐로 환산할 수 있다. 예를 들어 문서번호 1242는 1814년 10월에 6두락의 답을 70냥에 환퇴의 조건으로 방 매한 경우이다. 賭地는 현물 4석이다. 이것을 벼로 보고 환산하면 이해 미 가는 전라도 영암지방이 벼 20두당 2냥9전3푼이다. 앞서 경상도 고성의 미 가와 전라도 영암의 미가 수준을 비교했을 때 경상도의 미가가 전라도에 비해 17% 정도 비싼 것으로 나타났다. 17%를 가중치로 경상도 미가 수준

을 계산하면 3냥4전3푼이 된다. (물론 도량형의 단위가 같다는 가정하에서
비교한 것이다.) 이것으로 도지 80두를 화폐로 환산하면 약 14냥이 된다.
마찬가지로 이 금액도 소유권 가격의 20% 수준이다.[283]

〈표 5-9〉 환퇴표시 매매문기상의 지가와 도지 수준 비교

年　度	文書番號	面　積	去來額	賭地定式	斗落當價格	斗落當賭地額
1814.10	1242	6	70	80	11.67	13(20%)
1828.1	1361	2	30	30	15	15
1830.2	1219	2	28	28	14	14
1831.12	1057	3	25	25	8.33	8.3
1833.12	1303	4	40	8(냥)	10	(20%)
1835.12	1067	3	49	49	16.33	16.33
1835.1	1293	5	45	45	9	9
1879.2	1243	5	79	35	15.8	7

비고: 面積 單位 斗落, 去來額, 斗落當價格 單位 兩, 賭地定式 斗落當賭地額 單位 斗
　　1242: 賭地四石定于此紙 1219: 無論凶豊每年賭地以二十八斗爲定式事 1057: 每年年賭
　　地三斗正租賭地二十五斗式 1303: 每年賭地八兩定式不然則許耕者 1067: 穀數段
　　每年小斗四十九斗爲定 1293: 每年賭地租四十五斗定式 1243: 未退前賭租參拾伍
　　斗十五斗
　　【資料】成均館大學校博物館 所藏 古文書

　　이러한 결과는 다른 지방의 사례와도 일치하는 결과이다. 周藤吉之
(1937)의 연구를 인용하여 정리한 허종호(1956)에 의하면 경기도 양주지방
의 도지 수준은 토지가격의 약 18-20% 수준이었다.[284]

　　여기서 환퇴거래문기에 부기의 형태로 기입된 도지를 당시 토지의 1년
순 수입으로 놓고 볼 때 도지 5년의 적립액은 곧 그 토지의 가격이 되는
것을 알 수 있다. 따라서 이 결과를 가지고 지가와 년수입과 년수입 햇수

283) 모든 경우가 20% 수준으로 계산되지 않는다. 문기 1057과 1219의 경우를 계
　　산하면 1057이 12% 1219가 12.8%로 계산된다.
284) 사례 제시에서 1873년과 1909년은 각각 2.2%와 26%로 되어 있는데 의문이
　　가는 수치이다.

과의 관계를 계산하면 지가를 100으로 놓았을 때 년수입은 20이 되며 햇수
는 5년이 되는 것을 알 수 있다.

〈표 5-10〉 경기도 양주군 도지가격과 지가의 비교

年　度	地　目	面　積	賭地價格	斗落當賭地價格	斗落當土地價格	
1846	답	13	33	2.53	12.5	20%
1854	전	4	11	2.75	15	18%
1861	답	13	45	3.46	19	18%
1873	답	8	47	5.87	260	2.2%
1909	답	4	500	125	475	26%(?)

備考: 面積 單位 斗落, 去來額, 斗落當價格 單位 兩, 賭地定式 斗落當賭地額 單位 斗
【資料】周藤吉之(1937)

　이러한 계산대로라면 당시 이자율 수준은 년 20%선에서 형성되어야 정
상이다. 또한 환퇴기간은 5년 이상이 되어야 원금을 갚을 수 있게 된다. 따
라서 환퇴거래로 인한 토지 상실 여부는 이자율 수준과 환퇴기간에 따라
좌우된다고 볼 수 있다. 이자율이 20% 이하이고 환퇴기간이 5년 이상일
때 토지 상실의 위험은 줄어드나, 그 반대의 경우 토지 상실의 위험은 크
다고 볼 수 있다.[285] 또한 현물로 정해진 경우 작황 수준이 풍년일수록 채
무자에게 유리하다. 화폐로 정해진 경우 미가 수준에 따라 달라진다.
　결국 還退條件으로 토지거래를 한 경우 그 자체가 곧 토지 상실로 귀결
되는 것은 아니고 ① 환퇴기간과 ② 이자율, ③ 작황 수준, ④ 곡물가격 등
의 요인이 복합적으로 작용하여 결정된다고 볼 수 있다.
　여기서 상주지방 환퇴거래의 특징을 요약하면 ① 흉년과 같은 위기의 상
황이 발생할 때, 가까운 친족에게 경작토지를 담보로 제공하고 필요한 자
금을 융통하기 위하여 환퇴거래를 행하였다. ② 환퇴기간과 도지 수준은
채무자가 충분히 갚을 수 있는 시간과 수준에서 결정되었다. 적어도 상주

---

285) 周藤吉之(1937).

250

지방의 토지거래에 등장하는 환퇴거래는 가까운 친족 간 환난상휼을 위한 방편으로 등장하여 토지 상실의 속도를 상당기간 늦추는 계기로 작용하고 있었다. 따라서 토지 상실의 계기로서 환퇴기간의 변화라든가 이자율 수준의 변화를 고려해 볼 필요가 있다.

(3) 古文書를 이용한 利子率水準認識

최근 奎章閣所藏 古文書와 扶安金氏 古文書를 이용하여 朝鮮後期(1847-1907)의 이자율 수준을 제시한 연구가 있다.[286] 이 연구에 제시된 이자율 관련 文記 중에는 앞서 검토한 還退文記와 비교해 볼 때 몇 가지 차이점이 나타나는 文記들이 있어 소개하면 다음과 같다.

利子率 관련 文記 例

同治元年壬戌四月二十五日 宅明文
右明文事段, 當此窮節, 王稅末由辨納, 故不得已, 伏在古阜雨日石橋東麓先山 全局 倂松楸, 典當是遣, 右宅前, 參拾兩乙, 每朔五分利例得用, 而限明春三月 則計本利, 而合肆拾玖兩五戔報納是矣. 若過此限, 則此山倂松楸, 永永次知之意, 成明文以納, 而禁養段, 立旨仰托於右宅事. 山主閒良張達祚(手決) 證人幼學 宋原叔(手決)

이 문서는 1862년 4월 25일 한량 장달조가 춘궁기에 세금을 납부할 길이 없어 선산과 그 소나무를 전당하고 월 5푼(分) 이자로 1862년 4월 25일에서 1863년 3월까지 30냥을 빌리고 원리금인 49냥5전을 갚기로 한 문서이다. 이 문서는 앞서 살펴본 환퇴문기와 비교해 볼 때 우선 ① 상환기간을 1년으로 분명히 명시하고 있는 점과 ② 이자율을 월변으로 명시한 점 그리고 ③ 제시한 조건을 지키지 못한 경우 영영 담보 물건을 차지한다는 내용

286) 崔承熙, 「朝鮮後期 古文書를 통해 본 高利貸의 實態」, 『韓國文化』 19, 1997. 6.

을 명시한 점이 다르다.

앞서 본 환퇴문기에서는 상환기간이 1년짜리는 26건 중 2건뿐이었다. 그러나 최승희(1997)에 의해 제시된 건수 79건은 거의 다 상환기간이 1개월-1년 사이였다. 이러한 단기 채무관계는 채무자에게 대단히 불리한 관계임은 더 말 할 나위 없다. 상환기간 차이뿐만 아니라 이자율이 월변 5%, 년리로 볼 때 50% 이상의 고리대란 점이 다르다. 이러한 고금리하의 단기부채에 담보로 제시된 부동산은 거의 잃어버린다 해도 과언이 아닐 것이다. 또한 맨 마지막의 조건으로 문서상의 조건을 이행하지 않을 경우 환퇴문기에서는 시장에서의 매매를 통해 변제한다라는 '永永放賣'의 조건이 여기에서는 아예 조건 불이행의 경우 '永永次知'한다라는 것을 명시하고 있는 점이 다르다.

〈문서 2례〉

同治元年, 壬戌五月初二日, 前明文
右明文事段, 莫重結役, 辨納無路, 故自己買得耕食爲多可, 淸州山外二面乾城前野堂坪伏在, 二冊志字田, 皮牟一石落只卜數十四負八束塵乙, 以結價拾兩典當, 而賭租則拾伍斗酌定是遺, 限十二月內還退是矣. 若過限是去等, 新舊文二丈, 永永次持之意, 成文記爲去乎, 日後良中, 若或有雜談是去等, 以此憑考事.
田主 咸利祿(手決)

이 문서는 1862년 청주지방에서 함리록이란 사람이 결가(結價) 10냥을 납부하기 위해 피모전 1섬지기를 전당하고 12월까지 갚는 조건으로 계약한 문서이다. 이 문서에서도 환퇴기간은 불과 7개월로 단기이며, 이 시한이 지나면 매매를 통한 부채 청산이 아니라 채권자가 그냥 차지한다는 단서가 주목된다. 결국 문서상의 계약 조건의 변화에서도 1850년 이후 조세와 고리대는 농민층의 토지 상실의 주요 계기였음을 미루어 알 수 있다.

252

⟨표 5-11⟩ 1847-1904년 이자율 수준

年 代	債錢事由	債務金額	月利子率	擔保物	償還期間	過限時處理
1847	商賈興利次	280	3分利	田畓外	6월-명12월	擔保盡賣
1860	要用次	100	賭地8石	田16斗落	12월-명12월	時價放賣
1862	王稅辨納	30	5分利	先山	4월-명3월	永永次知
1862	結役辨納	13	朔邊	田畓10斗落	4월-12월	永永次知
1862	家 貧	4	長利例	田3斗落	9월-?	永永次知
1873	要用所致	30	5利	田15斗落	11월-명11월	納 上
1884	緊急用處	1,000	5分利	畓70斗落	5월-9월	畓許給
1884	適有用處	10	4邊	田 9斗落	4월-12월	田許給
1885	公納生活	100	8分	畓10斗落	1월-6월	畓許給
以外						
1840년대	1건수	이자율	月3分利			
1850년대	21건수	이자율	月3分利			
1860년대	9건수	이자율	月1分利-5分利			
1870년대	6건수	이자율	月3分利-5分利			
1880년대	11건수	이자율	月5分利-8分利			
1890년대	26건수	이자율	月4分利-5分利			

비고: 崔承熙(1997)附表에서 計算

최승희(1997)의 연구에 의하면 조선 후기 이자율은 문서가 존재한 1847-1850년대까지 월 3分利=연36% 정도의 수준이다가, 1860년대 이후 월 5分利=연 60%로 급상승한다. 또한 채무계약에서 제공되는 담보물중 田의 담보능력은 畓에 비해 현격히 떨어진다. 이것은 밭작물의 경제적 가치가 논작물의 경제적 가치에 비해 훨씬 더 작은 것을 반영한다고 볼 수 있다. 이러한 사실은 미가상승과 연관시켜보았을 때 확연히 드러난다. 이 시기는 미가가 급상승한 시기이다. 결국 미가의 급상승과 고금리는 농촌사회에 커다란 변화를 가져왔다고 볼 수 있다. 그것은 논과 밭에서 여러 품종을 소량생산해온 소농의 경제적 기반이 무너지고, 벼 위주의 대량생산 방식의 지주경영이 자리를 잡아가는 과정이 본격적으로 전개되는 계기로 작용하여 조선을 미작 단작지대로 재편하는 주요한 경제적 고리였다고 볼 수 있다.

지금까지 조선의 금리 수준에 대한 이해는 이른바 '고리대'라는 표현에서 알 수 있듯이 매우 높은 수준으로 이해되고 있다. 그러나 이러한 직관은 재고할 필요가 있다. 최승희(1997)의 연구에서도 밝혀졌듯이 적어도 1850년대 이전의 금리 수준은 그 이후와 비교해 볼 때 낮은 수준이었으며 따라서 一律的으로 고리대 아닌 그 변동이 확인된다. 또한 최승희(1997)의 연구는 1850년대 이후의 금융관행을 대표할 뿐이다. 일단 그가 밝힌 '고리대'란 표현은 조선시대 전 시기를 관통할 수 있는 대표성은 없다고 본다. 적어도 朝鮮前期와 그리고 朝鮮後期중 1850년대 이후의 현상일 뿐이다. 또한 담보부 고리대는 대부분 월이자로 차용하였다고 밝혔으나, 이 사실도 그 적용 범위는 한정되어야 한다. 환퇴문기상에 나타나는 토지 담보 채무관계에서는 년단위의 이자계산이 오히려 더 많은 빈도를 나타내고 있었다. 또한 계의 이자율도 고리대에 해당된다고 명시하였는데 이 사실도 한정된 지역에 관한 사실이다.

18세기 전라도 남평 문씨의 문중 계의 금융관계에서는 低利의 借用이 많았다. 따라서 조선 후기 농촌의 이자율 수준을 '고리대'로 표현하는 것은 일정시기, 일정 지역에 한정되어야 하고 일반화시키는 데 좀 더 신중해야 한다고 본다.

당시 국가에서는 법률로서 년 20% 이하를 이자율로 규정해 놓고 있었다.[287] 이러한 법정 이자율은 실제로 지켜지지는 않았다. 법정 이자율 문란은 미가의 계절변동과 채무관계가 서로 착종되었을 때 특히 심하였다. 이른바 춘궁기에 곡식으로 빌려주고 가을에 화폐로 돌려받는 행위(以穀給債以錢捧利者)가 가장 대표적인 행위였다.

앞서 계절변동에 대한 고찰에서 살펴보았듯이 18세기 불규칙변동을 제거한 평균적인 계절변동 지수는 봄에 109.4였고, 가을에 82.4였다. 예를 들어 벼 1석=2.5냥=100을 기준으로 봄에 1냥을 빌리는데 그것을 곡식으로 빌려주면 약 7두3승을 내어주게 된다. 가을에 회수할 때는 화폐로 1.5냥을 회수하는데 가을에 1.5냥이면 곡식은 약 14두5승에 해당된다. 이러한 경우 이

---

287) 『大典會通』 戶典: 凡徵債, 勿論公私, 過什二者杖八十徒二年.

자율은 약 100%가 되는 셈이다.

더욱이 춘궁기에 곡식을 빌리는 경우 대개 그 前年度를 흉년이라고 가정하면 흉년의 계절변동폭은 이보다 훨씬 크므로 이자율은 300-400%로 계산될 수 있다. 1727(영조 3)년 勝聰明錄에 의하면 이해의 봄과 가을의 계절변동 지수는 5월에 128, 8월에 64였다. 이러한 계절변동을 가정하고 앞의 예를 다시 계산 하면 봄에 1냥을 곡식 6두3승으로 계산하여 빌려 주고 가을에 화폐로 1.5냥을 받을 경우 그것을 시세로 환산하면 벼 18두8승에 해당된다. 이것은 이자율로 보면 300%에 해당된다. 결국 채무관계에 계절변동까지 반영될 경우 평년인 해에는 약 200%, 흉년인 경우에는 약 300%라는 초고금리로 나타났다고 볼 수 있다. 이와 같은 사찬기록에 근거한 계산은 관찬기록에서도 정확히 확인된다. 1727(영조 3)년 11월 11일 이광좌는 이자율 문란에 대한 시정을 건의하였는데 그 내용은 다음과 같다.[288]

　　백성들이 크게 괴로워하는 것은 부민들의 채무이니 이는 갑절 이식뿐이 아닙니다. 봄에 1냥 값에 해당한 곡식을 주고 가을에 1냥5전을 받는데, 가을의 1냥5전을 곡식으로 계산한다면 거의 3, 4배나 되는지라, 이제 마땅히 폐단을 엄금하고 영원히 정식으로 삼아야 합니다.
　　《정식에 의하면 돈 1냥에 대한 1개월의 이자가 2푼을 넘지 못하며, 10개월에 이르러 2전이 되면 이 이상 더 받지 못한다. 곡식 10두에 대한 1개월의 이자가 5승을 넘지 못하며 10개월에 이르러 5두를 채우면 그치고 비록 10년이 지나더라도 또한 더 이상 받지 못한다. 공채에 있어서는 전곡의 이자가 모두 1/10에 그친다고 되어 있다.》

---

288) 『備邊司謄錄』82, 英祖 3年 11月 11日: 民之所大苦, 富民給債, 非特捧甲利而已, 春以穀給錢, 一兩出給, 秋後捧一兩半, 秋之一兩半計數, 則幾三四倍, 貧民蕩敗, 專在於此, 救之道無他, 今當定以錢一兩, 一朔出利二分, 十朔則一兩利息, 當爲二錢, 二錢則止, 雖十年, 不得加捧一分, 若欲違法加捧, 則受債者, 陳告, 重治債主後, 利息則專不給, 只給本色事, 嚴加定式. 穀則十斗一月利五升, 十朔出利, 五斗則止, 雖十年, 亦不得加捧, 此後錢利什二, 穀利什五, 公債則錢穀俱爲什一, 永爲定式.

이와 같이 1727년 영조는 집권 초반부터 강력한 고리대 금지정책을 시행하였다. 이러한 중앙의 이자율 정책이 민간에 어느 정도 영향력을 행사하였는지 아직 정확히 알 수 없다. 전라도 영암 남평 문씨 고문서상에 기재된 계의 금융관련 지출을 보면 당시 농촌의 이자율 수준을 파악할 수 있다.

전라도 남평 문씨 고문서상의 用下記에서 계원들에게 대출한 금액 및 이자율을 정리하면 〈표 5-12〉와 같다. 1750년대 농촌의 계 조직은 계원들에게 소액의 금액을 대출해 주고 일정한 이자율을 적용하여 상환하고 있었다. 대출은 대개 수확 이전에 이루어지고 있었다. 봄(春)에 이루어진 대출은 2-3월 사이로 추측되며, 그 이후는 구체적으로 대출시기가 명시되어 있었다. 대출시기는 월단위로 명시되어 있었다. 이것으로 보아 이자율은 년리로 계산되지 않고 월리로 계산되어 적용된 듯싶고, 일수(日數)까지 계산에 넣은 것 같지는 않다. 대출된 금액은 흉년이 발생하면 상환을 유예시키고 다음 해로 넘겼으나, 이자는 회수하지 않고 원금만 회수한 것으로 여겨진다.

1755년 33냥2전1푼의 금액이 대출되었으나 이해의 흉년으로 전액 회수되지 않았다. 1762년도 27냥2전8푼이 대출되었으나 역시 흉년으로 전액 회수 되지 않았다. 1755(乙亥)년에 미수된 금액은 다음 해 1756(丙子)년(三十三兩二戔一分, 本利合捧次內, 以年凶從公, 本捧完定)이란 표현으로 처리되고 있었는데 이는 흉년에 공동 계의 지침에 따라 원금만 회수하기로 한다는 뜻 같다. 아무튼 이해 10냥5전1푼의 미수금이 회수되었다. 1762(壬午)년 대출된 27냥2전8푼도 이해 전액 회수되지 않다가 1763(癸亥)년 13냥6전4푼만 회수되었다. (壬午利給錢, 二十七兩二戔八分內, 以年凶捧收未捧, 捧寔十三兩六戔四分) 제외하고 원금만 상환하였다.

이 과정에 나타난 이자율 수준을 정리하면 표와 같다.

〈표 5-12〉 契基金 取利狀況(1744-1795) 單位〈兩〉

年 度	貸出 時期	償還 時期	元金	利子	元利金	利子率
1744	春	12月	25.32	12.66	37.98	50(%)
1745	春	12月	37.98	18.99	56.97	50
1745	?	12月	8.57	2.57	11.14	30
1746	春	12月	72.15	36.07	108.22	50
1746	?	12月	7.18	2.15	9.33	30
1747	春	12月	8.47	2.54	11.01	30
1747	春	12月	69.57	20.87	90.44	30
1750	春	?	2.06	0.27	2.33	13
1750	秋	12月	34.85	6.97	41.82	20
1751	10月	春	32.00	5.50	37.50	25
1751	11月	春	5.00	1.00	6.00	20
1751	12月	春	13.20	1.98	15.18	15
1752	?	12月	47.68	11.92	59.60	25
1752	6月	12月	20.00	14.00	24.00	20
1752	7月	12月	10.28	1.54	11.82	15
1753	春	12月	29.59	5.92	35.51	20
1754	春	12月	8.77	2.19	10.96	25
1754	春	12月	31.84	7.96	39.80	25
1755	春		33.21	*	*	*
1756			*	*	*	*
1757	春	12月	11.21	1.68	12.89	15
1758	春	12月	9.95	2.02	11.97	20
1761	春	12月	27.79	5.41	33.20	20
1762	春	12月	26.63	*	*	*
1765	春	12月	12.08	2.41	14.49	20
1792	4월	12月	25.00	5.00	25.00	20
1795	春	12月	6.00	1.00	7.00	16.67

註: 1745년 "每兩五錢利"로 표시, 대출·상환 시기는 명확하지 않다. 1747년의 例에 준한다.
1747년 "丁卯春給"으로 대출 시기 표시.
1751년 대출시기가 월별로 명시되어 있다. 상환시기는 春으로만 되어 있다.
1752년 대출시기가 월별로 명시된 경우와 명시 안 된 경우가 함께 나타난다. 이자율은
모두 명시되어 있다."四十七兩六錢七分 利二錢五分式 利十一兩九錢二分 六月利給錢二
十兩 利二錢式 利四兩"
1754년은 대출시기는 명시되어 있지 않으나 함께 봄에 대출이 일어난 것은 확실하다.
상환기록에서 新錢舊錢으로 구별하였으나 이자율은 같다."舊錢本八兩七錢七分 利二兩
一錢九分新錢 本三十一兩八錢四分 利七兩九錢六分."
1755년, 62년 흉년으로 상환되지 않은 해이다. 1755년의 경우 33.21냥 중 1757년 봄까지
8.96냥을 회수 약 27% 정도 회수되고 있다. 1762년 미상환분은 1763년 가을에 13.64냥이
회수되어 약 51% 정도 회수되고 있다.
1751년을 제외한 나머지 상환시기는 유사들의 업무 인수인계 시기인 12월에 준한 것이
다.

앞서 살폈듯이 문계답의 확장과 축소과정을 파악한 바 있다. 문계 재정원
은 문계답의 소출이었다. 따라서 문계의 운용규모는 문계답의 확장을 통하여
늘어나게 되었고 문계답의 축소는 곧 門契基穀規模의 위축으로 나타났다.

대략 1744-1765년까지 문계답은 확장되고 있었다. 이 확장추세는 1797년까
지 지속되었다. 이후 19세기로 넘어가면서 문계답은 방매되면서 축소되고 문
계 운용의 규모도 위축되었다. 1744년경 이자율은 수확년도를 기준으로 연
50% 정도의 고율이었다. 이러한 고율의 이자율하에서 문계는 基穀을 作錢하
여 대출하고 그 상환금을 모아서 토지를 구입하였다. 이러한 운영의 반복으로
문계답은 계속 확장되었다. 取利활동이 주춤하기 시작하는 1765년의 문계답
은 1744년 5두락에서 65두락으로 확장되었고, 基穀 규모도 106(斗)에서 739
(斗)[289]로 늘어났다. 약 20년 동안 문계답은 12배 정도 확장되었다.

앞서 이 과정에서 取利활동을 왕성히 전개한 1744년경 명목이자율 수준
과 그 활동이 消盡하는 1765년경 명목이자율 수준은 서로 다르다는 점을
파악했었다. 명목이자율이 50-30% 수준대인 1744-1747년 4년간 총 229.24
냥을 대출하고 이자수입을 95.85냥 올린 반면 명목이자율이 25-13% 수준
으로 낮아진 1750-1754년 4년간 총 236.27냥을 대출하고 이자수입을 59.38
냥 올렸다. 貸出元金은 3% 증가하였으나 利子收入은 약 38% 정도 감소하
였다. 나머지 기간인 1755-1795년 약 40년 기간동안 총 118.66냥을 대출하
여 17.52냥의 이자수입을 올렸다. 이 기간의 取利活動을 1744-1747년 기간
과 비교하면 활동기간은 10배 늘어났으나 대출 원금은 48% 정도 감소하고
이자수입은 72% 감소한 사실을 확인할 수 있었다.

1744년 명목이자율 수준은 최고 50% 수준이었다. 1795년 명목이자율은
16.67% 수준이었다. 고율의 이자율은 1830년대 중후반부터 이자지급의 정
식 외부 차입인 '出債錢'과 임시방편인 '加用'이 동시적으로 계 재정에 들어
올 때도 나타난다.

1830년대는 1744년 이후 취리활동을 왕성히 전개할 초창기와 고율의 이자

---

289) 庫直, 私乃가 경작하는 松溪畓 3斗落, 東齋畓 4斗落, 會和亭畓 7斗落의 소출은
제외된 분량이다.

율 추세라는 공통점은 있으나 계 재정 운영에 있어서는 전혀 상반된 과정이 진행된 시기이다. 1744년-1765년은 외부 대출금과 이자수입금을 상환하여 계 답의 확대에 충당하였으나, 1837년 이후부터는 이와 정반대로 외부 차입 원금 과 그 이자지급을 위해 문계 답을 방매하는 상황으로 전도된 것이다.

〈표 5-13〉小宗契 基金 借入·貸付狀況(1822-1875)

單位〈兩〉

年度	貸出時期	償還時期	元金	利子	元利金	利子率	年度	貸出時期	償還時期	元金	利子	元利金	利子率
1822	春	12月	10.00	2.40	12.40	24(%)	1852	2月	12月	10.00	4.00	14.00	40(%)
1837	春	12月	13.00	3.12	16.12	24	1852	4月	12月	12.00	3.84	15.84	32
1839	6月	12月	16.50	3.96	20.46	24	1852	5月	12月	4.00	1.20	5.20	30
1839	6月	12月	6.00	1.68	7.68	28 #	1852	6月	12月	7.00	1.68	8.68	24
1839	9月	12月	17.00	2.04	19.04	12	1852	10月	12月	8.00	0.96	8.96	12
1840	4月	12月	20.00	6.40	26.40	32	1854	2月	12月	3.45	1.38	4.83	40
1840	5月	12月	12.00	3.36	15.36	28	1854	5月	12月	4.00	1.12	5.12	28
1840	6月	12月	7.00	1.68	8.68	24	1854	9月	12月	7.00	1.12	8.12	16
1840	8月	12月	10.00	1.20	11.20	12	1855	4月	12月	4.50	1.44	5.94	32
1840	9月	12月	10.00	0.80	10.80	8	1855	9月	12月	10.00	1.60	11.60	16
1841	春	12月	16.00	5.76	21.76	36	1856	2月	12月	5.00	2.00	7.00	40
1841	8月	12月	18.00	3.60	21.60	20	1856	4月	12月	4.00	1.28	5.28	32
1841	10月	12月	20.00	2.40	22.40	12	1856	9月	12月	3.00	0.60	3.60	20
1846	春	12月	3.00	0.96	3.96	32	1856	9月	12月	12.00	1.92	13.92	16
1846	7月	12月	1.00	0.20	1.20	20	1857	7月	12月	6.00	1.20	7.20	20
1846	9月	12月	17.00	2.72	19.72	16	1859	4月	12月	3.00	0.96	3.96	24
1846	10月	12月	3.50	0.42	3.92	12	1859	7月	12月	3.00	0.60	3.60	20
1847	9月	12月	14.00	2.24	16.24	16	1859	9月	12月	8.00	1.28	9.28	16
1847	10月	12月	5.00	0.60	5.60	12	1859	10月	12月	2.00	0.24	2.24	12
1848	春	12月	7.00	1.40	8.40	20 #	1861	5月	12月	5.00	1.40	6.40	28 #
1849	9月	12月	3.00	0.48	3.48	16	1862	7月	12月	11.00	2.20	13.20	20 #
1850	5月	12月	10.00	2.80	12.80	28 #	1862	10月	12月	10.00	1.20	11.20	12
1850	7月	12月	20.00	4.00	24.00	20 #	1863	9月	12月	7.00	1.15	8.15	16.4
1850	10月	12月	5.00	0.60	5.60	12	1865	9月	12月	10.00	0.40	10.40	4
1851	2月	6月	3.00	0.20	3.20	6.6	1866	7月	12月	10.00	0.80	10.80	8
1851	2月	12月	7.00	2.80	9.80	40	1867	7月	12月	8.00	1.60	9.60	20
1851	3月	6月	73.00	3.99	76.99	5.5	1867	10月	12月	20.00	2.40	22.40	12
1851	3月	12月	17.20	6.19	23.39	36	1867	7月	12月	1.40	0.28	1.68	20 #
1851	4月	12月	70.00	22.40	92.40	32	1868	9月	12月	20.00	3.20	23.20	16
1851	6月	12月	2.00	0.48	2.48	24	1869	9月	12月	5.00	0.80	5.80	16
1851	7月	12月	16.70	3.54	20.24	21	1870	7月	12月	8.00	1.60	9.60	20
1851	8月	12月	6.00	1.20	7.20	20	1871	9月	12月	5.00	0.80	5.80	16
1851	9月	12月	14.90	2.38	17.28	16	1875	7月	12月	40.00	8.00	48.00	20
1851	10月	12月	6.00	0.72	6.72	12							

註: 1839, 1848, 1850, 1861, 1862, 1866, 1867, 1870년도 #표시는 외부 차입이 아닌 계 기금 貸付 사실을 나타냄. 1851년의 상환시기 6월은 春報(봄에 償還)로 표시된 것을 6월로 처리한 것임.
1851년에 외부차입금이 크게 늘어난 이유는 祭閣 築城費用 조달에 기인함. 상환시기 12월은 기록에 의한 것이 아니고 有司의 업무 인수·인계 시기에 준하여 추정한 것임.

<표 5-14> 門契 基金 借入·貸付 狀況

年度	借入 時期	借入金	利子	利子率	月利子率	年度	借入 時期	借入金	利子	利子率	月利子率
1843	7月	13.00	2.60	20%	3.33%	1856	春	6.00	2.40	40%	4.00%
1844	4月	10.00	2.40	24%	2.67%	1857	4月	8.00	1.92	24%	2.67%
1844	5月	12.00	3.36	28%	3.50%	1859	春	4.50	1.80	40%	4.00%
1844	8月	20.00	4.00	20%	4.00%	1859	春	3.00	1.20	40%	4.00%
1845	8月	20.00	4.00	20%	4.00%	1859	8月	14.00	2.80	20%	4.00%
1846	閏5月	49.00	12.60	26%	* 3.25%	1859	9月	2.00	0.32	16%	4.00%
1846	7月	10.00	2.00	20%	* 3.33%	1860	正月	15.00	2.40	16%	2.67%
1846	8月	22.00	4.40	20%	4.00%	1860	2月	15.00	3.00	20%	4.00%
1846	9月	2.00	0.32	16%	4.00%	1861	3月	8.00	2.88	36%	3.60%
1847	7月	16.00	3.84	24%	4.00%	1861	9月	19.00	3.80	20%	5.00%
1847	8月	25.00	5.00	20%	4.00%	1862	9月	14.00	2.24	16%	4.00%
1848	8月	12.00	2.40	20%	4.00%	1863	8月	10.00	2.00	20%	4.00%
1848	11月	12.00	0.96	8%	4.00%	1863	9月	5.00	0.80	16%	4.00%
1849	4月	8.00	2.56	32%	3.56%	1864	春	20.00	6.40	32%	3.20%
1850	9月	10.00	1.60	16%	4.00%	1864	5月	40.00	9.60	24%	3.00%
1850	10月	5.00	0.80	16%	5.30%	1864	7月	10.00	2.00	20%	3.33%
1851	閏8月	22.00	4.00	18%	3.60%	1864	8月	25.00	5.00	20%	4.00%
1851	9月	27.00	3.72	14%	2.80%	1864	9月	5.00	0.80	16%	4.00%
1852	春	29.00	11.40	39%	3.90%	1865	6月	50.00	9.00	18%	2.57%
1852	5月	14.00	3.92	28%	3.50%	1865	11月	50.00	2.00	4%	4.00%
1852	7月	12.00	2.88	24%	4.00%	1866	6月	40.00	5.00	12.5%	1.79%
1853	9月	13.00	2.80	22%	5.50%	1867	7月	14.00	2.80	20%	3.33%
1854	5月	1.00	0.32	32%	4.00%	1867	8月	20.00	3.20	16%	3.20%
1854	9月	15.00	2.40	16%	4.00%	1868	9月	10.00	1.20	12%	3.00%
1855	春	6.00	2.40	40%	4.00%	1869	4月	25.00	8.00	32%	3.56%
1855	4月	2.00	0.64	32%	3.56%	1869	9月	10.00	1.60	16%	4.00%
1855	7月	2.50	0.50	20%	3.33%	1870	9月	5.00	0.70	14%	3.50%
1855	9月	15.00	2.40	16%	4.00%	1871	8月	25.00	5.00	20%	4.00%
1856	2月	6.00	2.40	40%	3.64%	1871	9月	5.00	0.80	16%	4.00%

註: 1846년 49.00냥과 10.00냥은 외부차입이 아닌 대부금이다. 月 利子率은 해당 月을
포함한 個月數로 총 이자율 나누어 소수 둘째 자리에서 반올림한 수치이다. 〈자
료〉『古文書集成』 二十二 1995 韓國精神文化硏究院

앞에서 확인하였듯이 문계답은 1745-1765년 기간 중 60두락을 563.01냥
에 매입하여 총 65두락 규모로 확장되었다. 이러한 규모는 1779-1799년 기
간동안 다시 총 54.3두락을 504.5냥에 매입하여 약 116두락 규모로 확대되

었다. 1766-1778년의 공백기간을 제외하고 볼 때 약 40년간 110두락이 늘어난 셈이 된다.

이러한 확장추세는 19세기로 접어들면서 축소추세로 반전된다. 1800-1861년간 31.8두락을 464냥에 구입한 반면, 1797-1857년간 66두락을 365냥에 방매하였다. 총 34.2두락이 축소된 것이다.

결론적으로 문계답의 擴大·停滯·縮小過程과 이자율 수준의 변화와는 일정한 상관관계에 있는 것을 알 수 있다. 즉 1745-1875년 약 130년 기간 동안 이자율 수준은 40-50% 수준에서 20-25% 수준으로 하락하였다가, 다시 40-50% 수준으로 상승하는 순환을 보였다. 동 기간 문계답의 규모는 확대에서 축소로 전환되었다.

用下記에 이와 같은 대출관계가 기입된 시기는 18세기의 경우 1752-1765년이고, 19세기의 경우 1844-1865년이다. 이 두 시기의 이자율 수준을 비교하여 보면 1752-1765년의 월 2% 수준에서 1844-1865년의 월 4% 수준으로 상승한 것을 알 수 있다. 단순 명목이자율만으로 볼 때 약 200% 상승한 것을 알 수 있다. 1752-1765년 벼 1석당 가격은 2.11냥이고 1844-1865년은 벼 1석당 2.53냥이다. 미가는 20% 정도 상승한 것에 비하면 이자율은 대단히 큰 폭으로 상승한 것을 알 수 있다. 따라서 이 시기 이자율 상승은 대단히 비정상적 상승임을 알 수 있다. 18세기 월 2%대의 이자율은 영조 초기(1727년) 이자율 정책이 큰 변화없이 지속적으로 민간에서도 지켜진 것으로 사료된다. 따라서 18세기는 19세기에 비해 상대적으로 저금리시대라는 점과 이자율은 변동하고 있었다는 사실 확인을 다시 한번 강조해 둘 필요가 있다.

여기서 경상도 상주지방의 환퇴문기 분석 결과와 최승희(1997)의 연구, 그리고 전라도 영암의 남평 문씨 고문서 분석을 종합하면 다음과 같다. 우선 첫째로 상주지방의 환퇴문기를 정리한 결과 도지 수준과 지가와의 관계는 지가를 100으로 보았을 때 賭地水準은 약 20정도로 나타났다. 둘째로 이자율 수준은 1745-1765년에 년 40-50% 수준에서 18세기 말과 19세기 초에 20-25% 수준으로 하락하였다가 1840년대 이후로 다시 40-50% 수준으로 상승한 것으로 나타났다. 결국 19세기 중후반 이자율이 하락하지 않고 오히려 상승하는 결과로 나타났다면 이것은 앞서 언급한 소규모 토지소유의 자체의 성질상 나타나는 불행 위에 고리대와 조세가 아울러 내리누르는 불행국면의 전개로 볼 수 있다. 18-19세기 조선의 지가와 이자율과의 관계에 대한 좀 더 명확한 모습을 보기 위해서는 지가 수준에 대한 구체적인 인식이 필요하다.

3. 地價水準 및 推移

朝鮮後期 地價水準에 대해서는 周藤吉之(1937)의 연구에서 가장 먼저 언급되었다. 周藤吉之(1937)는 楊州, 永平, 漣川, 揚根, 忠州, 淸風 등의 매매문기를 통하여 지가는 조선 후기 계속 상승하고 있다고 보았다. 그는 경기도 양주와 결성의 지가변화를 제시하였는데 양주지방의 경우 道光年間(1821-1850), 咸豊年間(1851-1861), 光緒年間(1875-1910)으로 시기를 구분하고 각 시기 매매문기상의 기록을 단순평균하여 각각 두락당 가격이 12.5냥, 15냥, 300냥으로 상승한 것을 산출하여 그 근거로 제시하였다. 같은 방법을 결성지역에 적용한 결과는 嘉慶年間(1796-1820)에 두락당 20냥, 道光年間(1821-1850)에 16.7냥 咸豊年間(1851-1861)에 두락당 10냥, 光緒年間에 두락당 130냥으로 나타났으나, 이 결과는 무시하였다. 결국 그에 의해 제시된 조선 후기 지가의 변동모습은 직선적인 상승의 추세로 단순화되고 말았다. 이후 지가에 대한 연구는 김용섭의 연구에서 잠시 언급되는 수준에 머문다.[290]

---

290) 김용섭 교수는 內需司全羅道庄土文積에서 전라도 나주지방의 10개면에 산재하는 농지 14결49부2속(18石 14斗8升落)이 1768년에서 1893년까지 10차례 명의가 바뀌는 과정에서 가격이 급등한 예를 들어 농지가격의 상승을 확인하였다. 金容燮, 『朝鮮後期農業史研究』, 1994, 重版 273쪽.

이러한 기존의 연구결과를 검토해 볼 때 朝鮮後期 地價變動에 대한 신뢰할 만한 연구결과는 아직 제시되지 않았다고 볼 수 있다. 따라서 정확한 지가변동의 모습을 관찰하기 위해서는 시기적으로 좀 더 장기의 시계열의 구축에 의해 그리고 공간적으로도 동일 지역의 다수의 사례가 모아지고 난 후에 그 모습을 드러낼 수 있다고 본다.

(1) 求禮地方 地價水準(1705-1793)

앞서 소개한 상주지방의 토지매매문기는 18세기 후반 이후의 거래 사실을 나타내고 있는 반면, 전라도 구례지방의 토지매매문기는 17세기 후반부터 18세기 후반까지 토지거래 사실을 잘 나타내고 있었다. 또한 구례지방의 토지문기는 동일지번의 동일 토지가 연차적으로 매매된 연결 상태가 비교적 좋은 상태였기 때문에 미가변동을 파악하는 개별 사례로서 좋은 자료였다. 이제 구례지방의 토지매매문기를 가지고 지가 변동시기를 추적하면 다음과 같다.

〈사례 1〉은 현 행정구역으로 구례군 오미리 구만동의 柰字畓 5두락의 토지가 1701년 1월 매매되기 시작하여 1752년 유씨 집안으로 들어오기까지 50여 년간 진행된 거래 사실을 나타내고 있다. 50여 년 사이에 거래는 8차례 있었다. 가격은 1705년 50냥을 최고로 점차 하락하였는데 1752년 30냥까지 하락하였다. 이 토지의 보유 동기는 전래답이다. 1730-1750년대 지가가 하락하고 있었음을 보여주는 사례이다.[291]

〈사례 2〉는 1652년 과부인 정씨 처 말개가 분할 상속으로 획득한 토지 6두락과 손자가 깃득[292]한 토지 7두락을 이상원에게 매도하면서 등장한 거

---

291) 이 사례는 1705년부터 상평통보가 화폐거래수단으로 사용되기 시작한 것을 보여주고 있다.
292) 衿得을 '깃득'이라 읽으며 깃은 나누는 물건의 한 몫이란 이두로서 分給의 의미.

래이다. 17세기 당시 토지거래 수단은 정목(正木)으로 이러한 거래수단은 18세기 초까지 지속된다.

〈사례 3〉은 1719-1764년 사이에 4차례 일어난 거래로서 보유유래는 분할 상속과 시장에서의 매득이 번갈아 가면서 나타난 거래이다. 특히 '처가깃 득'이란 유래도 나오는데 이러한 보유유래는 경상도 상주지방의 경우 거의 등장하지 않은 반면 전라도 구례지방 매매문기 전체에서 빈번하게 등장한 다. 이 사례에서 확인되는 것은 1758년과 1764년 사이의 거래에서 가격이 44냥에서 52냥으로 상승하는 모습인데 이것은 18세기 후반 지가가 상승하 는 것을 가리키는 개별 사례이다.

〈사례 5〉는 1725년에서 1741년 사이에 가격이 하락하는 것을 보여주는 사례이다. 전라도 구례지방과 경상도 상주지방의 토지매매문기에서 시기적 으로 서로 일치하는 시기는 1750-1790년대이다. 〈그림 5-3〉을 보면 이 시 기 상주지방의 지가 추이는 상승의 방향을 가리키고 있었는데 전라도 구례 지방의 경우도 1750년대 이전까지 하락하다가 1750-60년대를 고비로 상승 하는 것을 보여주고 있다. 이러한 추이는 미가변동과도 일치하는 추이이다.

〈사례 1〉 1700-1729 상승기 1730-1755년 하락기

	年度	字番 賣渡人	買受人	地目 面積(負數)	價格	保有由來 및 賣渡事由
621	1701.10	柰 宋鳳翼	成千卜	畓 5(22.2)	正木 70疋	傳來·要用所致
619	1705.3	柰 海瓊	吳判書首奴	畓 5(22.2)		
622	1705.3	柰 吳奴已先	致一	畓 5(22.2)	錢文 50兩	上典主分付導良
618	1707.3	柰 致一	李德唱	畓 5(22.2)	錢文 40兩	買得 要用所致
617	1709.2	柰 李德唱父	孫億奉	畓 5(22.2)	錢文 45兩	買得 要用所致
616	1715.1	柰 孫億奉	金世九	畓 5(22.2)	錢文 35兩	買得
615	1746.4	柰 金世九	金興載	畓 5(22.2)	錢文 32兩	買得 要用所致
614	1752.2	柰 金興載	戶奴貴才	畓 5(22.2)	錢文 30兩	買得 移買次

〈사례 2〉

	年度	字番 賣渡人	買受人	地目 面積(負數)	價格	保有由來 및 賣渡事由
320	1652.1	柰 鄭妻喬介	李尙元	畓13(48.8)	正木綿4同	矜得 移買次
319	1653.1	柰 李尙元	智貴宅	畓13(48.8)	正木 5同	買得,遠處執耕爲難,移買次
318	1751.2	柰 金德秋	金光海	畓13(52.6)	錢文 235兩	傳來깃득 移買次
317	1755.6	柰 金光海	金光瑞	畓13(52.6)	錢文 235兩	買得 移買次

〈사례 3〉

	年度	字番 賣渡人	買受人	地目 面積(負數)	價格	保有由來 및 賣渡事由
300	1719.3	秦 僧處察	朴枝華	畓 4(17.7)	錢文 38兩	傳來깃득 移買次
299	1722.3	秦 朴枝華	李奴加八里	畓 4(17.7)	錢文 41兩	매득 요용소치
298	1758.11	秦 李璋晦	李宜訟	畓 4(17.7)	錢文 44兩	처가깃득
297	1764.4	秦 李宜松		畓 4(17.7)	錢文 52兩	매득 移買次

〈사례 4〉

	年度	字番 賣渡人	買受人	地目 面積(負數)	價格	保有由來 및 賣渡事由
288	1763.2	秦 妻金氏	柳千枝	畓 4(16.5)		許與(鄭渭周의 妻 金氏가 長女사위에게)
289	1769.1	秦 柳千枝	梁水延	畓 4(16.5)	錢文 52냥	깃득 移買次
290	1769.2	秦 梁水延	韓氏印惠	畓 4(16.5)	錢文 52냥	移買次
291	1772.1	秦馘 印慧	權守伊	畓 4(16.5)+1(2.2)	錢文46냥	매득 移買次
292	1784.10	秦馘 權後孫	柳龍川宅	畓 4(16.5)+1(2.2)	錢文83냥	傳來 移買次

〈사례 5〉

	年度	字番 賣渡人	買受人	地目 面積(負數)	價格	保有由來 및 賣渡事由
422	1682.1	咸 李尙敏	吳起立	전 1.5(5.9)	租2石4斗	傳來깃득
426	1710.3	咸 僧允學	高奴石民	전 1.5(5.9)	錢文 2냥	傳來 凶年生道爲難
425	1725.3	咸 高海翼	文厚明	답 1.5(4.4)	錢文 15냥	요용소치
424	1729.10	咸 文厚明	金海日	답 1.5(5)	錢文 11냥	매득 요용소치
423	1741.1	咸 權世輝	李奴加八里	답 1.5(4.4)	錢文 9냥	妻邊깃득 요용소치

〈사례 6〉

	年度	字番 賣渡人	買受人	地目 面積(負數)	價格	保有由來 및 賣渡事由
398	1730.9	露 禹丁良	李先益	답 5두락(16.4)	27냥	買得 要用所致
396	1735.2	露 李先益	世 敏	답 5두락(16.4)	30냥	脫俗時百事無路
395	1748.3	露 摠敏	達 演	답 5두락(16.4)	30냥	買得
397	1751.3	露 僧達演	成	답 5두락(16.4)	39냥	買得 移買次

1750년대에 들어서면서 가격이 상승한 예

〈사례 7〉

	年度	字番 賣渡人	買受人	地目 面積(負數)	價格	保有由來 및 賣渡事由
328	1670.3	稱 寺奴得祥	婢鶴禮	답 5두락(21)	병목10필+정조4석	傳來 夫婦寺奴婢身貢還上
327	1696.4	稱 金項益	僧日行	답 5두락(21)	포5필+정조11석	傳來 깃득 凶年重田稅
326	1697.4	稱 雙溪寺僧日行 金德立		답 5두락(21)	정조15석	매득 타도移買次
325	1699.1	稱 金德立	金海俊	답 5두락(21)	정조17석+응우1척	
324	1717.2	稱 金海淮	李源仁	답 3두락(11.3)	37냥	買得 要用所致(5두락내 3두락 분할)
323	1741.3	稱 李宗赫	從祖	답 3두락(11.9)	25냥	矜得 절유용처 친척
322	1752.11	稱 李源碩 外從叔鄭昇朝		답 3두락(11.9)	21냥	買得 要用所致 친척
321	1756.2	稱 鄭昇朝	李時華	답 3두락(11.9)	18냥	買得 當此殺歲 친척 간

17세기 후반 이후 토지매매 사례 거래 결재수단의 변화 1720-1740년대까지 가격하락의 예

〈사례 8〉

	年度	字番 賣渡人	買受人	地目 面積(負數)	價格	保有由來 및 賣渡事由
305	1752.3	官 張元貴	契座上金碩只	답 6두락(25)	70냥	買得移賣次
306	1780.3	官 契座上	孔道昌	답 6두락(25)	62냥	契中買得
307	1785.3	官 孔道昌	女婿呂邦佐	답 6두락(25)	72냥	買得移買次
308	1786.11	官 呂邦佐	柳龍川宅奴	답 6두락(25)	50냥	買得移買次

〈사례 9〉

	年度	字番	賣渡人	買受人	地目	面積(負數)	價格	保有由來 및 賣渡事由
401	1658.3	海	禹進云	金特陽	전	2두락(5.6)	정목15필	祖上傳來矜得
402	1707.2	海	金進夏	徐尙文	전	2두락(5.6)	7냥	祖上傳來矜得
399	1714.2	海	徐宗達	僧龍巖	답	2두락(5.6)	27냥	買得 凶年生道無路
400	1718.2	海	僧龍巖	李奴長?	답	2두락(5.6)	27냥	買得
403	1722.8	海	李壽益	李希曾	답	2두락(6.7)	30냥	買得 生道爲難

전이 논으로 번답 되면서 토지가격이 상승한 예

〈사례 10〉

	年度	字番	賣渡人	買受人	地目	面積(負數)	價格	保有由來 및 賣渡事由
611	1741.11	調陽	姜德仁	僧碧空	답	4두락(15.7)	43냥	矜得 貧寒所致
610	1757.1	調陽	僧演淳	陳漢亨	답	4두락(15.7)	34냥	祭位畓
609	1768.2	調陽	陳聖規	僧壯學	답	4두락(15.7)	55냥	祖上傳來 移買次
608	1783.2	調陽	山人藏學	柳營將宅奴	답	4두락(15.7)	76냥	買得 移買次(奴名龍南)

〈사례 11〉

	年度	字番	賣渡人	買受人	地目	面積(負數)	價格	保有由來 및 賣渡事由
611	1741.11	調陽	姜德仁	僧碧空	답	4두락(15.7)	43냥	矜得 貧寒所致
610	1757.1	調陽	僧演淳	陳漢亨	답	4두락(15.7)	34냥	祭位畓
609	1768.2	調陽	陳聖規	僧壯學	답	4두락(15.7)	55냥	祖上傳來 移買次
608	1783.2	調陽	山人藏學	柳營將宅奴	답	4두락(15.7)	76냥	買得 移買次(奴名龍南)

18세기 후반 가격상승의 사례

〈사례 12〉

	年度	字番	賣渡人	買受人	地目	面積(負數)	價格	保有由來 및 賣渡事由
628	1750.4	生	僧克性	僧廣學	답	4두락(16.6)	30냥	契員累年耕食破契(契首克性)
624	1753.2	生	僧廣學	崔德恒	답	4두락(16.6)	40냥	契中分破耕食
625	1756.12	生	崔德恒	僧性寬	답	4두락(16.6)	46냥	買得 要用所致
626	1769.2	生	僧性寬	梁有奉	답	4두락(16.6)	60냥	買得 移買次
627	1777.1	生	梁東海	文奴朔不	답	4두락(16.6)	65냥	矜得 移買次

18세기 후반 가격상승의 사례

〈표 5-15〉 전라도 구례 오미동 지가 추이(1700-1800)

年　代	頻度數	斗落當平均價格(兩)
1700-1710	6	12.9
1711-1720	15	12.4
1721-1730	25	9.4
1731-1740	15	5.4
1741-1750	26	6.7
1751-1760	27	8.5
1761-1770	20	11.1
1771-1780	10	11.3
1781-1790	22	14.4
1791-1800	5	14.5

이제 이러한 개별 사례를 묶어서 시기별 가격 추이를 살펴보자. 〈표 5-16〉은 각 시기별 거래 빈도수와 평균값을 정리한 것이다. 문기상에 기록된 地價를 斗落當 가격으로 환산하여 산포도로 나타낸 결과가 〈그림 5-2〉이다.[293] 그림의 橫軸은 시간적으로 토지거래 발생 순서대로 나열한 序數的 槪念을 연속적인 시간 개념으로 가정한 軸이다. 원 자료상으로는 거래발생 구간이 일정하지 않기 때문에 순서만 정해져 있을 뿐이다. 이와 같이 이웃한 區間끼리의 間隔이 서로 일정하지 않는 상태를 전제로 시계열적인 추이를 살펴본 것이다. 〈그림 5-2〉은 〈표 5-15〉에서 알 수 있듯이 구례지방의 지가 추이는 1730-1750를 저점으로 완만한 접시모양을 그리고 있는 것을 알 수 있다. 이러한 모양은 이 시기 미가 추이와 서로 조응하는 모양임이 확인된다.

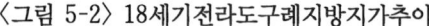

〈그림 5-2〉 18세기전라도구례지방지가추이

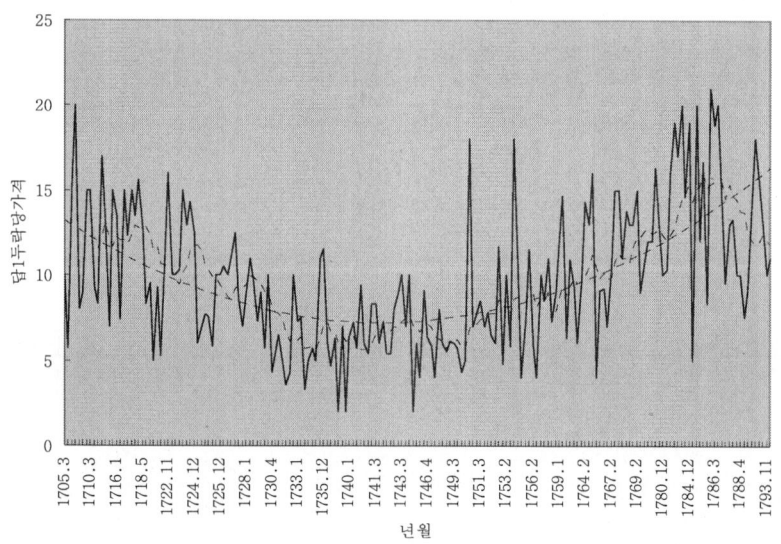

293) 토지가격의 시계열을 구축하려고 할 경우 가장 난점은 동일지번의 토지의 장기 시계열자료의 확보에 있다. 어느 지역 어느 한 지번의 토지가 거래에 등장하는 것은 대부분 우연적이다. 또한 흉년과 초상 등 개인이나 사회의 위기상황에서 등장한다. 이러한 상황에서 시계열 추이를 볼 경우 시계열 구간 설정에 문제가 발생한다. 여기에서는 원 자료 그대로의 산포도를 연속적으로 발생한다고 가정하고 나타낸 것이 그림이다.

(2) 상주지방 지가 수준(1781-1885)

　경상도 상주지방의 토지매매문기 513점에서 去來地目이 畓이면서 所有權을 '永永放賣'한 거래 약 310점을 추출하여 문기상에 기록된 地價를 斗落當 가격으로 환산하여 산포도로 나타낸 결과가 〈그림 5-3〉이다. 마찬가지로 이 그림의 橫軸은 시간적으로 토지거래 발생 순서대로 나열한 序數的 槪念의 軸이다. 이 그림을 보면 순서상으로 200순번 이후부터 두락당 10냥대에서 15-20냥대로 상승하는 분포를 나타낸다. 이 변동시기를 시계열 분포에서 확인하면 1830-40년대이다. 〈그림 5-3〉을 통해서 보면 18-19세기 상주지방의 지가는 단기적으로 상승과 하락의 소순환변동을 보이고 장기적으로는 1830-40년대를 중심으로 상승추세로 반전한 것을 알 수 있다.

〈그림 5-3〉 18세기 후반-19세기 후반 경상도 상주지방 지가 추이

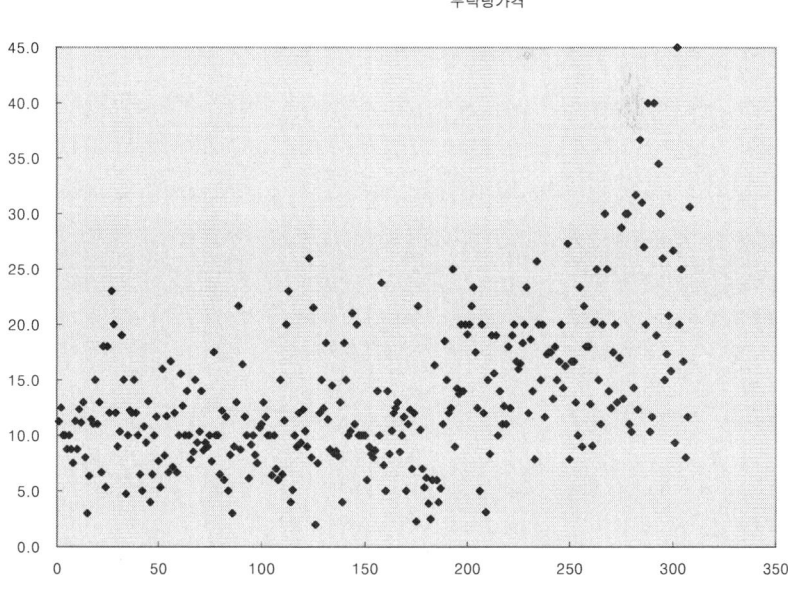

〈표 5-16〉同一地番 土地의 連次的 賣買 事例

去來年月	A	賣渡人	買受人	所在地	斗落數	價格	斗落當價格	
1773.1	1077	潘召史	韓萬立	玉山員量字13畓	3	36	12	
1780.1	1075	韓奴白男	金 必	玉山員量字13畓	3	31	10	▼
1779.2	1530	僧友悅	金彰國	云可員回字46畓	4	36	9	
1789.3	1529	金彰國	僧永宇	云可員回字46畓	4	40	10	▲
1782.2	1350	陳順朵	偶成稷	云可員廳字42畓	3	36	12	
1792.2	1363	趙進洙	趙好應	云可員廳字42畓	6	70	11.7	▼
1793.11	1142	李聖起	劉雲守	飛來員終字20畓	3	16	5.33	
1811.12	1143	劉雲守	鄭允守	飛來員終字20畓	3	15	5	▼
1813.11	1503	輸 稷	奴千石	城山員形字25畓	4	36	9	
1814.11	1504	奴千石	劉厚發	城山員形字25畓	4	40	10	▲
1819.1	1161	僧瑞文	趙奴岩伊	城山員形字23畓	4	40	10	
1824.12	1535	趙奴志哲	鄕約所	城山員形字23畓	5	45	9	
1836.11	1536	鄕約所	趙奴尙哲	城山員形字23畓	5	20	4	▼
1828.12	1277	?孝淳	林大春	加羅員枝字54畓	4	84	21	
1830.11	1278	林大春	權元宅	加羅員枝字54畓	4	95	21.3	▲
1836.5	1194	金致成	匠人花天	新溪員兄字1畓	8	88	11	
1838.5	1193	匠人花天	權元宅	新溪員兄字1畓	8	120	15	▲
1841.12	1003	朴乞作	金 哲	佳里坊員量字34畓	4	57	14.3	
1849.12	1244	金 哲	未 記	佳里坊員量字34畓	4	50	12.5	▼
1861.11	1022	高官成	姜有才	甘井員行字41畓	10	150	15	
1863.1	1023	姜有才	未 記	甘井員行字41畓	7	100	14.3	▼
1849.3	1330	僧正基	康奴花喆	垈村員克字22畓	4	80	20	
1852.11	1332	康奴花喆	趙 奴	垈村員克字22畓	4	60	15	▼
1859.1	1157	丁奴洞伊	金乭石	碧寺員推字19畓	3	60	20	
1860.11	1158	金乭石	未 記	碧寺員推字19畓	3	56	18.7	▼
1860.11	1197	金文鍊	金時俊	小堤員衣字61畓	14	110	7.9	
1863.2	1196	金時俊	李規聖	小堤員衣字61畓	14	110	7.9	＝
1870.1	1206	南二月	鄭萬柱	得益員羔字92畓	3	90	30	
1877.1	1205	鄭萬柱	趙東連	得益員羔字92畓	3	45	15	
1878.11	1105	趙富榮	未 記	得益員羔字92畓	3	80	26.7	▼
1873.11	1198	李連甲	林牙只	小堤員衣字61畓	6	62	10.3	
1874.11	1199	林牙只	未記	小堤員衣字61畓	6	62	10.3	＝

주: ▲는 구입가격에 비해 방매가격이 상승한 경우 ▼는 구입가격에 비해 방매가격이
하락한 경우 ＝는 시세차가 없는 경우
【資料】成均館大學校博物館所藏 古文書

〈표 5-16〉은 同一地番 土地의 連次的 賣買가 이루어진 사례를 모아 놓은 것이다. 이러한 사례는 15건이었다. 그중에서 구입가격에 비해 방매가격이 상승한 경우는 모두 4건, 하락한 경우는 9건, 변동이 없는 경우는 2건이었다. 구입할 때의 가격보다 방매할 때의 가격이 하락한 건수가 상승한 건수보다 많은 것을 놓고 볼 때 토지의 투기적 거래는 별로 없었다고 볼 수 있다.

이상으로 18세기 후반부터 19세기 후반까지 경상도 상주지방 토지매매문기를 분석한 결과 토지방매의 원인과 거래방식 그리고 지가 수준에 대한 윤곽이 드러났다. 이 시기 토지방매의 원인과 거래방식은 다양하였다. 그 가운데 일반적인 토지거래 방식과 구별되는 환퇴거래가 주목되었다. 상주지방 환퇴거래 사례를 모아본 결과 동 거래는 토지 상실의 계기였다는 기존 연구의 견해와 달리, 공동체적 유대의 마지막 형태로 나타난 거래방식이었음이 확인되었다.

지가는 18세기 후반 두락당 15냥대로 상승한 시기가 있었으나 19세기 초반까지 비교적 안정적인 수준에 있었다. 그러나 지가는 19세기 중반 이래 크게 상승하였다. 1830-40년대가 地價 면에서 構造的 變動時期(structural variation)였음이 확인되었다. 상주지방에서 대부분의 토지거래는 1810-1830년대에 걸쳐 주로 흉년이 발생한 해에 집중되었다. 이 중 1830년대는 1804-5년, 1809-10년, 1814-5년, 1828-33년의 흉년의 결과가 집약적으로 응축된 조선 후기 농업위기 국면이었다고 생각된다. 이러한 구조 변동은 지가의 변동뿐만 아니라, 공동답의 개인 사유답으로의 전환과 같은 향촌사회의 토지거래 관행의 변화와도 연관된 듯하다.

小 結

〈그림 5-4〉는 18-19세기 전 구간의 지가 추이를 살피기 위하여 구례지방과 상주지방의 지가를 합성한 것이다. 그 결과를 놓고 전체적으로 조망하면 지가는 19세기 중반까지 뚜렷한 상승이나 하락을 보이지 않고 두락당 10냥대를 전후로 보합세를 유지하다가 이 이후로 상승세로 돌아서는 모습으로 나타났다. 기간을 좀 더 세분하여 볼 경우 1740년대에 1차 저점을 형성하고, 1780년대 고점을 이루다가 1830년대 제2차 저점을 이루는 순환의 모습도 나타났다.

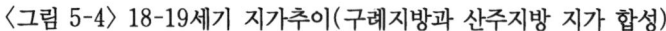

〈그림 5-4〉 18-19세기 지가추이(구례지방과 산주지방 지가 합성)

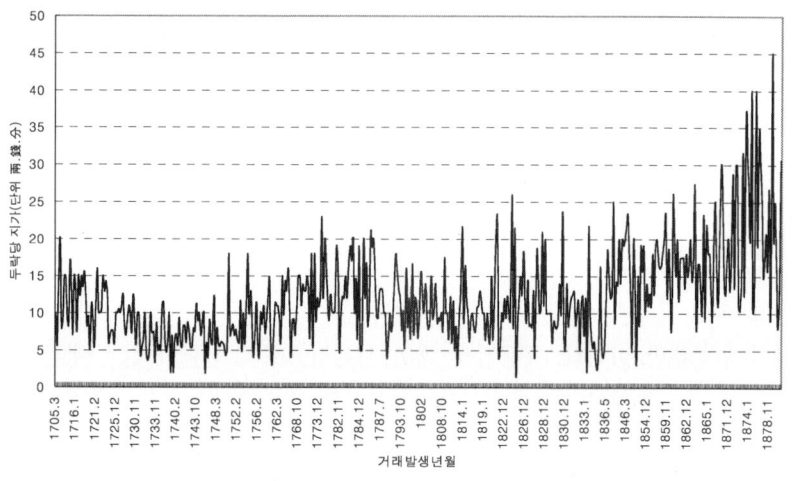

〈그림 5-5〉는 1725-1875년 사이의 미가와 지가를 대비해 놓은 것이다. 년별로 되어 있는 미가와 불규칙적으로 존재하는 지가를 비교하기 위하여 지가는 매년 발생한 거래를 년별로 평균하였다. 거래가 발생하지 않은 연도는 전후 연도의 평균값으로 대체하였다. 결과는 동조적인 모습으로 나타

났다. 1740년대 초반을 低點으로 미가와 지가 모두 하락하다가 상승하였으며, 이 상승추세는 18세기 말과 19세기 초반 다 같이 保合勢를 보이다가 19세기 중반 이후 모두 급격히 상승하였다.

〈그림 5-5〉 18-19世紀 米價와 地價와의 同調關係

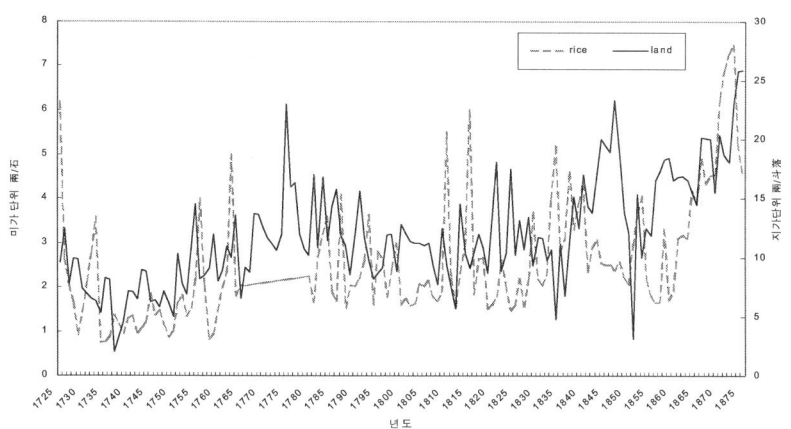

結 論

이상으로 18-19세기 조선의 미가 및 지가변동을 확인하여 보았다. 각 장의 요점을 추리는 것으로 결론에 대신한다.

1) 서장에서는 물가사 연구결과가 축적된 국가를 중심으로 연구동향을 살폈다. 서유럽의 경우 가격변동을 통하여 자본주의의 발생의 배경이나 발전과정을 추적하는 연구성과가 많이 누적되어 있었고, 이미 가격변동 요인을 둘러싼 논쟁구도가 형성된 가운데 보다 결정적인 요인을 찾는 연구가 진행되고 있었다. 반면 역사적 경험을 달리하는 러시아나 폴란드의 경우 資本主義 發生과 發展의 문제보다는 農奴制 强化나 역사적 衰退의 원인을 찾기 위한 작업으로서 물가사 연구가 진행되고 있었다. 우리와 역사적 경험을 같이 하는 중국의 경우, 서유럽과 동일한 발전상을 찾기 위한 연구경향과 中國的 特質을 찾기 위한 연구경향으로 나뉘어 연구가 진행되고 있었다. 이 중 중국의 연구동향과 성과에 주목하면서 자료를 수집하고 가공하였다.

2) 1장에서는 자료의 가공과정을 다루었다. 史料속에 존재하는 미가기록은 그야말로 前統計社會의 기록이기 때문에 쉽게 통계자료로서 채택할 수 없었다. 더군다나 국가의 공적인 기록이 아니고, 민간단체나 개인이 기록한 것이기 때문에 기록 하나하나 통계로서의 同質性을 확인하는 작업이 무엇보다도 선행되어야 했다. 이에 全羅道 靈巖의 用下記 자료와 慶尙道 固城의 勝聰明錄의 미가기록을 시간성, 연속성, 계량성 등 몇 가지 준칙을 가지고 同質性을 확인하였다. 이 과정에서 용하기 기록은 형태는 지출 사항의 나열로 되어 있었으나 實內容은 엄밀한 감사를 거친 장부인 것을 확인하였다. 특히 1781-1875년 기록은 租·米·錢의 出納簿와 作錢·作米簿로 구분

하여 정리할 수 있었다. 용하기를 다섯 종류의 帳簿로 재구성하여 각각의
收入・支出란을 정리한 결과 用下記에 기록된 모든 수치가 상호 규정하는
수치라는 것을 확인하였다. 매년 200개 전후의 지출내역에 등장하는 수치
를 租・米・錢 세 物目의 出納으로 合算할 경우 모두 일치하는 엄밀성을
확인하였다.

勝聰明錄의 가격기록은 용하기와 같은 상호 규정성은 없지만 매년 규칙
적으로 일정한 장날의 시장시세를 기록한 일기라는 것을 확인하였다. 승총
명록의 저자가 1725-1761년의 36년 동안 시장에서 미가시세를 관찰하고 기
록한 횟수는 185회인데 이 중 1일과 6일에 관찰한 횟수는 168회로 전체의
약 91%를 차지하였다. 이로서 동 자료의 미가기록의 공간적 동질성을 확
인할 수 있었다.

3) 2장에서는 가공과정을 거쳐서 정리된 시계열자료를 매월, 매년 변동
하는 단기변동과 10년 전후의 기간동안 지속되는 중기변동 그리고 50-100
년 사이에 변동하는 장기추세로 구분하여 살펴보았다.

가장 단기인 계절변동을 확인한 결과 전통적으로 春窮期의 季節指數가
높게 나타나는 것을 확인하였다. 일년을 음력 기준으로 사계절로 묶고 고
찰한 결과 봄과 가을의 차이가 약 49포인트 차이가 났다. 이 차이는 당시
이자율 수준과 비슷한 수준이었다.

단기 불규칙변동폭을 측정하기위하여 5개년 단위로 묶고 표준편차와 변
동계수를 구한 결과 특히 19세기의 경우 홍경래난, 수도 서울의 쌀폭동, 진
주민란 등 사회 불안이 고조된 시기와 불규칙변동이 큰 폭으로 나타난 시
기가 서로 일치하였다.

두 자료 이외에 상주지방과 대구지방의 자료를 보충하여 지역 간 미가
상관분석을 행한 결과 18세기는 비교적 높은 상관관계를 갖는 것을 확인하
였다. 이러한 관계가 나타나는 원인을 정확히 규명하지 않았으나 적어도
이 시기 三南地方을 중심으로 미곡에 관한 한 단일 시장망이 형성된 것이
아닌가라는 조심스런 진단을 내렸다.

　10년 이상 지속된 상승과 하강 국면을 중기변동으로 규정하고 관찰한 결과 18세기는 약 48년 정도 지속된 완만한 상승국면을 확인하였고, 19세기는 11-16년 사이의 중기변동이 반복되어 나타나는 것을 확인하였다. 중기변동의 특징을 단기 불규칙변동과 함께 고찰할 경우 18세기 미가변동은 비교적 안정된 모습인 데 반하여 19세기는 불안정한 모습으로 나타나는 것을 알 수 있었다. 이것은 일반적으로 18세기를 번영의 시대로 보고 19세기를 위기의 시대로 보는 것과 일치하는 결과였다.

　장기추세는 상승의 결과로 나타났으나 그 상승을 주도한 힘은 18세기와 19세기가 서로 다르게 나타나는 것을 확인하였다. 18세기의 경우 48년간 완만한 상승이 장기 상승추세를 주도하였으나 19세기는 짧은 기간동안의 급격한 상승이 주도하였다. 이것은 적어도 1820년대까지 미가는 추세변동 없이 미미한 상승에 머물다가 1830-50년대를 거치면서 뚜렷이 상승추세를 드러낸 것을 의미한다고 볼 수 있다.

　4) 3장과 4장에서는 미가변동 요인을 화폐요인과 공급요인, 그리고 기후요인으로 구분하여 고찰하였다. 화폐요인에서는 18세기 48년간 지속된 완만한 상승시기는 조선사회에서 錢荒문제가 항상적으로 사회문제로 등장한 시기라는 점을 지적하여, 동 시대 조선에서 미가상승 요인으로 화폐요인을 상정하는 것은 무리라는 점을 지적하였다.

　이외에 공급요인과 기후요인은 中短期 미가변동을 설명하기에 비교적 합당한 것을 확인하였다. 특히 기후요인에서는 가뭄이 흉년의 주요 원인이 되어 미가상승을 일으킨 것으로 나타났다.

　가뭄으로 인한 재해는 국가에서 충분히 미리 예측할 수 있는 재해였기 때문에 국가적 차원의 기근대책이 수립되었고 그 결과 국가적 재배분체계가 동 시대 발전한 것을 확인하였다.

　국가적 재배분체계는 영조시대 중후반에 가장 팽창하였는데 이 시기 미가는 안정적인 모습을 보였다. 이 체계는 정조 대에 새로운 체계로 전환되지는 않았으나 일정한 변화는 시도되었는데 정조 대에는 미가가 영조 초반보다 상승한 것으로 나타났다. 따라서 정조 대 미가상승의 원인은 영조 대의 강한 수량통제체계가 일정부분 시장기구로 옮겨가면서 일어난 상승으로 진단하여 보았다. 19세기 재배분체계는 변질되었는데 이 사실과 미가의 불안정적인 변동을 연계시켜 파악하였다. 국가적 재배분체계의 변질은 부패의 규모를 증가시키고 그만큼 미곡시장에서 투기적 거래분이 많아지게 되어 미가는 불안정하게 되었다고 본 것이다.

5) 보조적으로 미가의 상대가격을 지가로 놓고 지가 추이를 살펴보았다. 지가자료의 엄밀성은 미가자료에 비해 뒤떨어지나 가급적 전라도와 경상도 지방의 지가자료를 구하여 양 가격의 추이를 대조한 결과 강한 동조성을 확인할 수 있었다.

부록 〈도량형 정리〉

주지하듯이 조선 후기 물가문제를 다루는 데 있어서 조선시대 도량형 제도에 대한 이해는 무엇보다 선행되어야 한다. 조선시대 도량형 제도는 「經國大典」工典 度量衡條에 명시되어 있다. 이 조항을 보면 여러 관사와 여러 고을의 도량형기를 공조에서 제조하여 전국 각 도에 하나씩 보내면 관찰사는 그것을 기준으로 교정하고 낙인하도록 하였다. 私處에서 만든 것은 해마다 秋分날에 서울은 平市署에서, 지방은 巨鎭에서 교정하고 낙인하도록 되어 있다.[294]

度制, 量制, 衡制는 모두 십진법에 의거하는데, 度制는 丈·尺·寸·分·厘의 십진법으로, 量制는 斗·升·合·勺의 십진법으로, 衡制는 兩·錢·分·厘의 십진법에 의거한다. 다만 量制의 斛은 십진법에 의거하지 않고 15斗와 20斗를 가지고 1斛으로 하여 전자를 **小斛平石**이라하고 후자를 **大斛全石**이라 하였다. 衡制에서도 兩 以上은 16兩을 1斤으로 하고 斤은 다시 세 종류로 나누어 大斤은 100斤 中斤은 30斤 혹 7斤, 小斤은 3斤 혹은 1斤으로 하였다.[295]

이러한 조선시대 도량형 제도는 「經國大典」(1485, 成宗 16年) 이후 「大典會通」(1865, 高宗 2年)에 이르기까지 약 400년간 변함없는 제도로 이어져왔다. 그러나 법전 규정의 현실은 매우 문란해진 것이 사실이다. 다산 정약용은 「經世遺表」에 도량형 제도의 문란에 대해서 다음과 같이 묘사하였다.

> 度量衡之無法, 未有甚於我東, 一城之內, 市市不同, 一邑之內, 村村不同, 一村之內, 家家不同, 一家之內,其所以收發者不同, 其流之害, 不可勝言.[296]

---

294) 「經國大典」工典, 度量衡條: 諸司諸邑度量衡, 本曹制造, 諸邑量則各送一件于諸道, 令觀察使依制平校烙印 "私處所造每歲秋分日 京平市署外巨鎭平校幷烙印" (亞細亞文化社, 1983 影印本).

295) 「經國大典」工典, 度量衡: 量之制, 十五斗爲小斛平石, 二十斗爲大斛全石－衡之制, 十六兩爲斤, 大稱一百斤, 中稱三十斤或七斤, 小稱三斤或一斤.

다산의 지적에 따르면 조선의 도량형 문란은 대단히 심하여 한 縣의 시장마다 다르고 한 읍의 마을마다 다르고 한 마을의 집집마다 다른 실정이었다. 그중 量制는 물가의 측정 특히 미가의 측정에 가장 기본이 되는 표준임에도 불구하고 가장 문란의 정도가 심한 것으로 나타나 물가 불안의 원인이 되고 있었다. 이러한 사실은 사찬기록인 勝聰明錄이나 관찬기록인 「備邊司謄錄」에서도 확인된다.

아래 표는 그 기록 사례를 모은 것이다. 제시된 사례에 나오는 "食升"이란 가정에서 사용되는 量器로서 "食升"이고, "行升"은 마을이나 읍에서 사용되는 量器로서 "行升"이며, "市升"은 시장에서 사용되는 양기로 "市升"으로 이해된다.

勝聰明錄 上 度量衡 紊亂에 대한 記錄

① 1726.08.29 聞今市値騰踊 米六斗二升 以食升量之則八十餘升 而租二十五斗云
② 1727.02.04 至大橋市 以七錢銅貿米三斗 行升量之 則五斗也 以二錢銅貿馬太一斗二升
　　　　　　　乘暮入星州邑
③ 1733.01.06 市値租四斗八分 米行升二斗 不過一斗七升
④ 1733.04.03 以十一兩錢貿米一石 量之則乃十二斗二升也 使丁再長丁夏中二人負七斗而同還
⑤ 1734.11.26 市値租全石或二十一二斗 米八九斗
⑥ 1751.09.18 大抵去年年事 雖非大歉 而春夏之交 窘急之歎 自是農民之例患 故執質於倉庫氏之
　　　　　　　門 典當於市井子之家 而受得長利甲利之錢 貿穀於市 市値太下一兩之値 米三斗
　　　　　　　租六斗 斗淺如升 升小如合 而已極荒雜 又多紅腐 則名雖三斗 實未滿二斗 而不足
　　　　　　　爲八口一日之粮 以此支過於 一月之際 債已積累於三十餘兩 而此外又有結役戶役
　　　　　　　身役種子未許多調用之費 都是錢債而雖同里間 近親戚 少無以穀推貸之義 及其秋
　　　　　　　熟計其利還則 本錢一兩幾至二貫 而市値騰踊 精米五六斗正租十四五斗之餘 如斛
　　　　　　　升大如斗 則去春二斗之米 今爲六七斗 六斗之租 今爲全一石之多 而況穀之精麤
　　　　　　　較諸去春 豈可同年而語耶 盡掃在畝之禾難充 過夏之資 而或質馬牛 或賣田庄 東
　　　　　　　破西補 隨補隨綻 以債還債了債 何時歲歲年年每每如此 而百畝之家 散爲一瓢之行
　　　　　　　萬家之邑 蕞爲三戶之村 天何以生出金錢 專欲施恩於牟利之輩 而貽害於務本之民
　　　　　　　乎 春夏之升斗小而秋冬之升斗大者實是農民之不幸而錢虜之所樂也 自京司烙出一
　　　　　　　斛容受十五斗一斗 容受十升 以基升斗 分送於各道 依攘造作 使各邑各里各戶 一
　　　　　　　准其制 必用烙印於該官行之 於日用之間 而通國公私無有異同

사례 ①을 보면 "市値騰踊"이란 표현이 보이는데, 여기서 '騰踊'이란 미

296) 국역 「經世遺表」, 민족문화추진위원회, 1977.

가상승이 아닌 동전가치의 상승을 의미한다. 이것은 지금 쓰이고 있는 단어의 용례와 전혀 반대로 사용되고 있는 것을 보여 준다. 뿐만 아니라 같은 量制 단위임에도 불구하고 그 容積量에 있어서 시장에서 사용되는 "升"과 촌락에서 사용되는 "升"이 각각 다른 것을 보여준다. 즉 市升으로 米 6斗 2升을 食升으로 헤아릴 경우 8斗로 계량된 사실을 보여 준다.

사례 ②와 ③은 "食升"말고도 "行升"이 있음을 보여주고 있다. 여기서도 市升 米 3斗를 行升으로 계량할 경우 米 5斗로 된다거나 行升 2斗는 市升 1斗7升으로 계량되는 사실을 보여주고 있다.[297]

사례 ④와 ⑤는 사례 ①, ②, ③과 반대로 "市升"을 "行升"으로 다시 계량할 경우 줄어드는 상황을 보여주고 있다. 특히 사례 ④는 도량형의 문란과 고리대의 폐해가 복합적으로 작용하는 실정을 전달해주는 사례이다. 흉년이 들어 倉庫氏나 典當家에게 甲利로 돈을 빌려 시장에서 一兩을 주고 米 3斗를 사가지고 집에 와서 보니 그 품질은 쭉정이에다가 양은 2斗도 안되는 실정을 보여주고 있다. 더군다나 가을에 다시 갚으려면 품질은 精米에다가 量은 5-6斗를 준비해야 한다. 결국 고리대와 도량형의 문란에 빠진 빈농은 춘궁기를 넘기는 대가로 2-3배의 비용을 치르는 괴로움을 당하는 것이다.

도량형의 문란은 고리대와 결합될 뿐만 아니라 환곡제도와도 결합하여 작동하고 있었다. 예를 들어 還穀의 還納之時에 15斗로 1石을 만들어 받으나, 出糶之時에는 15斗 1石이 8-9斗 1石으로 바뀌어 나오는 경우가 그것이다.[298]

이러한 문란에 대해 국가에서는 제도를 바로 잡으려는 노력을 경주한다. 특히 1775-1777년 사이는 정조 집권시기인데 이 시기 집중적으로 도량형 제도의 재정비를 위한 노력을 경주한다.

1775년 1월 行副司直 趙重晦는 국가의 가장 큰 정사인 도량형이 근래 해

---

297) 食升, 官升, 市升 각각의 차이는 官升 1升을 100으로 보았을 때 食升은 108 市升은 97정도의 차이가 있는 것으로 조사되었다. 「度量衡衍義」, 高橋正, 1921, 85쪽.

298) 「備邊司謄錄」 156, 英祖 50年 5月 26日: 部將朴成大所懷, 平壤民弊尤甚者, 還穀也. 還納之時, 則以十五斗作一石準納, 而出糶之時, 則不爲斗量, 以石分給, 每石不過八九斗, 此專由於監色輩幻弄偸食之致矣.

280

이해져서 그 문란의 폐해가 심한데 그중에서도 斛量制의 폐해가 더욱 심하여 각 읍마다 다르고 시장에서의 升斗도 또한 달라 시장이 어지러워지고 민간이 그 피해를 입고 있다고 보고하고 호조로 하여금 전국에 걸쳐 재정비할 것을 촉구하여 그 시행령을 내리게 한다.299)

漢城判尹 尹東暹도 외방의 향시와 내방의 시전 상인들이 낮추고 올리는 일을 임의로 조장하여 그 민폐가 심하니 시중의 이른바 火印大升을 모두 거두어 호조의 銅斗升과 비교해서 바른 것을 통용시켜야 한다고 건의한다.300) 解弛해진 제도를 다시 更張하는 일은 1777년까지 지속되었다. 301)

본 연구에서는 이러한 차이를 반영하지 않았다. 다만 각 지방마다 사용되는 단위의 차이만을 고려하여 정리하였다. 「勝聰明錄」에 의하면 고성지방의 1石은 20斗 全石이다. 그러나 「渚上日月」의 예천지방은 1石이 15斗로 平石이다. 전라도 영암 「用下記」의 경우 고성지방과 마찬가지로 1石은 20斗로 全石이다. 「淸臺日錄」의 상주지방은 명확하지 않다. 「大丘月村丹陽禹氏文書」의 대구도 全石이다.

다음 품질표시를 보았을 때 租의 경우 "正租", "精租", "租", "中稻", "荒租"로 그 품질을 표시하고 있으며 이 중 "租"가 가장 많이 제시되어 있다. 米의 경우 "白米", "精米", "米", "麤米", "烝米", "薰米"로 그 품질을 나타내고 있으며 이중 "米"가 가장 많다. 따라서 가장 많이 제시된 "租"와 "米"를 중등급 품질로 가정하고 정리하였다.

---

299) 「備邊司謄錄」 157, 英祖 51年 1月 5日: 行副司直趙重晦所啓, 同律度量衡, 自是有國之大政, 而近來紀綱解弛, 度尺量衡率多雜亂之弊, 而其中斛量尤甚, 邑各不同, 市上升斗, 亦皆不一, 因此而奸弊漸滋 貿賣之際, 民害多端, 不可無校正之道, 一依戶曹所在鑰斛斗升, 見樣行用事, 嚴飭八路, 俾無大小不齊之患, 爲宜矣.

300) 「備邊司謄錄」 157, 英祖 51年 1月 6日: 漢城判尹尹東暹所啓, 臣方待罪京兆, 聞市上斗升, 不一之弊, 趙重晦之奏是矣. 大抵斗斛權衡, 有國大政－自今市上所謂火印大升, 一切祛之, 中外公私所用 以地部銅斗升較正, 而通行之.

301) 「備邊司謄錄」 158, 正祖 元年 5月 2日: 經曰同律度量衡, 志曰規矩準繩, 莫不用是, 是萬事之根本也. 其爲制也顧不重歟 －今以廟庫等處行用者言之, 庫各不同, 不特錙銖之相差, 昨年旣有筵敎, 則該曹何不一齊收聚, 其不齊乎. 旣已聞之, 不可不申飭, 自內各處所用斛量衡尺, 自該曹一並收聚, 准式釐改, 亦令以此內而該署, 外而諸道申明命知委.

參考文獻

英美文獻

Simon Kuznets, 'Statistical Trends and Historical Changes', "The Economic History Review", vol. 3, 1951.

Y. S. Brenner, 'The Inflation of Prices in Early Sixteenth Century England', "The Economic History Review", vol. 14, 1961.

Y. S. Brenner, 'The inflation of price in England 1551-1650', "The Economic History Review", Second Series, XIV, 1960-1961.

Gater. A. D. Rostow. W. and Swartz. A. J. "The Growth and Fluctuation of th British Economy 1790-1850", "An historical, statistical and theoretical study of Britain's economic development", Oxford, 1953, 2 vol.

Donald N. McClelland, 'The Achievement of the Cliometric School,' Journal of Economic History, no.1, March 1978.

LABROUSSE, C. E., Esquisse du mouvement des prix et des revenus en France, au XVIII siecle. (A Sketch of the movement of prices and revenues in France in the 18th Century) Paris, 1933, 2 vol.

LABROUSSE, C. E., La crise de l'economie francaise a la fin de l'Ancien Regime et au debut de la Revolution, Paris, 1944.

Franciis Simiand, 'Economic Long waves and the world crisis' Paris: Librarie Felix Alcan.

Le Roy Ladurie, "The French Peasantry 1450-1660". Translated by Sian and Ben Reynolds. Sussex, U.K.: Harvest Press. 1981.

Baulant, M. 'Grain Prices in Paris, 1431-1788' Essays from Annales, EDITED BY M. Ferro. New York: Harper & Row. 1972.

竹岡敬溫　「18世紀フランスの穀物價格の動き」(1)(2)(3)，『大阪大學經濟學』

12-1, 12-2, 13-1, 1983

竹岡敬溫 『近代フランス物價史序說』創文社, 1974.

竹岡敬溫 「"アナール"學派と時系列史」, 『社會經濟史學』 44-4, 1978.

Cipolla, C. 'The So called Price Revolution': Reflections on the Italian Situation. Essays from Annales, Edited by P. Burke. New York: Harper & Row. 1972.

Hammarstrom, I 'The Price Revolution' of the Sixteenth Century: Some Swedish Evidence. Scandinavian Economic History Review 5: 118-54.

Verlinden. C. and Scholliers, E. 'Price and Wage Movements in Belgium in the Sixteenth Century.' Essays from Annales, Edited by P. Burke. New York: Harper & Row. 1972.

.Boris N. Mironov 'Consequences of the price revolution in eighteenth-century Russia', "Economic History Review", 1992, pp.457-478.

Goldstone, J. A. 'Urbanization and Inflation: Lessons from the English Price Revolution of the Sixteenth and Seventeenth Centuries.' American Journal of Sociology, 1984, 89(5).

Goldstone, J. A. 'The causes of long waves in early modern economic history' Research in Economic History, Suppl. 6, pp.51-92.

A. J. S. Gibson and T. C. Smout 'Regional Prices and market regions: Scottish Grain market' E. H. R 1995.

Cameron, R. 'The Logistics of Economic Growth: A Note on Historical Periodization.' Journal of European Economic History 1973.

Cameron, R. 'Economic History, Pure and Applied,' Journal of European Economic History 1976.

Braudel, F. "Capitalism and Material Life 1400-1800." Translated by M.Kochan. New York: Harper & Row. 주경철 옮김, 「물질문명과 자본주의」 까치, 1996.

Braudel, F. 'Prices in Europe from 1450-1750', "The Cambridge Economic

History of Europe" 1967.

Andrew B. Appleby. 'Grain Prices and Subsistence Crises in England and France, 1590-1740', "The Journal of Economic History" 1979.

J. L. Anderson 'Climatic Change in European Economic History', "Research in Economic History", Vol. 6 1981.

Appleby, A. B. 'Disease or Famine? Mortality in Cumberland and Westmorland, 1580-1640, E.H.R.' 1973.

John, W. Rogers, 'Subsistence Crises and Political Economiy in France at the End of The ANCIEN REGIME', "RESEARCH IN Economic History" Vol. 5, 1980.

J. Habakkuk 'The Long-Term Rate of Interest and The Price of Land in The Seventeenth Century' The Economic History Review 1952.

中　國

全漢昇. 1957. 「美洲白銀与十八世紀中國物價革命的關係」, 「中央研究院歷史語言研究所集刊」 二八本. 全一九七二第二册所收.

＿＿＿. 1965. 「乾隆十三年的米貴問題」, 「慶祝李濟先生七十歲論文集」 台北. 全一九七二第二册所收.

＿＿＿. 1967. 「宋明間白銀購買力的變動及其原因」, 「新亞學報」 八卷 一期. 全一九七六中册所收.

＿＿＿. 1970. 「明代北邊米糧價格的變動」, 「新亞學報」 九卷二期 全一九七六中册所收.

＿＿＿. 1972. 「中國經濟史論叢」 一・二, 新亞研究所.

＿＿＿. 1976. 「中國經濟史研究」 上・中・下, 新亞研究所.

＿＿＿. 1979. 「清康熙年間(1662-1722)」 江南及附近地區的米價」, 「香港中文大學 中國文化研究所學報」 十卷上.

＿＿＿. 1980. 「清代蘇州的단布業」, 「新亞學報」 十三卷.

全漢昇. 1959. 「清雍正年間(1723-35)的米價」, 「中央研究院歷史言語研究王業鍵. 所集刊」 三十本. 全一九七二第二册所收.

284

_____. 1960. 「淸中葉以前江浙米價的變動趨勢」, 「中央研究院歷史言語研究所集刊」外篇第四種 全一九七二第二册所收.

_____. 1962. 「近代四川合江縣物價与工資變動的趨勢」, 「中央研究院歷史言語研究所集刊」三四本上.

吳量豊. 1983. 「淸前期農業雇工的工價」, 「中國社會經濟史研究」.

李文治. 1989. 「論淸代鴉片戰爭前地價和購買年」, 「中國社會經濟史研究」1989年 二期.

柳詒徵. 1930. 「江蘇各地千六百年間之米價」, 「史學雜誌」(南京) 二卷三四期.

秦 佩. 1984. 「明代米價考」同 「明淸社會經濟史論稿」中州古籍出版社 所收.

陳春聲. 1984. 「淸代乾隆年間廣東的米價和米糧貿易」(中山大學碩士生畢業論文).

_____. 1984. 「論淸代中葉廣東米糧的季節差價」, 「中山大學學報」1989年 1期.

_____. 1990. 「十八世紀廣東米價上昇趨勢及其原因」, 「中山大學學報」 1990年四期.

_____. 1992. 「市場機制与社會變遷-十八世紀廣東米價分析」中山大學出版社.

彭信威. 1954. 「中國貨幣史」(初版) 上海群聯出版社.

趙 岡. 1980. 「明淸的地價」, 「大陸雜誌」 六十卷 五期.

陳鐘毅. 1980. 「明淸的地價」, 「大陸雜誌」 六十卷 五期.

譚文熙. 1994. 「中國物價史」湖北人民出版社.

Atwell, William S. 1977. "Notes on Silver, Foreign Trade, and the Late Ming Economy." Ch'ing-shih wen-t'i 3-7.

_____. 1982. "International Bullion Flows and the Chinese Economy circa 1530-1650." Past and Present 95.

_____. 1986. "Some Observations on the 'Seventeenth-century Crisis' in China and Japan." Journal of Asian Studies 45-2.

Brandt, Loren. 1985. "Chinese Agriculture and the International Economy 1870-1930's: A Reassessment." Explorations in Economic History 22.

_____. 1989. Commercialization and Agricultural Development: Central and Eastern China, 1870-1937. Cambridge University Press.

Chao Kang. 1977. "The Development of Cotton Textile Production in China". Harvard University Press.

_____, 1981. "New Data on Land Ownership Patterns in Ming-Ch'ing China – A Research Note." Journal of Asian Studies 40-4.

_____, 1986. Man and Land in Chinese History: An Economic Analysis. Stanford University Press.

Chuan, Han-sheng and Richard A Kraus. 1975, Mid-Ch'ing Rice Markets and Trade: An Essay in Price History. Harvard University Press.

Chaudhuri, K. N. 1978. "The Trading World of Asia and the English East India Company 1660-1760". Cambridge University Press.

Evin, Mark. 1972. "The High Level Equilibrium Trap: The Causes of the Decline of Invention in the Traditional Chinese Textile Industries." in W. E. Willmott ed, Economic Organization in Chinese Society. Stanford University Press.

Faure, David, 1985. "The Plight of the Farmers: A Study of the Rural Economy of Jiangnan and the Pearl River Delta, 1870-1937." Modern China 11-1

_____, 1989. The Rural Economy of Pre-Liberation China: Trade Increase and Peasant Livelihood in Jiaugsu and Guangdong, 1870 to 1937. Oxford University Press.

Huang, Philip C. C. 1985. The Peasant Economy and Social Change in North China. Stanford University Press.

_____, 1990. The Peasant Family and Rural Development in the Yangzi Delta, 1350-1988. Stanford University Press.

_____, 1991. "A Reply to Ramon Mayers." Journal of Asian Studies 50-3.

Lee, James, Cameron Campbell, and Guofu Tan. 1992. "Infanticide and Family Planning in Late Imperial China: The Price and Population History of Rural Liaoning, 1774-1873," in Rawski and

Li eds. (1992)

Cartier, Michel. 1969. "Notes sur c

韓 國

『朝鮮王朝實錄』肅宗, 景宗, 英祖, 正祖, 純祖, 憲宗, 哲宗, 高宗, 實錄編.

『備邊司謄錄』第31-273册.

『日省錄』1760-1810.

『承政院日記』1623-1894.

『古文書集成』21. 22 1995 韓國精神文化研究院.

『勝聰明錄』韓國學資料叢書 7, 韓國精神文化研究院.

『輿地圖書』國史編纂委員會 1973.

『邑誌』韓國地理志叢書, 亞世亞文化社.

『淸臺全集』上, 下 麗江出版社.

『土地賣買文記』成均館大學校博物館所藏.

「土地賣買文記」中央國立圖書館所藏.

「土地賣買文記」서울大奎章閣.

「李氏家各樣買得田畓導掌貢物奴婢都案」.

『朝鮮田制考』, 朝鮮總督府, 1940.

白南雲『朝鮮封建社會經濟史』, 改造社, 1936.

全錫淡『朝鮮經濟史』, 博文出版社, 1949.

朴時亨『朝鮮土地制度史』, 과학원출판사, 1960/61.

金容燮『朝鮮後期農業史研究』Ⅰ, Ⅱ, 一潮閣, 1970.

安秉台『朝鮮近代經濟史研究』, 日本評論社, 1975.

李榮薰『朝鮮後期社會經濟史』, 한길사, 1988.

金東旭『古文書集眞』, 延世大人文科學研究所, 1972.

李樹健『慶北地方古文書集成』, 嶺南大出版部, 1981.

許興植『韓國의 古文書』, 民音社, 1988.

崔承熙『韓國古文書研究』, 知識產業社, 1989.

朴秉濠『韓國法制史特殊研究』, 韓國研究院, 1960.

부 표

〈제1장 부표 6〉「勝聰明錄」原文記錄中 經濟關聯 記事 拔萃

年度 月 日	分 類	原文記錄
1725.08.07	시장가격	五十銅貿五斗米
1725.09.01	농사	入場
1725.10.23	농사	造麵
1725.10.25	재산상속	朝行大禮 別給一道山畓五夜三斗地 二道山太種田二斗地 姜有司聖周執筆
1725.10.29	관사	仲兄主入邑 修正田結文書
1725.11.01	시장가격	市貿海族 行曾祖母忌祀
1725.11.12	시장가격	讀李白長篇連誦 以七升租買南草一把 味極好
1725.11.19	일상생활	始得九雲夢覽一遍
1725.11.27	시장가격	買史漢一絶全秩十六卷 以四貫錢
1725.12.07	관사	城主具牛酒 召集富民而饋之 勸分賑資
1725.12.10	시장가격	以二十銅 買巨口魚二尾
1725.12.17	시장가격	以五升租 貿一把南草
1725.12.24	환곡정책	禹生員洪疇 還上未納 方囚統營獄 余以租若干斗 救急
1725.12.27	환곡정책	座首崔生員震宗 以還上未捧 受杖十度於統營
1726.03.02	시장가격	以四升租 貿南草十束
1726.03.03	시장가격	沈君來 偕上義湘庵 沈君以九分錢 買一把南草來惠
1726.04.01	금전거래	送奴正山于統營 出倉監 欲得債錢 畓秧基
1726.04.27	금전거래	出養武倉 一分便利 錢三十貫 使於屯負持
		鄭碩鳳家 飮燒酒三盃而發行 至竹林 頗有飢困之心 無他可療之物故 又飮一盃濁醪 過八泉村 已不能運脚 步步顚躓 方入家 神精都喪 不省人事
1726.04.28	농사	今春麥事 近年初登
1726.05.02	관사	日炎如烝 城主出衙于試場臺 以朔膳米若干白給 東面飢民 每一人 一升五合 移畢稻
1726.05.08	농사	是時早種太方生而三葉 而鳩隨摘而食之
1726.05.26	농사	鋤早稻
1726.05.27	농사	刈小麥
1726.05.28	농사	播豆粟 遣玉婢 助崔善徐移秧役
1726.06.18	농사	聞星州以上 多不移秧云
1726.06.23	시장가격	今年南草極貴 錢一分值三葉或四葉 而再昨市 新草一把值錢三分云
1726.06.25	시장가격	今牛價至歇 五貫錢可買中牛 七八貫則可值牛之大者也 鹽則極貴 牟一斗 鹽不過二升
1726.07.05	시장가격	是時一錢值租五斗

288

年度 月 日	分 類	原文記錄
1726.07.11	시장가격	新米二升値 錢十文
1726.07.18	일상생활	余有感於今世人 有錢者化賤爲貴 無錢者以貴爲賤
		東漢趙壹 所謂文籍雖滿腹 不如一錢者非耶 然文可以與富直
		相上下勸學不已 則亦可以化賤爲貴 化貧爲富者 亦在其中
		胡爲乎不文 而先謀富爲
1726.07.26	시장가격	市値新米三斗
1726.07.28	농사	始取早稻 自移至刈爲八十六日也 釣魚川上
1726.08.05	농사	今年畓穀 可謂登稔矣
1726.08.11	농사	始取中稻 自移至刈 凡九十一日也
1726.08.13	농사	聞二去壬子歲 陽日常少 而年猶大豊云 今年亦如壬子耶 卽今
		豆太 則可謂穰穰矣
		家畏牡馬一匹 賣給上價 只留牝馬
1726.08.16	수공업	笠子匠婢夫金必億 持器械來現
1726.08.18	수공업	造笠畢 是時豆生角
1726.08.22	일상생활	聞今秋科行擧子之溺水死者 無數云
1726.08.26	시장가격	市値米六斗二升云
1726.08.29	시장가격	聞今市値騰踊 米六斗二升 以食升量之則八十餘升 而租二十
		五斗云
1726.09.14	일상생활	葛山妹主來 室人與妹主及諸女兒 登園山玩景而下
1726.09.18	일상생활	飮酒喫膾 腹病欲作 故取寢溫突
1726.10.21	시장가격	入邑而還 市値租十六斗 米六斗六升 以九兩錢買雄大牛 五貫
		買牝牛
1726.10.23	일상생활	接友沽酒取泡 以爲一夜
1726.10.28	일상생활	盖今年未免凶歉 本村之逃散者 已五六戶矣
1726.11.03	시장가격	是時錢一貫値巨口魚十七尾
1726.11.04	기후	雲霧四塞 怪哉 多日雨之 此久雨風日之若春 雲霧之若夏耶
1726.11.05	일상생활	是夜余讀書 已滿三十遍 方就枕 而鄭生員邀周相之飮酒
1726.12.06	시장가격	錢一貫買巨口魚十九尾
1726.12.08	일상생활	丙戌年今月今日乃余初度也 備酒食以做一場勸會
1726.12.13	환곡정책	李喪人龜徵_避糴逃走 余家徵納 還卜米二石租二石
1726.12.26	시장가격	市値租十一斗
1727.01.02	전염병	今疸疫大熾 天地一網
1727.01.03	범죄	雲散而東風稍作 更課讀 是夜盜焚姜岳擧之廠
1727.01.21	환곡	父主入邑而還 營倉還穀 分給於四八夫 盖仍還者多故也
1727.01.26	일상생황	貿錢三貫 以備路資 夕食後又宿沈君家
1727.01.29	일상생활	行資只是三貫五錢也
1727.02.02	일상생활	南生員沽酒相勸 食後發行 終日冒雨中点陜川
1727.02.03	일상생활	食後踰持来峴 見商人遇賊見掠處 不覺神竦
1727.02.04	일상생활	至大橋市 以七錢銅貿米三斗 行升量之 則五斗也
		以二錢銅 貿馬太一斗二升 乘暮入星州邑

年度 月 日	分 類	原文記錄
1727.03.20	범죄	是夜有穿窬之賊 偸出庫中菽粟五六斗 方出籬穴之際
		聞有載薪之聲 開戶逐之
		則盜遂棄其物而走
1727.03.22	시장가격	今春碧魚五尾 値錢一文
1727.03.14	시장가격*	今春市値租六斗米二斗半 昨秋市値租至全石有餘
		而今減如此 可怪可怪
1727.03.19	수공업*	和尙僧法徵送一双鞋
1727.05.01	시장가격	市値米二斗半租七斗云
1727.05.11	시장가격	是春余以一貫一錢之銅 貿置三摘南草百把 而今市半分賣之
		每把得錢三文
1727.05.21	시장가격	是夏蝎蟲甚多 市値大麥十五斗
1727.05.28	농사	今年自春徂夏 雨水適時
		移秧越節 而聞上道 尙不下需 太半未移云
1727.06.06	시장가격	市値大麥十二三斗 少麥六斗或七斗
1727.06.13	농사	早稻發穗
1727.07.07	시장가격	孟螫隨起 昨日市値新米四斗
1727.07.13	농사	東風日旱 刈早稻
1727.07.18	농사	是日傭人 刈廄草各十一負 自是日定內外高溯野水板
1727.07.19	수공업	統營笠匠陳旺老來 仍坐始役
1727.07.21	날씨	是日日候甚熱 東風不止 過見路傍火稼蕉枯 如火之過 可歎
		時事之已判凶歉
1727.07.27	수공업	笠匠陳旺老 以水操臨迫 故姑還其家 近日井沽
		故掘枛川作井 一村汲引
1727.08.06	날씨	今年雖旱 而畓穀則無傷 幸也
1727.08.07	시장가격	市値米五斗租十二三斗 而他邑則至二十斗云
1727.08.10	일상생활	父主自數日前 有患候 故招卜者 讀經祈福
1727.08.14	시장가격	余以一錢銅 買金承化家雌鷄二首而養之 今年葛山人最得農
1727.08.18	범죄	聘君卒 室人來言
		去初十日夜半 有倘賊十餘輩 喊租破紫門
		而掠盡衣服皿而去 僅免傷人之患
1727.08.30	날씨	霜如雪 木麥之或結二三介者 亦已枯損
1727.09.06	시장가격	市値租十二三斗 米四斗半 牟八九斗
1727.09.21	농사	看坪監色下
1727.09.27	수공업	笠匠陳旺老又來
1727.10.01	중앙소식	世子冠禮之慶也
1727.10.02	날씨	盖今年自六月十九日雨後至今 或有浥塵微雨未濕地
		且水田之穀所出 不減於稔歲 怪哉
1727.10.10	수공업	統小木匠金卜已 盤價租十二斗之給
		金夏碩家 山役設行 故余以白酒一盆助之
1727.10.13	토지매매	統金處光 賣多龜洞畓八斗地 故余家決價三十六貫錢

年度 月 日	分 類	原文記錄
1727.10.20	환곡정책	李掌議周梁 以還上不納事 爲補傾倉監官 拿曳決棍 駭慘慘
1727.10.21	토지매매	金處光畓價錢三十六兩 代租每石十三斗 合二十三石八斗 運下船頭 甘洞朴始華 自咸鏡適所放還 以來傳 是歲六月 咸鏡道 地龍死于野 長十八把周四尺
1727.11.05	시장가격	租一斗一升 貿巨口一尾
1727.11.07	시장가격	錢一貫買大口魚二十五尾 聞今日大口魚三十二三尾 値錢一兩云
1727.11.16	시장가격	市值正租十斗半 荒租則十一二斗
1727.11.18	기후	今日之雨 渴井水湧 六月十九日以後之初也
1727.11.19	중앙소식	世子一日入啓曰 臣今已行冠婚兩禮 則國之慶也 民無蒙恩之道 似是久典 請除民 今年還耗 一以示慶 一以救慌 上曰然下論備邊司 則大臣啓曰 專減還耗 國用不足 請除三分之一 上曰然卽下令 國中還租 每石減耗租五升 故再昨民夫入邑還受而來者 莫不謳吟歌誦於戲盛哉 今世子以九歲妙齡 德業如此 方來登極之日 東吾雍熙之衆 今可決矣
1727.11.21	시장가격	市值只十斗
1727.11.20	시장가격	以一兩錢 買大口魚十六尾
1727.11.23	시장가격	五斗租 貿九斗鹽
1727.11.25	일상생황	與朴友範錫 遊詠於園山
1727.12.24	환곡정책	官別遣婢將 搜出還上不納之家 故軍官宋尙中來到
1727.12.25	환곡정책	宋尙中呵洞任 入禹生員家 盍收農器牛犢而去 余以八斗租 助給之
1728.01.11	시장가격	市值租八斗米三斗半
1728.01.16	시장가격	錢一錢一分 南草一把
1728.01.28	일상생활	覽於於于野談一遍
1728.02.02	중앙소식	見諺文下帖曰 去十一月十一日 備局堂上引見入侍時 上謂領相曰 用錢之弊 弊於民無窮 然勢不得擲錢 旣不得擲錢 則此間宜有變通之道 庶可以少救其弊乎 領相對曰 公債錢穀 皆以十一爲利 而私債則錢爲什二 穀爲長利何如 上曰公什一私什二 可也 領相又曰 私債則穀當爲長利 而錢爲什二 則庶可以保民 而雖十年無加長其利 亦不得加捧 而富民給債之後 貧民或有過限未償者 則債主幷其利與本 爲本錢樣 成文 推長其利 而明年加捧之 自是之後 如有如此之事 則別加以重律 而監司守令 如有息利 違命者 甚者論以贓律 輕者治以重律

年度 月 日	分 類	原文記錄
1728.06.06	시장가격	市值大麥二十五斗云
1728.07.18	중앙소식	聞沿邊稅船 四十餘船 覆沒洋中云
1728.07.19	일상생활	統中軍卒射手十人 妓兒四人 而來到本邑 欲爲較戰
1728.07.26	농사	始刈早稻 聞稅船六十三隻 去月二十八日 一時風沒云 驚愕
		本邑稅船三隻內 朴東蕃乘一隻 得免云
1728.09.12	농사	看坪監色到寺內 監則頭浦李威叔國杞也
1728.09.28	금주령	朝令酒禁 極嚴 只許昏喪 以禮用之
		而至於市肆 無得卸盃云
1728.11.01	중앙소식	巡相朴文秀將巡到本邑 故儒品皆會 余亦入校
1728.11.06	일상생활	余入安靜寺讀書
1728.11.07	시장가격	以五錢爰 買喪祀禮備要
1728.11.12	전염병	是歲 自秋有怪疾 如輪感者 痛勢甚於癘氣
		得之者往往不起
1728.11.18	일상생활	勤者必飽 食煖衣 懦者必叩腹於富人之門 而餓死於市矣
1728.11.24	중앙소식	是日聞王世子賓天之音 痛哭之
1728.11.27	금주령	擣紙通印李重根 得酒來進
1728.12.06	시장가격	以錢一貫二爰 買着白體靑花唐鞋
1728.12.08	일상생활	丙子年今日乃余初度也
1728.12.30	농사	今年唯凶亦不豊 民無逃散者
1729.01.03	일상생활	歲時族黨與隣里故舊之相訪者 不可盡記
1729.01.08	일상생활	是夕禹函丈棄世 以一石十斗租 賻之
1729.01.13	일상생활	安靜寺儺徒 來到本村 余以一盆酒饋之兼給十斗租二斗太
1729.01.26	시장가격	市上靑魚二束值錢十葉 統營市則六葉云 鹽價極貴
		一斗値租斗半
1729.02.07	환곡정책	是日司倉還上分給 而秋捧時 多有代稷者
		今皆分給於八夫
1729.03.25	농사	泉洞尹兄家 今年作農於吾里所在之田 故今日送奴婢出去
1729.03.29	일상생활	聞巡相行開列邑 汰降額外校生 而本倅聚額外生及院生等
		使之手供 曰矣以兩班後裔 不業於文學 今卒充軍 誰怨誰咎云
		儞則不能自書者 頗多云 可駭
1729.08.07	일상생활	以四錢五分錢 貿試紙一張 以一錢五分錢 資鎭海鄭淵
		以補試紙之價
1729.08.18	일상생활	余仍留大山 鄭淵俱酒來 聯枕
1729.09.29	일상생활	禹函丈葬期 定于來月初二日 故與辛書房萬碩
		同行還家
1729.10.16	중앙소식	是日乃世子舁喪也
1729.11.03	시장가격	以田地買得事 朝往見姜渭昌而還
1729.12.29	세황	是年不豊不凶 市值租十四五斗米六斗或半
1730.01.06	전염병	今春紅疹大熾死者十常八九
1730.03.18	전염병	今春紅疹八域一網 或有全沒之家 新嫁新娶 而喪夫喪妻者

年度 月 日	分 類	原文記錄
1730.06.01	전염병	是時有怪疾 自湖西地始 起遍滿京鄉 以牛肉治
1730.06.07	전염병	母主自去月晦間 氣候違和 今尙不平 室人又得怪疾
		手足之疼痛 以牛肉治之
1730.06.08	중앙소식	聞朝報 四月二十八日 霜降于關北 其厚如雪 又有女産兒
		有四脚云
1730.06.13	전염병	東風不止 陰多陽少 是時有怪疾 俗呼'사리치기'
1730.06.19	기후	東風益振 五穀焦枯 民事可悶
1730.07.01	시장가격	市値租九斗米四斗
1730.09.23	중앙소식	巡相趙公顯命 行部到縣
1730.10.12	화재	是時聞統營南門內 家火連燒一百四十餘戶
1730.11.12	토지매매	以十五石正租 買統營姜渭昌多龜洞畓五斗地
1730.11.14	토지매매	以十一兩錢 買統營人黃友樞多龜洞田與畓一區
		而明文成給於初十日
1731.06.13	농사	始降雨澤而移種 吾家以二十五日畢
1732.01.01	시장가격	市値租五斗米二斗有加升
1732.01.12	기후	今日日旱 自年前仲冬今不雨 道路龜坼泉脈枯渴
		村家汲女皆會川渠
1732.01.22	중앙	今月初七日始設賑 而無結卜者受白給
1732.03.16	시장가격	市値租四斗半
1732.04.01	시장가격	市値租四斗
1732.05.29	농사	風氣甚不好 午後入家 夕細雨鈴之下 畢移秧
1732.05.01	시장가격*	市値牟十一二斗
1732.05.06	시장가격*	或雨市值牟十一斗或九斗云 耘早稻
1732.06.09	농사	今春麥事 雖云豊登 而旣入於初粮之粥
		又盡於移秧之日 而今方飢乏者太半矣
1732.07.09	농사	刈新稻
1732.07.12	환곡정책	牟還分給 去初七日 風雨蟊賊滋盛
		畓水如和灰川流亦然 風災虫損
		年事可悶 早稻米又太減味 亦板蕩
1732.07.17	시장가격	市値租三斗米一斗 或加升 皮车四斗
1732.07.18	농사	大風雨川陸不辨 今番之雨 倍於閏五月之水 怪哉
		一年之內 是何再度大雨也 往諸列邑 登豊處
		皆爲水浸云
1732.07.21	병충해	蟊賊大熾 川流如血 巨濟地人民 流散相望
		市值皮牟仍四斗 荒租五斗 米一斗二升
1732.07.23	기후	又大雨 田野漲流 是何一年三次大水也
1732.07.26	시장가격	市值皮牟四斗 白米一斗半 租六斗 荒租或九斗
		粟不出二斗云
1732.08.04	중앙소식	聞新倅之言 言八路同凶之中 京畿則自春大旱
		至七月十六日 始雨而惠水大 至已成赤地云

年度 月 日	分 類	原文記錄
1732.09.01	시장가격	畢收多龜洞秸禾入家 市值租八斗半或至十斗 米三斗
1732.10.11	시장가격	市值租六斗
1732.10.21	시장가격	市值租五斗米二斗
1732.11.06	시장가격	今年大口魚甚多 一貫錢至三束三四尾
		巨濟地四十五尾云耳
1732.11.26	시장가격	市值正租四斗半 次租五斗 米二斗而斗甚少
1732.11.29	시장가격	余以三戔 買書傳第四俱 於諸萬載
1732.12.01	일상생활	極寒 是時民飢已甚 日寒又極 道路僵尸相枕
		驚心慘自有不忍言
1732.12.06	시장가격	市值米一斗八升 租四斗 荒租五斗
1732.12.22	일상생활	近來有倘賊相聚 摽掠者 有棄子於道倍者
		有夫婦同縊而死者 奇報最聞
1732.12.29	농사	今年正二月 間枯旱井泉渴涸 汲者皆爭于川渠 移秧之時
		雨水適中 禾穀茂盛 五月長霖之後 大水近所稀有
		繼以六月大旱 螫賊熾張
1733.01.06	시장가격	市值租四斗八分 米行升二斗不過一斗七升
1733.01.12	범죄	是夜賊掠邑前浦傷二人
1733.02.11	시장가격	市值租三斗米一斗
1733.02.26	시장가격	是市以錢四錢九分 買釜一坐 能受一斗三四升
1733.02.27	일상생활	南草有害眼患故余自今日止之
1733.03.05	시장가격	今春海物極豊 靑魚一級錢三分或二分
1733.03.18	농사	是日播秧種畢
1733.03.22	일상생활	鷄初鳴 長兄主捐世痛哭 當今四隣 哭聲相聞
		嗚呼 時事何至此極
1733.04.03	시장가격	以十一兩錢 貿米一石 量之則乃十二斗二升也
		使丁再長丁夏中二人負七斗 而同還
1733.04.04	범죄	奴今同數日前未現姑不治罪 固以使嗅昨日
		又盜米太等物而逃走
1733.04.09	범죄	今歲之奴婢傭雇 無非竊盜 卽今野田反耕 百分居一
		閭門者多陣田無數 雖有生存者 而無種不耕者亦無數
		餓死病死之屍相枕 飢哭喪哭之聲相聞
1733.04.17	농사	自是日 始調養目力 始取新麥
1733.04.28	일상생활	崔善餘來訪 余以三斗麥周急
1733.05.03	시장가격	以一貫半錢 買明目流氣飮四十貼 於統營審藥而還家
		移早稻
1733.05.03	범죄	上里李奴婢 助是來乞願留 其後累犯 偸竊而逃
1733.05.10	농사	收麥畢
1733.05.12	농사	日冷雨浥塵 移秧大畓
1733.05.16	시장가격	市值皮牟一斗值錢一錢五六分
1733.05.20	농사	畢移秧前路下畓

年度 月 日	分　類	原文記錄
1733.05.29	농사	畢移秧
1733.06.10	농사	吾家今年多棄水田 而石墻畓斗米之地 旣薈
		田結之貢卽不可空處
		故今日移種可謂太晚 而卽今四郊移秧畓 未畢矣
1733.06.27	농사	始刈稷
1733.07.06	농사	未移秧 摘奸色吏來到
1733.07.20	농사	始取早稻 移七十八日也
1733.08.26	시장가격	市値米三斗半租十二斗
1733.09.09	중앙소식	巡相金公是衡 到本縣
1733.09.10	범죄	今秋草賊甚多 故余夜巡于野禾 而猶或見失
1733.09.16	시장가격	市値米四斗加零租十三四斗
1733.10.16	시장가격	市値精租十一斗
1733.11.14	범죄	昨夜丁昌玉家 沒失翁儲 而閱隣得於其堂婢中字右家
		今方相關可愕愕
1733.12.30	세황	今春之飢凶癘疾人物死亡 通萬古所罕有之歲
		不可禪記 秋事可謂登豊
		然飢病不能畊作者 窮困之狀 無最去年 則來春之勢
		已可想耳 歲前市値租八斗米三斗 今當除夕(＝除夜; 섣달
		그믐날 밤)得見醉瑞 比諸去年 可謂樂歲
1734.04.07	진휼	是時統賑恤 米每石便分六斗 砲糧米則三斗便分耳
1734.04.08	농사	今年秧種 太半消滅 更有沙彌者多
1734.04.16	범죄	有人火于統永庫 盡燒
1734.05.23	농사	移秧畢
1734.07.06	환곡	汝涉兄 以其家奴 牟還事囚禁 余入邑而還
1734.07.11	환곡	今年本邑牟還加督 振古未有
1734.09.25	일상생활	光陽謫客李座首慶錫來乞穀 以一石租應求
1734.10.24	토지매매	買宋仁昌畓二斗地 及陳田一斗地 成文
1734.10.27	중앙소식	陳田摘奸監色出來
1734.11.26	시장가격	市値租全石或二十一二斗 米八九斗
1734.12.16	시장가격	市値租二十斗米八斗
1734.12.30	세황	是年年旣登 又無癘疫 市値租至全石餘斗米八九斗
		可謂無餘望之樂歲也
1735.03.01	시장가격	市値租十八九斗米八斗
1735.04.05	중앙	入校留宿 巡相閔公應洙 行部至邑
1735.04.07	시장가격*	以十三石租買崔錫權畓
1735.05.03	농사	近久枯旱 才移之秧 頗多焦赤
1735.08.16	일상생활	正奴去十二日 釋衆十三日 走逃
1735.10.05	중앙소식	事目軍布作米六斗代納云(1735.8.19일 발표)
1735.12.30	세황	是年終歲無疾疫 四五月間旱秋夏間有風雨之灾
		穀出太減然米出 則租十斗得米五斗餘升市値 初則全一石
		而終歲不下於十四斗 米六斗或半

年度 月 日	分 類	原文記錄
1736.03.28	일상생활	客舍重修 今日設落成宴 余參宴席 題詩呈主倅
1736.04.03	일상생활	是日望見 城南三處 田會笙鼓聲相聞 可見年豊民樂
1736.05.16	중앙	巡講都事金公銀一入本縣
1736.05.22	기후	近來東風頗冷 人多疑之
1736.06.28	농사	東風螽賊頗盛
1736.08.14	농사	近日日候頗冷 晚稻不爲落穗 人皆憂之
1736.09.14	일상생활	推玉婢而還
1736.10.06	관소식	今主倅勤幹於修舉等事 旣修客舍 又修城堞
		又改修官道通南門
1736.10.07	관소식	官道修築畢役
1736.10.23	중앙	巡相閔公應洙 巡到本縣 夜火煌煌
1737.01.26	일상생활	是日京人牽猿而來到 城中觀者如市
1737.05.29	농사	極熱才移秧 而久不雨 四野之枯乾 已甚矣
1737.06.26	시장가격	烝炎市值皮牟二十五斗
1737.07.21	기후	今此之旱 近年之最 僧巫聚禱于官門前 簫鼓之聲 日夜不絶
1737.07.23	일상생활	近有牛病 脚塞不行 數日不食 而不藥自愈
1737.07.26	중앙소식	今夏八路 同旱之中 湖西十八邑 湖南十三邑
		未移秧而有朝報云
1737.08.06	시장가격	極熱市值米三斗租九斗牟十一斗
1737.10.26	시장가격	錢一貫值大口魚三十五尾或有加尾
1737.12.01	시장가격	以二貫錢 買赤狐皮耳掩
1737.12.05	시장가격	余以一兩六錢 買小釜送書齋
1737.12.10	시장가격	是市靑魚一級值錢五分
1737.12.29	시장가격	以錢四兩七錢 買松板
1737.12.30	세황	今年旱災近古稀有 而沃土則無傷 可謂穴農也
		本邑以一千五百餘結 入磨切灾頉中爲尤甚 故今方設賑耳
1738.02.30	범죄	夜失農器
1738.05.04	농사	今春雨不潤洽 移秧之後 尙不雨 故沃土外皆歎焦枯
		田家方切望之思
1738.06.12	중앙소식	聞京城今初二日始雨 移秧云
1738.07.07	농사	東風無雲 始刈早稻
1738.12.30	세황	是歲沿海市值租十四斗 米五斗半
		可謂免凶 而上道則市值不過七八斗云 可謂凶歉也
		木花則上道最宜 一兩值二十餘斤 而此市亦能成一疋布矣
1739.02.20	중앙	巡相國李公箕鎭 巡到本縣
1739.04.19	농사	始移早稻
1739.05.17	일상생활	近有輪感寒疾老弱 或有不起者
1739.07.15	농사	旱甚虫盛
1739.08.06	시장가격	風雲無迹 雨意發然 田家望之日信一日
		是時米四斗半值錢一貫

年度 月 日	分 類	原文記錄
1739.08.21	시장가격	市米四斗半 租十六斗
1739.12.01	시장가격	雲寒入邑暮歸 市值米六斗租十七斗
1739.12.30	시장가격	是年冬日不寒市值米六斗半租十六斗 冬月虹見于西
1740.01.08	전염병	今春瘟疫處處熾起云
1740.03.03	일상생활	朴有鳳家 移徙湖南谷城 故余往見留宿
1740.03.06	일상생활	放鷹得雉
1740.04.27	일상생활	室人病症 自今夕漸重眠 湯藥兩路無效
1740.09.28	중앙	巡相鄭公益夏 巡到本縣
1740.10.06	일상생활	新行入南面 娶金氏
1740.12.30	세황	今歲不免凶年 而市值則正租十二斗米五斗
		木花八斤 匹木二十尺 靑魚至賤一級錢三四分 大口差貴
		一兩值十尾 而十五六尾之售 不過一日而止
1741.01.25	노비매매	余往見牛洞秋春發妻十月之主
		全羅道南原人金聖復聖泰 於春發家 論價買賣 仍留宿牛洞
1741.02.07	노비매매	余往牛洞見金聖泰 以錢五十兩 買婢十月壬午
		同婢一所生奴戒山丙午 二所生奴北實己亥 四生婢癸分甲寅
		五生婢分今戊午 等五口成文
1741.02.08	노비매매	自牛洞入邑 以婢十月等 斜出文書入官 而歸家
1741.04.20	농사	移早稻刈米车
1741.06.01	기후	今年自春至今無日不雲
1741.07.26	기후	日寒冷人皆畏之
1741.08.18	시장가격	試紙上品一兩餘六七錢
1741.10.01	일상생활	客室前墻築畢
1741.10.28	일상생활	召匠造轎
1741.11.16	시장	是市巨口碧鱗頹積如山 近未有也
1741.12.30	세황	今年市值租十一二斗 米五斗 太十一斗
1742.01.17	고용	雇奴洪石才 自晋州東山來
1742.01.20	일상생활	自孫家發賣風落松 使烟民 斫伐積置
1742.02.25	범죄	溪水乍添失一石租
1742.05.19	농사	吾家今始畢移秧
1742.06.09	중앙소식	朝報有云 平安道內 去月十二日 雨雪云頃頃
		朝報聞云 籍民死者 四萬八千 而都城中 一日死者
		一千六百云云 咸鏡一境尤甚云云 傷哉 是何時變耶
1742.07.29	기후	今年大水 沿邊壓死溺死漂殯 不知其幾云云
1742.11.13	중앙	巡相金公尙星 巡到本縣 余入校
1742.12.30	시장가격	今年可謂豊登 而市值米六七斗 租十六七斗 歲暮後
		米六斗或五斗八九升 租十四斗
1743.03.04	범죄	夜有賊投石于齋
1743.03.14	범죄	夜有賊火于齋堂 未及熾而得滅
1743.04.05	일상생활	近有怪獸食人之屍 是何時象耶

年度 月 日	分 類	原文記錄
1743.04.19	농사	社稷壇祈雨官長親行 余以執禮行事後還家 近看峽谷泉源之傍
		或有移秧之處 而大野則無種苗之期 年事可憂
1743.04.27	농사	遣座首祈雨于碧芳山 本村癘氣更發
1743.05.04	농사	祈雨祭 尙未罷 故余又入校
1743.05.14	농사	終日雨不止 川流激石 自上年大水後 今始初也
1743.05.18	농사	是日吾家 移秧畢
1743.05.24	일상생활	朴友師道中肉毒而逝 傷哉
1743.08.12	일상생활	入校見朝報有曰 別賽咨官報內 自玉田以東 今年亢旱 振古所無
		關內雨雹之後 繼以酷旱 野無遺靑 民專仰哺於官 官家節於調度
		則 民相與搏殺官長者四處 自六月初二至初五酷熱
		前古所未有而 初五一日之內 病喝而死者一萬七千餘人
		皇帝發帑銀 萬五千兩 以給之 且設氷幕及救喝之資
1744.03.09	농사	附種才畢
1744.05.01	시장가격	市値租十二三斗 米五斗或加升
1744.06.11	농사	大雨自曉至午 不辨牛馬 堤堰之壞決 禾苗之傷損 不可勝記
		人物死亡 亦多有之 是夜 一邊明月 一邊疎雨
1744.11.11	시장가격	以十三貫錢 買得故金璉妻申寡女畓三斗地
		而只捧幷附本文記一丈留置 以待其夫家族屬之來 欲成文後
		還給本文計耳
1744.11.20	시장가격	親往九萬 以十三貫錢 買雌馬於李生員昌培
		而宿于盧都有司允賢氏宅
1744.11.21	시장가격	寒威乍減 歸路歷訪甘洞而來 以一貫錢 貿大口魚十四尾
1744.12.16	시장가격	以四貫二錢 買雌牛一雙
1744.12.29	세황	今年之大風大水 振古所無 而田穀不登 然畓穀則可以免凶
		市値大騰 卽今租十四斗米五斗半
		木花初知極貴 而末乃至歇一兩價 至於十二三斤 則可成一疋布
		疋木 准尺者單值一兩三錢 而一錢之布 或過三尺有餘
		此亦近未嘗有也 大口魚則一兩不過十五六尾而止
		靑魚則今市上一級值四分 而沿海魚家一同之家 或不滿三兩云
		此亦近古所無也
1745.10.03	시장가격	午憩于大丘花孫 市上是時甘土一立 價至四錢 定下舘于城中
		官奴崔季孫家
1745.12.04	시장가격	是日靑魚一束値錢 不過五六分
1746.04.30	시장가격	是時南草極貴 錢一貫不過三四把
1746.06.11	시장가격	極旱龜坼 市値皮牟十四斗麥八斗
1746.06.16	시장가격	近日無日不霞 此是亢旱之象也 風雨賦日 朝霞暮霞
		無水煎茶之云 是市値牟十二斗
1746.06.18	일상생활	祈雨龍水岩
1746.07.10	시장가격	酷熱 不得錢債而空還

年度 月 日	分 類	原文記錄
1746.07.19	일상생활	本倅以灾結事啓罷 故余入見 而宿于校
1746.08.04	농사	近久不雨 田穀多不充實云 還家
1746.09.01	시장가격	市値米六斗 正租十六七斗 荒租或至全石
1746.12.01	시장가격	市値租十三斗
1746.12.30	시장가격	今年亢旱 而秋成則可謂免凶 然民之被侵於徵族之患
		有若亂離 市値正租十六七斗 米六斗半 歲末租十二斗
		米五斗半 木花貴 大口魚一騰二十尾 而其後十五六尾
		靑魚一級五六分
1747.01.26	식목행사	**是日本村西植木 余家備一盆酒**
1747.06.06	시장가격	市値牟全一石 租十一斗 米五斗
1747.11.09	시장가격	以九斗租 買蜂一桶於柿洞
1747.12.29	시장가격	四十餘年前 有談地理者 以召所海水爲邑基之不吉方云
		故植木於藥材防村後 以遮之今冬 有僧大仁者
		謂植木反有害云云 則人又信听其說
		而令民斫去其林 而略存之前後 風水之論 若是相反何也
		固不可知也 今年年事 得失相半 卽今市値 精租十一斗
		荒租十二斗 米五斗 靑魚極貴 一尾値二分
		大口魚則錢一貫值十七尾 今則乾大口一尾値一錢
1748.04.20	일상생활	小玉婢逃 還其母之家 是時久雨之餘
		麥穗或多 自枯者又有靑黃色 虫大如二眠蟲者 食穗及莖葉
		且今年秧 苗殆盡自消 一石之坂 或有沒消者 或半或太半
		故卽今再附者 頗多
1748.07.26	시장가격*	市値米五斗租十四斗
1748.12.30	세황	今年夏旱 近古所無 而畓穀則 不甚焦枯 所出亦爲充實
		可謂中豊 而田穀則大損 木花初甚無甚 而爲秋雨所爛傷
		而大減然 錢一貫值十三四斤 歲末猶不下十斤
		疋木細者不過一貫八錢 農布則不過一貫二三錢
		大口魚一貫值十一二尾落入十數之內 靑魚初則極貴
		而今則一級價錢六七分 市値初秋正租十五六斗 米六斗
		今則十三四斗 米五斗半
1749.08.21	시장가격	今年木花初聞稍登 而末乃不善結顆
		錢一貫值不過十二三斤 則可優於一疋之資
		然方今市値騰踊 米六斗半或七斗 租二十二三斗
		或二十五斗 則十二斤之價租二十五斗 可謂太高矣
		錢値如此 百物皆貴 農家之不幸大矣 錢者無用之器
1749.08.21	시장가격	海鹽之物 而至使本業之民穫盡 百畝之秧禾
		不能賞數月之春債 連年如斯 漸至破産
		或熙世之休戚 都係於錢之用舍也
1749.12.30	歲況	今年年事 元非大豊 而市値極高 農民失利 卽今米六斗半

年度 月 日	分 類	原文記錄
1749.12.30	歲況	正租十五六斗 青魚一級錢一錢三四分 大口魚 新出時不過一束三四尾 木花一兩價可成一疋餘
1750.02.07	일상생활	還租一石錢五六錢
1750.02.18	시장가격	青魚一級值錢二分五里
1750.06.02	일상생활	呈得本縣所在租三十石 以助校用
1750.09.07	시장가격	市值差減 中稻十三斗半 米五斗或半
1750.10.01	시장가격	市值租十三斗 米五斗 年事已判凶歉 而市值尙留怪哉 鹽貴米三升鹽二升 租一斗鹽三升 果實尤貴柿 大則錢一文二介 生梨差大者一介值一錢 乾柿好品一貼 錢至八九錢或一兩
1750.11.11	시장가격	市值米五斗正租十一斗 大口一尾值錢十五文或十二三文
1750.11.17	시장가격	大口魚一兩值二十三四尾 聞巨濟諸島 或三四十尾云耳
1750.11.21	시장가격	盖打於校村 以租二十二斗 貿二兩
1750.12.08	시장가격	升阿以私畜錢七兩 買金尙濱田皮牟六斗地
1750.12.21	범죄	古邑子嬪新 行乘夜到家 頗有中間傾危之患
1750.12.30	歲況	是日計家庫在租十六石十五斗 米四瓮 今年農事 初傷於旱 又傷於霖雨 又傷於大水 末乃大傷於風 而或有虫損 初秋市值米五斗半 冬間四斗 租十斗 畓穀所出 上上不過三十斗 天上稻米出稍多 田穀元無登熟者 青魚四尾值一錢 大口二十二三尾值一兩 今爲十四五尾而已 魚鹽之利 專屬於均役廳統使袖手
1751.01.27	기후	風日之寒酷甚 衣薄者 不敢出行
1751.01.30	기후	小風寒雲 夜來風聲益振 眠者不安 今春之寒 近所未有也
1751.04.21	시장가격	市值租七斗米三斗 然市上穀物稀貴 村間飢窘已甚
1751.04.27	환곡	受出倉還租十石貿錢
1751.04.29	농사	车田黃孟 多人皆驚喧
1751.05.27	농사	近來雨水不足移秧甚艱
1751.05.11	시장가격*	车麥可謂極凶 卽今市值不過十斗
1751.05.16	시장가격*	市值正租六斗荒七斗精米三斗 车八斗 麥四斗半
1751.07.11	시장가격	市值皮牟八斗荒九斗
1751.08.15	농사	今年事 田穀則元是失稔 而畓穀則初爲稍登矣 不意蝗虫熾發於上道各邑 自朝家行酺祭於各道 而沿邊固城南海
1751.08.20	농사	是時蝗蝚處處闖發 聞湖南沿海尤甚 卽今泗川浦邊之野 亦復大熾
1751.09.06	시장가격	市值租十四斗
1751.09.18	도량형	大抵去年年事 雖非大歉 而春夏之交 窘急之歎 自是農民之例患 故執質於庫氏之門 典當於市井子之家 而受得長利甲利之錢 貿穀於市 市值太下 一兩之值
1751.09.18	도량형	米三斗租六斗 斗淺如升 升小如合 而已極荒雜 又多紅腐 則名雖三斗 實未滿二斗 而不足爲八口一日之糧 以此支過於

年度 月 日	分 類	原文記錄
1751.09.18	도량형	一月之際 債已積累於三十餘兩 而此外 又有結役戶役身役 種子未許多調用之費 都是錢債 而雖同里間 近親戚 少無以穀 推貸之義 及其秋 熟計其利還 則本錢一兩 幾至二貫 而市値騰踊 精米五六斗正租十四五斗之餘 如斛升大如斗 則去春二斗之米 今爲六七斗 六斗之租 今爲全一石之多 而況穀之精麤較諸去春 豈可同年而語耶 盡掃在畝之禾 難充 過夏之資 而或買馬牛 或賣田庄 東破西補 隨補隨綻 以債還債了 債 何時歲歲年年每每如此 而百畝之家 散爲一瓢之行 萬家之邑 蕞爲三戶之村 天何以生出金錢 專欲施恩於牟利之輩 而貽害於務本之民乎 春夏之升斗小 而秋冬之升斗大者 實是農民之不幸 而錢虜之所樂也 自京司烙出一斛容受十五斗 一斗容受十升 以基升斗 分送於各道 依攘造作 使各邑各里各戶 一准其制 必用烙印於該官行之 於日用之間 而通國公私無有異同
1751.10.14	서울여행	14日晋州 15日宜寧 16日草溪 17日星州 18日開寧 19日尚州 20日聞慶 21日鳥嶺延豊 22日忠州 23日陰竹 市値米行六升 24日陽智 25日廣州 26日南大門
1751.10.30	시장가격	京中市値米二斗一二升 行升量之 則一錢値四五升也
1751.12.01	시장가격	青魚三尾値錢一錢 市値正租十斗或半 米五斗
1751.12.11	시장가격	以十六兩錢買李業子月峙鮮字畓八斗地
1751.12.16	시장가격	市値正租九斗
1751.12.16	시장가격	以錢二十三兩 買丁昌九多龜洞畓三斗地
1751.12.30	세황	今年移種遲 時而牟凶近古之所無 六七月間 租六斗米三斗 小麥四斗 皮牟八斗 畓穀則下道稍熟 而牟凶之餘 市値尙不騰踊 正租十三斗荒租十四斗米五斗半或六斗 而至多正租九斗 荒租十斗米四斗七八升 田穀則不登而太六斗木花平
1751.12.30	재고	家藏庫在租二十石內 在一石米五瓮_粘租二石 還入稇倉租四石有餘耳
1752.01.06	시장가격	市値租八斗太五米米四斗
1752.01.26	시장가격	市値租七斗
1752.01.30	재고	地面乍凍 家家今始防藩蘺 牟麥之宿歲未出土者 今番雨後 始乃種種生來 今朔內家用 貿錢租五石餘 今在各色租十四石餘斗 米六瓮 赤頭及各一石
1752.02.04	시장가격	還租一石値錢一兩四錢餘可謂凶年也
1752.02.11	시장가격	市値租七斗次租八斗 而斗甚小 青魚一束値四五分
1752.03.01	시장가격	濕雲不掃 市値租七斗次八斗太三斗
1752.03.02	대동미	以十兩錢代納大同米二石

年度 月 日	分　類	原文記錄
1752.03.07	농사	播早中稻種
1752.03.16	시장가격	往南村鎭得還租一石貿錢一兩五錢五分
1752.04.01	시장가격	市值米三斗餘升租七斗
1752.05.03	시장,농사	始取牟 盖今年牟麥 早出土者 則無前大登 至春而生者
		初無可望而結實果然是可幸也 春間市值租不過七八斗
		米不過三斗 或餘升 而自麥事 稍可以來漸至騰踊
		再昨市租九斗或十斗米四斗或餘升
1752.05.10	시장가격	市值正租十斗米四斗 而斗麥不過錢四五分 海族極貴
		乾青魚一束 值至六分錢
1752.05.21	매매	李別壯聖元朝前來訪 買馬請價十四兩
1752.07.01	시장가격	市值租十斗 牟十四斗 麥四斗 白米四斗餘升
1752.08.04	매매	以一貫錢買猪
1752.10.06	시장가격	市值正租十一斗 次十二斗 米四斗八升 魚果極貴
1752.11.16	매매	以十兩錢 代租六石 買金尙演執字畓十八太種三斗地十二卜
1752.11.20	시장가격	市值米五斗
1752.12.29	시장가격	市上青魚一尾 值錢一錢三分 而亦難得云
1752.12.30	세황	寒威透骨 夕送奴 持錢米 要得魚族 不問價值高下
		而幸逢青魚多至 以二錢買四尾而來 比前太歇
		今年農事初似大登 而傷於霪雨 結果無實然 董且免凶
		而田穀則比爲差登 果則極貴 紅柿一貼值錢六七錢
		石榴一介一錢或七八分 京中則七八錢云 盖紅疹盛行故也
		木花初秋 一兩價董成一疋布 疋木麤者一兩值僅十九尺
		市值租十一斗 正租十斗 米五斗 太十斗
		南草極品一把值不過八九分 鹽一石不過五六錢
		而歲末有撤釜之令 故鹽價差貴 大口盛捉之時
		一二日間或十二三尾於錢一兩
		而後則八九尾至七尾而今則乾大口一尾 錢二錢三四分
		青魚元無現捉 統營進封青魚 買來於左道 卽今市上間 或有發賣者
		而一尾值一錢或加二三分 雜魚如小兒掌者 值七八分 海多一介
		值二分 然猶且希貴
		有錢難買 今歲時 雖非凶歉 而才經毒疹之餘 家家尙有餘悸
		且魚物極貴 祭需難辨
		故造餅之家十不見一家藏在庫租十石八九斗地
		困倉粘租一石十餘斗 太二石十餘斗 赤豆石內斗 木麥一石餘斗
		米三甕
1753.01.01	일상생활	歲前凍冽 近古所無 而今當近新之日 寒氣差解 似是吉兆也
		今此紅疹人物死亡 不可勝記 谷谷村村 哭聲相聞
		而京中尤甚
1753.01.21	시장가격	市值租十一二斗

年度 月 日	分 類	原文記錄
1753.01.30	재고	目餘在米四瓮 租十五石半 粘租石 太石 豆石 木石
		唐黍十四斗 結卜價三十斗 姑未給
1753.03.04	일상생활	御史出旣於城內 座首裵舜一 戶籍都色安命崑
		各受刑一次
1753.03.06	시장가격	入邑見受罪各人而還 市值租十二斗
1753.03.11	농사	播早中稻種
1753.03.15	일상생활	會飲于葛山松林中
1753.04.30	농사	麥事已決登熟
1753.05.06	농사	曉雨乍潤而止 早圍水者移秧 然乾耕者 姑無生意
		獨吾谷內之移秧 堇至四分之一
1753.05.26	시장가격	市值無減
1753.06.03	농사	今夏亢旱 近古所無 而京畿則自正月至于今 不雨
		聖上累度親行祈雨云 宅前池塘下 中稻今始移
1753.06.21	농사	秧才移而旋曝 人皆惶惶
1753.06.25	중앙소식	聞京城今月初八日 始雨云 左道盈德縣 五月十三日 霜降
1753.07.10	중앙소식	朝報聞有曰 忠淸道洪州 江原道三陟兩邑 六月十四日 霜降云
1753.11.06	시장가격	市值租十斗或十一斗 米四斗二升 木十七尺
		而尺長比前加一寸 全疋值二兩一二錢
1753.12.16	시장가격	以二兩錢貿表紬十九尺 市值米五斗
1753.12.26	시장가격	市值正租十一斗 次十二斗 米五斗 靑魚四尾值一錢
		其他雜魚亦皆稀貴 赤豆十斗太十二斗 豆太之稔
		近年之最也
1753.12.30	세황	家庫在租十九石餘斗 粘租二石 赤豆二石 太五石困八九斗
		米五瓮餘 鹽全一石二斗麥八斗 唐黍數斗 今年牟麥稍登 春夏之交
		雨澤不洽 移秧愆期 五月酷旱 六月初二始得甘霈 畓種太晩懦
		農者至六月望間而旱 稼事野畓大登 山峽失利 而豆太稍稔
		歲暮無飢困之歎六月以後 大雨不絶
		山麓及水邊列邑 酷被其害 人畜渰沒 不知其幾亦一變也
		木花爲淫雨所傷 又逢八月十九日 大風初則 錢一兩值十斤 終八斤
		豆太稍登 泉豆東宵唐黍等不登 眞荏牙牙 水荏差登
		大口魚至月望後初出 值錢八九尾 或七尾而止
		今市上 或有尾尾發賣一尾值錢二錢五分 靑魚亦貴
1754.01.18	일상생활	本村書齋 重修之議更起 故余製勸分文曰 竊惟見善必勸
		聖人之所稱也 以義相助君子之可尙也 顧我道山一村
		僻在巨流深巷 若不加敎導之方 終必歸滅裂之地
1754.01.25	토지매매	寒氣乍解 齋中以十五貫 買韓得良家舍 運來
1754.01.30	재고	家在庫租二十七石 米六瓮 太四石餘斗
1754.02.13	일상생활	齋室立柱
1754.02.16	일상생활	書齋上梁文曰 稀古通今 以書史而爲本
1754.03.06	시장가격	市值米五斗 租十三斗

年度 月 日	分 類	原文記錄
1754.03.06	농사	沈早中稻種
1754.03.22	일상생활	築書齋西墻于本田之畔
1754.04.08	일상생활	設書齋落成宴
1754.04.16	시장가격	以錢二兩二錢 貿紬十七尺
1754.04.07	일상생활*	雹雨浥土而止 里內老婦人 設酒食于齋中會飮
1754.04.16	시장가격*	是時市値 米四斗餘正租十斗 最貴者南草也
		二小葉値錢一分 自官禁市上發賣 則潛賣者益售其利
1754.06.29	농사	東風或西小風而日熱 是時蟊賊頗盛 人皆有憂懼之色
1754.07.07	농사	是時蟲虫益大盛 中稻之晚種者 發黑穗 人情惶惶
1754.07.08	농사	烝熱 蟊賊愈熾 野色失靑
1754.07.12	농사	日枯人言蟊賊無水則差減云 故人皆決睦去水
		而日又久旱 便成龜坼 可謂東敗西喪也
1754.07.26	시장가격	市値米三斗半 租十斗
1754.07.30	일상생활	齋會飮酒
1754.10.01	시장가격	市値米四斗半 正租十一斗次十二斗 木花七八斤
		疋木値二兩餘
1754.10.07	농사	打作六斗地董收九石租
1754.12.01	토지매매	阿觀往西面 說金尙俠來成 園山三斗地畓明文
		而推其本文去 租全五石貿錢十貫 買西面家舍
		使阿觀姑留息焉
1754.12.30	재고	家在租二十五石餘斗 米六瓮有餘 熏造全一石 鹽三十斗
		田雜穀則無盈石之儲
1754.12.30	세황	卽今市値 正租十斗次十二斗 米四斗半
		大口魚則市上罕得見焉 靑魚則一束値錢一錢六分
		細木則値錢三兩中 則二兩五六錢 農布則二兩二三錢
1755.01.26	시장가격	市値租八斗 米三斗六升
1755.03.08	일상생활	近來無日不火於松田 怪哉
1755.04.21	농사	阿觀來移早中稻
1755.04.30	농사	天淸卽今引水處 董得移秧 而大野則全不貯水
1755.05.09	농사	風凄日枯移種無期
1755.05.12	농사	?無雨意 才移之秧 便爲龜坼 還羨未移者
1755.06.01	시장가격	朝雨晚晴 市値米二斗六升
1755.06.12	시장가격	今夏霖雨 沿江列邑 屋舍漂沒 而左道特甚 屍骸塞江
		而下塡于海口 卽今海夫漁網 中所拯屍骸器物 不知其數
		而江邊田野 永無形體 老少男女流離散四 此豈時變也
1755.06.16	시장가격	市値米二斗四升云
1755.06.27	농사	雨洒霖雨之支離 近古稀有 而日氣不熟 禾穀無苗長之道 年事可慮
1755.07.01	시장가격	市値米二斗一二升 而斗甚少 不過平斗之七升云
1755.07.13	농사	今蟊賊熾盛 晚種之穀大失 西成之望 人情汲汲

年度 月 日	分 類	原文記錄
1755.07.14	농사	東風陰雲 連日不止 夜雨浥塵 損害禾發
1755.07.21	농사	田穀又焦 西成其望
1755.08.06	시장가격	市値米二斗二三升
1755.08.11	시장가격	市値如前
1755.08.21	시장가격	市値白米二斗 烝米二斗二升 生中稻一斗值錢一錢一分
1755.09.01	시장가격	市値白米二斗 烝米二斗三四升
1755.09.11	시장가격	市値白米二斗半
1755.09.16	시장가격	入邑而還 市值白米三斗 租八九斗
1755.10.16	농사	路下畓八斗地稻打作 董收五石十五斗 作農如此其間可掬
1755.10.21	시장,환곡	市值米二斗二三升 租六斗 精租則或下於此云 去丁卯冬 列邑有斗還戶還之說 幾至施行之境 本邑鄕員 亦有此說者 發通擧事 上下人民 齋會于客舍東庭 而欲其事之成者 皆鄕員及官吏中多食還上者也 不欲者下民也 鄕員官吏等與中庶間 亦多有不欲者 而默無言觀勢而已 - 盖斗還戶還之說 元是法外事 而發此非理之論者 可謂安人也.
1755.10.26	농사	今年穡事大失 月峙所在畓八斗地內 下邊三斗地分一石二斗 上邊五斗地分一石十一斗而已
1755.11.01	시장가격	市値米二斗三四升或五升 租五斗或半
1755.11.10	중앙소식	今酒禁令 行于國中 而晋州宜寧等邑 特甚嚴截 故犯禁狗囚者 頗多云云 然此邑姑無嚴禁之事耳
1755.11.16	시장가격	市値租五斗
1755.11.21	시장가격	市値米二斗二三升或至半 正租則下於五斗 糲則或踰五斗
1755.11.26	시장가격	市値米二斗或一二升 租四斗半
1755.11.28	일상생활	近來齋中 食宿之過客甚多
1755.12.01	시장가격	市値上同 大口魚或有尾束發賣者 而一尾值錢一錢六七分 或二錢 靑魚元無
1755.12.21	시장가격	市値正租四斗錢一貫五分
1755.12.26	일상생활	母親時年九十有一歲 則古之人 亦有月備日備之道矣 親戚皆勸造壽具 故今日招匠冶木
1755.12.29	매매	以二兩五錢錢 貿棺材天地板二具 扶板一具 阿觀來觀
1755.12.29	세황	今年年事 大都凶荒 卽今市値 正租四斗值錢一貫五分或一錢 米二斗值錢一兩二錢 牛大者不過七兩 木細一疋值三兩餘錢 農布二兩七八錢 靑魚一束錢八分 大口魚一尾值錢一錢或減二三分
1755.12.29	세황	百穀俱無登熟 而惟木麥稍登 庫在租十八石 太二石 木麥一石 米七瓮 豆石內數
1756.01.01	금주	酒禁嚴截 歲朝不見醉客
1756.01.04	시장가격, 범죄	天淸北風寒 近來風日甚惡 似是不祥之徵也 去年年事 失稔特甚 百穀不登 民間飢窘

年度 月 日	分　類	原文記錄
1756.01.04	시장가격,	罔有紀極　卽今市上錢一錢値米一升六合　而米色太麤
	범죄	精租四斗値錢一兩一錢　道路往往　白劫竊發　人不敢獨行
1756.01.06	시장가격	入邑而還　是時餓莩相望　而市値米一斗五升　色甚麤
		時衆如此　人皆遑遑　然今見市上　人姑無菜色
		其與癸丑春差勝矣　而丙流之無慮恥一如癸丑(1733)春耳
1756.01.11	시장가격	市値租三斗半　米一斗半　然村間或至四斗租
1756.01.16	시장가격	市値上同
1756.01.22	일상생활	日氣寒冽　染病出幕者及流丐之死亡相繼云
		且惡虎橫行殺害人畜
1756.01.26	시장가격	市値正租三斗
1756.02.01	재고	庫在租十三石　米七瓮　太一石十餘斗
1756.02.01	시장가격	市値米一斗　租二斗餘升
1756.02.06	시장가격	市値精米一斗一二升　太二斗二升
1756.02.16	시장가격	市値如前
1756.02.17	매매	升阿以二十兩錢　買裵再度十斤浦員　皮牟田十斗地
		及畓三升地　又以三兩錢　買丁昌百銀亭員　皮牟五斗田
1756.02.23	범죄	朝侄家犢見失而近推於九萬墻峙
1756.03.03	농사	沈早中稻種
1756.03.22	전염병	染疾益熾　人物死亡不知其幾　往城南　問金君兌郁之病
1756.04.16	시장가격	市値欲堙精米一斗三升
1756.05.01	시장가격	市値漸騰米至一斗六七升
1756.05.02	시장가격	西風淸凉　牟麥初不茂盛　故人皆憂之
		及其發穗之日漸有苗長之　而昨市上　白米一斗六升
		麤米則一斗七八升　太三斗　人皆有蘇醒之望云　若無毒癘則
		不有飢死之患矣
1756.05.03	농사	始取米牟種早中稻
1756.05.06	시장가격	市値精米一斗四五升　太三斗半
1756.05.21	농사	畢移秧　今夏移種　雨水適中　似是吉兆也
1756.06.23	농사	聞上道枯旱　不得移秧者頗多
1756.06.27	농사	旱魃愈毒　四野龜坼
1756.07.11	시장가격,	市値米二斗　牟六斗半　卽今酒禁極嚴　禁民多種秩者
	금주	且禁市上麥餠麥麵　今市有持麥貿錢者　官差撥撤基麥云
		人家有麴者　使面任搜報云
1756.07.21	시장가격	市値米二斗二升　新米一斗六升
1756.09.01	금주	禁酒極嚴　太廟亦用禮酒則至於臣民潛隱用酒者　罪不容誅
		故成服祭尊以禮酒　自今朔奠乃用玄酒
1756.09.06	시장가격	市値精米三斗半　租九斗或十斗
1756.09.26	시장가격	市値白米五斗　租十一二斗　牟八九斗
1756.11.01	시장가격	市値米四斗租九斗
1756.12.01	시장가격	市値米四斗　錢一兩五分

年度 月 日	分 類	原文記錄
1756.12.11	시장가격	極寒 靑魚一級値錢七八分 晩出大口魚 無腸如抹者
		一尾大則六七分 小則三四分
1756.12.26	시장가격	市値正租六斗半次七八斗
1756.12.30	세황	今年春間癘疾 近古所無 村村谷谷 人物死亡 不知其幾而
		全家合沒亦無數 農事畜穀 雖傷於旱災 而耘籽及時者
		能有收而 沍沒喪病者 全失 故得失相半 未免凶歉
		而田穀百種 元無所登 然民間生道 比昨年 差勝耳
		卽今市値米三斗五升 而極麤 正租六斗半
		或七斗次租七斗半 木花四斤 匹木麤者三兩七八錢
		差細者四兩太四斗 大口魚乍出卽絶 南草極貴
		錢一分好品 則二葉 生鷄一首曾論五六錢 今猶二三錢
1757.01.06	시장가격	市値租六斗半
1757.02.06	시장가격	市値租六斗 錢一兩七分 米則三斗
1757.02.16	농사	沈早稻種
1757.02.23	중앙소식	中宮殿下 今月十五日昇遐之報 今日下來(영조실록89권
		영조33년2월15일)
1757.02.26	범죄	去夜有穿窬之賊 偸出庫中穀
1757.04.02	중앙소식	去二十六日 大王大妃 昇遐之訃 今日下來慟哭
1757.04.06	시장가격	市値精租五斗 白米二斗四升
1757.04.15	농사	刈米牟
1757.04.24	농사	移秧畢
1757.04.29	시장가격	卽今南草好品一把 値錢三四錢
1757.05.01	시장가격	市値白米二斗五升 而升斗甚小 皮牟或出
		而一斗値一錢或八分云
1757.05.21	시장가격	阿觀還 市値皮牟七斗
1757.06.06	시장가격	市値米三斗
1757.06.16	토지매매	月峙畓八斗地 發賣於統營債 所持錢四十兩
		以八兩 買丁昌允道山想字畓二斗地 以十五兩 買丁時說
		同員同字畓三斗地
1757.06.26	시장가격	新米市値三斗加升
1757.06.30	중앙소식	忠淸道丹陽懷仁 兩邑民物盡散 土地一空
		而自朝家別遣安集使
1757.08.01	시장가격	阿觀還去 市値米三斗八升 熏米四斗餘
1757.08.02	시장가격	朝雨沾濕 食後消散 阿升與丁再章 往軍北市 欲觀木花
1757.08.04	시장가격	升還來 言木花市値太高 盡爲風雨所損也
1757.08.06	시장가격	市値白米四斗半 中稻十五六斗
1757.08.16	시장가격	市木花五斤或六斤
1757.08.26	시장가격	市米五斗
1757.10.01	시장가격	市値米六斗 租十六斗
1757.10.16	시장가격	市値米六斗 租十六斗 斗甚大云

年度 月 日	分 類	原文記錄
1757.11.11	시장가격	市值矗米七斗 租十七斗 以平斗不下全一石云
1757.12.11	시장가격	市值米五斗半 租十三斗半 矗十四五斗云
1757.12.16	시장가격	市值正租十二斗
1757.12.24	시장가격	市值又騰 而正租十四斗 天上稻十六斗云
1757.12.30	세황	今年年事 百穀平登 而值水荏 則反不及於去年 六七月間牟窘特甚 市值不過七八斗 木花初則大盛 而爲霖雨所損 不過六七斤 疋木値錢幾至三兩 大口魚乍出至十六七尾而旋止 靑魚今市值一束錢六七分 鹽十斗值六七錢 酒禁一攘極嚴家藏租三十石 米六瓮 豆太各二石 在外租五石 木麥石餘 困倉三斗地禾
1758.02.01	토지매매	以四石租 買丁命說江古山下畓一斗地
1758.03.02	농사	踏早中稻秧
1758.04.18	농사	近日西北風來 似有旱徵 移早中稻
1758.05.09	농사	畢移秧
1758.07.13	농사	刈新稻
1758.08.01	시장가격	市值米六斗矗七斗 農民之不幸
1758.08.11	시장가격	市值如前
1758.08.16	일상생활	雨仍不絶 野水漲溢 行路斷絶
1758.10.06	시장가격	雨潤地面 市值如前 酒禁愈嚴
1758.12.30	시장가격	是歲非豊非凶 而市值大騰 卽今正租十五六斗 幾爲全石之費 米六斗餘升 農家之不幸甚矣 酒禁極嚴 各道列邑 犯禁杖斃者無數 流配者亦然 木花初出時 十六七斤云而 本邑市十一二斤 今猶八斤 大口魚初出十五尾 靑魚卽今一束餘尾
1759.02.01	시장가격	市值米六斗 租十三四斗
1759.05.07	농사	始移早稻
1759.08.01	시장가격	市值正租九斗 中稻十二斗 米四斗半 或五斗
1759.08.16	시장가격	市米三斗半 市上枵然云
1759.09.01	시장가격	市值如前
1759.10.19	시장가격	是時大口魚初發至歇 一貫錢二十五尾 或三十尾
1759.12.30	세황	今年年事 禾穀大盛 而爲蝗螟所損 未免凶歉 卽今市值 矗米四斗 精米三斗半 正租四斗 木花初爲八九斤
1759.12.30	세황	終爲十一二斤 疋木初二兩 未一兩六七錢 大口魚皆處二束半或三束 靑魚一級 錢八分 七分
1760.04.17	농사	始移早稻 齋堂築墻
1760.08.01	시장가격	市值新米三斗
1760.08.06	시장가격	市值米四斗
1760.08.16	시장가격	市值或三斗 或半而市上條云

〈제1장 부표 7〉「淸臺日錄」 속의 물가기록

1751.閏五月二十一日; 聞市上 米不過三斗 小麥五斗 牟不過六斗 而下道洛東以北市 値尤貴云.

1752.4.8; 大雨 聞兩麥大豊之市一兩錢給五斗米云 所罕雨西北二道累年慘凶 至於人相食 黃海江原京畿三道亦凶歉

1752.5.22; 晴 聞到處麥畓者移秧 奉天畓高燥處皆移秧 或聞初耘者秋成市上米五斗 麥十一斗 爲一兩給價云.

1752.9.25; 豊年市値春間粟米一兩錢給五斗 今給十斗云

1754.6.3; 今夏麥凶太甚 而聞市上錢一兩 租十二斗 米五斗 牟七斗 麥九斗 此是累豊之餘 故如此

1754.12.25; 今市靑魚極貴錢十文給四尾 市價一貫給十二斗 米四斗 太六斗云.

1758.1.29; 聞市値百文錢給租二十一斗 太十四斗 麥種九斗 而斗則火印云.

1758.3.20; 二十日將雨午後晴 聞市値錢百文給米十二斗 太二十斗 租二十四斗云此 前古所未有事也.

1758.4.30; 自今月初二日至今日不雨 旱災特甚 麥凶已判 奉天畓尙未移秧 秋事可慮.

1758.5.1; 初一日丙戌旱災特甚 民憂不可言.

1758.5.13; 豊山李明辰來見 旱災特甚卽今晨夜凄凉雨意 民憂不可言 旱災特甚 豊山大野 無移秧處云.

1758.6.30; 聞市値一貫錢給租二十斗 太十五斗 牟十二斗 麥十一斗 見夏等襃貶

1758.9.1; 甲申晴 市値百文錢租二十斗 木花則一兩二錢貿之 則似織一疋云.

1758.10.12; 聞市値百文錢給租十八斗 太十一斗 米七斗云

〈제3장 부표 1〉

년도	전국 출세결수		전라도 출세결수	
	합 (비총)	답	합 (비총)	
1744	854,303		217,027	
1745	804,497(-49,806)		201,953(-15,074)	
1746	831,057(+26,560)		209,516(+7,563)	
1747	825,344(-5,713)		212,488(+2,972)	
1748	858,110(+32,766)		217,258(+4,770)	
1749	821,459(-36,651)		220,412(+3,154)	
1750	807,596(-13,863)		219,315(-1,097)	
1751	816,640(+9,044)		212,344(-6,971)	
1752	855,431(+38,791)		220,704(+8,360)	
1753	818,001(-37,430)		219,601(-1,103)	
1754	821,038(+3,037)		218,602(-,999)	
1755	719,150(-101,888)		196,533(-22,069)	
1756	798,279(+79,129)		209,336(+12,803)	
1757	829,515(+31,236)		212,384(+3,048)	
1758	827,838(-1,677)		213,736(+1,352)	
1759	795,103(-32,735)		200,831(-12,905)	
1760	813,231(+18,128)		209,378(+8,547)	
1761	777,811(-35,420)		192,964(-16,414)	
1762	654,402(-123,409)		121,628(-71,336)	
1763	793,789(+139,387)		195,206(+73,578)	
1764	763,409(-30,380)		191,483(-3,723)	
1765	797,995(+34,586)		193,721(+2,238)	
1779	832,658(+74,543)	143,162	212,843(+12,086)	
1780	830,660(-1,998)	140,480	210,359(-2,484)	
1781	786,161(-44,499)	125,879	196,235(-14,124)	
1782	776,577(-9,584)	128,372	198,474(+2,239)	
1783	748,311(-28,266)	104,937	175,411(-23,063)	
1784	836,260(+87,949)	144,927	215,568(+40,157)	
1785	828,765(-7,495)	141,395	212,176(-3,392)	
1786	740,100(-88,665)	109,563	180,517(-31,957)	
1787	808,152(+68,052)	136,726	207,539(+27,022)	
1788	819,833(+11,681)	140,004	211,044(+3,505)	
1789	811,570(-8,263)	136,494	207,340(-3,704)	
1790	824,862(+13,292)	136,781	207,768(+428)	
1791	799,416(-25,446)	136,950	207,285(-483)	
1792	743,484(-55,932)	126,381	195,184(12,101)	
1793	810,378(+66,894)	138,906	209,058(+13,874)	
1794	718,294(-92,084)	101,116	171,274(-37,784)	

년도	전국 출세결수		전라도 출세결수	
	합 (비총)	답	합 (비총)	
1795	785,532(+67,238)	134,948	205,199(+33,925)	
1796		138,935	209,408(+4,209)	
1797	785,267(-39,366)	126,532	197,220(-12,188)	
1798	743,198(-42,069)	114,252	185,094(-12,126),	
1799	818,831(+75,663)	136,693	207,715(+22,621)	
1800	812,435(-6,396)	137,318	207,896(+ 181)	
1801	802,857(-9,578)	131,660	202,432(-5,464)	
1802	816,550(+13,693)	134,183	205,221(+2,789)	
1803	802,241(-14,309)	136,771	207,949(+2,728)	
1804	816,502(+14,261)	139,505	210,788(+2,839)	
1805	795,954(-20,548)	120,908	192,448(-18,340)	
1806	809,545(+13,591)	135,543	206,627(+14,179)	
1807	810,819(+1,274)	133,574	204,760(-1,867)	
1808	804,215(-6,604)	133,599	204,880(+120)	
1809	646,912(-157,303)	52,392	123,750(-81,130)	
1810				
1811	787,047(+27,524)	126,975	198,256(+24,966)	
1812	723,778(-61,034)	105,567	176,878(-21,378)	
1813	774,183(+44,682)	127,967	199,024(+22,146)	
1814	642,864(-131,319)	77,990	149,094(-49,930)	
1815	729,780(+86,916)	100,221	171,117(+22,146)	
1816	789,721(+59,941)	121,437	192,696(+21,579)	
1817	765,071(-24,50)	119,686	190,098(-2,598)	
1818	788,544(+23,473)	127,105	197,627(+7,529)	
1819	767,317(-21,228)	127,288	197,652(+24)	
1820	795,232(+27,915)	135,057	200,624(+2,972)	
1821	740,751(-4,481)	103,886	174,337(-26,287)	
1822	766,557(+25,806)	123,013	193,541(+19,204)	
1823	780,327(+13,770)	126,821	197,499(+3,958)	
1824	787,923(+7,597)	125,054	195,324(-2,175)	
1825	751,967(-35,966)	125,719	195,107(-207)	
1826	795,915(+43,948)	131,669	201,933(+6,816)	
1827	784,935(-10,987)	131,601	201,702(-231)	
1828	723,562(-61,373)	109,726	179,628(-22,074)	
1829	781,740(+58,919)	130,079	200,197(+20,569)	
1830	784,968(+3,228)	129,877	207,002(-125)	
1831	781,872(-3,096)	127,244	197,359(-2,713)	
1832	734,420(-47,452)	126,951	196,890(-469)	
1833		124,773	195,006(-1,884)	
1834	782,819(+40,141)	128,521	198,731(+3,725)	
1835	770,109(-12,710)	127,688	197,970(-761)	
1836	731,386(38,723)	118,864	188,814(-9,156)	
1837	745,535(+14,550)	115,647	185,722(-2,092)	
1838	725,190(-20,345)	122,791	192,883(+7,161)	

년도	전국 출세결수		전라도 출세결수
	합 (비총)	답	합 (비총)
1839	751,260(-742)	126,304	195,987(+3,104)
1840	775,226(+23,966)	133,596	203,069(+7,082)
1841	778,717(+3,491)	131,640	201,390(-1,679)
1842			
1843	783,582(+33,821)	137,253	208,346(+15,416)
1844	786,976(+3,394)	136,748	207,975(-371)
1845	783,117(-3,859)	132,937	204,224(-3,751)
1846	787,228(+4,111)	137,194	208,486(+4,262)
1847	782,881(-4,347)	134,566	205,843(-2,643)
1848	778,662(-4,219)	136,131	207,435(+1,592)
1849	785,183(+6,521)	134,332	205,614(-1,821)
1850	778,662(-4,219)	136,131	207,435(+1,592)
1851	761,051(-9,194)	128,619	199,924(-1,171)
1852	761,465(+416)	119,663	190,681(-9,243)
1853	734,855(-26,610)	122,587	193,557(+2,876)
1854	774,606(+39,751)	123,978	194,181(+624)
1855	792,879(+18,273)	133,543	204,534(+10,353)
1856	764,508(-28,371)	132,252	203,190(-944)
1857	762,926(-1,582)	126,953	197,110(-6,080)
1858	750,105(-12,821)	119,989	190,302(-6,808)
1859	764,546(+14,441)	127,328	198,309(+8,007)
1860	758,368(-6,178)	126,809	198,232(-77)
1861	766,299(+7,931)	125,143	196,511(-1,721)
1862	758,830(-7,469)	127,035	198,311(+1,800)
1863	763,984(+5,154)	128,241	199,616(1,304)
1864	776,708(+12,724)	131,418	202,815(+3,199)
1865	761,422(-15,286)	130,873	202,628(-187)
1866	789,155(+27,733)	134,667	207,096(+4,680)
1867	794,982(+6,088)	135,838	208,476(+1,380)
1868	799,714(+4,732)	137,731	210,551(+2,075)
1869	808,441(+8,727)	140,284	214,159(+3,608)
1870	813,174(+4,733)	141,082	215,952(+1,199)
1871	809,291(-3,959)	141,307	215,952(+594)
1872	815,485(+6,194)	141,462	216,140(+188)

【자료】『度支田賦考』上, 下, 麗江出版社, 1986.

〈제3장 부표 2〉『勝聰明錄』상의 기후변화와 작황상황

(1729년)

『勝聰明』一卷 己酉(1729)年五月十八日 如昨移種之處 往往龜坼 農家方切其雨之思 余家今日移秧才畢 而奉天數區姑且待雨 聞上道頗多未移云

一卷 己酉(1729)年十一月十六日 今年年事 可謂登熟 而所出反不如去年 一斗地則出不過二三十斗

一卷 己酉(1729)年十一月十六日 是年不豊不凶 市値租十四十五斗 米六斗或六斗半.

1729년은 5월에 이앙한 논이 거북이 등과 같이 갈라질 정도로 심한 가뭄이 든 해이다. 그러나 이해의 추수상황은 평년 수준을 웃돌았다. (가뭄피해1)

(1730년)

『勝聰明』一卷 庚戌(1730)年六月初八日 聞朝報 四月二十八日 霜降于關北 甚厚如雪

이해 고성지방은 큰 기상변화는 없었다. 다만 사월 말경(음력) 관북에 눈과 같은 두터운 서리가 내렸다는 기상이변에 대해서 기록하고 있다.

(1731)

『勝聰明』一卷 辛亥(1731)年四月五月 兩月枯旱 是時日月出入之際 紅光如? 移種失時人 皆惶怯

一卷 辛亥(1731)年六月十三日 始降雨澤 而移種吾家以二十五日畢移

1731년은 사월과 오월에 가뭄이 심하게 들어 대부분 이앙의 시기를 잃어버린 해로 기록하고 있다. 이해 6월 13일 겨우 비가 내리기 시작하여 6월 말경에야 이앙을 할 수 있었다. (가뭄피해2)

(1732)

『勝聰明』壬子(1732)年三月三日 今旱甚 井底生春草 泉源絶不流 是何徵耶

壬子(1732)年三月二十二日 今年癘疾 天地一綱 而兼以饑饉死亡頗多.

壬子(1732)年四月十二日 今春之凶極矣 而兼以厲癘死亡相繼 哭聲相聞 饒産之家 必朝飯夕粥 次者 或有絶火之時 若非葛根 貧民無資生之道耳

壬子(1732)年六月二十九日 旱灾則京畿忠淸兩道 尙有未移秧處 本道大邱七谷等邑 亦酷旱 豆太之枯損尤甚云

壬子(1732)年七月二十一日 蝱賊大熾 川流如血 巨濟地人民流散相望 此邑東門外 及松道驛 中稻極稔哉 至收穫之境 而蝱賊所損 靑者盡枯.

1732년은 1731년의 흉년과 겹쳐 극심한 가뭄과 전염병 그리고 병충해의 피해를 입은 해이다. 이해 3월의 가뭄은 우물 밑바닥에서 봄풀이 자라고 있는 것으로 묘사하고 있다. 이해에는 6월 29일까지 가뭄에 시달리다가 7월에는 큰비가 내려 홍수의 피해까지 겹쳤다. 경기도의 경우 7월 16일에야 비로소 비가 내리기 시작하였다. 이해 춘궁이 가장 악화된 2월의 미가는 벼 일 석당 8냥(지수 320)으로까지 치솟아 기록 중 최고 수준을 나타냈다. 이해 수확 전인 1월에서 7월까지 평균가격은 벼 일 석당 5.45냥(지수 218)이고 수확 후 8월에서 12월까지는 3.29냥(지수 157)으로 나타났다. (가뭄피해3)

(1733)

『勝聰明』癸丑(1733)年四月九日 今野田反耕 百分居一 闔門者多 陳田無數 雖有生存者 而無種不耕者亦無數 餓死病死 死屍相枕 飢哭喪哭之聲相聞

癸丑(1733)十二月二十九日 今春之飢凶癘疾人物死亡 通萬古所罕有之歲 不可?記 秋事可謂登豊 然飢病不能畊作者 窮困之狀 無最去年 則來春之勢 已可想耳

1733년은 기후이상은 없고 가을 추수도 풍년이 들었으나 1732년의 극심한 흉년의 여파로 재생산 기반마저 무너져 태반의 경작지가 진전으로 된 상황을 묘사하고 있다.

(1734)

『勝聰明』甲寅(1734)年十二月二十九日 是年旣登豊 又無癘疾 市値租至全石餘斗 米八九斗 可謂無餘望之樂歲也

1731-33년 흉년의 참상은 1734년 풍년으로 거의 정상으로 회복된다.

(1735)

『勝聰明』乙卯(1735)年十二月三十日 是年終歲 無被疾疫 四五月間旱 秋夏間 有風雨之災 穀出太減 然米出則租十斗 得米五斗餘升 市値租則全一石 而終歲不下於十四斗 米六斗或半

1735년은 전염병의 피해가 없어서 노동력이 보전된 해이다. 4, 5월에 가뭄이 있었고 여름과 가을 사이에 비바람의 피해가 있었으나 전반적으로 풍년이 든 해이다.

(1737)

『勝聰明』丁巳(1737)年五月二十九日 極摯才移秧 而久不雨 四野之枯乾已甚矣.

丁巳(1737)年七月二十一日 夜有鈴雨 曉又如斯 今此之旱 近年之最 僧巫聚禱于官門前 簫鼓之聲 日夜不絶

丁巳(1737)年七月二十六日 今夏八路同旱之中 湖西十八邑 湖南十三邑 未移秧而有朝報云

丁巳(1737)年 今年旱灾 近古稀有 而沃土則無傷 可謂穴農也 本邑以一千五百餘結 入磨切灾頉中爲尤甚 故令方設賑耳.

1737년은 5월 29일에 겨우 이앙을 할 정도로 5월 가뭄에 시달렸는데 7월에는 『勝聰明』과 무당을 모아 관문 앞에서 굿을 벌리기도 하였다. 조보에는 호서 18읍과 호남 13읍이 이앙을 못한 상태임을 알리기도 하였다. 이해 고성읍만 재결로 1500여 결을 받았다. (가뭄피해4)

(1738)

『勝聰明』三卷戊午(1738)年五月四日 今春雨不潤洽 移秧之後 尙不雨 故沃土外皆歉焦枯

戊午(1738)年十二月二十九日 是歲沿海市値租十四斗米五斗半 可謂免凶 而上道則市值不過七八斗云 可謂凶歉也.

1738년은 오월 가뭄과 이앙 후의 가뭄으로 고생하여 옥토이외 지역은 메말라 추수 결과는 겨우 흉년을 면할 정도로 되었다. (가뭄피해5)

314

z1740)

『勝聰明』 庚辰(1740)年 今歲不免凶年 而市値則 正租十二斗 米五斗

(1742)

『勝聰明』 辛酉(1742)年六月九日 風雲鈴雨 再昨日朝報有云 平安道內 去月十二日
雨雪云頃頃朝報聞云 籍民死者 四萬八千 而都城中 一日死者 一千六百云云.

辛酉(1742)年七月二十四日 雨始往不止 至申時量 巨流山一鹿 崩頹塡谷 而襄(?)陵幾
壓齋堂 及於墻下而止 殆裁.

『勝聰明』 辛酉(1742)年七月二十九日 今年大水 沿村壓死溺死漂殯 不知其幾

1742년은 관북지방의 기상이변으로 인명피해가 많이 발생한 사실을 조보를 통해
전해 듣고 기록하고 있다. 관북지방의 기상이변과 대조적으로 이해 삼남지방은 풍
년이 들어 미가는 벼 일 석당 1.25냥을 기록하였다.

(1743)

『勝聰明』 癸亥(1743)年四月十九日 社稷壇祈雨 官長親行 余以執禮行事後還家 近者
峽谷泉源之傍 或有移秧之處 而大野了無種畓之期 年事可慮

癸亥(1743)年五月十四日 終日雨不止 川流激石 自上年大水後今始初也

癸亥(1743)年八月十二日 入校 見朝報有曰 今年亢旱 振古所無 關內雨電之後 繼以
酷旱 野無遺靑 民專仰哺於官 官家節於調度則 民相與搏殺 官長者四處 自六月初二
至初五酷弊 前古所未有而初五一日之內 病喝而死者一萬七千餘人 皇帝發怒 銀萬五
千兩以給之 且設氷幕 及救喝之資 使行人就飮之 賫咨官旣留之舘 人皆昏倒欲死之際
忽然狂風大作 紅光遍天旋爲洒雨凉生 幸以免死云

1743년은 사월까지는 가뭄으로 겨우 물이 나는 골짜기 옆의 논에만 이앙을 하였
고 들판에는 전혀 이앙을 기약할 수 없는 걱정이 있었으나 5월의 비로 가뭄이 해
소되었다. 조보에 따르면 이해 중국에서는 갈증으로 죽은 자만 17,000여 명이나
되었다.

(1744)

『勝聰明』 甲子(1744)年五月二十四日 無日不陰 而日後稍冷 雖少年不脫綿衣 極怪

甲子(1744)年六月初一日 大雨道不通 初二日 大雨野水漲流 初四日 無日不雨

甲子(1744)年六月十一日 自曉至午 不辨牛馬 堤堰之壞決 禾畓之傷損 不可勝記 人
物死亡亦多有

甲子(1744)年六月十二日 自去月初十日 始雨至于今 劫水累至 是何歲耶

今年之大風大水 振古所無 而田穀不登 然畓穀則可以免凶 市値大騰 則今租十四斗
米五斗半

1744년은 오월부터 구름이 끼지 않은 날이 없었고 오월 10일경에 내리기 시작한
비는 6월 12일까지 계속 내렸다. 이해는 근고에 없는 많은 비가 내렸음에도 불구
하고 답곡에는 별다른 피해가 없었다.

(1746)

『勝聰明』 丙寅(1746)年 今年亢旱 而秋成則可謂免凶 市値正租十六七斗 米六斗半

(1748)

『勝聰明』戊辰(1748)年 今年夏旱 近古所無 而畓穀則不甚焦枯 所出亦爲充實 可謂
中豊 而田穀則大損 木花初甚茂甚 而爲秋雨所爛傷而大減

1748년은 근고에 없는 여름 가뭄에 시달렸으나 이앙기 가뭄이 아니라서 답곡에는
별다른 피해를 보지 않은 해이다.

(1750)

『勝聰明』庚午(1750)年十二月二十九日 今年農事 初傷於旱 又傷於霖雨 又傷於大水
末乃大傷於 風而或有虫損 初秋市値米五斗半 冬間四斗租十斗 畓穀所出上上不過
三十斗 天上稻米出稍多 田穀元無登熟者.

1750년은 이앙기 가뭄과 홍수와 바람과 병충해가 겹쳐 흉년이 든 해이나 천상도
와 같은 가뭄에 강한 특수 품종의 경우 소출이 별로 줄지 않았다.

(1751)

『勝聰明』辛未(1751)년 四月二十一日 市値租七斗 米三斗 然市上穀物稀貴 村閭飢
窘已甚

五月十一日 今年牟麥 可謂極凶 卽今市置不過十斗 五月十六日 市値正租六斗 荒租
七斗 精米三斗 牟八斗 麥四斗半

四月二十九日 牟田黃孟多 人皆驚喧 八月十五日 今年年事 田穀則元是失稔 而畓穀則
初爲稍登矣 不意蝗虫熾發於上道 各邑自朝家行脯祭 於各道而沿邊 固城南海

1751년은 보리농사가 병충해의 피해를 많이 입어 미가에도 영향을 준 해이다. 이
해의 곡물시세는 미곡시세와 보리시세의 상호 연관을 잘 보여준다. 보리는 미곡과
보완관계에 있어서 보리농사의 흉년은 보리가격의 상승을 가져오고 결국 미가의
상승을 초래하는 한 원인이 되고 있었다. 이해 보리 수확 전 4월의 벼의 시세는
일 석당 2.86냥이었다. 그러나 보리 수확이 극흉으로 판명된 5월의 시세는 3.33냥
으로 올랐다. 보리의 흉작이 미곡시세에 얼마나 민감히 반영되는가를 잘 보여주고
있다.

(1752)

『勝聰明』壬申(1752)年五月三日 今年牟麥 早出土者 則無前大登 至春而生者 初無
可望 而結實果 然 是可幸也 春間市値 租不過七八斗 米不過三斗或餘升 而自麥事稍
可以來 漸至騰踊 再昨市租九斗或十斗 米四斗或餘升

十二月三十日 今年農事 初以大登 而傷於霪雨 結果無實 然勤且免凶 而田穀則
比前差登

1752년은 보리농사는 처음에 가망이 없는 것으로 예측되었으나 결과는 다행히 많
이 수확되어 그 결과 1751년과 서로 다른 미곡시세의 변화를 가져왔다. 즉 보리
흉작이 예견된 3-4월의 미가는 벼 일 석당 2.5-2.86냥대의 시세를 보이다가 풍작
으로 판명된 오월의 시세는 일 석당 2.22-2냥대로 하락하였다.

(1753)

『勝聰明』癸酉(1753)年 六月三日 雨滿溝洫 今夏尤旱 近古所無 而京畿則自正月
至于今不雨 聖上累度親行祈雨云 宅前池塘下中稻今始移 六月二十一日 秧才移

316

而旋曝 人皆惶惶

七月十日 熏蒸北天震 再昨朝報聞有 忠淸道洪川 江原道三陟 兩邑六月十四 霜降云

十二月三十日 今年牟麥稍登 春夏之交 雨澤不洽 移秧愆期 五月酷旱 六月初始得甘霈 畓種太晩 懦農者至六月望間 而畢穡事野畓大登 山峽失利 而豆太稍稔 歲叹無飢困 之歎 六月以後 大雨不絶 山麓及水邊列邑 酷被其害 人畜洽沒 不知其幾 亦一變也

1753년은 봄과 초여름 가뭄에 시달린 해이다. 이해 경기에서는 1월부터 6월 3일까 지 비가 내리지 않았다. 이러한 가뭄은 6월의 비로 해소되어 대부분 이앙을 6월에 야 하게 되었다. 7월에는 조보에서 충청도와 강원도 일대에 서리가 내린 사실을 기록하고 있다. (가뭄피해 6)

(1754)

『勝聰明』 甲戌(1754)年 六月二十九日 東風或西小風 而日熟 是時蟊賊頗盛 人皆有 憂懼之色

七月七日 是時蟻虫益大盛 中稻之晩種者 發黑穗 人情惶惶 七月八日 蟊賊愈熾 野色 失靑

七月十二日 西風日枯 人言蟊賊無水則差減云 故人皆決睦去水 而日又久旱 便成龜坼 可謂東敗西喪也 十二月三十日 今年沿邊數邑 虫損失稔 而上道列郡 則居多稍登云 田穀所出 幷爲板蕩 而木花尤失云

1754년은 6월 말부터 7월까지 병충해의 피해로 시달린 해이다. 특히 벼에 물이 없 어야 병충해가 없다는 소리를 듣고 모두 논에서 물을 뺏다가 가뭄이 들어 더욱 고생한 해이다. (가뭄피해 7)

(1755)

『勝聰明』 乙亥(1755)年 六月十二日 今夏霖雨 沿江列邑 室舍漂沒 而左道特甚 屍骸 塞江 而下塡于海口郡 今海夫漁網中 所拯屍骸器物 不知其數 而江邊田野 永無形骸 老少男女 流離散四 皆是時變也

十月二十六日 今年穡事大失 月峙所在 畓八斗地 內下邊 三斗地分 一石二斗 上邊 五斗地分 一石十一斗而已 十一月十日 令禁酒令 行于國中 而晉州宜寧於邑特甚嚴截 故犯禁拘囚者頗多

1755년은 홍수의 피해가 극심한 해이다. 이해 여름 장맛비로 강가 마을의 집이 모 두 떠내려갔고 바닷가 어부의 어망에 걸린 시체와 기물의 수가 대단히 많았다. 이 해 농사는 큰 흉년으로 판명 났는데 월봉은 고성 내하변 3두락에서 1석2두 정도 상변 5두락에서 1석11두 정도의 소출을 예로 제시하였다. (홍수피해 1)

(1756)

『勝聰明』 第四册 丙子(1756)年 一月一日 酒禁嚴截 歲朝不見醉客 一月四日 天淸北 風寒 近來風日 甚惡 似是不祥之徵也 去年年事 失稔特甚 百穀不登 民間飢窘 同有 紀極 卽今市上錢一錢値米一升六合 而米色太麤精租四斗値錢一兩一錢 道路往往白刲 竊發 人不敢獨行 三月二十二日 染疾益熾 人物死亡 不知其幾 四月七日 今春本洞人 死者 已逾卄數

1756년은 전염병이 만연하여 사망자가 많이 발생한 해이다.

(1757)

『勝聰明』第五册 丁丑(1757)年 四月二十四日 移秧畢. 十二月二十四日 今年年事 百
穀平登 而水荏則反不及於去年 六七月之間 牟窘特甚 市值不過七八斗

1757년은 백곡이 모두 균등히 잘되었으나, 6, 7월 사이에 보리의 부족이 심하여
미가가 일 년 내내 높은 수준을 유지한 해이다.

(1758)

『勝聰明』戊寅(1758)年 正月初九日 畢移秧. 十二月三十日 是歲非豊非凶 而市值大
騰 今正租十五 六斗幾爲全石之費 米六斗餘升 農家之不幸甚矣.

1758년은 미가의 지나친 하락으로 농가가 경제적 이득을 못 본 해이다.

(1759)

『勝聰明』第五册 己卯(1759) 五月初七日 雲散始移早稻. 十二月三十日 今年之事 禾
穀大盛 而爲螟所損未免凶歉 則今市值蘿米四斗精三斗半 正租八斗.

이해는 이앙에는 별 지장 없었으나 병충해로 인하여 큰 손해를 본 해이다.

(1760)

『勝聰明』第五册 庚辰(1760) 初曉雷聲大震 雨脚注下 朝省則水連流 奉天之畓 無遺
畢移

(1761)

『勝聰明』第五册 申巳(1761) 五月初五日 東北風 而終日雲陰, 今此旱魃已至二十日
旣移之田, 或多乾坼, 未移之處, 苦待日時, 田家之望望極甚. 六月初十日 又聞上京路
傍聲息 則報道晉州以上至京城, 麥秋一般失稔, 在田不收者頗多, 亢旱亦同, 京畿則乾
附種處, 越時畢事, 而水耕處, 亦幾乘畢, 其餘忠淸道以下, 至晋州列邑, 移秧或半或三
分居一二, 而獨本邑早移秧事,且免凶歉云

1761년은 전국적으로 가뭄이 심하였고 특히 충청도 이하 삼남지방의 가뭄이 심하
여 이앙을 마친 곳이 1/3에서 2/3 정도였다. (가뭄피해 8)

〈제3장 부표 3〉

(1757) B.133冊 英祖 33年 p.31			
道別	尤甚邑	之次邑	稍實邑	作況記述
전라	진도 1	해남 5	전주 47	本道農形 最爲豊登 雖不無若干水災之處 覔沙災名

(1758) B, 135, 英祖 34年 p.160			
전라	0	진도 17	광주 36	

(1759) B.137冊 英祖 35年 p.320-346			
전라	진도 6	전주 18	능주 29	
충청	태안 8	덕산 34	홍산 12	
경기	남양 13	교하 12	삭녕 10	
황해	해주 11	강령 7	곡산 5	
함경	0	단천 6	경성 16	

(1760) B.139冊, 英祖 36年 p.466-520
以爲今年稔事 摠論大體 庶免告歉 此等之年 不宜有尤甚名色 故不爲擧論

전라	0	전주 19	고산 34
충청	직산 13	청주 22	공주 19
경기	수원 14	적성 15	장단 8
강원	원주 4	홍천 6	강릉 16
함경	우심 0	부녕 8	무산 15

(1761) B.140冊 英祖 37年 p.594-640			
전라	임피 17	운봉 12	임실 28
경상	김해 14	창원 36	안동 21
충청	서천 14	정산 22	청양 18
경기	남양 1	부평 8	광주 18
강원	삼척 5	강릉 7	양양 14
함경	갑산 2	안변 9	덕원 12

(1762) B.142冊 英祖 38年 p.781-798			
전라	진안 34	남원 16	무주 3	大歉之歲
경상	남해 36	성주 23	안동 12	
충청	서천 39	청안 10	제천 5	
강원	0	원주 10	춘천 16	
경기	남양 10	인천 16	지평 11	
함경	갑산 4	문천 14	안변 5	

(1763) B.144冊 英祖 39年 p.20-29			
道別	尤甚邑	之次邑	稍實邑	作況記述
전라	전주 8	나주 25	남원 20	今年湖南穡事 誠違初料 極爲可恨
경상	양산 10	함안 25	청도 34	今年本道穡事 初料一邑之內 歉穰判異
충청	석성 8	연기 19	홍주 27	湖西穡事 可謂稍豊
평안	정주 8	의주 15	평양 19	
강원	횡성 6	강릉 15	철원 5	
경기	양천 6	가평 17	영주 14	
함경	갑산 6	이성 8	안변 9	

(1764) B. 146冊 英祖 40年 p.201-245			
전라	나주 12	전주 23	여산 18	
경상	동래 15	인동 11	청도 45	
충청	직산 23	영춘 15	괴산 16	今年穡事 大歉之狀
평안	용강 9	평양 17	강계 16	道內各邑 無不被災
강원	0	통천 17	평해 9	
함경	경흥 5	경성 9	은성 10	
경기	양천 16	양주 12	영평 9	

(1765) B.148 冊 英祖 41年 p.385-406			
전라	흥양 9	전주 28	고산 16
경상	양산 13	성주 21	경주 37
충청	석성 7	연기 23	직산 24
평안	용천 7	희천 26	영유 9
함경	0	종성 6	안변 17

(1766) B.149 冊 英祖 42년 p.480-494			
전라	0	고산 24	무주 29
경상	고성 5	연일 18	대구 48
충청	평택 7	천안 10	연산 37
평안	영유 14	순안 19	평양 9
함경	삼수 2	북청 8	안변 13

(1767) B.150冊 英祖 43년 p.591-603			
전라	0	장흥 11	전주 42
경상	단성 10	선산 26	문경 35
충청	태안 12	천안 5	공주 37
평안	안주 8	中和 27	祥原 7
함경	덕원 10	고원 9	안변 4

(1768) B.152冊 英祖 44년 p.688-724			
전라	용안 15	구례 19	무주 19
경상	거제 23	동래 27	대구 21
충청	회인 11	단양 20	청주 23
황해	연안 9	김천 7	풍천 7
(1770) B.153冊 英祖 45년 p.847-877			
전라			
경상	청하 2	경주 6	대구 63
충청	태안 7	보령 15	청양 32
평안	평양 16	가산 19	곽산 7
함경	문천 4	안변 14	무산 5
(1771) B.155冊 英祖 47年 p.124-129			
전라	나주 12	영암 22	고산 19
충청	태안 14	온양 19	청주 21
황해	재녕 7	수안 10	서흥 6
함경	0	함흥 9	홍원 14
평안	정주 11	안주 18	평양 13
(1774) B.156冊 英祖 50年 p.239-257			
전라	0	전주 15	나주 38
경상	양산 2	밀양 16	대구 53
충청	평택 10	공주 20	청주 24
경기	우심 0	수원 11	광주 26
강원	양양 2	원주 14	양구 10
황해	연안 3	평산 6	장녕 4
평안	0	초산 5	평양 37
함경	갑산 3	경성 7	안변 13
(1775) B.157冊 英祖 51年 p.236-252			
충청	부여 19	연기 24	음성 11
경기	남양 9	광주 21	파주 7
평안	안주 15	평양 14	순안 13
함경	문천 3	안변 18	무산 2
강원	인제 4	원주 14	이천 8
함경	안변 4	덕원 5	고원 14
평안	0	평양 6	영유 36

(1777) B.158冊 正祖元年 p.508-518

今年稸事 庶冀豊熟 意外風水之灾 近來所無 關東尤甚 嶺南爲次

전라	고부 5	김제 12	흥양 36	
경상	지례 14	진주 33	언양 24	
충청	태안 20	尼城 25	문의 9	
강원	인제 4	원주 14	이천 8	
평안	0	평양 6	영유 36	本道農形之若是登熟 爲西民甚幸
함경	안변 4	덕원 5	고원 14	今年北路農形 初旣登稔 秋後被灾
황해	해주 7	옹진 7	金川 9	

(1778) B.159冊 正祖 2년 p.637-656

今年稸事 始有豊登之望 自七月以後 風雨霜灾 忽判歉歲 以諸道狀聞關之
去益罔涯 又況嶺南昨歲 告歉之餘 今年又尤甚於諸道

전라	고부 7	전주 28	장성 18
경상	함창 36	진주 22	거제 13
충청	황간 10	석성 37	홍주 7
평안	寧遠 7	평양 25	강서 10
경기	여주 10	양주 19	광주 8
황해	곡산 7	장연 10	은율 6

(1779) B.160冊 正祖 3년 p.761-779

전라				本道稸事 可謂豊登而濱海之水沈 近峽之
				覆沙等灾無邑無之
경상	0	청하 12	안동 59	雖是豊登之歲 若其被灾之處 何可使白徵
충청	0	임천 10	홍주 42	今年稸事 幸而不至於告歉
평안	陽德 4	성천 13	평양 25	
함경	0	문천 4	안변 19	

(1780) B.161冊 正祖 4년 p.877-903

今年諸道稸事 幸免歉荒 而至於北道 暵澇爲灾 北關水灾孔慘, 民情遑急之狀
(함경도 흉년 삼남지방 풍년)

전라	0	진도 13	무주 40	今年本道 非不豊登 而間多被灾之狀
경상	0	眞寶 20	金山 51	
충청	0	제천 8	임천 46	

(1781) B.163冊 正祖 5년 p.26-63

수해 피해가 심한 해 특히 경상도지역 수해 피해가 심한 해.

전라	옥구 13	흥덕 22	무주 18	
경상	협천 27	경주 18	문경 26	嶺下風雨 又甚於湖南
충청	서천 3	영춘 9	공산 42	
평안	강계 10	평양 16	정주 16	
함경	문천 8	안변 8	삼수 7	
경기	0	교동 18	광주 19	
강원	伊川 7	울진 12	원주 7	

(1782) B.165册 正祖 6년 p.247-281 이해는 가뭄으로 경기지역을 중심으로 흉년이 든 해, 반면 함경 평안 지역은 풍년				
전라	임피 10	김제 23	순창 22	湖南穡事 雖云稍勝於畿湖 畓農之歉荒 則大體同然
경상	양산 13	창원 34	거제 24	
충청	평택 19	정산 21	영춘 14	
평안	0	평양 34	강계 8	
경기	광주 17	양주 13	교동 7	今年穡事 畿甸最歉 而畿甸之中 南陽尤甚
황해	해주 4	연안 9	황주 10	

(1786) B.169册 正祖 10년 p.721-777 今年湖南灾荒, 實爲諸道之最, 觀於分等狀辭, 民情遑急, 無異癸卯(1783)				
충청	태안 12	청양 36	청풍 6	農形狀啓 畓穀在在判歉 綿農又如是 失稔
전라	나주 15	전주 29	능주 9	
경상	남해 22	지례 34	문경 15	

(1787) B.171册 正祖 11년 p.943-998				
전라	0	전주 14	나주 39	本道穡事 雖曰均等 長夏潦霖 間多全棄
경상	양산 2	함안 31	하양 38	梁山金海等數邑水灾雖云孔酷 其餘諸邑川沙間或有之
충청	공주 9	아산 23	청풍 22	湖西穡事之被歉 無異畿甸

(1788) B.173册 正祖 12년 p.143-209 今年年事 三南畿甸 雖謂之大豊 而路傍水田 或因其主之全家遷癘 不得耕耘 獨不免荒廢者有之				
경상	0	양산 18	청도 53	
충청	0	아산 8	영춘 46	本道今年穡事 雖不可謂全無灾頉 而大體論之 通一道均豊
평안	강계 7	의주 12	평양 23	
황해	곡산 4	강령 8	연안 11	

(1789) B.175册 正祖 13년 p.402-430				
전라	0	나주 21	고산 32	
평안	의주 15	평양 19	영유 8	本道農形 先以水灾 間以虫損 繼之以霜雹 論其全體荒年
함경	경흥 6	경원 11	회령 7	本道農形 統而論之 盖無一邑不被灾 僅可謂免得慘凶
황해	곡산 10	황주 11	연안 32	

(1790) B.177冊 正祖 14年 p.643-673			
전라	0	나주 13	전주 40	今年農形 較之嶺南 雖不無差遜於彼 而大體言之 謂之均登
충청	0	목천 13	청주 41	道內稿事 田穀不如畓穀 野農遜於峽農 風損海溢 諸般災頉
함경	삼수 3	길주 8	안변 12	道內稿事 南關旣爲大豊 北關亦皆免歉

(1791) B.179冊 正祖 15年 p.856
今年諸道農形 大體言之 畓禾則豊處多而歉處少 田穀則豊處少而歉處多

(1792) B.165冊 正祖 6년 165,236,240
今年稿事, 畿甸最歉, 而畿甸之中, 南陽尤甚.
湖南稿事 雖云稍勝於畿湖, 畓農之歉荒則大體同然

(1794) B.182冊 正祖 18年 p.242-272			
전라	나주 19	전주 24	능주 11
경상	청하 23	의녕 26	안동 22
충청	태안 20	부안 25	청양 10
황해	해주 6	곡산 12	황주 5
평안	강계 5	안주 22	중화 15

(1796) B.184冊 正祖 20년 p.510-532			
전라	0	무안 15	정주 39
충청	0	청풍 12	공주 43
황해	0	해주 13	황주 10
함경	0	고원 19	안변 5

(1797) B.186冊 正祖 21年 p.690-728			
전라	김제 12	여산 16	무주 25
경상	청하 19	경주 29	문경 23
평안	0	양덕 14	평양 28
충청	은진 9	연산 17	홍주 29

(1798) B.188冊 正祖 22年 p.912-932			
전라	여산 13	전주 20	광주 21
충청	홍주 19	충주 23	청풍 12
경기	안성 3	여주 20	양주 12
강원	울진 3	횡성 6	영월 17
황해	수안 3	안악 14	장녕 6
함경		안변 8	덕원 17
평안	강계 4	태천 19	평양 19

(1799) B.189冊 正祖 23年 p.79-107				
전라	0	전주 21	광주 33	
충청	0	평택 15	공주 39	
강원	0	원주 7	영월 19	
황해	0	해주 7	황주 16	
함경	0	갑산 3	안변 22	

(1800) B.191冊 純祖 卽位年 p.245-254				
전라	0	광주 25	전주 28	
경상	0	영덕 27	죽산 44	
강원	0	강릉 2	간성 18	
황해	0	연안 10	곡산 13	

(1801) B.192冊 純祖 元年 p.361-382				
전라	흥양 6	나주 14	전주 34	穧歉交錯
경상	동래 13	양산 23	지례 35	雖曰灾農 大体論之 稍遜於左沿一帶 尤爲穧少而歉多.
충청	0	태안 17	공주 37	豊年
평안	0	평양 15	강서 27	稍熟之歲
강원	평해 2	강릉 3	원주 21	幸得善成
함경	0	고원 12	안변 13	始憂旱澇之不均 終賴潤曝之得宜

(1802) B.193冊 純祖 2年 p.483-534				
전라	옥구 8	전주 15	나주 31	
경상	0	청하 26	선산 45	三十五年之所未有一路均登
충청	0	한산 29	청풍 25	本道今年稽事 大体則免歉 而沿峽之優劣縣殊
강원	0	원주 5	영월 21	
함경	0	길주 14	안변 11	

(1803) B.194冊 純祖 3年 p.600-612				
전라	진도 5	나주 14	전주 35	本道農形之多遑所料 終始皆雨 而蟲灾較甚於他道
경상	0	長鬐 32	안동 39	
충청	청주 17	임천 21	옥천 16	今年年事之失稔 無邑不然
평안	창성 3	영 20	평양 19	
강원	0	횡성 8	강릉 18	今年農形 始因雨澤稍 終又霜太旱 晚種各穀 不免受損
황해	연안 2	해주 11	송화 10	延白之慘凶 無比癸丑

(1804) B.195冊 純祖 4年 p.760-774				
전라	0	전주 17	무주 36	本道年事 始經極備之灾 終獲大有之喜
경상	0	지례 6	함양 65	嶺農之豊 甲於諸路
평안	의천 8	안주 19	평양 15	今年年事 比之諸路 最爲失稔
황해	해주 9	김천 7	토산 7	今年年事 比之昨年 稍勝

(1805) B.196册 純祖 5년 p.763-774			
전라	진도 11	나주 12	무주 30	흉년
경상	청하 9	진보 17	김해 45	今年年事 豊儉不均
충청	평택 5	남포 30	홍주 19	
황해	0	연안 6	서흥 17	本道農形 自初雨暘調順 一道之均豊

(1806) B.197册 純祖 6년 p.842-861			
전라	흥양 3	임피 16	무주 34	今年年事 比之昨年 不?縣勝爲南民萬幸
경상	청하 15	거제 22	안동 34	嶺南年事 比之夏間所料 雖曰穴農 亦云多幸
충청	한산 5	공주 25	충주 24	今年農形 畿湖爲優 而及其登場之後 多有無實之歎
황해	康翎 4	해주 14	황주 5	今年年事 大體論之 比甲子稍勝 而多遜於昨年

(1807) B.198册 純祖 7년 p.936-955			
전라	부안 3	만경 16	전주 35	本道年事 扶安等三邑 果爲慘凶 其外野峽諸處 不失爲均豊
경상	초계 3	협천 21	안동 42	本道年事 大體論之 優劣無甚懸殊 足可謂均豊 誠極多幸
충청	아산 7	홍주 25	충주 22	
함경	0	길주 8	안변 17	關北七八邑 雖曰小遜 亦可謂稍實之歲

(1809) B.199册 純祖 9年 p.106-138			
전라	나주 34	김제 15	무주 5	歉荒最甚必稱兩湖 湖南比湖西尤甚最甚 盖自春至秋無災不有
경상	창령 26	협천 28	청송 17	本道穡事 雖曰嶺勝於湖 而嶺與湖幾無異同矣
충청	아산 34	괴산 15	청풍 6	湖西雖次於湖南 而一路全歉
평안	초산 8	평양 21	의주 13	本道穡事 比他道稍勝

(1810) B.200册 純祖 10年 p.223-237			
전라	흥양 12	장흥 28	무주 14	沿邑海溢 山郡邑稍實
경상	김해 16	함안 22	청송 33	比右於左少遜
충청	평택 22	충주 23	청풍 10	依山近峽之地受灾 山野互半之處 通全邑而優劣各異
평안	의주 11	평양 24	통천 7	春有大有之兆 收成在卽 雹霜風 而無灾不有
함경	안변 9	북청 11	정평 5	無論南北 收成之節 日候不調 殆無純登之邑

(1811) B.201册 純祖 11年 p.382-409			
전라	진도 2	흥양 34	무주 18	
경상	0	고성 14	대구 57	最勝於八路
충청	태안 12	홍주 15	충주 28	兩湖次於嶺南 兩湖之中 湖西遜於湖南
평안	영변 19	평양 23	0	本道凶年 無異於己酉
함경	정평 14	안변 11	0	一路凶歉

(1812) B.202冊 純祖 12年 p.563-589			
전라	무안 15	전주 28	무주 10	三南全路凶年
경상	자인 24	지례 28	언양 19	
충청	홍양 21	공주 23	정산 11	近海諸邑 全多凶年
평안	0	의주 24	평양 18	今年卽 始爲陳荒爲灾 經又旱乾爲灾
함경	정평 5	영흥 11	안변 9	小康之喜

(1813) B.203冊 純祖 13年 p.690-714			
전라	운봉 6	무주 34	광주 14	山郡甚於沿邑
경상	지례 13	양산 38	창원 20	今年穚事之大違始料 統而論之 則歉多而穰少
충청	서천 16	공주 36	청주 9	內浦諸邑 間多全歉
평안	0	안북 29	평양 13	
함경	정평 11	안변 14	0	過六月受風水之灾

(1814) B.204冊 純祖 14年 p.839-868			
전라	나주 29	여산 15	무주 10	
경상	진주 51	영천 6	0	始旱終潦(1792년 이후 처음있는 재난)
충청	예산 27	공주 21	청풍 7	三南中湖西稍勝
평안	中和 4	평양 27	숙천 11	諸路中最勝
함경	함흥 3	안변 15	장진 7	豊多而歉少

(1816) B.205冊 純祖 16年 p.961-982			
전라	0	나주 37	무주 17	今年三南大抵均登
충청	0	공주 30	홍양 25	大有之歲
함경	함흥 6	안변 11	갑산 8	南則以潦而歉風 北則始潦而終霜

(1817) B.206冊 純祖 17年 p.40-62			
전라	옥구 8	용안 39	광주 6	風損潦傷
경상	김해 17	상주 40	영천 14	受被水灾
충청	태안 14	충원 30	괴산 11	風水之灾
평안	영원 2	안주 23	평양 17	始旱終潦 霜雹繼以爲灾
함경	갑산 8	안변 6	고원 11	本道穚事 暘失宜 風霜爲灾

(1818) B.207冊 純祖 18年 p.125-140			
전라	옥구 5	익산 10	무주 39	自五月雨暘始調 枯者皆蘇 康年
경상	선산 3	김해 21	지례 47	樂歲
충청	한산 12	공주 19	충원 24	近年之罕康年
평안	맹산 13	평양 29		始則雨暘調順 耕播不愆 終則長霖猛風 虫蝗相雹 無灾不有

(1819) B.208冊 純祖 19年 p.206-231			
경상	선산 13	상주 36	창원 22	
충청	공주 26	홍양 15	단양 14	全一路通歉
황해	해주 8	황주 8	곡산 7	絶長補短 穴農
평안	영원 5	가산 23	중화 14	

(1820) B.209册 純祖 20年 p.297-312				
전라	옥구 8	전주 20	보성 25	
경상	0	밀양 21	영천 50	全一路豊稔
충청	청산 3	공주 14	충원 38	
황해	신계 4	해주 9	연안 10	統以言之 均是豊登
평안	영원 7	상원 12	평양 23	雖夏初被虫損 可謂小康之歲
(1822) B.210册 純祖 21年 p.379-400				
전라	진도 9	전주 25	광주 20	
경기	풍덕 11	여주 15	가평 9	
평안	0	영유 24	평양 18	
함경	안변 12	이원 8	갑산 5	
강원	0	강릉 17	회양 9	
(1823) B.211册 純祖 23年 p.488-516				
전라	운봉 6	전주 24	무주 24	
경상	양산 8	성주 11	청송 52	
충청	태안 9	공주 22	청주 24	凶年
평안	0	영유 23	평양 19	今年穡事 八路均登 本道爲尤甚
함경	안변 8	문천 14	갑산 3	
(1824) B.212册 純祖 24年 p.591-611				
전라	운봉 7	전주 23	임실 24	
경상	김해 10	창녕 14	경주 47	
충청	0	공주 34	목천 21	
평안	0	평양 27	순안 15	
경기	0	통진 10	양주 24	今年年事 雖有沿海各邑受損傷 通論全道 可謂豊歲
(1825) B.213册 純祖 25年 p.682-701				
전라	함열 6	여산 23	용담 25	
경상	순흥 7	상주 13	경주 51	
충청	서산 17	공주 25	청풍 13	今年穡事 始旱終澇 被灾孔酷
평안	증산 4	평양 32	의주 6	夏因久旱 秋有冷雨 方穗未發 加以虫雹之灾
함경	경성 9	문천 8	안변 8	
(1826) B.214册 純祖 26年 p.782-799				
전라	진도 2	해남 19	무주 33	小康之年
경상	남해 9	金山 15	안동 47	
충청	보은 5	공주 19	충주 31	
황해	토산 6	해주 12	연안 5	本道穡事 晩或霖潦有損
함경	갑산 5	문천 12	안변 8	

(1827) B.215冊 純祖 27年 p.898-912			
전라	나주 6	순천 19	전주 29	統論一道 優可爲少康
경상	양산 5	안동 35	경주 31	
충청	공주 15	홍주 15	충주 25	
평안	평양 4	순안 29	龜城 9	本道穡事 雖被夏澇之爲灾 終得秋暘之收功
함경	안변 7	덕원 15	정평 3	

(1828) B.216冊 純祖 28年 p.979-			
전라	옥구 19	익산 24	전주 11	
경상	창령 26	성주 36	순흥 9	
충청	공주 17	홍주 26	대흥 12	旱澇受損 加以虫蝕
평안	강계 4	용강 28	중화 11	今年西農 雖日少損於夏澇 終見收功於秋暘 沿峽非無優劣
함경	무산 12	영흥 4	안변 9	被灾孔酷

(1829) B.217冊 純祖 29年 p.64-78			
전라	진도 2	강진 17	전주 35	本道穡事 雖有沿海若而邑灾損 統論一路 可謂均登
경상	거제 11	진주 23	金山 37	本道旣困於昨歲歉荒 又傷於今年旱澇
충청	천안 6	홍주 14	공주 35	今年湖西農 旱澇爲灾 不無若而傷損
평안	강계 2	강동 24	평양 16	
함경	북청 13	고원 7	안변 5	今年年事 惟玆北關 獨被大無

(1830) B.218冊 純祖 30年 p.165-183			
전라	진도 4	강진 23	전주 27	本道穡事 統計一路 足爲小康
경상	고성 14	남해 25	문경 32	今年嶺農 固知小康
충청	충주 10	홍주 22	공주 23	
평안	영원 3	평양 21	숙천 18	

(1831) B.219冊 純祖 31年 p.235-247			
전라	해남 15	부안 20	능주 19	
경상	장기 18	청하 26	문경 27	今年嶺農 雖日小康 野沿灾損 聞多失稔
충청	0	공주 32	충주 23	
평안	영유 8	강서 22	순천 12	
함경	무산 3	회녕 5	안변 17	

(1832) B.220册 純祖 32年 p.303-325			
전라	전주 19	익산 19	나주 16	今年農形 旱澇爲灾 右沿少遜於峽邑 下道遠勝於野地
경상	청송 18	비안 29	경주 24	
충청	공주 27	충주 23	단양 5	今年本道 雖極備無 較之初不移種 然有間焉
평안	평양 35	강서 7	0	
함경	0	경성 6	안변 13	今年又爲稍康
경기	極凶			
황해	황강 12	연안 11		始旱雖先於他道 晚澇猶勝於畿甸 沿海畓農 因多被灾

(1833) B.221册 純祖 33年 p.430-457			
전라	영광 20	순천 23	광주 11	
경상	상주 14	거제 49	청도 8	
충청	공주 25	홍주 24	단양 6	
평안	강서 9	평양 30	삭주 3	
경기	양천 10	여주 24	0	

(1834) B.222册 純祖 34年 p.556-575			
전라	전주 11	순천 22	광주 23	始也耕播及時宜其成就無病 終焉旱澇被灾
경상	0	안동 25	영천 11	豊年
충청	0	공주 31	충주 24	本道農形 一路均豊
평안	안주 9	영유 22	평양 11	今秋西農 統以論之 灾實間多相錯
함경	고원 3	안변 25	홍원 11	本道農形 野而無晚澇之損 峽而晚旱潦之患

(1835) B.223册 憲宗 元年 p.674-699			
전라	운봉 8	김제 31	광주 15	今年積潦之瘁穡 全道失稔
충청	충주 16	홍주 29	한산 10	今年積潦之灾 係是遠近之通患 殆爲諸路之最
평안	영원 5	평양 37	0	本道穡事 始有豊登之望 晚後灾形 多違初料 未免穴農
황해	곡산 12	백천 11		今年穡事 始若有占豊之望 終焉爲積潦所傷
경기	교동 14	과천 16	영평 4	積潦沈執之灾 畿甸尤爲偏被

(1836) B.224册 憲宗 2年 p.764-793			
전라	능주 25	전주 24	광주 5	今年豊嘆之灾 乃是諸道之所同 本道則加以海溢虫損
충청	천안 25	공주 22	청풍 8	本道稼事 繼之以東風連吹 霜信太早
평안	양덕 4	순안 31	평양 7	今年西農 較諸道最爲登稔 而秋後風嘆 繼以旱霜
함경	덕원 17	안변 5	후주 3	本道則自耕播之初 已被旱損 繼之以風潦霜雹

(1837) B.225册 憲宗 3年 p.882-898			
전라	나주 26	장흥 23	무주 5	穴農
경상	영해 14	동래 20	선상 37	小康之年
충청	공주 19	청주 23	충주 13	穴農
경기	0	고양 27	영평 7	均豊
강원	0	강릉 15	양양 11	均豊
황해	해주 9	황주 9	곡산 5	

(1838) B.226册 憲宗 4年 p.26-52			
전라	임피 8	나주 36	광주 10	農形 非曰無多少灾損 而沃瘠之成就不同 然較勝於他道
경상	용궁 17	거창 24	울산 30	
충청	공주 29	충주 20	단양 6	一路被歉 不無淺深
평안	덕천 5	영유 27	평양 10	稼事 非不曰小康 而始之旱乾 終焉有雹霜之患 晚後灾形
황해	해주 7	재녕 8	황주 8	稼事 始回旱乾之患 晚有風虫之損 而通計全省則穴農
경기	파주 16	양주 15	삭녕 3	
함경	이원 12	문천 13	0	

(1839) B.227册 憲宗 5年 130-145			
전라	김제 8	전주 39	진안 7	
경상	김해 9	창원 15	경주 47	
충청	임천 10	공주 30	청풍 15	
평안	0	숙천 27	평양 15	
함경	안변 8	홍원 12	길주 5	本道農形 每因南北之異候 或致豊歉之不均 今年是也
황해	신천 10	해주 11	연안 2	今年本道 屢經巨浸 田畓各穀 竟至失稔
경기	양천 8	삭녕 22	영평 4	

(1840) B.228冊 憲宗 6年 p.260-265				
전라	0	전주 35	진도 19	
경상	0	상주 35	양산 36	
충청	천안 10	공주 22	홍주 23	
함경	문천 2	부령 5	안변 18	
(1841) B.229冊 憲宗 7年 p.354-360				
전라	금산 3	전주 28	광주 23	本道農形 晩後成就 可謂樂歲
경상	0	장기 46	대구 25	尤甚不爲擧論則 全道農形之穰穰 則此可知
충청	목천 7	공주 20	충주 28	
평안	용천 8	가산 16	평양 18	
함경	삼수 7	안변 10	덕원 8	
황해	연안 5	평산 4	장연 14	本道穡事 全省均稔
(1843) B.230冊 憲宗 9年 p.444-457				
전라	0	전주 12	나주 41	全省可占均登
경상	0	안동 21	경주 50	年形可知均稔
충청	공주 9	홍주 26	청풍 20	潦水雖有受損之處 虫雹固非均被之灾 畢竟成就
평안	평양 12	영유 23	곽산 7	
함경	문천 10	안변 10	정평 5	
(1844) B.231冊 憲宗 10年 p.513-524				
전라	0	전주 15	진산 39	雖有旱損之歉 峽野之邑 優占均登之喜
경상	0	창원 27	경주 44	年形可驗均熟 而旱潦所被 沿峽差殊 大豊之歲
충청	0	공주 27	홍주 28	全省可驗均稔 終爲風雨所被 不無所損之患 實爲康年
평안	강서 19	평양 23	0	極凶
함경	문천 9	안변 9	길주 7	年形未免穴農
(1845) B.232冊 憲宗 11年 p.608-627				
전라	여산 9	부안 28	광주 17	
경상	지례 9	풍천 34	경주 28	
충청	홍주 7	공주 32	충주 16	本道農形 始雖旱冷之爲損 施有晩曝之收效 優爲少康
평안	龜城 9	평양 24	삼등 9	
함경	경성 6	회령 6	안변 13	
황해	金川 4	강령 9	장연 10	統論成就 實是康年

(1846) B.233冊 憲宗 12年 p.729-751			
전라	0	진도 16	고산 38	夏間惜乾 雖日少損 秋後成就 足云均稔
경상	0	경주 32	창원 39	
충청	천안 9	공주 28	청풍 18	
평안	귀성 11	순안 24	평양 7	本道農形 雖有略干灾損 切補長短 未可曰失稔
함경	안변 14	무원7	정평 4	
경기	0	양주 31	가평 3	
황해	해주 11	문화 8	연안 4	本道農形 巨浸之餘 海溢虫損 非無灾傷之遍甚 晚候成就

(1847) B.234冊 憲宗 13年 p.842-861			
전라	운봉 6	전주 26	광주 22	本道農形 惜乾之憂 無愆於秧節
경상	창원 25	경주 27	안동 19	本道農形 始旱終澇 歉又虫損

(1848) B.235冊 憲宗 14年 p.937-955			
전라	0	전주 23	광주 31	全省可知均稔
경상	0	안동 40	경주 31	全省之均稔 尤甚不爲擧論 則民事誠極萬幸
충청	천안 14	공주 29	충주 12	優爲小康之樂歲
강원	원주 5	춘천 10	양양 11	穧事縱有豊歉之相錯, 年形可謂山野之均登
경기	0	교하 31	영평 3	今夏之始旱終澇, 畿農之得占少康, 亦云幸矣
황해	해주 7	황주 11	수안 5	今年旱澇, 不無各穀之受損, 如于汰覆, 未必全省之失稔
함경	경성 4	무산 5	안변 16	

〈제5장 부표 1〉

1001	1813.12	權柱廈外2人	金有範	定字畓 3두락(?)	65냥 傳來	凶年生活無路(門中)
1002	1832.11	朴思九	鄭重斗	則字畓 2두락(?)	17냥 傳來	凶年生活無路
1003	1841.12	朴乞作	金 哲	量字畓 4두락(10.4)	57냥	要用所致
1004	1819.12	銀尺宅奴萬石	泰川宅奴巖回	? 字畓 6두락(?)	42냥	要用所致
1005	1829.2	李仁相	郭必斌	莊字田畓 2두락(3.6) +1두락	27냥	要用所致
1006	1826.12	朴奴德今	南奴白連	則字畓 3.5두락(7.4)	40냥 買得	要用所致
1007	1798.2	趙錫穆(喪人)	趙春洙(從姪)	是字畓 4두락(4.8)	48냥	要用所致
1008	1823.12	鄭龍水	有恒契庫子	得字畓 13두락(34.4)	135냥 買得	要用所致(契關聯)
1009	1791.3	朴召史(寡)	金聖寬	得字田 3두락(7.4)	9냥 買得	身役次
1010	1815.1	張思喆	鄭龍水	得字畓 13두락(34.4)	130냥	要用所致
1011	1798.12	金聖寬	林光立	得字田 3두락(7.4)	12냥	要用所致
1012	1805.8	林光立	(未記)	得字田 3두락(7.4)	12냥	
1013	1797.11	朴有仲	張泰亨	得字畓 6두락(12.6)	100냥	移買次
1014	1812.12	李禮春	趙(奴)貴先	禮字畓 2두락(2)	6냥	要用所致
1016	1854.10	朱江伊	成大岳	師字田 3두락(7.5)	28냥	傳來畓要用所致
1017	1836.12	益稷	趙弑	處字畓 4두락(?)	21냥	稧債報償
1018	1838.2	李周伯	趙(奴)宗每	禰字田 3두락	19.5냥買得畓	移買次
1019	1805.11	한중대	조(奴)귀선	傳來畓	생활무로	
1020	1863.4	이(奴)망단	조(奴)	要用所致		
1021	1834.2	영건소유사	조(奴)국매	要用所致		소-사유
1022	1861.11	고관성	강유재	要用所致		
1023	1863.1	강유재	미기	要用所致		
1024	1834.1	從嫂寡高	조식(종제)	살세무로		친족 간 환퇴
1025	1832.12	김(奴)일금	조(奴)암회		재년요용	
1026	1862.1	김이((奴))	만금((奴))	要用所致		
1027	1736.9	김시계	송계달	傳來畓	要用所致	
1028	1756.11	송계달	강봉기	買得畓	要用所致	
1029	1730.3	차이륜	김건이	買得畓	要用所致	
1030	1888.1	황효석	권자익	흥세무로		
1031	1764.4	김진영	강봉기	買得畓	要用所致	
1032	1775.5	박상효	박상순	買得畓	부적월신병	
1033	1770.12	강봉기	박상순	買得畓		
1034	1755.1	조노신웅	강봉기	移買次		
1036	1855.11	김원준		要用所致		
1037	1865.11	이진사	미기	買得畓	要用所致	
1038	1863.12	한(奴)해금	조(奴)국매		要用所致	환퇴
1041	1873.2	이(奴)전억	미기	移買次		
1042	1873.12	조(奴)천이	이(奴)점단	移買次		
1043	1835.2	성필용	이용인	매득전	要用所致	
1045	1832.2	김말동	조(奴)암회	要用所致		
1046	1834.4	김완손	조(奴)암회	買得畓	흥세무로	
1047	1834.5	조상덕	조계영	要用所致		
1048	1819.12	남광준(유학)	박시중(유학)	要用所致		
1049	1817.12	우덕윤(유학)	박사의(유학)	買得畓	要用所致	
1050	1832.11	이광윤	김(奴)일동	買得畓	要用所致	
1051	1809.11	변(奴)막돌	정(奴)명산	要用所致		
1052	1822.3	김종돌(수인)	조(奴)귀선	要用所致		

1053	1808.10	김설운(상중)	김중이	買得窟	要用所致	
1055	1814.1	조희수(종숙)	조술덕(종질)		흉년무로	친척 간 환퇴
1057	1831.12	조흥술(사종제)	사종형	買得窟	要用所致	친척 간 환퇴
1058	1866.11	정수철	조(奴)천이	傳來窟	要用所致	
1059	1830.3	이(奴)한일만	조(奴)암회	채무보상		
1060	1830.12	용흥사삼강	미기	買得窟	사용소치	寺院窟 사유화
1061	1811.11	신(奴)박태순	미기	移買次		
1062	1767.12	정삼이	박계상			
1063	1827.12	윤삼이	영건소		要用所致	
1064	1782.12	김천주	김원선	傳來窟		
1065	1814.2	존위남계삼	조(奴)암회		要用所致	洞中窟 사유화
1066	1776.6	지분손	김필용	買得窟	要用所致	
1067	1835.12	김성달	조(奴)암회		要用所致	환퇴
1068	1831.2	김(奴)후시	조(奴)암회		要用所致	환퇴
1069	1832.8	조래수	삼종질			친척 간 환퇴
1070	1812.12	기조계고지	윤용재		要用所致	稷窟 사유화
1071	1789.11	종계유사	里社유사		종중채보상	종답 리답
1072	1802.11	한여대	조(奴)국매		要用所致	
1073	1778.1	반소사	한만립		부득이	
1075	1780.1	(奴)백남	김필용		移買次	
1076	1787.2	지순정	한여진	傳來窟	要用所致	
1077	1773.1	반소사	한만립	買得窟	부득이	
1078	1805.11	형	박석홍	傳來窟		형제지간 매매
1079	1814.3	박석홍	윤재선	買得窟		
1080	1822.12	윤응복	김(奴)육선		사채보상	
1081	1830.11	김순봉	박재수		移買次	
1082	1786.9	민광인(유학)	권중형(유학)		移買次	
1083	1868.11	조(奴)화득	돌		要用所致	
1084	1875.11	문중고자	김(奴)개일		要用所致	문중답 사유화
1086	1789.1	박소사	조(奴)국매	買得窟	부채보상	
1087	1785.3	김(奴)기용	박말용		要用所致	
1087	1799.2	김(奴)복만	박석홍		要用所致	
1088	1812.10	반후복	윤용재		별급답	
1089	1860.11	김(奴)옥금	조(奴)천득		要用所致	
1090	1813.11	김(奴)수남	권운돌		移買次	
1091	1818.1	김(奴)한봉	권(奴)천			
1092	1827.12	조래수	조식			친척 간
1093	1829.11	김광안	반(奴)복이	傳來窟	要用所致	
1094	1828.12	김철득	반(奴)복이		흉세무로	
1095	1770.1	정약임	정원이	傳來窟		
1096	1745.2	이리금	강대석	기경답		
1097	1748.10	부모	자 유인	傳來窟		
1098	1693.3	천선복	김사명	買得窟	빈한소치	
1099	1823.11	(奴)귀중	(奴)수몽		要用所致	
1100	1829.1	김(奴)수몽	신(奴)용매	買得窟	要用所致	
1101	1830.12	齋舍庫子	조(奴)국매		부채보상	
1103	1864.2	우-(奴) 만	조(奴)	傳來窟	要用所致	
1105	1878.11	조부영	미기	買得窟		

1106	1784.12	僧有印	김춘득	買得畓		사원답 사유화
1109	1862.2	(奴)복	(奴)강아지		移買次	
1110	1856.11	최금주	조(奴)국매	傳來畓	要用所致	
1111	1825.12	김취선	박만추		移買次	
1112	1772.1	이선애	미기			
1113	1822.8	안중빈	김육이	매득전	춘궁생활무로	
1114	1825.1	박만추	미기	매득전		
1115	1825.2	전목이	최(奴)귀득	매득전		
1116	1799.2	김광겸	미기	買得畓		
1117	1796.7	김성	김효흥	買得畓		
1118	1865.1	조사봉	조(奴)천득		要用所致	
1119	1784.1	성황(유학)	박시눌(유학)		要用所致	
1120	1885.10	이부길	미기	傳來畓		
1121	1822.10	김정도	조(奴)암회	買得畓	상례채보상	상례
1122	1852.7	김(奴)일만	미기	傳來畓	要用所致	
1123	1829.3	(奴)세흥	조(奴)암회		흉년소치	
1124	1864.4	정임복	조(奴)광영		要用所致	
1125	1818.12	조의(족숙)	조식(족질)		흉년생계몰책	친척 간
1126	1829.3	신(奴)용단	조(奴)		흉년생활무로	
1127	1807.10	신소연	禊中		출태보상무로	
1128	1815.12	齋舍有司	조식(족질)			재사답 사유화
1129	1854.12	정귀복	김맹원	買得畓	要用所致	
1130	1806.1	한성태	조(奴)국매	買得畓	要用所致	
1131	1805.2	조석진(사종조)	조식(사종손)		要用所致	친척 간
1132	1806.3	조석진(사종조)	조식(사종손)			친척 간
1133	1829.4	조계회(종숙)	조윤지(종질)		흉년생활무로	친척 간 환퇴
1134	1829.4	조진수(사종숙)	조식(사종질)			친척 간
1135	1861.11	정수항	미기	傳來畓	要用所致	
1136	1857.11	김삼단	조(奴)유손	傳來畓	要用所致	
1137	1862.9	(奴)미기	미기	要用所致		
1138	1800.1	강황	김유학			
1139	1862.12	정(奴)분금	조(奴)국매	傳來畓	移買次	
1142	1793.11	이성기	유운수	傳來畓		
1143	1811.12	유운수	정원수	買得畓	부득이	
1145	1837.12	벽영(족형)	계영(족제)		要用所致	친척 간 환퇴
1146	1833.12	松禊	洛東松禊		계재산분급	계
1149	1825.12	신(奴)용회	조(奴)		要用所致	환퇴
1150	1782.11	문만추	이암	買得畓	要用所致	
1151	1743.1	이후필	문대진	買得畓	要用所致	
1152	1807.12	박기수	육효삼		移買次	
1153	1827.12	立春禊	조동금		부득이	계답 사유화
1154	1828.12	이(奴)순동	조(奴)암회		要用所致	
1156	1815.2	계장남상규	최춘흥	買得畓		계답 사유화
1157	1859.1	정(奴)동이	김돌석		移買次	
1158	1860.11	김돌석	미기		移買次	
1159	1862.9	조(奴)상만	조(奴)국매		要用所致	
1160	1836.6	(奴)말동	(奴)상손		要用所致	
1161	1819.1	僧瑞文	조(奴)암이		상채보상무로	상례 환퇴
1162	1839.10 .	곽(奴)삼례			移買次	
1163	1806.12	(奴)천돌	(奴)홍단		要用所致	
1164	1834.1	홍재력	고몽남		흉년	환퇴
1165	1814.4	종계유사	조식		移買次	종답 사유화
1166	1868.12	족제동원	족형			
1167	1832.2	정귀복	신(奴)금월	買得畓	要用所致	

1168	1827.11	한(奴)옥덕	복우산족계		要用所致	계답화
1169	1825.12	문규상(유학)	박사의(유학)	傳來爰	要用所致	
1170	1814.1	조(奴)개돌	한(奴)옥덕		要用所致	
1172	1833.8	김대악	조(奴)암회	買得爰		
1173	1823.11	우윤손	김순태	買得爰		
1174	1803.12	윤명국	(奴)국매	買得爰		
1175	1796.2	稧長조석정	조술덕(삼종손)		要用所致	환퇴
1176	1760.1	유인	승당	買得爰	흉년부득이	
1178	1825.12	조	김용대			
1179	1774.1	문만흥	손중삼		要用所致	
1180	1828.1	稧長정손이	조(奴)암회			
1181	1807.2	한성위	조(奴)귀선		移買次	
1182	1865.10	조사봉	조(奴)천득		要用所致	환퇴
1183	1846.11	박상문	僧정기	買得爰		
1184	1850.1	정명삼	조(奴)	傳來爰		
1185	1826.11	조복삼	조(奴)암회		要用所致	
1186	1829.2	계유사조술덕	조사수		계부채보상차	계답 사유화
1187	1826.1	계유사김개돌	조(奴)암회			계답 사유화
1188	1833.2	정(奴)복랑	조(奴)암회		상채보상무로	
1189	1811.1	송계유사	조(奴)귀남		移買次	계답 사유화
1190	1834.1	문중유사	?		문중채보상차	종답 사유화
1191	1828.3	조춘수(사종숙)	조술덕(사종질)		춘궁생활무로	친족 간
1192	1821.3	박춘득	권수복		要用所致	
1193	1838.5	장인화천	권원택	買得爰	상채보상차	
1194	1836.5	김치성	장인화천	買得爰	移買次	
1200	1864.3	김완백	조(奴)광선	傳來爰	要用所致	
1201	1828.12	문중족	김악삼	買得爰	파계분급차	계답 사유화
1205	1877.1	정만주	조동역	傳來爰	흉년생활무로	
1206	1870.1	남이월	정만주	傳來爰		
1207	1873.3	오흥록	미기	傳來爰	移買次	
1208	1868.11	김원태	긷원석		要用所致	
1209	1870.1	정재칠	미기	買得爰	要用所致	
1210	1869.4	조극영	미기	傳來爰	要用所致	
1211	1873.1	김대악	미기		要用所致	
1212	1861.12	강(奴)옥단	강(奴)해종		移買次	
1213	1862.11	김윤석	미기	買得爰	要用所致	
1215	1843.11	황순현	이명익	買得爰		
1218	1862.12	최복임	미기	傳來爰	채전보상무로	환퇴
1219	1830.2	강인실	조(奴)암회		要用所致	환퇴
1220	1826.1	(奴)윤단	강손복	傳來爰	要用所致	
1221	1827.11	조(奴)상만	조(奴)암회		要用所致	
1242	1814.10	조술교(족제)	조태천(족형)		살세생계무로	친척 간 환퇴
1243	1877.2	이(奴)필녀	미기		要用所致	환퇴
1244	1849.12	김철이	미기		要用所致	
1245	1827.11	(奴)박동	조(奴)시동		要用所致	
1246	1792.11	조진수(삼종질)	삼종숙			
1247	1835.8	박기재	조(奴)상손		관납무로	
1248	1834.6	조준영(족질)	조술덕(족숙)		결역수세지무로	환퇴
1250	1819.12	계장	조(奴)암회		봉선계要用所致	계답 사유화
1251	1873.11	(奴)금이	(奴)소소		要用所致	
1252	1873.2	유수인	미기		要用所致	
1253	1827.12	김(奴)대악	김흥점		移買次	
1254	1784.10	김일오	박후돌	買得爰		
1255	1810.12	한춘재	허(奴)순자		상경차	

1257	1853.10	김덕천	洞中	傳來畓		
1258	1832.3	최동삼	고봉서당	買得畓		
1259	1829.3	신(奴)해단	조(奴)	傳來畓	要用所致	
1260	1809.3	임만손	정중철	傳來畓	要用所致	
1261	1816.12	정중철	(奴)세원	買得畓	상례여파공납무로	
1263	1858.12	(奴)기돌	이대악		要用所致	
1265	1820.12	허(奴)순태	김욱이		要用所致	
1266	1782.2	(奴)오봉	미기			
1267	1793.10	박최하	권익복	買得畓	수세차	
1268	1788.10	황운선	미기		移買次	
1271	1855.12	한노복남	한노순금		移買次	
1273	1813.3	신노赱伊	조노		要用所致	
1274	1825.11	기암	박학득		移買次	
1275	1846.11	정노금복	미기		移買次	
1276	1887.1	최복수	미기	傳來畓	要用所致	
1277	1828.12	효순	임대춘		要用所致	
1278	1830.11	임대춘	권원택	買得畓		
1279	1792.3	권중형옹(유학)	박석홍		죽채보상차	
1281	1801.2	미기	박석홍	전래전	要用所致	
1283	1857.12	김기손	윤법철	傳來畓		
1284	1870.7	최장천	노복이		要用所致	
1285	1874.12	이규화	미기		要用所致	
1286	1874.12	오흥록	미기	買得畓	移買次	
1288	1852.4	전영규(상인)	미기		要用所致	
1289	1823.1	권재원(경성)	미기			
1290	1856.2	남일득	정만구	傳來畓	要用所致	
1291	1874.3	정성관	미기			
1292	1862.12	노운돌	노소근		要用所致	
1293	1835.1	남태근	조노삼봉	傳來畓	要用所致	
1294	1860.3	강노원복	미기	傳來畓	상채보상차	
1295	1854.3	이노	김윤석		要用所致	
1297	1862.11	우석규	조노천이	傳來畓	要用所致	
1298	1839.11	김덕천	김윤석		要用所致	
1298	1859.11	기봉	종고		要用所致	
1298	1862.12	계답정씨	조노비			계답 사유화
1301	1856.12	김노완돌	조노국매		要用所致	
1302	1853.4	강해종(상인)	조노		궁절상채무로	
1303	1833.12	조덕(사종형)	조식(사종제)		신역무로	환퇴
1304	1832.12	박춘옥(유학)	우윤규(유학)	傳來畓	移買次	
1305	1833.1	우윤규	신소극	買得畓	移買次	
1306	1822.2	齋舍有司	파		移買次	
1307	1828.12	稷中庫子	강완생		要用所致	계답 사유화
1308	1871.12	황일례	미기		要用所致	
1309	1805.1	차유철	권단복	傳來畓	要用所致	
1310	1834.12	강복이	이주백	買得畓	移買次	
1311	1743.10	이노유진	백순창		상전상례차	
1313	1761.2	백순창	최취복		移買次	
1314	1771.9	이민제	최취복	傳來畓	移買次	
1315	1776.5	최취복	박상순	買得畓	要用所致	
1318	1846.3	정영단	미기		要用所致	
1319	1876.1	김노옥임	조노		要用所致	

1320	1829.11	안불개	김노영철	傳來畓	흉년환상무로	
1321	1821.5	박오원	권원택	買得畓	흉년부득이	
1322	1819.1	한노연금	김정도이	買得畓		
1323	1833.11	문석규	김노일만		要用所致	
1324	1833.11	문학신	김일만	移買次		
1325	1846.12	남만돌	정수철		要用所致	
1326	1846.1	정규원(재종)	정수철(재종손)		要用所致	친척 간
1327	1832.11	정중용(유학)	정운택(유학)	買得畓	要用所致	
1328	1809.12	한술이	조노귀선		要用所致	
1329	1782.2	진순채	偶成稷		移買次	
1330	1849.3	僧정기	강노화철	買得畓	移買次	
1331	1819.12	조술교(족제)	조식(족형)		要用所致	환퇴
1332	1852.11	강노화철	조노	買得畓	移買次	
1333	1758.3	임선봉	한태룡	買得畓	要用所致	
1334	1865.3	정수철	조노유손		要用所致	
1335	1881.11	한노돌석	미기		要用所致	
1336	1873.1	김성이	미기			
1337	1847.1	강시례	미기		要用所致	
1338	1864.3	김맹원	정재복	買得畓		
1339	1806.11	강봉갑	조노귀선		移買次	
1340	1762.12	김노정축	강맹?		移買次	
1349	1807.4	조술진(족제)	조식(족형)		要用所致	친척 간
1350	1782.2	진순채	偶成稷			
1351	1810.4	조술진(족제)	조식(족형)			친척 간
1353	1814.1	한사직	조술덕	傳來畓	要用所致	
1354	1871.1	조승욱(족질)	종숙			친척 간
1355	1863.10	노칠성	노국매			환퇴
1356	1856.5	고노국남	조노유손		移買次	
1357	1867.9	이악이	미기		要用所致	
1358	1824.9	지산노용삼	조노암회	買得畓	移買次	
1359	1832.2	노순망	조노국매		要用所致	
1360	1770.11	승사엄	順機	買得畓		
1361	1828.1	노만 석	조노국매		要用所致	환퇴
1363	1792.2	조진수(족숙)	조?웅(족질)			친척 간
1364	1828.11	황노嶷男	조수노암이	전래전	要用所致	
1365	1868.12	정중립	미기	傳來畓	要用所致	
1366	1783.12	진순채	우성계	傳來畓	흉년생활무로	
1367	1828.1	신노천득	조노암회		要用所致	
1368	1875.11	김봉화	노복이		要用所致	환퇴
1370	1826.12	노복만	조노암회		移買次	
1371	1867.1	노복이	노천이		要用所致	환퇴
1372	1861.12	신기명	미기			환퇴
1374	1776.12	박돌	파		상채보상무로	
1375	1826.2	권노상선	승채영		要用所致	
1376	1864.2	권노운석	미기		移買次	
1377	1852.3	이오용이	미기	買得畓		
1378	1805.3	박화손	稷中	傳來畓	要用所致	
1379	1831.3	신영익	조노		要用所致	
1380	1831.2	嚴乭夢	조노암회	買得畓		
1381	1822.11	김노귀남	조노상월		흉년생활무로	
1384	1813.3	오현장(상인)	김양철		흉년생활무로	

1386	1819.1	백궁	미기		적채보상차	
1387	1792.4	장복령	홍응성	買得畓	要用所致	
1389	1833.4	이관문	林江牙之		적채보상차	
1396	1810.1	이성삼	濫巖書院		移買次	
1441	1824.12	노근성	유항계		移買次	
1443	1836.11	조부영(유학)	조계영(유학)		移買次	
1444	1840.2	박학득	예석이		要用所致	
1445	1840.1	洞長최성관	박학득			
1446	1840.11	조구영(족질)	조술봉(족숙)			친척 간 환퇴
1447	1854.12	조진영(족형)	조술봉(족제)		要用所致	친척 간
1448	1853.6	노옥절	노복금		移買次	
1449	1800.1	계유사(재종질)	도감검지(재종숙)		要用所致	
1450	1805.2	조남수(족형)	조익수(족제)		가사수리차	
1451	1834.3	조술초(상인)	조구영		흉년상례비조달차	환퇴
1452	1834.2	濫亭有司	僧采英		亭所禮費負債報賞次	
1453	1859.11	유시종	조노학열	買得畓	移買次	
1454	1832.1	조치위	이광윤		喪禮費負債報賞次	
1455	1839.11	승채영	조노학열	買得畓	要用所致	
1460	1781.1	박상이	권형인	傳來畓	要用所致	
1461	1781.2	권시적	미기	買得畓	雇錢債報償次	
1462	1786.12	김남산	강복환			
1463	1793.11	강복환	권익하	買得畓		
1464	1816.2	강사창	배유도		要用所致	
1467	1774.8	조노행남	高者斤者		상례비조달차	
1469	1789.12	高者斤者	조노국매		要用所致	
1470	1832.1	院中庫子權	입노기동		원중移買次	
1473	1825.1	濫稷庫子	남광준		要用所致	
1474	1803.12	변	濫稷庫子		要用所致	
1475	1804.12	강노성돌	권원택		移買次	

〈제5장 부표 2〉구례지방 매매문기

A 거래년월	B 답 주	매 수 인	지목면적	가격정보 매도사유 취득원인
320 1652.1	秦 鄭妻㸦介	李尙元	畓13(48.8)	正木綿4同　矜得 移買次
319 1653.1	秦 李尙元	智貴宅	畓13(48.8)	正木 5同　買得, 遠處執耕爲難, 移買次
541 1667.1	秦 張召史	戒生	畓 2	정포 7필
540 1680.2	秦 鄭蟹龍	徐東伯	畓 2	정조 13석
693 1683.11	秦 徐德立	僧良卜	畓 10	정조18석＋옹우1척
277 1686.11	秦 오하인	閔召史	畓 3(	전조 8석 토지면
278 1690.2	秦 女今番	僧釋熊	畓 3	전조 11석
280 1691.1	秦 僧釋能	張善弘	畓 2	雄牛 1隻＋전조 3석
279 1691.2	秦 閔召史	張善何	畓 3	전조 8석
468 1693.2	秦 朴內禮	可元	畓 3	雄牛 1隻
406 1694.12	秦 奴命先	朴內禮	畓 4	
410 1694.12	秦 奴命先	朴內尙	畓 ?	雄牛 1隻
692 1697.11	秦 金億世	金德奉	畓 10	정조10석＋정목2필
467 1701.1	秦 徐奇應	朴內禮	畓 3	정목 60필
621 1701.10	秦 宋鳳翼	成千卜	畓 5(22.2)	正木 70疋　傳來 要用所致
466 1702.2	秦 可遠	金億世	畓 3	정조 20석4두
405 1705.12	秦 朴內福妻	朴加同	畓 4	정조 23석
465 1705.2	秦 金億世	僧勤倓	畓 3	시주
619 1705.3	秦 海瓊	吳判書首奴	畓 5(22.2)	
622 1705.3	秦 吳奴己先	致一	畓 5(22.2)	錢文 50兩 上典主分付導良
446 1706.12	秦 金順益	李世安	畓 3	조10석＋전46兩
618 1707.3	秦 致一	李德唱	畓 5(22.2)	錢文 40兩 買得 要用所致
606 1709.1	秦 僧坦悟	燕谷寺衆	畓 7正	租 45石
617 1709.2	秦 李德唱父	孫億奉	畓 5(22.2)	錢文 45兩 買得 要用所致
539 1714.12	秦 徐聖宇	河水鏡	畓 2	정조 15석
616 1715.1	秦 孫億奉	金世九	畓 5(22.2)	錢文 35兩 買得
602 1716.1	秦 洪泰眞	僧勝默	畓 2	錢文 27兩
600 1716.2	秦 鄭允伊	僧郞蓮	畓 2	錢文 30兩
691 1717.2	秦 李有國	姜善龜	畓 5	錢文 75兩
690 1718.1	秦 姜善龜	姜泰華	畓 5	許與
300 1719.3	秦 僧處察	朴枝華	畓 4(17.7)	錢文38兩 傳來깃득 移買次
689 1721.2	秦 姜泰華	李希曾	畓 10	錢文 110兩
538 1722.11	秦 河水鏡	李源義	畓 2	錢文 32兩
299 1722.3	秦 朴枝華	加八里	畓 4(17.7)	錢文 41兩 매득 요용소치
408 1724.12	秦 李守斌	李守漸	畓 4	錢文 24兩
404 1725.12	秦 李守漸	李源植	畓 4	錢文 40兩
281 1728.1	秦	李源碩	畓 5	錢文 44냥
639 1728.3	秦 金順泰	李日載	畓 2	錢文 11兩
641 1730.12	秦 僧開演	李奴加八里	畓 2	錢文 20兩
385 1732.10	秦 鄭萬伊	孫孝根	畓 4(14.7)	錢文 26兩 父矜得 凶年
640 1732.2	秦 李元發	李奴加八里	畓 2	錢文 10兩
526 1732.3	秦 李喜元	朴聖鳳	畓 5	錢文 18兩
382 1732.4	秦 張鳴漢	崔寅寬	畓 7	錢文 70兩
386 1733.1	秦 孫孝根	妻媋金海俊	畓 4(14.7)	錢文 30兩 買得 移買次
601 1736.12	秦 文德昌	金重天	畓 4(13.9)	錢文 25兩 매득 요용소치

A 거래년월	B 답주	매수인	지목면적	가격정보 매도사유 취득원인
525 1739.4	畓 朴聖鳳	李喜謙	畓 5	錢文 10兩
678 1739.6	畓 金守命	金海俊	畓 ?	?
679 1741.6	畓 金守命	金震慶	畓 1	錢文 6兩
710 1742.4	畓 奴順萬	金震慶	畓 3.5	錢文 19兩
615 1746.4	畓 金世九	金興載	畓 5(22.2)	錢文 32兩 買得 要用所致
712 1748.1	畓 姜泰先	金貴碩	畓 4	錢文 19兩
318 1751.2	畓 金德秋	金光海	畓 13(52.6)	錢文 235兩 傳來깃득
714 1751.3	畓 姜召史	僧碧守	畓 4	錢文 34兩
614 1752.2	畓 金興載	戶奴貴才	畓 5(22.2)	錢文 30兩 買得 移買次
713 1753.11	畓 僧碧守	金之煥	畓 4	錢文 37兩
372 1753.3	畓 姜妻	召史 金再九	畓 3	錢文 17.5兩
317 1755.6	畓 金光海	金光瑞	畓 13(52.6)	錢文 235兩 매득 移買次
711 1756.11	畓 金之煥	李時華	畓 3	錢文 30兩
464 1756.12	畓 華儼寺僧	李時華	畓 3	錢文 12兩
381 1756.4	畓 崔寅寬	李時華	畓 7	錢文 70兩
298 1758.11	畓 李璋晦	李宜訟	畓 4(17.7)	錢文 44兩 처가깃득
370 1760.1	畓 金弼萬	金善貴	畓 3	錢文 19兩
369 1760.11	畓 金弼亨	金善貴	畓 3	錢文 44兩
288 1763.2	畓 妻金氏	柳千枝	畓 4(16.5)	許輿(鄭渭周의 妻 金氏가 長女사위에게)
623 1763.4	畓 金珍光	梁濟濱	畓 3	錢文 29兩
297 1764.4	畓 李宜松		畓 4(17.7)	錢文 52兩 매득 移買次
524 1765.1	畓 李光新	李時華	畓 5	錢文 20兩
677 1768.10	畓 金珍光	梁濟濱	畓 3	錢文 45兩
676 1768.11	畓 梁濟濱	李時華	畓 3	錢文 45兩
289 1769.1	畓 柳千枝	梁水延	畓 4(16.5)	錢文 52냥 깃득 移買次
290 1769.2	畓 梁水延	韓氏印惠	畓 4(16.5)	錢文 52냥 移買次
291 1772.1	畓醎 印慧	權守伊	畓 4(16.5)+1(2.2)	錢文46냥 매득 移買次
383 1781.11	畓 趙??	金? 明	畓 8	?
292 1784.10	畓醎 權後孫	柳龍川宅	답 4(16.5)+1(2.2)	錢文83냥 傳來 移買次
368 1787.1	畓 文友德	僧釆元	畓 3	錢文 42兩
367 1787.7	畓 僧釆元	柳龍川宅	畓 3	錢文 40兩
316 1791.12	畓 金光瑞	柳三水宅	畓13(51.1)	錢文 235兩 매득 移買次
476 1791.12	畓 趙宗得	?	畓 2	錢文 31兩
함답 매매				
349 1682.1	함 金厚朴	金日龍	田 1	租22斗＋木1疋
422 1682.1	함 李尙敏	吳起立	답 1.5	租2石4斗
348 1685.1	함 金日龍	李仁宗	田 1	所耕1結＋租1石
475 1704.3	함 李召史	황 ? 白	전 1	?
344 1707.2	함 鄭召史	李德晶	답 2	정조10석＋20냥
347 1710.12	함 李水元	金順葉	답 1	전문 15냥
426 1710.3	함 僧允學	高奴石民	답 1.5	전문 ?
474 1717.2	함 姜善僖	李奴己仁	전 1	전문 2냥
352 1717.3	함 정시태	이노 점봉	답 1	전문 2.3냥
471 1720.1	함 鄭善才	金順亨		
425 1725.3	함 高海翼	文厚明	답 1.5	전문 15냥

A 거래년월	B 답주	매 수 인	지목면적	가격정보	매도사유	취득원인
442 1725.3	함 鄭樊	金時伯	답 1,3	雄牛 1隻		
424 1729.10	함 文厚明	金海日	답 1,5	전문 11냥		
470 1729.9	함 金順亨	牟奴乞伊	2	전문 15냥		
345 1735.1	함 釋明善	燕谷寺	답 2	허급		
343 1740.4	함 僧淑聰	李水白	답 3	전문 17냥		
423 1741.1	함 權世輝	李奴加八里	답 1,5	전문 9냥		
469 1741.3	함 牟聖薰	李源碩		전문 30냥		
443 1745.1	함 李童伊	李奴貴萬	답 3	전문 30냥		
441 1745.2	함 金有載	尹尙童	전 1	전문 2냥		
351 1745.5	함 이석하	복평제작자	답 1	전문 6냥		
439 1747.12	함 崔水寬	同姓佑天	전 3	전문 4냥		
342 1748.3	함 三綱检澄	崔奴希先	답 2	전문 16냥		
346 1751.2	함 徐時贊	李奴加八里	답 1	전문 7냥		
296 1756.1	함 崔漢明	崔漢柱	답 0,7	전문 3냥(친척 간)		
294 1757.6	함 奴禮山	白上奉	답 1	전문 3냥		
350 1763.1	함 趙道濟	李時華	답 1	전문 6냥		
341 1763.1	함 崔奴希先	李元世	답 4	전문 37냥		
355 1764.2	함 趙奴六月	金光瑞	답			
293 1765.3	醎 白相奉	僧印惠	답 1	전문 9냥		
340 1783.3	함 李德三	僧采元	답 7	전문 140냥		
339 1789.5	함 黃秋成	柳府使宅	답 11	전문 100냥		
274 1721.1	重 黃八引	張啓漢	답 6(16,5)	56냥	문기4장	입지1장
275 1707.2	重 長兄宝淨	同生弟性眼	답 6(16,5)	許興	문기1장	
282 1779.7	官 金致玉	李孝才	坌(1,6)	2냥		
283 1785.12	官 白惡只	柳龍川宅	坌 8승락+초가3간	6냥		
284 1785.8	官 朴必才	柳龍川宅	전 1두락	10냥	불망기1장 입지1장	
286 1789.5	權直衡	柳龍川宅	답 10두락	75냥	위, 수, 결자 복합	
293 1765.3	醎 白相奉	僧印惠	답 1두락(2,2)	9냥	買得 要用所致	
294 1757.6	醎 奴禮山	白上奉	답 1두락(2,2)	3냥	買得 上典還上出處無路	
296 1756.1	醎 崔漢明	同姓漢柱	답 7승락(2,2)	3냥	買得 要用所致	
301 1718.5	重 河渭補	金海准	답 4두락(15,5)	51냥	外邊衿得	
302 1713.1	重 姜永老	僧勝默	답 3두락(10,4)	25냥	祖上傳來凶年生活無路	
303 1735.4	重 通政勝默	嚴漢弼	답 3두락(10,4)	14냥	買得要用所致	
304 1733.1	官 崔鳳齊	金召史	답 2두락(11)	14.5냥	妻邊衿得	
305 1752.3	官 張元貴	契座上金碩只	답 6두락(25)	70냥	買得移賣次	
306 1780.3	官 契座上	孔道昌	답 6두락(25)	62냥	契中買得	
307 1785.3	官 孔道昌	女婿呂邦佐	답 6두락(25)	72냥	買得移買次	
308 1786.11	官 呂邦佐	柳龍川宅奴	답 6두락(25)	50냥	買得移買次	
310 1783.2	果 朴奴先立	柳龍川宅奴	답 10두락(41,9)	160냥	買得移買次	
311 1767.2	果 馬召史	朴奴善立	답 10두락(41,9)	105냥	家夫前妻女續身次	
312 1729.1	果 僧朗湜	金海俊	답 10두락(41,9)	96.5냥	僧家傳來移買次	
313 1798.12	駒 婢夫丁小男	首奴壬姫	대 1두락 초가3간	4냥	흉년 신공무로	
314 1795.12	駒 金德八	丁小男	대 1두락 초가3간	3냥	흉년 생활무로	
315 1799.2	駒 白順可	金德八	대 1두락 초가3간	3냥	궁춘 생활난	

A 거래년월	B	답주	매수인	지목면적	가격정보	매도사유	취득원인
321 1756.2	稱	鄭昇朝	李時華	답 3두락(11.9)	18냥	買得	當此殺歲 친척 간
322 1752.11	稱	李源碩	外從叔鄭昇朝	답 3두락( )	21냥	買得	要用所致
323 1741.3	稱	李宗赫	從祖	답 3두락(11.9)	25냥	衿得	절유용처
324 1717.2	稱	金海准	李源仁	답 3두락(11.3)	37냥	買得	要用所致
325 1699.1	稱	金德立	金海俊	답 5두락(21)	정조17석+웅우1척		
326 1697.4	稱	雙溪寺僧日行	金德立	답 5두락(21)	정조15석	他島移買次	
327 1696.4	稱	金項益	僧日行	답 5두락(21)	포5필+정조11석	凶年重田稅	
328 1670.3	稱	寺奴得祥	婢鶴禮	답 5두락(21)	병목10필+정조4석	환상미30석	
329 1783.11	官	呂方喆	許俅	대 (2)	7냥		
330 1780.12	官	李孝才	白惡只	대 0.5(1.6)	8냥		
331 1719.1	重	韓德文	黃八引	답 6두락(16.5)	50냥	葬事需納	
332 1707.3	菜	鄭召史	鄭秀永	답 8두락(	許給	衿得	
333 1666.2	菜	奴忠立	鄭之動	답 15두락(69.5)	大雄牛4隻		
334 1721.12	菜	鄭秀永	李奴加八里	답 5두락	전문 80냥		
335 1759.1	菜	李時華	李宜松	답 7두락(30.7)	85냥	移買次	
336 1764.4	菜	李宜松	李時華	답 6두락	96냥	移買次	
337 1699.2	菜	鄭秀命	鄭士吉	답 7두락	許給		
338 1672.1	菜	方召史	鄭士吉	전 2두락(8.6)	5승포2필+정조5석	傳來衿得	
350 1763.1	海	趙道濟	李時華	답 1두락(4.4)	6냥	泆木調達次 공동매매	
351 1745.4	海	李夏碩	泆坪諸作者	답 1두락(4.4)	6냥		
352 1717.3	海	鄭時泰	李奴占奉	답 1두락(?)	2.3냥	조상傳來양부답	
355 1764.2	菜	趙奴六月	金光瑞	답 7두락(27.7)	100냥	상전답경식移買次	
356 1745.5	金	李萬日	山人再還	답 3두락(9.4)	12냥	買得	
357 1713.2	露	崔致華	朴任生	답 2두락(6.3)	34냥	빈한소치	
358 1735.1	露	朴任生	姜三奉	답 5두락(14.8)	22냥	買得 要用所致	
359 1677.4	露	金召史	金浩日	답 6두락(21.2)	웅우1척+정조1석		
360 1780.12	露	朴龍瑞	柳奴用泰	답 5두락(14.8)	50냥		
361 1747.4	露	姜三奉	釋三益	답 5두락(14.8)	29냥		
362 1750.3	金	姜渭昌	승?	답 3두락(9.4)	13냥	買得 移買次	
363 1733.10	金	鄭順生	李萬日	답 3두락(9.4)	10냥	買得 要用所致	
364 1731.3	出	金召史	李源碩	답 6두락(22)	정조60석	買得 생계위난	
366 1701.1	生	金奴太卜	朴戒雄	답 7두락(?)	40냥	상전택비자도랑	
372 1762.3	秋	吳德沃	李時華	답 8두락(29.7)	87냥	祭位畓 移買次	
373 1772.11	慕	李順孫	閔奴元反	대 4두락+초가8간+송죽전	50냥	부買得거생	
374 1789.1	霜	文昌郁	姜之澤	대 초가3간+전15두락 답 19두락(57,3)	150냥		
375 1795.3	霜	姜志澤	?	대 초가3간+전15두락+답15두락(53,2)	50냥(?)		
376 1784.11	霜	南宮昆	文昌郁	대 초가3간+전15두락+답18두락(55,2)	120냥		
377 1780.3	霜	柳光浩	南宮昆	대 초가3간+전15두락+답18두락(55,2)	300냥		
378 1787.2	霜	姜斌	柳德浩	대 초가3간+전2두락(12)	전문15냥		
379 1787.2	霜	金之瑚	柳龍川宅	대 초가2간(3)	9냥		
387 1743.3	爲	李再贊	李再昌	답 6두락(30.8)	60냥	買得 移買次	
388 1733.6	爲	崔致華	李再蕭	답 3두락(15.8)	15냥	買得 移買次	
389 1734.1	爲	崔致華	李再贊	답 3두락(16)	27냥	買得 移買次	
390 1697.3	爲	李召史	崔善白	답 6두락(31.2)	정조35석+백목3필	夫買得全厚白妻	

A 거래년월	B 답주	매수인	지목면적	가격정보	매도사유 취득원인
391 1690.3	爲 羅奴日熏	全厚白	답 6두락(31.2)	정조48석	祖上傳來矜得
392 1750.12	爲 李守天	李柱國	답 3두락(10)	17냥	矜得 移買次
393 1730.1	爲 僧脫忍	李奴	답 3두락(9.8)	27냥	買得
394 1706.4	爲 金仚同	僧海明	답 3두락(11.5)	60냥	買得
395 1748.3	露 撼敏	達演	답 5두락(16.4)	30냥	買得
396 1735.2	露 李先益	世敏	답 5두락(16.4)	30냥	脫俗時百事無路
397 1751.3	露 僧達演	成	답 5두락(16.4)	39냥	買得 移買次
398 1730.9	露 禹丁良	李先益	답 5두락(16.4)	27냥	買得 要用所致
399 1714.2	海 徐宗達	僧龍巖	답 2두락(5.6)	27냥	買得 흉년생도무로
400 1718.2	海 僧龍巖	李奴長?	답 2두락(5.6)	27냥	買得
401 1658.3	海 禹進云	金特陽	전 2두락(5.6)	정목15필	조상傳來矜得
402 1707.2	海 金進夏	徐尙文	전 2두락(5.6)	7냥	조상傳來矜得
403 1722.8	海 李壽益	李希曾	답 2두락(6.7)	30냥	買得 生道爲難
412 1748.11	陶 金太厚	李奴加八里	답 5승락	2냥	
413 1745.1	海 金海俊	李戌?	답 1두락(2.5)	8전	番布出處無路
414 1810.5	草 高守權	?	전 3두락(11.2)	18냥	荒年生計無路
415 1785.8	露 金慶渭	柳龍川宅	답 9두락(30.5)	150냥	移買次
416 1785.11	露 金奴卜太	柳奴龍奉	전 5두락(7.2)	7냥	
417 1797.10	露 高宗說	柳德浩	대 초가4간＋죽전＋대전2두락	25냥	傳來
418 1786.11	霜 高應斗	柳龍川宅	대 초가3간＋태종1두락＋답5승락	4냥	還上
419 1785.9	霜 李鵬運	高應斗	대 초가3간＋2.9냥		
420 1797.10	霜 朴守根	柳奴雲三	대 초가2간＋답3두락(15.3)	40냥	
421 1788.10	霜 從兄天浩	柳仁浩	대 초가3간＋답1두락(3.3)	12냥	
422 1682.1	醎 李尙敏	吳起立	답 1.5두락(5.9)	정조2석4두	矜得
423 1741.1	醎 權世輝	李奴加八里	답 1.5두락(4.4)	9냥	妻邊矜得
424 1729.10	醎 文厚明	金海日	답 1.5두락(5.0)	11냥	買得 要用所致
425 1725.3	醎 高海翼	文厚明	답 1.5두락(4.4)	15냥	買得 요요소치
426 1710.3	醎 僧允學	高奴石民	전 1두락(5.9)	2냥	조상유래
427 1727.3	麗 金禹錫	李源碩	답 10두락(29.8)	47냥＋정조20석	
428 1779.7	露 柳夏炣	柳述浩	답 20두락	250냥	買得
429 1789.7	露 文友德	柳夏炣	답 12두락	170냥	買得
430 1806.12	官 金仲孫	盧祥甲	답 2두락(4.9)	15냥	分職畓
433 1876.7	官 盧秉鎭	?	답 2두락(4.6)	20냥	
435 1857.10	官 金銀大	?	답 2두락(11)	30냥	買得
436 1824.12	騰 李元馨	?	전 6두락(18)	20냥	
437 1893.11	斯 柳奴奉月	?	답 4두락＋전1두락	140냥	
447 1726.1	珍 金再具	李希曾	답 3.7두락(12.3)	정조29석	
448 1725.2	珍 金斗弘	金再貴	답 3.8두락(12.3)	40냥	
449 1740.7	重 張處載	李再昌	답 9두락(48.8)	85냥	
450 1793.11	龍 潘一善	?	답 1두락	10냥	

A 거래년월	B 답주	매수인	지목면적	가격정보	매도사유 취득원인
451 1651.5	重 天印上佐僧	戶奴而龍	답 9두락(30)	정목면3동	凶年葬禮費
452 1745.7	重 張處元	李再昌	답 7두락(37.6)	64냥	
453 1792.12	龍 朴宗?	李壽南	답 2두락(5.?)	9.5냥	買得
454 1799.3	驅 張?	柳德浩	대 초가4간＋대전1두락	8냥	
455 1795.2	驅 張瀾	장 ?	대 초가4간＋대전1두락	10냥	
456 1840.2	露 金致基	?	답 1두락(4.5)	8냥	
457 1823.1	海 張鴻翼	?	답 3두락(11.4)	30냥	買得
458 1811.2	海 朴鑲衡	高六錫	답 3두락(11.4)	30냥	買得
459 1820.1	海 高六錫	張鵬翼	답 3두락(11.4)	12냥	買得
460 1812.2	海 金洛成	朴鑲衡	답 3두락(11.4)	33냥	買得
461 1743.5	海 金秀山	李奴加八里	답 2두락(3.9)	14냥	買得 자생무로
463 1713.10	海 朴玉代	金秀山	답 2두락(3.9)	정조2석	還上비납무로
477 1784.2	露 梁奴二奉	柳龍川宅	답 1두락(3.5)	5냥	상전백산직답移買次
478 1786.12	騰 朴守根	柳龍川宅	답 3두락(4.6)	10냥	移買次
481 1696.6	騰 李弘星	同姓松隣	전2두락＋답1.3두락	정조2석	買得 빈한소치
482 1692.10	등 김?顯	李相赫	전3두락＋답1.3두락	상목2필	妻邊衿得
483 1737.1	등 幼學李	金尙伊	답 1.5두락(4.9)	2냥	
484 1750.12	등 金相伊	奴孟得	전2두락＋답1.5두락	1냥	
485 1780.1	등 高萬赫	柳逸浩	전2두락＋답1.5두락	7냥	
486 1765.8	등 曺召史	高奴元丹	전 1두락(3.1)	1냥	傳來衿得
487 1738.11	등 魯乭同	曹先奉	전 0.5두락(1.6)	1냥	
488 1732.3	등 李培 ?	曹先奉	전 0.5두락(1.5)	0.6냥	흉년 傳來
489 1726.3	등 梁世重	魯乭同	전 0.5두락(1.6)	1.5냥	買得 빈한소치
490 1721.6	등 陶時奉	梁世重	전 0.5두락(1.6)	1.5냥	환상모맥비납무로
491 1686.2	등 金浩日	陶山龍	전 1두락 포2필		番布措備勢難
492 1786.7	露 鄭孝達	柳德浩	답 3두락(12.3)	60냥	買得 移買次
493 1786.2	露 李澈源	鄭孝達	답 3두락(12.3)	63냥	買得 移買次
494 1784.3	露 文德煇	李澈源	답 3두락(12.3)	60냥	買得 要用所致
495 1822.9	月 李元基	?	전 3두락(11.9)	10냥	買得 移買次
497 1791.12	함 李奴太才	柳三水宅奴	전 7두락(32.8)	27냥	
498 1848.2	柳翼龍	?	禁養山	15냥	
504 1776.11	함 上典趙	?	답 3두락(8.6)	60냥	
505 1791.12	함 金之珏	?	답 3두락(8.6)	40냥	
508 1745.2	闊 徐時贊	李柱國	전 3두락(16.6)	21냥	買得
509 1741.2	闊 李再旭	徐時贊	전 3두락(16.6)	23냥	買得
510 1733.6	闊 金德華	李再旭	전 3두락(16.6)	19냥	연치흉년 父喪中
511 1766.1	騰 朴奴萬泰	李奴貴才	답 11두락(37.8)	101냥	買得
513 1765.12	騰 申奴致烏	朴奴萬泰	답 11두락(37.6)	100냥	上典宅喪中
514 1749.2	騰 張處元	申光虎	답 11두락(53.3)	67냥	傳來 喪中
515 1787.3	함 朴水根	僧采元	답 4두락(9.8)	52냥	買得 移買次
516 1786.3	함 李德俊	朴水根	답 4두락(9.8)	75냥	父衿得意外風病終無差道
517 1768.12	함 禹氏	李元世	답 2두락(6.3)	22냥	本夫生時遺來(金振光)
518 1747.3	함 金夫談	金海准	답 1두락(4.2)	0.3냥	조상傳來

A 거래년월	B 답주	매수인	지목면적	가격정보	매도사유 취득원인
519 1727.4	함 僧進禮	金海准	답 2두락(9.2)	정조10석	番布出處無路
520 1724.12	함 妻莫今	僧處杆	답 2두락	14냥	父邊上典以矣子息良妻死產
521 1711.2	함 黃介?	黃戒男	답 3두락(4.4)	28냥	貿得
522 1689.2	함 鄭時必	方召史	전 2두락(4.4)	정조2석	祖上傳來家夫早死之後
527 1784.12	秋 閔復華	柳星浩	답 22두락	420냥	妻家衿得
528 1755.1	함 孫必坧	李?	대 초가7간+답1부9속	7냥	貿得거생
529 1758.2	함 許氏	趙道仁	대 초가7간+답1부9속	5냥	貿得거생
530 1785.12	함 趙宗得	柳德浩	대 초가7간+답1부9속	5냥	移買次(喪不着)
531 1741.3	등 姜宅仁	李源碩	답 6두락(23.1)	50냥	妻邊衿得
532 1699.12	등 金明云	禹常?	답 6두락(23.1)	정조30석	貿得
533 1681.8	등 朴忠男	吳己立	답 7두락(22.3)	은자8냥	
534 1695.11	등 吳俊翰	金命云	답 6두락(22.3)	정조15석+우웅1척	
536 1670.1	강 孫淑男	金太興	답 12두락(37)	정조45석	妻邊조상傳來
537 1731.1	강 金召史	李源碩	답 10두락(37)	정조77석	조상傳來衿得
541 1825.3	운 朱德來	?	대 초가2간	10냥	貿得
542 1814.12	운 姜順興	朱德來	대 초가5간+전1두락	15냥	貿得居generation還上出處
543 1814.12	운 同姓三寸	姜順興	대 초가5간+전0.5두락	7.4냥	
544 1814.12	운 姜順興	朱德來	대 초가5간	7냥	貿得 還上出處無路
545 1812.8	운 朴相根	姜士昌	대 태종5승락	7냥	貿得 移買次
546 1808.6	운 徐宗大	姜成右	대 초가2간+태종5승락	4냥	移買次
547 1799.12	운 陳相喆	張斗九	대 초가2간+태종5승락	7냥	貿得 要用所致
548 1739.2	兩 李遇馨	李源碩	답 6두락(23.8)	42냥	妻邊衿得 移買次
549 1825.3	月 金濟井	?	전 3두락(11.9)	3냥	貿得 要用所致
550 1767.11	閏 王錫厦	李時華	답 6두락(14.6)	62냥	移買次
551 1705.10	騰 金召史	金春奉	답 8두락(17.9)	정조25석	가부買得(朴덕幅) 빈한소치
553 1754.6	月 鄭桓	李源碩	전 4두락	8냥	貿得
554 1749.5	月 金鼎梅	鄭桓	전 4두락	8냥	貿得
555 1740.1	騰 金以載	辛楚聖	답 8두락(22.3)	51냥	傳來 要用所致
556 1659.12	騰 ?	朴녁幅	답 8두락(22.3)	木2同	
557 1822.1	坪 ?갑	族契中	답 4두락(9.5)	16냥	
558 1822.1	坪 丁敬臣	?	답 7두락(16.5)	28냥	
560 1716.2	露 李宗皇	李柱國	답 5두락(21.5)	39냥	衿得 移買次(이성6촌간)
561 1740.2	露 妻盧氏	李守觀	답 5두락(21)	36냥	買得 移買次(徐宗萬妻)
562 1716.2	露 妻金氏	僧極能?	답 5두락(20.1)	37냥	家夫買得(故金世旱?)
563 1681.3	露 朴戒若	僧明善	답 4두락(13.3)	정조12석	衿得田稅出處無路
564 1726.4	露 時住持玉梅	僧性機	답 4두락(13.3)	50냥	
565 1740.1	露+生 僧性機	李奴加八里	답 9두락(25.7)+4두락(13.3)	정조115석 買得 移買次	
566 1716.2	露 釋明善	燕谷寺中	답 4두락(13.3)		佛前佛糧之意許納
567 1756.12	爲 姜宅仁	文德洪	답 3두락(12.3)	22냥	還上累度被刑牢囚
568 1774.2	露 李守龍	文友德	답 12.5두락(49.8)	150냥	買得
569 1752.2	露+生 徐以大	李守寅	답 11두락	72냥	買得 移買次
570 1743.2	露 妻申召史	梁定信?	답 3두락(12.4)	27냥	家夫正兵役(禹延良妻)
571 1748.6	生 鄭命天	契中	답 4두락(16.3)	22냥	買得 移買次
572 1742.12	生 金水明	鄭命天	답 4두락(16.3)	29냥	三寸前衿得凶年資生
573 1734.2	生 金春奉	金重天	답 4두락(16.3)	20냥	貿得 要用所致
575 1706.11	生 差奴萬金	金春奉	답 7두락(17)	40냥	上典宅無後奴子귌 畓(574)
576 1652.12	生 僧人守圭	徐귌	답 7두락(17)	正木1同半	買得 移買次
577 1643.1	生 張鳳世	僧人守圭	답 7두락(17)	正木1同	買得 還上田稅8結
578 1717.11	駒 奴大文	崔永信	전 2두락+엥도목	17냥	移買次
579 1796.4	駒 張闊	柳德浩	대전5두락+초가1간	55냥	傳來代田當此窮年生道無路
580 1796.4	驅 張闊	柳德浩	대전2두락+초가1간	15냥	
583 1698.3	露 張召史	崔善伯	답 2두락(6.3)	정조8석	移買次

A 거래년월	B 답주	매 수 인	지목면적	가격정보	매도사유	취득원인
586 1695.11	騰 朴得龍	張汗世	답 3두락(7)	정조8석		買得 移買次
584 1730.11	騰 朴戒必	朴壬生	답 3두락(8.5)	17냥		
585 1718.3	騰 羅承還	朴戒必	답 和會 許給			
587 1680.10	騰 尹應明	金俊一	답 3두락	정조10석		買得
588 1692.1	騰 奴士日	朴得龍	답 3두락	禾五雌牛1隻+정조2석		상전답방매비납
589 1660.1	騰 羅得龍	?	답 3두락	正木60疋以論價化三雌牛1首正租2石15斗		
590 1679.4	露 鄭軒	嚴訥金	답 5두락	정조2석	烏稅措備不得	妻邊衿得
591 1679.5	露 嚴訥金	金漢	답 5두락(20)	雌馬1疋+兒馬1疋+7升布5疋	價准則30疋	妻邊衿得
592 1682.2	露 金漢	僧載玄	답 5두락(20.1)	정조15석	買得 要用所致	
593 1699.3	露 崔召史	金世達	답 5두락(20.1)	정조20석	買得 正兵役	
594 1727.1	出 金時偉	李源碩	답 7두락(23.7)	60냥	衿得 要用所致	
595 1679.3	出 僧敬倫	金尙日	답 6두락(19.7)	정조 19석	買得 移買次	
597 1660.6	出 金京吉	僧天默	답 6두락(19.7)	정목1동반	買得 田稅積納	
598 1654.1	出 鄭戒生	希淨	답 6두락(19.7)	정목3동반	買得 빈한소치	
599 1651.2	出 鄭戒生	鄭隣龜	답 6두락(19.7)	정목면3필+실상목40필+정조2석(가족간)		
603 1725.12	生 釋明善	僧性機	답 9두락(25.7)	90냥	별급衿得 要用所致	
604 1679.6	生餘 孫壽仁	僧如印	답 9두락(25.7)	餘字畓 7두락(24.1)과 相換		
605 1665.11	生珍 妻士郎介	孫壽仁	답 13두락	家夫(李莫同)衿得執持耕食還上多有受食後死		
608 1783.2	調陽 山人藏學	柳營將宅奴	답 4두락(15.7)	76냥	買得 移買次(奴名龍南)	
609 1768.2	調陽 陳聖規	僧壯學	답 4두락(15.7)	55냥	조상傳來 移買次	
610 1757.1	調陽 僧演淳	陳漢亨	답 4두락(15.7)	34냥	祭位畓	
611 1741.11	調陽 姜德仁	僧碧空	답 4두락(15.7)	43냥	衿得 貧寒所致	
612 1715.6	陽 朴召史	姜渭賓	답 3두락(10)	45냥	家夫死後貧寒所致	
628 1750.4	生 僧克性	僧廣學	답 4두락(16.6)	30냥	契員累年耕食破契(契首克性)	
624 1753.2	生 僧廣學	崔德恒	답 4두락(16.6)	40냥	契中分破耕食	
625 1756.12	生 崔德恒	僧性寬	답 4두락(16.6)	46냥	買得 要用所致	
626 1769.2	生 僧性寬	梁有奉	답 4두락(16.6)	60냥	買得 移買次	
627 1777.1	生 梁東海	文奴朔不	답 4두락(16.6)	65냥	衿得 移買次	
629 1787.11	露金 梁德遇	柳府使宅奴	답 7두락(25)+3두락(9.4)	95냥	買得세부득이	
630 1758.12	金 鄭信萬	梁德遇	답 3두락(9.4)	22냥	買得 移買次	
631 1758.12	露 鄭信萬	梁德遇	답 7두락(25)	63냥	買得 移買次	
632 1756.2	露 僧寶湜	僧清坦	답 2두락(8.1)	8냥	買得 移買次	
633 1749.3	露 禹昌才	寶湜	답 2두락(8.1)	12냥	별급衿得 번포출처무로	
634 1716.11	月 金士萬	梁世重	전 9두락(32.1)	35냥	買得 要用所致	
635 1714.2	月 鄭泰基	金善興	전 9두락(22.1)	40냥	조상傳來당차흉년생도난세	
636 1783.6	月 辛兌望	柳龍川宅奴	전 9두락(27.2)	30냥	조상傳來 要用所致	
637 1741.5	月 崔介男	辛楚成	전 7두락(27.3)	15냥	買得 要用所致	
638 1788.4	澄 金濁三	柳營將宅奴	답 6두락(15.5)	60냥	傳來 移買次	
644 1722.12	榮 高爾明	金萬鎰	답 2두락(7.4)	20냥	買得 要用所致	

A 거래년월	B 답주	매 수 인	지목면적	가격정보 매도사유 취득원인
645 1725.3	柰 金萬鎰	僧開演	답 2두락(7.4)	21냥 買得 要用所致
647 1722.2	柰 崔聖禹	高以明	답 2두락(7.4)	20냥 貧寒所致作木備納爲難(所志附)
650 1704.	駒 孫種捧	?	전 2두락(5.3)	상목8필＋정목1필 妻邊矜得 빈한소치
651 1669.2	駒 高 ?吉	鄭哲石	전 2두락(5.3)	가포3필＋정조6두 번포출처무로
652 1659.2	駒 高愛龍	柳敬淳	전 2두락(5.6)	정목25필 조상傳來 빈한소치
653 1710.11	駒 鄭哲石 張仁燁延柒		전 2두락(5.3)	정조6석 連値凶荒還上備納無路
655 1635.2	? 洞首呂夢龍	盧漢位	대 초가2간	3냥 番錢備納大洞內會同完議後放賣
659 1719.12	柰 鄭萬柱	裵重華	답 7두락(25)	정조35석＋五禾雌牛1隻 傳來矜得 要用所致
660 1698.11	柰 鄭應淸	全龍	답 7두락(25)	정목30필＋목면20필＋정조10석 上典宅馬匹價
661 1698.11	柰 代 奴貴孫	鄭萬柱	답 7두락(25) 雄牛1隻＋雌牛1隻上典宅,故奴應淸無後,所耕田畓,依法推尋收穫	
662 1736.10	月 卞?白	崔介南	전 9두락(27.3)	15냥 買得 要用所致
663 1715.3	月 金善興	金士萬	전 9두락(30)	42냥 買得 번포무로
664 1727.3	月 梁世重	卞?白	전 9두락(32.1)	24냥 買得 빈한소치
666 1723.2	柰 裵重華	趙益華	답 7두락(27.6)	100냥 買得要用所致 己亥鄭無赤名懸帳
667 1783.2	柰 奴延奉 柳令監宅奴龍男		답 7두락(27.7)	120냥 上典宅牌字導良
668 1724.12	劍 朴挺泰	李希曾	답 6두락(28.5)	46냥 買得 移買次
669 1724.12	劍 朴挺泰	李希曾	답 2.5두락(11.3)	19냥 買得 移買次
670 1718.2	劍 張遇善	朴挺泰	답 9두락	140냥 買得 移買次
671 1708.1	劍 金斗弘	僧玉明	답 7두락 정조8석＋전문11냥	父主買得矜下 要用所致
672 1687.2	劍 李武興	金應善	답 5두락 정조30석	要用所致
673 1706.1	劍 金斗弘	僧玉明	답 3두락 정조12석＋전문15냥	부買得 빈한소치
674 1702.11	劍 趙夢見	李明生	답 9두락 정목 80필	傳來 要用所致
675 1703.12	劍 金斗弘	僧玉明	답 4두락 정조35석	傳來 還上備納
681 1720.1	稱 崔貴玄	燕谷寺三綱	답 3두락	15냥 買得 要用所致
682 1727.2	柰海 首僧郞演	金海日	답 6두락	42냥 買得 要用所致
683 1788.2	金 朴奴占卜	柳龍川宅奴	답 2두락(8.5)	20냥 要用所致
684 1780.1	官 盧漢位	柳營將宅奴	대 초가2간＋전3승락	3냥 買得 要用所致
685 1766.1	霜 高德文	李時華	전 2.2두락(3.6)	11냥 買得 要用所致
686 1733.2	露 朴枝華	朴造尙	답 3두락(8)	17냥 買得
687 1799.1	露 鄭正金	柳營將宅奴	답 5두락(14.4)	55냥 買得
688 1703.12	露 崔致祥	鄭丁金(?)	답 5두락(14.4)	54냥 買得 要用所致
695 1672.3	出 李先立妻	全永信	답 4두락(12.2)	면2필＋정조6석 家夫京步兵, 身死後, 番布及田稅還上無路
696 1652.2	出 金應金	僧僮閭	답 4두락(12.2)	綿木正伍陸升70疋 傳來
697 1652.2	出 鄭戒生	僧僮閭	답 4두락(12.2)	정목80필 傳來 빈한소치
698 1724.5	出 羅起見	李希曾	답 7두락(25.4)	4냥 適値殺年 生道無路
700 1710.1	露 全聖雄	羅起見	답 7두락(25.4)	90냥 傳來矜得 빈한소치
701 1698.7	露 禹上京	朴貴上	답 3승락	1냥 番布
703 1732.3	露 李者斤老昧	曹杏永	답 7승락(1.3)	4냥 帳名庫直水男名 買得 要用所致
704 1730.4	露 李丁朱	李二三	답 7승락(1.3)	2냥 買得 要用所致
706 1655.1	重 金太興	柳種山	답 6두락(16.5)	목면3필 傳來陳荒지 要用所致

門契 用下記上의 計算 錯誤 訂正

632	1790	春米秩 用의 95.29는 1.51의 縮을 합쳐 96.8로 정정
643	1795	春租秩 수입란의 전수조 540은 540.5의 오기로 바로 잡음
648	1797	春錢秩 작전 5석 작전 9냥하 매석 9냥8전식은 1냥8전의 기재 착오
652	1798	春錢秩 지출란의 용 89.13은 85.30으로 계산 착오로 보임
654	1799	春米秩 春米秩 지출란의 97.48은 97.43으로 계산되어야
661	1801	秋錢秩 전여 3.64는 4.14로 정정되어야
665	1803	春米秩 전수미 12.80은 12.85로 정정되어야
667	1803	秋租秩 유 1582.00은 1582.60으로 정정되어야
668	1804	米秩 유미 22.36 작미 138.80 합 161.66에서 161.16으로 정정되어야
672	1805	秋捧 도합 59석8두는 59석8승으로 정정되어야
685	1809	錢秩 36.28은 36.82로 정정되어야
687	1810	米秩 전수미 1.73 작미 38.87 전무미 3 합계 41.88은 41.97로 정정되어야
713	1815	秋捧 도합 43석11두6승(871.60) 이상용 10석7두5승(207.50) 전 31석15두1승(635.10) 871.60과 842.60은 29두의 차이
716	1816	米秩 11두6승 작전 1냥6전은 2냥6전으로 정정되어야
736	1845	秋捧 합 44석14두4승 내(894.40) 용 32석15두1승 전 12석2승5합에서 用은 33석7두1승으로 傳은 11석7두3승으로 정정되어야
743	1846	已上用 73냥8전3푼은 73냥8전7푼으로 정정되어야
765	1850	春錢秩 전수전 15냥5전3푼 租作錢 46냥4전9푼에서 租作錢액은 44냥8푼으로 정정되어야
769	1850	秋錢秩 유전 26냥8전2푼은 23냥8전2푼으로 정정되어야
788	1854	米秩 수입 23.27과 지출 22.20 1.07의 차이
812	1860	春租秩 1석10두 작전 5냥5전 2냥2전 例에서 1석10두는 2석10두로 정정되어야
832	1864	米秩 조작미 12.35는 12.37로 정정되어야
843	1866	留 0.96은 1.40으로 정정되어야
851	1867	錢秩 租作錢 57냥7전3푼은 57냥9전3푼으로 정정되어야
862	1869	米秩 합계 24두1승4홉은 24두3승4홉으로 정정되어야

350

小宗契 用下記上의 計算 錯誤 訂正

註:

Page	연도	正誤
10	1819	租作錢의 21.27은 원래 22.17의 착오 합계도 48.14가 아닌 49.04이어야 함
13	1820	租作米의 88.70은 계산상 88.50으로 2升 차이가 난다
43	1825	春米秩 수입란의 조작미 42.90은 43.4로 계산한 것을 바로 잡은 수치이다
45	1825	春米秩 지출란의 유미 23.93은 24.33으로 계산한 것을 바로 잡은 수치이다
57	1827	春錢秩 수입란의 전수전 6.96은 6.92로 기록되어 있는 것을 바로 잡음
64	1828	春米秩 수입과 지출의 합계가 10.31의 차이 발생 원인 해결 못함
69	1828	秋錢秩 수입란의 유전 12.23은 12.22로 기록되어 있으나 바로 잡은 수치이다.
69	1828	秋米秩 지출란의 전여 8.70은 다음해 1829년 春米秩 전수란에 이월되지 않고 있다
70	1829	春米秩 지출란의 합계는 14.11을 14.10으로 잡은 이유는 8.86이 아닌 8.85이기 때문이다
71	1829	秋租秩 지출란의 합계는 1569.13이 아닌 1569.43이다
71	1829	추미질 수입과 지출란의 합계 차이는 0.04 차이 발생 원인 해결 못함
75	1830	春米秩 수입란의 작미는 46.00이나 계산상으로는 46.40임
82	1831	春錢秩 수입란의 租作錢 28.62는 계산상으로는 28.72로서 0.1의 오차 발생
83	1831	추미질 지출란의 유미 기록의 1.90은 계산상 1.97로 바로 잡음. 이 중 가을에 0.92만 이월됨
86	1832	春租秩 수입란의 전수조 876.30은 원래 876.20임
87	1832	春租秩 지출란의 1석6두8승3홉 작전 5냥8전5푼의 기록은 2석6두8승3홉의 작전의 誤記이다
91	1832	秋錢秩 지출란의 52.83은 계산상으로는 52.88이다
95	1833	春錢秩 지출란의 유 21.81은 계산상으로는 21.83이 되어야 한다
103	1834	秋錢秩 지출란의 전여 19.66 내에 13.66은 유사 미봉 실전여액은 6.00이다
103	1834	연말 유사 文秉衍은 다음 유사 文秉奎에게 13.66을 미봉한 6냥을 전여하였으나 1835년 文秉衍은 4냥을 환납 실전여액 6냥은 기재되지 않고 있다. 압
105	1835	春錢秩 수입란의 합계 36.11과 지출란의 합계 36.13은 0.02의 차가 발생
114	1837	春租秩 수입란의 전수조 530.85는 1836년 전여량 608.20과 77.35의 차 발생 실전수량으로 보아야
133	1840	秋米秩 수입란의 유미 2.18 작미 25.57 합 27.75이어야 한다. 2승 차이 발생
145	1845	秋米秩 합계 계산 46.96 46.98과 0.02차 발생
169	1850	春錢秩 120의 작전액은 20두당 2.10의 예에 따르면 12.10이 아닌 12.60이 되어야 한다
201	1856	春錢秩 지출란의 기록은 167.80이나 177.80으로 계산 정정함
204	1857	春錢秩 수입란의 전수전은 기록 5.28로 되어 있으나 5.18로 정정함
217	1860	春錢秩 지출란의 유전 3.08의 기록은 3.18로 정정함
222	1861	秋租秩 지출란의 전여 306.34와 전수 307.40의 차이는 계산상으로는 306.34가 맞음
230	1863	秋米秩 수입과 지출란의 30.36은 실제 작미한 양인 34.36과 4.00의 오차 기록임
238	1865	春租秩 지출란의 총지출량 394.96은 396.96의 오기 계산임
241	1865	秋米秩 수입란의 작미량 25.94로 된 기록은 25.64로 정정함
244	1866	春錢秩 12.62는 10.62로 정정한 것 기록상으로는 전수전 12.62이고 합계 90.76 유전 17.04로 되어 있음
		1865년 전여액 10.62가 1866년 전수액에는 12.62로 된 이유는 해명 안 됨
249	1867	秋米秩 지출란의 용 37.62는 38.12로 되어야
258	1869	春錢秩 용 12.05는 실제 사용한 액수는 12.03임

· 저자 ·

전성호　　· 약　력 ·

성균관대학교 경제학과 학사, 석사, 박사
University of Oxford Post-Doc
IISH(International Institute of Social History) Research Fellow Amsterdam
Tuebingen University Research Professor Germany

· 주요논저 ·

「Wages, Rents, and Interest Rates in Southern Korea, 1700-1900」
「Accounting Techniques in Korea : 18th Century Archaval Samples from a
Non-Profit Association in the Sinitic World」
외 다수

조선 후기 米價史 연구

· 초판 인쇄 ｜ 2007년 1월 30일
· 초판 발행 ｜ 2007년 1월 30일

· 지 은 이 ｜ 전성호
· 펴 낸 이 ｜ 채종준
· 펴 낸 곳 ｜ 한국학술정보㈜
　　　　　　경기도 파주시 교하읍 문발리 526-2
　　　　　　파주출판문화정보산업단지
　　　　　　전화　031) 908-3181(대표) · 팩스　031) 908-3189
　　　　　　홈페이지　http://www.kstudy.com
　　　　　　e-mail(출판사업부)　publish@kstudy.com
· 등　　록 ｜ 제일산-115호(2000. 6. 19)
· 가　　격 ｜ 37,000원

ISBN　978-89-534-6284-7 95910 (Paper Book)
　　　　978-89-534-6285-4 98910 (e-Book)